小口雅史 編

律令制と日本古代国家

同成社　古代史選書 30

目次

序——解題にかえて——……小口雅史 1

Ⅰ 日本古代の王権と外交

〝東夷の小帝国〟論と「任那」問題……熊谷公男 10
——倭国の対外関係史の再検討——
古代王権と遺詔……稲田奈津子 43
天皇制を考える……大山誠一 66
延暦度遣唐使三題……森 公章 84
一世源氏元服に関する試論……江渡俊裕 107
皇子女の五十日・百日の祝について……新井重行 130

Ⅱ 律令田制をめぐって

班田制と律令法……三谷芳幸 148

田令田長条に関する覚え書き……佐々田悠 169
大宝田令六年一班条と初期班田制……北村安裕 185
田令集解従便近条の考察……森田悌 206

Ⅲ 律令制下の官僚制と地方

古代東国における七世紀後半から八世紀初頭における交易体制
——湖西産須恵器の分布を中心に——……原京子 230
文書の授受からみた天平五・六年における出雲国司の活動……鐘江宏之 252
弘仁六年給季禄儀における式兵両省相論をめぐって
——律令制下官司統制管見——……虎尾達哉 267
平安時代中期の位禄制の評価をめぐる覚書……山下信一郎 292

Ⅳ 唐制と日本

唐医疾令断簡（大谷三三一七）の発見と日本医疾令
——劉子凡「大谷文書唐《医疾令》・《喪葬令》残片研究」を受けて——……丸山裕美子 312
文苑英華の判の背景となる唐令について……坂上康俊 334
あとがき……鐘江宏之 365

律令制と日本古代国家

序——解題にかえて——

本書『律令制と日本古代国家』は、先に世に問うた拙編『古代国家と北方世界』（古代史選書28）につぐ第二論文集である。本書は私が大学院に進学し、研究者を目指し始めたころに取り組んだ（もちろんそれは言うまでもなく以後も私の研究の一つの柱である）、今なお日本古代史研究の王道ともいえる律令国家諸制の研究を中心に、さらに天皇制、外交問題、日唐比較研究といった日本古代国家論についての最新の貴重な論考を、第Ⅰ部「日本古代の王権と外交」、第Ⅱ部「律令田制をめぐって」、第Ⅲ部「律令制下の官僚制と地方」、第Ⅳ部「唐制と日本」の四部立てに編成している。

寄稿してくださったのは、私がそうした、まだ大学院生だった時代に、彌永貞三先生が私的に開いておられた『令集解』講読の研究会（折に触れて日本古代史に関する新しい研究発表も含まれた。後に知ったことだが、世間ではこの参加者を「彌永ファミリー」と呼んでいたようである）にお誘いいただき、律令制研究の手解きをしてくださった大先輩たちをはじめとして、以後の日本古代史研究の様々な場面において共同研究に取り組んでくださった皆さん、あるいは折に触れて（良きにつけ悪しきにつけ）様々な場面でご一緒した学窓の優れた後輩の皆さん、さらには私の大学院ゼミの門下生の皆さんたちで、斯界の第一線で活躍されている方々である。すなわち現在のこの分野において達成された学界水準の一端を世に示そうという趣旨のもとに編集されている。

まず本書所収の緒論考の紹介からはじめたい。

第Ⅰ部「日本古代の王権と外交」には、①熊谷公男「〝東夷の小帝国〟論と「任那」問題―倭国の対外関係史の再検討―」、②稲田奈津子「古代王権と遺詔」、③大山誠一「天皇制を考える」、④森公章「延暦度遣唐使三題」、⑤江渡俊裕「一世源氏元服に関する試論」、⑥新井重行「皇子女の五十日・百日の祝について」の六論考を収めた。

①熊谷論文は、〝南朝鮮の植民地支配〟説崩壊後の倭国の対外関係史を再構築するためには、まず朝鮮諸国との関係がすべて対等であったとするとらえ方を再考する必要があるとする。倭国は四世紀代から軍事援助を軸に自国優位を志向する外交政策を展開しており、そのなかで狭義の「任那」との関係はとくに緊密で、双方にとって重要な意味をもっていたことを再評価すべきであるとするもの。熊谷氏には、著名な古代北方史研究分野とは別に、こうした古代の外交問題、天皇制問題についての力作がある。それらを古代史選書の一冊としてまとめていただくことも御約束していただいている。その早期の刊行を期待したい。

②稲田論文は、日本古代の遺詔（天皇や太上天皇の遺言）について、その内容や伝達過程に注目し、中国唐代の皇帝遺詔との比較をふまえて検討を加えたもの。日本古代の遺詔は一貫して「私的」な性格を持ち、天下百姓に公表される場は想定されておらず、即位儀礼とも切り離された存在であったことや、喪葬儀礼が時代の流れにより変化していくにもかかわらず、その遺詔の内容は中国的・律令制的要素を残したまま定型化・形式化していくことを指摘している。

③大山論文は、八世紀にまでさかのぼることができる天皇制の特徴として、以下の三点をあげる。第一は政治権力は太政官にあり、天皇は無力なこと。第二は無力の天皇を神話により神格化したこと。第三は藤原氏が天皇の外戚となって太政官を支配したことであるとする。これら三点は一体のもので、藤原不比等によって構想され、理念的には六八一年に成立したものであるという。日本独自の太政官制も神話も、さらには天皇制そのものも、藤原不比等の意向に沿って創作されたと考えている。近年、大山氏によって様々な形で提起されている日本古代史研究の革新の一端を、天皇制を中心に包括的に示すものである

④森論文は、遣唐使の個別研究として延暦度遣唐使の諸問題、とくに空海の帰国を可能にした高階遠成の行程をめぐる謎、新羅に対する遣唐使庇護の依頼などを検討している。また文化移入の問題として、「国風」化への転換につい

て、芸能関係の事例にその端緒を探っている。森氏は古代外交分野においてもこれまで多数の著書を刊行してきたが、本論文は、遣唐使事業の変貌に関して、新しい一つの論点を提示したものである。

⑤江渡論文は、その元服の在り方を通して、一世源氏がいかなる身分に位置づけられたのかを検討したもの。一世源氏は「臣下」に位置づけられたにもかかわらず、「今上皇子」であれば親王同様、その元服儀式は一貫して内裏元服とされ、非血縁者も参加した公的儀式であった。また儀式次第も親王元服を模倣しており、一世源氏は賜姓後も「皇子」と認識された。そのため、一世源氏は内裏元服を経ることで貴族社会における地位を高めたことを明らかにする。

⑥新井論文は、皇子女の生誕儀礼の一つである五十日・百日の祝について、時代的変遷に着目することにより、藤原道長が権力を握った一条朝を画期として、儀の規模や次第に大きな変化があったことを指摘する。この変化について、道長が自らの権力を誇示する装置として世俗の慣習を朝廷の行事として取り込んだものと理解することを提唱するものである。

第Ⅱ部「律令田制をめぐって」には、⑦三谷芳幸「班田制と律令法」、⑧佐々田悠「田令田長条に関する覚え書き」、⑨北村安裕「大宝田令六年一班条と初期班田制」、⑩森田悌「田令集解従便近条の考察」の四論考を収めた。

⑦三谷論文は、均田制と班田制における給田額（一人あたりの田地の支給額）を手がかりに、日中律令法の機能の仕方の違いを論じている。唐では、田令は理念としての一律の給田額を規定するのみで、現実の給田額はそれとは別に地方ごとの細則で決定される。一方、日本では、地域ごとに独自の給田額（郷土法）を設けられることが田令に規定され、それによる現実の給田額は中央政府によって最終決定される。この違いは、日本田令が唐田令に比べて理念性が希薄で、現実的な機能を重視していたことを示すとする。こうした傾向は、律令法のなかでも、とくに人民支配に関わる篇目（戸令・田令・賦役令）に著しいという。

⑧佐々田論文は、かつて議論が盛んであった田令田長条の集解古記にいう田租・田積法の変遷について改めて要点

を整理し、現地点での依るべき理解について確認したもの。田積三遷の記述については、令以後ないし論理上の誤読とする見方が強いが、事実上令前の変遷とみるべきこと、地割の先行とあわせて改新・白雉の記事を再考すべきことを論じ、田租の「折衷」は、田租を田積と切り離して令前に復したことをいい、早川庄八らの読みで問題ないことを示している。この問題は長い複雑な研究史を有しており、私としてもいずれ私見を公刊したいと考えている。

⑨北村論文は、養老令とは異なる構成であったことが明らかなため、やはり議論の多い大宝田令六年一班条について、唐令の知見を利用して新たな復原を試み、口分田を得て六年以内に死去した場合、次々回の班田年に収公する法意であることを論じている。この仕組みは、乳幼児も含めた全員受田制を前提とした時に最大の効率を発揮しており、浄御原令制の遺制であったと考えられるという。しかし、大宝令制下で「五年以下不給」制が導入されたことでこの仕組みの意義は薄れ、養老令に至って令文からも姿を消したとみられるとする。本論文は、大宝田令六年一班条を復原し、浄御原令班田制のあり方の一端を解明した点にも斯界に研究史的意義を有する。⑨論文についても、⑧論文とあわせていずれ私見を公刊したいと考えている

⑩森田論文は、田令従便近条集解が、口分田支給にあたっての具体的な方法を説明していて、興味深い明法註釈説となっているが、重要な文字について従前の集解校訂に不備があり、結果として語句「以近及遠」の解釈に関し先学が読解困難を理由に解釈を放棄してしまっていることを問題視する。本論文では国史大系本の校訂不備を訂し、註釈説を正確に解釈し、従便近条の構成についても新たに説き及んでいる。

律令田制ないし田令研究は、卒業論文以来の私の主要な研究テーマの一つで、それを意識して、多くの方がこの分野に玉稿を寄せてくださったのだと思う。当時から田令集解註釈書を共同研究を踏まえていずれ上梓したいという私の夢があったが、これらの玉稿をも踏まえて、その早期の実現を目指したいと考えている。

第Ⅲ部「律令制下の官僚制と地方」には、⑪原京子「古代東国における七世紀後半から八世紀初頭における交易体制―湖西産須恵器の分布を中心に―」、⑫鐘江宏之「文書の授受からみた天平五・六年における出雲国司の活動」、⑬

虎尾達哉「弘仁六年給季禄儀における式兵両省相論をめぐって―律令制下官司統制管見―」、⑭山下信一郎「平安時代中期の位禄制の評価をめぐる覚書」の四論考を収めた。

⑪原論文は、七世紀後半から八世紀初頭における湖西産須恵器の分布状況を中心とした地域間の交易活動に注目し、そこに中央政府の間接的な関与はみられるものの、交易の主体者はあくまで湖西産須恵器の生産を掌握していた地域有力者と、水系の交通を掌握していた特定の地域有力者であり、これらの地域間で直接的に交易を行っていたと結論づけるもの。地域支配の具体例として貴重な成果である。

⑫鐘江論文は、出雲国計会帳における中央官司や節度使と出雲国司との文書授受の記録を改めて整理し、そこから見出される天平年間の国司の文書授受に関わる問題点を整理している。勅符の受領報告を返信する際の手続きや、中央で逃亡した仕丁や兵士についての連絡を受けてから代替者を送る上での問題、また節度使との情報授受における具体的様相などの個々の問題を扱い、正確に情報を読み解くことに努めたものである。

⑬虎尾論文は、弘仁六年に発生した給季禄儀における式部兵部両省間の相論を手がかりとして、式部省が七世紀後半以来、人事官庁としても礼儀担当官庁としても、他を圧する実績と権限を有していたことを明らかにし、この官司が太政官の単なる事務部局にとどまらず、太政官に対して独立性の強い官庁であったことを論じている。あわせて、太政官の式部省に対する宥和的協調的な統制関係は、基本的には他の中央諸官司に対しても同様であったのではないかとの新しい魅力的な見通しを示している。

⑭山下論文は、十世紀の位禄制を扱う。この問題をめぐっては、受領監察体制によって機能していたとする佐々木宗雄氏の理解がある一方、「位禄定」の対象外であった官人は位禄を手にできないことが多かったとする吉川真司氏の理解もあり、その評価が定まっていない。本論文では「主税寮出雲国正税返却帳」記載の位禄官符の検討と、『西宮記』等にみえる「位禄定」の分析を行い、十世紀後半以降においても、位禄制は実質的機能を有していたという見通しを提示している。

第Ⅳ部「唐制と日本」には、⑮丸山裕美子「唐医疾令断簡（大谷三三一七）の発見と日本医疾令―劉子凡「大谷文書唐《医疾令》・《喪葬令》残片研究」を受けて―」、⑯坂上康俊「文苑英華の判の背景となる唐令について」の二本を収めた。日中比較律令論は、日本古代律令制研究における重要な研究方法であり、すでに第Ⅲ部までの諸論考のなかにも当然こうした論点は多数含まれていたが、第Ⅳ部に配したのは、まさにそれぞれの分野でのそうした比較研究をリードしてこられた二人の畏友による力作である。

⑮丸山論文は、中国の研究者によって新たに発見された唐医疾令断簡（大谷文書三三一七号）を紹介し、唐医疾令条文の復原と排列を再検討し、その上で、これまでの研究成果をも踏まえて、日本思想大系『律令』（岩波書店）を修正した、丸山案による新しい日本医疾令全二七条を提示した力作である。医疾令研究は、その高度な専門性から一般の古代史研究者にとっては難解な分野であるが、医疾令も律令制の一角を占める重要な分野である。この論文をもとに今後の研究のさらなる進展を期待したい。

⑯坂上論文は、『唐令拾遺』『唐令拾遺補』により唐令復原作業が大いに進展したが、なお引き続き復原根拠となる逸文収集の重要性は残っていることを、具体例を提示して力説するもの。近年の唐令復原は、宋の天聖令写本の発見で新しい段階に入ったことは周知の事実で、それを踏まえた復原研究も進展している。また天聖令が残る部分については『唐令拾遺』『唐令拾遺補』の「答え合わせ」ができるわけであるが、私も田令を中心にそうした作業を繰り返してきたけれども、改めてこの両書による復原の偉業が確認されることが多い。ただこれまた周知のごとく、宋令から唐令を復原する場合には、改めて綿密な考証を必要とする場合もあり、天聖令は約三分の一（田令以下）しか残っていないわけであるから、逸文収集の重要性は依然として残ることを本論文は主張するわけである。その具体的作業として、本論文では文苑英華に収められた判から唐令復原参考資料を拾って一覧とし、併せて文苑英華の通行本に漏れている巻五百六前半を静嘉堂文庫の明写本から紹介している。今後のこうした作業が、『唐令拾遺補』以後も、様々な分野で継続されることを大いに期待したい。

以上が本書の構成である。本書のなりたちに関わる、私の現在に到る研究分野の変遷については、第一論文集『古代国家と北方世界』の「序—解題にかえて—」で詳しく述べたところであるので繰り返さないが（興味のある方はそちらを参照されたい）、本書は、一般に古代史研究を志す者が、最初に取り組むべき分野に関わるものであることはいうまでもない。本書を構成する諸論考によって、古代天皇制や官僚制、土地制度をはじめとした日本古代史研究の核心の一つである律令制にまつわる諸研究がさらに進展することは間違いない。読者諸賢の熟読を願う次第である。なお本第二論文集でも、第一論文集に続き、年齢的には私より先輩にあたる多くの研究者からも寄稿していただくことができた。それらを含めて、全寄稿者に、末尾ながら記して謝意を表したいと思う。

本書をきっかけに斯界の研究がさらに進展することを願ってここで擱筆することとする。

二〇一八年十月

小口　雅史

Ⅰ　日本古代の王権と外交

〝東夷の小帝国〟論と「任那」問題

――倭国の対外関係史の再検討――

熊谷公男

戦後の古代日朝関係史の研究は、一九六〇年代の〝分国論〟[1]や一九七〇年代の〝碑文改竄説〟[2]などがきっかけとなって、国内の研究者の間で従来の研究の見直しが進められ、一九八〇年代末ごろまでに面目を一新する。かつて通説とされていた、ヤマト朝廷は四世紀半ばから二百年の間、朝鮮半島南部の「任那」(加耶諸国)を直接支配し、百済・新羅両国をも従属させていたという歴史認識は、専門家の間では完全に過去のものになったし、教科書の記述からも消えている。もちろん筆者もこの点に異論はない。

山尾幸久氏の『古代の日朝関係』[3]は、このような新たな古代日朝関係史研究の到達点を示すものといってよい。本書での山尾氏の基本的立場は、「四世紀半ばから六世紀半ばまでの二百年間、ヤマト王権が朝鮮半島の伽倻諸国を直接に支配し、百済王・新羅王を従属させていた」という従来の〝不動の定説〟は歴史的事実ではない(同書四八八頁)、というところにある。そのような認識を前提としたうえで、古代貴族の朝鮮に対する優越意識は、律令国家の成立=古代天皇制の成立とともに形成されたものであり、神功皇后の新羅親征物語も、そのような律令国家の国家理念の説話的起源譚(縁起)として七世紀末~八世紀初めに作られたとし、貴族たちの新羅に対する宗主国意識は、天皇を根拠とする国家意識・民族意識であることを論じている(同書二一一~二一二頁)。

このような見解を支えているのが、山尾氏の『日本書紀』の史料性についての認識である。『日本書紀』は、そのなかに引用されている百済三書（『百済記』『百済新撰』『百済本記』）なども含めて、その「評価や意味づけはもとより、用語や表現に至るまで、七世紀末～八世紀初めの日本の立場から書かれている」とし、「『日本書紀』が編まれた時代の国家の支配理念を踏まえること」の重要性を強調する（同書一〇三～一〇四頁）。

このように山尾氏の基本的立場は、律令国家成立以前には、倭王権が周辺諸国を直接支配したり従属させるのはもちろんのこと、朝鮮に対する優越意識すらもなかったというところにあるが、もう一方で氏自ら例外を認めている。それは、「五世紀第Ⅳ四半期の倭王が、百済王と大加羅（＝大加耶）王とに対して客観的に優位の関係に立ったこと」は否定できない（同書三四四頁）としていることで、金官国（南加羅）が新羅に併合される「五三二年ごろまで、ヤマト王権は、南加羅に対して、何らかの望ましい具体的関係をもっていた」ことも想定している（同書三四五頁）。それは、山尾氏が六世紀後半から七世紀半ばにかけて『日本書紀』にみえる「任那の調」の実在を認め、それを倭王が新羅へ要求することには「正当性の歴史的根拠はあったとすべき」（同書三四三頁）という立場をとるからである。すなわち一時的とはいえ、倭王が百済や加耶に対して優位に立った時期があり、金官国（＝狭義の「任那」）とも特別な関係を結んでいたからこそ、倭王は新羅に対して「任那の調」を要求することができたと考えるのである。

しかしながら山尾氏の見解は、このような例外を設けることで分かりにくくなったことは否定できないであろう。古代貴族の朝鮮に対する優越意識が律令国家の成立とともに形成されたことを強調する一方で、そのはるかまえの五世紀第Ⅳ四半期に百済や大加耶（金官国ではない）に対して「客観的に優位の関係に立った」ことが六世紀後半～七世紀前半の「任那の調」の要求につながったとすることは、はたして論理的に矛盾していないであろうか。山尾氏にこのような例外を認めさせたのが「任那の調」、ひいては「任那」問題であることを思うと、〝南朝鮮の植民地支配〟説の崩壊によって「任那」問題がすべて解決したわけではなく、その問題と改めて向き合うことなしに律令制以前の対外関係の研究をさらに進展させることはできないと考える。

不動の定説であった〝南朝鮮の植民地支配〟説が崩壊したあと、律令制以前の倭国の対外関係は、漠然と加耶諸国（いわゆる「任那」）も含めてすべて対等の関係であったかのように考える傾向がつよくなる一方で、この問題に対する関心自体が希薄になってしまったように思われる。倭国が加耶諸国を直接支配していたとすることは確かに歴史的事実に反するが、そのことがただちに加耶諸国や朝鮮諸国と倭国との外交関係がすべて対等であったことを意味するとは限らないと思われるし、ましてや倭国と「任那」との外交関係が重要でなかったということにはならないはずである。律令制以前の倭国と朝鮮半島との関係は改めて検討されるべき時期にきているのではなかろうか。

そこで本稿では、〝南朝鮮の植民地支配〟説の崩壊によって過去の学説とみなされることが多くなった石母田正氏の〝東夷の小帝国〟論と、律令制以前の対外関係を考えるうえでいまなおキーポイントになっていると筆者が考える「任那」をめぐる問題を取り上げることで、近年低調な律令制以前の対外関係史を再検討する糸口を得たいと思う。

一　石母田氏の〝東夷の小帝国〟論をめぐって

〝南朝鮮の植民地支配〟説を継承しながら、戦後の古代史学界に大きな影響を与えた学説として石母田正氏の〝東夷の小帝国〟論があげられる。〝東夷の小帝国〟とは、石母田氏によれば、「朝鮮への出兵と侵略によって」形成された「任那」の直接支配を軸としながら百済・新羅等を朝貢国として隷属させる一方で、中国諸王朝には蕃夷の一国として朝貢する体制のことである。それゆえに六世紀半ばの「任那」の滅亡によって「小帝国は実質上解体し」、以後は「形式的・名目的なものに変った」とする。(4) このように石母田氏の〝東夷の小帝国〟論は、いわゆる〝南朝鮮の植民地支配史観〟が前提とされていて、現在ではこのままの形では成立しがたい。

石母田氏は「東夷の小帝国」を、古代日本の王権・国家の特質の一つとしているように、倭国・日本に固有のものととらえる傾向が強かったが、その後、酒寄雅志氏は、東アジア世界において、日本ばかりでなく、朝鮮諸国・渤海・

ヴェトナムなどでいずれも華夷思想を受容し、それぞれの国家において領域の拡大や周辺諸国に対する優位性の主張などにおいて不可欠の政治思想として機能していたことを指摘し、「華夷秩序」の遍在性を論じた[5]。さらに近年廣瀬憲雄氏は、石母田氏の「すべての古代国家は……一定の歴史的条件のもとでは帝国主義に転化する可能性を内包している」という見解[6]を継承しつつ、「多くの国家が帝国たることを志向」する「帝国性」を具有していることを論じ、それを「すべての国家は帝国たりえる」とも表現している[7]。筆者もまた、「帝国性」の普遍的存在というとらえ方に賛同する。相手国よりも優位に立とうとする志向は歴史上の多くの王権・国家にみられるし、そのような王権・国家相互の国益の実現過程として国際関係をとらえられれば、ダイナミックな対外関係史を描くことができると考えるからである。

石母田論文を再読してみると、その題名が「日本古代における国際意識について」となっているように、実態レベルの国際関係よりもむしろ支配層の対外政策を大きく規定した古代貴族の国際意識の変遷を主題としていることに気づく。ここで石母田氏は〝東夷の小帝国〟の問題を、主に支配層の国際認識ないしは志向性との関係で論じており、「朝鮮諸国家を朝貢国として隷属させようと試みながら、……中国に朝貢する」という〝東夷の小帝国〟的な外交政策が、「古代貴族の国際意識に具体的内容をあたえ」て「支配層の対外政策を規定し」たことを論じている。このような理解に立てば、〝東夷の小帝国〟論は実態レベルの〝南朝鮮の植民地支配〟説の崩壊によって全面的に破綻してしまったわけではなく、支配層の外交政策を大きく規定した「帝国」としてふるまおうとする国際意識の問題としては、現在でもなおその意義を失っていないと考える。

二 『日本書紀』における「任那」の用法の歴史的意義

冒頭でもふれたように、〝南朝鮮の植民地支配〟説の崩壊によって「任那」問題が解決したわけでは決してない。たとえば『日本書紀』における「任那」という呼称の特異性がなぜ生じたのかという問題は、これまで十分に検討されたとはいいがたい。すなわち『日本書紀』で「任那」という言葉は、朝鮮史料や中国史料とは異なる独特な意味内容とニュアンスをもって用いられているが、それはなぜかという問題である。そもそも朝鮮史料では「任那」の用例自体がきわめて少なく、わずか三例しか知られていない。田中俊明氏によれば、それらはすべて加耶諸国のなかの金官国をさすとみてよく、とくに最古の例である広開土王碑にみえる「任那加羅」(「任那という加羅」、つまり「加羅諸国のなかの任那」の意) は金官国であることが確実視される。要するに「任那」の原義は、金官国の別名と考えられるのである。一方、『日本書紀』の「任那」には金官国などの特定の国をさす用法も少なくないが、加耶諸国の汎称として用いられることの方が一般的である。しかも「任那」にはつねに倭王権の「官家」(＝調を貢納する朝貢国) という政治的ニュアンスが付着している。これらの点で『日本書紀』の「任那」は、朝鮮史料にみられない独特の意味内容をもつものに変化しているのである(8)。

このような「任那」の用法の特異性は、一部には『日本書紀』の編者の造作によるとみられるものも含まれるが、すべてが『日本書紀』の編者の手になるとは考えがたいことは、六～七世紀に惹起した「任那の調」問題や倭の五王の官爵に「任那」がみえることを想起すればただちに理解されよう。『日本書紀』の特異な用法は、全体としては倭国と「任那」の特殊な関係の歴史的所産として考察されるべきものなのである。したがって、その研究は倭国と「任那」の歴史的関係を解明するうえで重要な素材になると思われるにもかかわらず、〝南朝鮮の植民地支配〟説の崩壊以降、研究はきわめて低調である。

田中氏の指摘は『日本書紀』の「任那」という言葉の特異性を明確にしただけでなく、律令制以前の倭国と加耶地域との歴史的関係を解明する糸口をわれわれに与えてくれている。そこでここからさらに提起されるいくつかの問題をあげてみよう。

まず第一に、『日本書紀』で一般的な「任那」という呼称は、起源は朝鮮半島にあるとみてよいにもかかわらず、『三国史記』などの朝鮮史料では狭義の「任那」は「金官」というのが一般的であるし、広義の「任那」は「加耶」「加羅」などといって、決して「任那」といわないのはなぜか。第二に『日本書紀』の「任那」に広狭二義があるのはなぜか。第三に広義・狭義いずれの「任那」にも〝朝廷のミヤケ〟というニュアンスが付着しているのはなぜか。以下、この三つの問題について順次検討をしていきたい。

まず第一の問題に関しては、田中氏が別の論文で興味深い見解を提示している。[9]「広開土王碑」（以下「碑文」と略す）によれば、四〇〇年、広開土王は倭兵の侵入に苦しむ新羅の要請を受けて救援軍を派遣し、倭兵を掃討する。高句麗軍はさらに退却する倭兵を追って「任那加羅」（＝金官国）の従抜城まで追撃して城を帰服させたという。このときに「任那加羅」も戦場となり、難を逃れるために列島に渡ってきた多数の渡来人が五世紀の技術革新の原動力となったという想定がひろく受け入れられているが、もう一つ考古学的に注目されるのは四世紀代の金官国の首長墓群とみられる大成洞古墳群が、ちょうどこの時期（五世紀初頭～前葉）に築造が中断されることである。この発掘を担当した申敬澈（シンキョンチョル）氏は、その主たる原因は高句麗の加耶侵攻にあり、それによって金官国が事実上滅亡したと解されるという見解を示した。[10]それに対して田中氏は、文献史料からみれば金官国は五三二年に新羅に併合されるまで存続したことが明らかなのでそれは成立しがたく、大成洞古墳群の築造中断は金官国内部での首長系譜の交替を示すとみた方がよいとしている。『日本書紀』によれば、狭義の「任那」（＝金官国）は四邑（四村）から構成されていたことが知られ、そのうちの一つに金官がみえる[11]（継体二十三年四月是月条）。田中氏は、これが首長を出す主邑であったので国名にもなったと解し、さらに論を進めて、四〇〇年の高句麗軍の攻撃で首長を出す邑落が交替したとすれば、「金官」が主邑となったのはこれ以降ということになり、それまでの主邑こそが「任那」だったのではないかとしている。この田中氏の見解は、一個の仮説というべきであるが、筆者にはきわめて説得力に富んでいるように思われる。というのは、この田中氏の仮説が成り立つとすると朝鮮史料と日本史料における「任那」の用法の違いがうまく説明できるからである。

すなわち朝鮮史料で「任那」があまり使われないのは、もともとは朝鮮側でも金官国をその主邑にもとづいて「任那」といっていたが、四〇〇年の高句麗軍の攻撃によって主邑の交替が起こって国名も「金官」に変わり、以後もっぱらこれが使用されるようになったためと解される。一方倭国では、まだ国名を「任那」といったころから緊密な関係にあり、「任那」が倭国側の呼称として定着していたので、その後主邑の交替によって国名が「金官」に変わっても、倭国にとって特別な意味をもつ「任那」という旧名を使いつづけたと考えれば、彼我で「金官」「任那」と呼称がちがうことを合理的に説明できると思われる。

つぎに『日本書紀』の「任那」に広狭二義があるのはなぜかという第二の問題であるが、これまた「任那」と倭国の特別な関係を示すものと考えられる。すなわち狭義の「任那」は洛東江河口の西岸（現金海市）に位置するが、ここは列島側からみれば対馬の対岸にあたり、なおかつ鉄の産地でもあったので、古くから倭国との交流が盛んであった。「魏志倭人伝」の有名な帯方郡から邪馬台国に至る行程記事では、帯方郡から朝鮮半島の西海岸沿いに南下して狗邪韓国に至り、そこから海を渡って対馬—一支—末盧の順に経由して筑紫に上陸することになっている。この「狗邪韓国」こそのちの金官国であって、邪馬台国の時代にはすでに列島と半島の海上交通の要地であった。要するに倭国にとって「任那」は、「金官」に国名が変わる以前から半島の玄関口ともいうべき存在であって、加耶諸国のなかでも特別な意味をもつ国であったのである。

倭国にとって本来の「任那」が、このように特別な存在であったとすると、その「任那」が倭国で加耶全体の汎称としても使われるようになるという現象は、容易に理解が可能と思われる。というのは、本来、加耶諸国の呼称であるカラ（加羅）が、日本ではやがて朝鮮全体、さらには中国をも指すようになっていくという顕著な例があるし、ヤマトもまた、本来は三輪山西麓の倭王権発祥の地の地名に由来するが、ついで奈良盆地、あるいは大和国（現奈良県）の汎称となり、さらに倭国・日本の別称としても使われることなどとも、基本的には同じ現象として理解できると思われる。すなわち「任那」に広狭二義があるのは、この国が倭国にとって加耶諸国との関係において、その始源からもっとも重要な意義をもつ国であったことを端的に物語るものなのである。

以上が第二の問題に対する回答であるが、最後は広義・狭義いずれの「任那」にも〝朝廷のミヤケ〟というニュアンスが付着しているのはなぜかという問題である。

かつて日本の古代史学界で定説とされていた〝南朝鮮の植民地支配〟説は、「任那」を「官家（ミヤケ）」とする『日本書紀』の記述をよりどころとするものであった。しかし本来「官家」とは、「新羅王宇流助富利智干、参迎跪之、取王船、即叩頭曰、臣自今以後、於日本国所居神御子、為内官家、無絶朝貢」（神功摂政前紀仲哀九年十二月条一云）、あるいは「於是、加羅（＝大加耶）王謂勅使云、此津、従置官家以来、為臣朝貢津渉」（継体二十三年三月是月条）などの例をみれば分かるように、倭国に調（ミツキ）を貢納する国または地域のことであり、倭国が直接現地を支配する直轄領の意では決してない。「任那日本府」の事例などと同様に、〝南朝鮮の植民地支配〟説は『日本書紀』の記述に忠実なのではなく、それを拡大解釈したものなのである。

とはいえ『日本書紀』でも、高句麗まで「内官家」とする（神功摂政前紀仲哀九年十月辛丑条）など、ミヤケ概念がいちじるしく肥大化しており、誇張がはなはだしい。ただしもう一方で、彌永貞三氏がはやくに注目したように欽明紀の百済系史料にもとづく記事には海外のミヤケを「弥移居」と、百済系とみられる借音字で表記する例が複数みられ[12]、この語が律令制以前から用いられていたことも否定しがたいのである。要するに「ミヤケ」という言葉は、倭王権側の認識として「ミツキを貢納する国」という意味で律令制以前、遅くとも六世紀には用いられていたと認められよう。

広義の「任那」を「官家」とする観念は、『日本書紀』欽明二十三年正月条に「新羅打滅任那官家」とみえており、また狭義の「任那」に関しても、崇神六十五年七月条に「任那」が蘇那曷叱知を遣わして朝貢してきたという記事がある。これは『日本書紀』最初の対外関係記事である。しかも「任那」は「雞林（＝新羅）之西南」とあるので、ここは狭義の「任那」であることが分かる。ここでは、直接「官家」という表現は使われていないが、「ミツキを貢納する国」であるから朝廷のミヤケということになる。『日本書紀』の対外関係の記事が、狭義の「任那」の朝貢記事からはじまっていることは興味深いことであるが、ここではこれ以上ふみこむことはやめて、第四節3項で広開土王代の倭国をめぐる国際関係の検討をふまえたうえで、改めて倭国と「任那」との外交形式についても考えてみたいと思う。

以上、『日本書紀』における「任那」の特殊な用法がどのようにして歴史的に形成されてきたかを考えてみた。それは、金官国が五世紀初頭以前に「任那」とよばれていたころ、倭国にとって半島の玄関口、鉄の産地など特別な意味をもつ国として緊密な外交関係をむすんだために、そのころの国名が特別なニュアンスをもって定着し、やがて加耶諸国の汎称としても用いられるようになって、ずっと後世の『日本書紀』の成立期まで使われつづけたという歴史の所産として理解することが可能であろう。

三　倭の五王の「小帝国」的外交政策と「任那」

以上の二節で〝南朝鮮の植民地支配〟説の崩壊後においても、石母田氏の〝東夷の小帝国〟論は対外関係を規定する古代貴族の「国際意識」という次元ではその価値を失っていないこと、また倭国と「任那」の関係も、実態としての関係の緊密さとそこから生じた関係の特異性、重要性は十分に認識、考究されるべきであることを指摘してきた。そこでつぎに課題となるのは、それらの事実を具体的に検証することである。

第二節で述べたように、多くの国家が「帝国」としてふるまって行動していたとすれば、律令制以前の倭国もまた、「小帝国」的理念を背景に自国の優位性を主張しつつ調の貢納や技術者・知識人の貢上などを相手国に要求する外交政策を展開したであろうと想定することは、自国中心史観とは明確に異なる立場であって、十分な合理性をもちうると考える。

そこでここでは、律令制以前の「小帝国」的外交政策の存在を実証するために、まず周知の倭の五王をとりあげたい。倭の五王の官爵をみてみると、四三八年、珍が宋に朝貢し（『宋書』文帝紀）、自ら使持節・都督倭・百済・新羅・任那・秦韓・慕韓六国諸軍事・安東大将軍・倭国王と称した。このときは安東将軍・倭国王に除正されたにとどまるが（『宋書』倭国伝）、つぎの済は四五一年に使持節・都督倭・新羅・任那・加羅・秦韓・慕韓六国諸軍事の称号を加えられ（『宋書』倭国伝）、安東大将軍に進号している（『宋書』文帝紀）。武もまた四七八年に、済と同じ使持節、都督倭・新羅・任那・加羅・秦韓・慕韓六国諸軍事・安東大将軍・倭王に叙正されている（『宋書』倭国伝）。

この「都督……諸軍事」号は、支配権そのものではなく「軍権」（諸軍を統率して軍事行動を行うことのできる権限）のおよぶ範囲を意味する(13)。したがって倭国は、少なくとも珍以降は、ほぼ一貫して朝鮮半島南部における軍権の承認を宋朝に求めていたことになる。それに対して宋は、百済については一度も認めることはなかったが、ほかの国・地域については倭王の要求を受け入れる。これは、宋としては「利害関係のないその地に対して、倭王の要求のままに、認めただけのことであり、それ以上の意味はなかった」のである(14)。

では倭王は、どのような目的から朝鮮半島南部におよぶ「都督……諸軍事」号の除正を求めたのかというと、それは倭王武の上表文からかなり具体的に知ることができる。倭王武の上表文については拙稿で詳細に検討を加えたので(15)、ここでは行論に必要なことにかぎって簡単にふれておく。

倭王武の上表文は、まず第一段で先祖の倭王たち（祖禰）が自ら兵を率いて征服戦争をおこなって、「東は毛人を征すること五十五国、西は衆夷を服すること六十六国、渡りて海北を平ぐること九十五国」という戦果をあげ、それによって皇帝陛下の領土を広げることができたし、歴代の倭王は宋朝への朝貢を欠かすこともなかったと、蕃国としての務めを十分にはたしてきたことをアピールする。続く第二段では、王位を継いだ武は、百済経由で宋朝に朝貢しようとしたが、高句麗が「辺隷」（＝百済）を攻撃するために宋朝への朝貢が今日まで滞ってしまった、と弁明する。第三段では、亡き父済が朝貢の路を塞いでいる高句麗を征討しようとしたが、そのやさきに父、兄と相ついで亡くなってしまい、その後、武も服喪のために出兵をひかえてきたとして、高句麗征討が宿願であることを強調する。最後の第四段では、喪が明けたいまこそ父兄の遺志を継いで高句麗征討をおこなうときであるとして、皇帝の恩恵に浴して、自ら仮授した「使持節・都督倭・百済・新羅・任那・加羅・秦韓・慕韓七国諸軍事・安東大将軍・開府儀同三司・倭国王」の官爵を除正してもらえれば、強敵高句麗を打ち砕いて先王同様に皇帝に忠誠を尽くすことができる、と高句麗征討を大義名分に掲げて高句麗並みの官爵を要求するのである。

「六国」のなかの「秦韓・慕韓」とは、いわゆる三韓の辰韓と馬韓のことである。四世紀に馬韓の地から百済が、辰韓の地から新羅が興起して国家を形成し、弁韓の地はそのまま小国群が残って加耶とよばれるようになる。しかし両国成立後も、馬韓・辰韓の地域がすべて両国に統合されたわけではなく、五世紀代にも部分的に小国が残っていた。官爵中の秦韓・慕韓は、そのような地域をさすと考えられる(16)。また「任那・加羅」とは、本来的には「任那」が金官国、「加羅」が大加耶を指すと解されるが、この場合はこの二ヵ国で加耶地域全体を代表させたとみるべきであろう。秦韓・慕韓と加耶地域に百済・新羅両国を合わせると、ちょうど高句麗の支配領域を除く朝鮮半島全域に相当するからである。したがって武が宋に「都督……諸軍事」号を要求した意図とは、高句麗の領域を除いた半島のすべての地域での軍権の承認ということになろう(17)。「都督諸軍事」号に列記された朝鮮半島の国・地域のもつ意味をこのように解してはじめて、倭王武が高句麗征討を父王以来の宿願と主張しつつ、高句麗並みの官爵を要求したことと整合的に理解することが可能になると考えられる。

以上が、私が理解する倭王武の上表文の文脈と内容である。武の遣使目的は、宋朝に対して反高句麗勢力の盟主的存在であることを印象づけて、高句麗並みの高い官爵を得るところにあった。ただしその真のねらいは、私見によれば、高句麗征討の実現などではなく、このころ新羅との提携を強めていた百済に対して、それよりも高い国際的地位を獲得することによって、反高句麗勢力において広開土王代のような主導権を回復しようとするところにあったとみられる(18)。ところがその結果は、高句麗がすでに保有している開府儀同三司は認められず、「都督……諸軍事」号からもこれまでと同じように百済を除いた六国が認められただけで、亡父済と同じ官爵にとどまった。すなわち、倭王武の目論見は完全に失敗に終わるのである。このことが、これを最後に中国王朝への通交を絶ってしまう直接の原因となったと考えられる。

いずれにしても、この上表文からは、当時の倭国がすでに「小帝国」的理念を保持し、それによって対外政策を推進していたことが明瞭に読み取れよう。その理念が端的に表れているのが、冒頭の倭王自ら兵を率いて征服戦争をおこなってきたと述べている箇所である。この表現にはかなりの誇張が含まれているとみるべきだが、ここにいう「海北」が朝鮮半島を指すことは明らかであり、文脈的には倭王が国内外にわたる広汎な地域で軍事行動をおこなってきたという主張が、朝鮮半島南部を含む都督諸軍事号の除正を宋朝に求める根拠となっていると解されるのである。

上表文で解釈がむずかしいのは「辺隷」という言葉である。これが百済をさすということでは諸説一致するが、それが何を基準とした表現なのかということになると、大きく二説に分かれる。一つは宋の「辺隷」、もう一つは倭国の「辺隷」とする見解である。筆者は後説を支持する。倭王武の上表文では、かつて西嶋定生氏が明快に指摘したように、中国王朝が天下の中心であることを前提とし、その藩屏たる倭王は、皇帝のために夷狄を防御し、版図を広げ、遣使朝貢を欠かさない義務を負った存在として自らを位置づけている[19]。その点では中国王朝中心の文章表現になっており、これを重視すれば宋の「辺隷」と解することも可能である（ただし西嶋氏自身は、倭の「辺隷」説をとっている）。しかしこの中国王朝を天下の中心とする表現は、宋の皇帝に提出する上表文としての体裁を整えるためのレトリックとみるべきであって、倭王武の本意は、既述のように、反高句麗勢力の盟主としての地位を承認してもらうことにあり、そのために強烈な自己主張を展開していることを忘れてはならないであろう。すなわち、(1)代々の倭王は、列島の東西ばかりでなく「海北」まで転戦して多数の国々を征服したこと、(2)武が臣下を率いて宋に百済経由で朝貢しようとしたところ、無道な高句麗が「辺隷」の侵略をやめないために宋への朝貢が滞ってしまっていること、(3)朝貢を妨害することに怒った父王済が高句麗を征討しようとしたこと、(4)そのやさきに父・兄（興）と相ついで急死し、武も喪に服したため征討を実施できないで今日に至っていることなどが語られていて、最後に(5)高句麗征討を実施する

ために は高句麗並みの官爵が必要なことを訴えて、その除正を要求するわけである。

注意しなければならないのは、ここでの主張が事実にもとづいたものとはかぎらないことである。筆者は、(1)の征服戦争はもちろんのこと、(3)(4)の高句麗征討計画も含めて、それらの大半は事実とは考えがたいか、かなりの誇張を含んでいると考えている。

珍や武が自称称号の「都督……諸軍事」に朝鮮半島南部の国・地域を連ねていることには、既述のように、倭王が、朝鮮半島南部にまでおよぶ軍権を行使しうる勢力圏を構想し、自らはその領域の盟主として北の高句麗に対峙しているという主張がこめられている。そうだとすると、百済も含めた「都督……諸軍事」号が認められないかぎり、倭国が反高句麗勢力全体を結集した盟主たることを示す官爵にはならないことになる。筆者は、これこそ倭王が百済を含めた「都督諸軍事」号を宋朝にくり返し、執拗に要求した最大の理由ではないかと考える。そうすると倭国の主張としては、百済は倭国が軍権の承認を求めつづけた「小帝国」的世界の「辺隷」（辺境に位置する隷属国）に相当することが理解されよう。反高句麗勢力の盟主を自認する倭王武にとって、百済はまさしく倭の「辺隷」だったのである。

以上、上表文の文脈にそって検討をおこなってきたが、右にも述べたように、それはあくまでも倭王武が高句麗並みの官爵を獲得するために展開した自己主張であって、筆者は、事実としてはこの時期の倭国による半島への軍隊派遣はかなり限定的であったと考えている。百済は四七五年に高句麗軍のために漢城を攻め落とされ、南の熊津へ遷都してかろうじて国家は存続するが、そのような国家存亡の危機に際しても百済は新羅との提携を強化する戦略をとり、倭国が本格的に武力介入することはなかったのである。[20] いずれにしても、倭王武の上表文で、高句麗征討を父王以来の宿願としていることからも、倭の五王の時代に高句麗との本格的な武力衝突はなかったことが確実視される。

むしろ注目すべきなのは、倭国から帰国して即位した百済の東城王が新羅との軍事提携を強める戦略をとったことである。この時期、東城王はしばしば新羅と共同して高句麗と戦い、さらに四九三（東城王一五）年には新羅の王族の娘をキサキに迎えるなど、提携を〝軍事同盟〟の域にまで強化するのである。このように百済南遷後も倭国の百済に対する影響力が強まることはなかった。

要するに、倭の五王の時代には、倭王が「小帝国」的理念にもとづく外交政策を展開していたことは確認できるものの、それはこの時期の倭王が朝鮮半島で大規模な軍事行動を現実にとっていたことを示すものではなく、むしろ実態としては当時提携を強めつつあった百済・新羅両国に対抗して、かつての反高句麗勢力の盟主的地位（これについては次節で述べる）を回復しようとする外交上の戦略とみるべきものであり、「渡りて海北を平ぐること九十五国」というのももちろん事実を述べたものではなかったとみてよい。

つぎにここで倭の五王の自称称号にみえる「任那」について検討を加えてみたい。倭の五王の称号に「任那」がみえるのは、四三八年に珍が遣使したときに自ら使持節、都督倭・百済・新羅・任那・秦韓・慕韓六国諸軍事、安東大将軍・倭国王と称したのが最初である（『宋書』文帝紀・倭国伝）。このときは、安東将軍・倭国王に除正されたにとどまる。ついで四四三年に遣使して安東将軍・倭国王に叙された済が、四五一年に至り使持節、都督倭・新羅・任那・加羅・秦韓・慕韓六国諸軍事を加えられ、安東大将軍への進号が認められている（『宋書』文帝紀・倭国伝）。任那のほかにはじめて加羅が称号に加えられたことが注目される。さらに最後の武のときにも、使持節、都督倭・百済・新羅・任那・加羅・秦韓・慕韓七国諸軍事、安東大将軍・倭国王と自称し、済のときと同じく百済を除いた六国諸軍事が認められている。

四三八年に珍が「都督倭・百済・新羅・任那・秦韓・慕韓六国諸軍事」と自称したのは、武の例からみて、このときも高句麗への対抗意識が根底にあって、高句麗の領域を除いた朝鮮半島南部での軍事指揮権の承認を求めるという意味があったと解してよいと思われるが、そうであればこのときは「任那」のみで加耶諸国全体を代表させたことになる。これは、倭国と「任那」との関係を考えるうえできわめて重要である。というのは、これによって『日本書紀』にしかみられないと思われていた広義の「任那」の用法が五世紀前半までさかのぼることになり、この特異な「任那」の用法がきわめて長い歴史をもっていたことが確認できるからである。このことは、さらにその背後に倭国と狭義の「任那」（金官）に緊密な外交関係があったことをも示唆するものとみてよいであろう。

既述のように、四三八年の珍の自称称号中に「任那」が使われたあと、四五一年に至り済の官爵に使持節、都督倭・新羅・任那・加羅・秦韓・慕韓六国諸軍事を加えられる。『宋書』にはこのとき済が宋に遣使したという記録はないが、通例からみて、遣使朝貢して除正を求めたことに対する宋朝の処遇とみてよい。このとき「任那」のほかに「加羅」が加えられているが、この「加羅」は南の金官に対して北の有力国である大加耶（現高霊）をさすとみてよい。それがこのとき加えられたのは、倭王が申請したとみられる「百済」が削られたかわりに宋が加えたとみる(21)のが通説的理解であろうが、田中俊明氏は「宋側が一方的な配慮で、要求もされていない「加羅」を含めた都督諸軍事号を与えるということは考えられない」とし、倭国側が「加羅」も含めて要求していたとみている(22)。通例をふまえた田中氏の批判は簡単には退けがたいが、もしこれが倭国側の意向によるものだとすると、これ以降倭国は加耶諸国を「任那」と「加羅」二国で代表させて呼称することが定着していくはずであるが、そのようなことは『日本書紀』からはうかがわれず、「任那」が加耶諸国の汎称として使われつづける。したがって筆者は、確かに異例ではあるが、済のときに「加羅」が加えられたのは宋側の配慮によるもので、それゆえに倭国内ではこのような用法が定着しなかったと考えておきたい。

以上、ここではこれまで『日本書紀』にだけみえると思われてきた広義の「任那」の用法が四三八年の珍の自称称号にすでにみえることを確認した。

四　広開土王代の国際関係と倭国

最後にさらに時期をさかのぼって、広開土王代（三九一～四一三年）の国際関係を概観し、そのなかでこの時期の倭国の対外政策および狭義の「任那」との関係がどのようなものであったかを改めて考えてみたい。

（1）広開土王代の倭国の対外政策

広開土王代といえば、何といっても「広開土王碑」が最重要の一次史料として残されており、さらに朝鮮・日本の双方に記録が残されている新羅・百済の「質」（ムカハリ）に関する史料もあるなど、前後の時期にくらべて史料的にかなり恵まれているといってよい。

広開土王代の国際関係は、百済―加耶南部諸国―倭国と高句麗―新羅という二大勢力の対抗のなかで展開していくところに特色がある。このような両勢力の形成がはじまるのは三六〇年代ごろからと考えられる[23]。『日本書紀』神功紀の『百済記』にもとづくとみられる記事から、加耶の一国である卓淳《とくじゅん》（現昌原付近）の仲介で百済と倭国の間に国交が樹立され、その記念として百済王（近肖古王）の世子（＝太子、近仇首王、貴須王とも）から倭王に送られたのが七支刀（石上神宮蔵、『日本書紀』には「七枝刀」とある）と考えられる[24]。七支刀には、その作製年次として「泰和四年」（三六九年）という東晋の年号がみえる。

このころから百済は、南下策を強めた高句麗と激しく対立し、武力衝突をくり返すようになる。三七一年には、百済近肖古王が高句麗の平壌城を攻め、故国原王を戦死させるという大事件が起こる（『三国史記』高句麗本紀・百済本紀）。以後、百済と高句麗の対立はさらに激しさを増し、『三国史記』には連年のように両国の戦闘記事がみられる。

一方、新羅に関しては、三六四年に大挙侵入してきた倭兵を奈勿王が奇計を用いて撃破した話がみえ、広開土王即位後の三九三年にも都の金城（現慶州）を倭兵に包囲されたが、新羅の歩騎一二〇〇で撃退したという（『三国史記』新羅本紀）。新羅本紀には、その信憑性については検討を要するが、第十代奈解尼師今（一九六―二三〇年）以降、倭国・倭人関係の記事が散見されるようになる。交聘や請婚もあるが、その大半は来襲記事であり、この時期の倭国との関係がうかがわれる。高句麗関係の記事は少ないが、三九二年に王族の実聖が高句麗に「質」として送られたという記事が注目される。

以上、『日本書紀』『三国史記』から四世紀後半の半島情勢を概観してきた。百済は高句麗と軍事的に激しく対立する一方で、加耶南部諸国を介して倭国と国交を樹立している。新羅は三世紀代（辰韓の斯盧国か）からしばしば倭兵の来襲を受けていたようで、倭国への出質もこの問題との関連が考えられるが、高句麗への出質は「広開土王碑」（以下「碑文」と略す）の内容もふまえて考えてみる必要があろう。

このように、広開土王が即位した三九一年（「碑文」の年代、『三国史記』高句麗本紀の紀年では三九二年）ごろは、半島をめぐる国際関係は高句麗と百済の軍事的対立を軸に、倭兵の新羅侵入を副次的要素として展開しているようにみえるが、この構図は「碑文」の内容分析[25]によってさらに裏づけられる。

「碑文」によれば、永楽六年（三九六）に広開土王自ら軍を率いて百済を討伐し、大勝する。百済王（奈勿王）は広開土王の前にひざまずき、永く「奴客」となることを誓った。ところが永楽九年（三九九）に百済はその誓いを破って倭と和通したので、広開土王は警戒のため平壌まで南下して来る。そこに新羅から使者が来て、「倭人満㆓其（＝新羅）国境㆒、潰㆓破城池㆒、以㆓奴客㆒為㆑民」と訴え、高句麗に帰順することを表明し救援を求めた。そこで広開土王は翌年、五万の兵を新羅に派遣すると、倭兵は退却して逃走する。高句麗軍はそれを急追して「任那加羅」（金官）に至ると、その地の従抜城が高句麗に帰服する。また安羅人の戍兵（守備兵）もこの戦闘に加わったようであるが、碑文が摩滅していて詳細は不明である。この年条の末尾には「朝貢」の二文字が認められ、広開土王による新羅救援の結果、新羅は新たに高句麗に隷属、朝貢するようになったとみられる[26]。

この四〇〇年の戦いが「碑文」から知られる最初の倭国・高句麗戦である。戦闘経過からみると、倭軍は「任那加羅」を根拠地にして新羅に出兵し、さらには安羅とも提携していたことがうかがわれ、このころ倭と金官・安羅などの加耶南部諸国との間には緊密な軍事的提携が存在していたと考えられる。

当時、百済と倭国は、さきにみたように、三六〇年代に国交を樹立したが、それは軍事同盟の性格をもつものであった。その後も高句麗・百済両国は熾烈な戦闘をくり返して広開土王代に至るが、百済は三九六年に広開土王軍に大敗したことで、王にひざまずいて服属を誓わされた。「碑文」にはその三年後の三九九年に「百残違レ誓与レ倭和通」とあり、ほどなく高句麗の従属下から抜け出し、再び倭国との提携の道を選ぶのである。ここにいう「和通」とは、百済・倭国で再び講和が成立し、百済太子を「質」として倭国に送ったことをさすとみられるが、「質」についてはこのあとまとめて取り上げる。

つぎに「碑文」には、永楽十四年（四〇四）に「倭不軌侵二入帯方界一」とある。そのあとは「碑文」の摩滅が激しく釈読がむずかしいが、「連船」とか「王躬率□□従平穣」などという文字がみえ、そのあとに「倭寇潰敗、斬殺無数」とある。この年、倭は半島の西海岸ぞいに水軍を北上させ、帯方界（ソウル・黄海道方面）にまで侵入したが、平壌あたりから迎撃した広開土王の軍隊と戦って惨敗を喫したということであろう。これが「碑文」にみえる二回目の高句麗戦である。百済と倭が「和通」したあとのことであり、戦場が百済の都漢城からほど近い「帯方界」であったことなどを勘案すると、この戦闘が百済との連携のもとでおこなわれたことは容易に推察されよう。

このように、広開土王代に倭は少なくとも高句麗と二度戦い、二度とも惨敗を喫した。それらはいずれも、かつて考えられていたように、倭国単独の「半島進出」ではなく、百済—加耶南部諸国—倭国と高句麗—新羅という二大勢力圏の枠のなかで戦われたものであった。この二大勢力圏の一方の盟主が強大な軍事力を誇る高句麗であることは明白であるが、もう一方の盟主は、やや不安定ではあったが倭国とみてよい。つぎにこのことを、広開土王代の「質」の検討を通していくことにしたい。

（2）広開土王代の「質」の外交的意義

ここでいう「質」とはムカハリ、すなわち王の「身代わり」というのがその意味で（王族が選ばれるのが原則）、いわゆる人質とは必ずしも同義ではない。この「質」に関しては、『日本書紀』ばかりでなく『三国史記』や『三国遺事』

にも対応する記述があり、歴史的事実であることが確実視される点できわめて貴重である。また「質」は東アジア世界では重要な外交手段として用いられているので、「質」の送受関係を通して国際関係の実態にせまることが可能である。

なお古代の「質」に関しては、中国の春秋・戦国期の「質」を分析した小倉芳彦氏の著名な論文があり、(27)示唆に富む内容で参考になることが少なくない。とはいえ、小倉氏によれば、同じ「質」でも春秋期には諸国間の国際秩序を儀礼的に維持する機能があったのが、戦国期には戦略的意図が濃厚となり、さらには国内で臣下の服従を強制する手段としてさえ用いられるようになるという。要するに「質」のあり方は、その国家・社会をとりまく政治的、社会的状況によって大きく変化するのである。朝鮮諸国と倭国の間の「質」に関しても、いま検討を加えようとしている広開土王代と六、七世紀段階とではさまざまな点で相違があったはずであるが、ここでは広開土王代に関するものに考察を限定する。

さて、百済・新羅から倭国への入質は、以前は倭国への服属の証しととらえられることが一般的であったが、このような見方は〝南朝鮮の植民地支配〟説の崩壊とともに大幅に見直されるようになった。山尾幸久氏は「外交関係において相手国を裏切らない保証を与えた上で、特に強い政治的・軍事的な協力を働きかける」ときに派遣された外交使節とみている。(28)また羅幸柱氏も山尾氏の見解を継承しつつ、「質」を「王の身代わりとして外交上重大な任務を帯びた「外交特使」として性格づけ」る。そのうえで「質」の当事国である倭・百済両国の関係を対等とみなし、百済の倭国への出質を倭国に強要された受動的なものではなく、「百済の外交政策全体の一環としての対倭政策上の必要から出た、自主的選択」ととらえている。(29)

筆者も以前、このような「質」のとらえ方に基本的に賛同したことがある。(30)確かに「すべての「質」をただちに服属・従属の証として捉える考え方がはなはだ危険である」ことは羅幸柱氏の指摘のとおりである。しかし、「質」を対等な関係を前提とした外交特使と理解しようとしても、やはり大きな問題が生じると思われる。というのは、少なくとも広開土王代前後には、「質」は相手国において行動の自由を制限された存在であり、しかもそれを当事国の一方だけが送っているからである。このことは、「質」を送り出した国と受け入れ国の関係が、対等とはいいがたいことを示していよう。以下、この点に注意しながら、広開土王代前後の「質」の送受関係を通して国際関係をみていきたい。

『三国史記』百済本紀阿莘王六年（三九七）五月、「王与二倭国一結レ好。以二太子腆支一為レ質」とあり、このとき阿莘王は倭国と修好し、その証として太子の腆支（阿莘王の第一子）を「質」として送ったことが知られる。『日本書紀』応神八年三月条所引の『百済記』に、「阿花王立无二礼於貴国一。故奪二我枕弥多礼、及峴南・支侵・谷那・東韓之地一。是以遣二王子直支于天朝一、以脩二先王之好一也。」とあるのは、これに相当する記事とみられる。人名が異なるが、阿莘王の「莘」が「華」の異体字だとすると阿花王の異表記と解されるし、「直支」は『三国史記』百済本紀腆支王紀に「腆支王〈或云二直支一〉」とあって、腆支王の別名であることが知られる。しかも応神八年は干支二運を繰り下げると三九七年になり、『三国史記』と一致する。そしてここでも出質は「脩二先王之好一」、すなわち修好のためとされている。このように、彼我の記事は同じ事実の記録であって、阿莘王の長男腆支は確かに三九七年に「質」として倭国に送られたのである。ただし百済から枕弥多礼（＝耽羅、現済州島）以下の地を奪ったというのは事実とは考えがたい。『日本書紀』継体二年（五〇八）十二月条に「南海中耽羅人、初通二百済国一」とあって、そもそも耽羅が百済に属するのは六世紀以降のことと考えられるからである。

『百済記』のいう「无礼《ぶれい》」とは、これまでも指摘されているように、三九六年に大敗を喫した百済王が広開土王に服属を誓った事実をさすとみられる。倭国にとって、同盟相手の百済が高句麗に服属したのは「无礼」とされたのであろう。そうすると、「碑文」でその三年後に百済が誓いを破って倭と和通したと記されている出来事こそ、百済が修好のために倭国に腆支王を「質」として送った事実に相当するとみてよい。

『三国史記』腆支王即位前紀によれば、その後、四〇五年に阿莘王が死去する。次男の訓解が摂政となって腆支の帰国をまったが、三男の碟礼が訓解を殺して自立して王となるという政変が起きた。腆支は倭国にいて父王の訃報に接し、哭泣して帰国を願ったので、倭王は兵士一〇〇人で本国まで護送する。間もなく国人が碟礼を殺して腆支を迎え入れ、即位させたという。この記事で注意されるのは、父の死去を知った腆支が号泣して倭王に帰国を懇願したことで、もし通常の外交使節であったとすれば、このようなことはあり得ないはずであって、腆支には帰国の自由がなかったと考えざるをえない。

なお「碑文」によれば、永楽六年に広開土王軍に大敗した百済王は、「男女生口一千人、細布千匹」を献上し、広開土王に跪いて永く「奴客」となることを誓ったという。そこで広開土王は五十八城と村七百を自国の領域に編入し、百済王の弟と大臣一〇人を連行して都に凱旋する。これまでも指摘されているが、都に連行された王弟と大臣は「質」とみてよいであろう。春秋期の中国でも、王子や公子（諸侯の子）だけでなく大夫の子がいっしょに「質」となることがあった。

新羅は広開土王代前後に、高句麗に二度、倭国に一度、「質」を出している。『三国史記』新羅本紀によれば、高句麗への最初の「質」は王族の実聖で、三九二年に出質し、四〇一年に帰国している。二度目が奈勿王第二子の卜好で、四一二年に出質し、帰還したのが四一八年とされる。また倭国へは奈勿王第三子の未斯欣を四〇二年に送り、四一八年に帰国したという。卜好・未斯欣兄弟を相ついで帰国させたことで有名なのが堤上で、『三国史記』では巻四五列伝第五の朴堤上伝にも両人の「質」の奪還物語が載せられている。同様の話は『三国遺事』巻一にも、堤上は「金堤上」、「質」の兄弟は宝海・美海の名で収められているが、『三国史記』とは年代が若干異なる。『三国史記』朴堤上伝によれば、堤上はまたの名を「毛末」といったというが、『日本書紀』神功五年三月己酉条には「毛麻利叱智《もまりしち》」ら三人による「質」の「微叱許智伐旱《みしこちほつかん》」の奪還物語がみえる。「毛麻利叱智」が毛末、すなわち堤上、「微叱許智伐旱」が未斯欣であることは容易に察しがつく。おそらく『日本書紀』の物語がもっとも原形に近く、ついで『三国史記』→『三国遺事』と変化していったのであろう。

このように彼我の複数の文献に同工異曲の物語が残されているのは、もととなる事実があったことを示していよう。

これらに共通する主題は、新羅王の命を受けた堤上（毛麻利叱智）が、高句麗・倭国に「質」として滞在していた二人の王弟を説得や奇計によって救い出すことに成功するが、最後に倭国で捕まって処刑されるという悲劇の英雄の物語である。この物語が成立するためには、「質」には本国への帰還の自由がないということが共通の前提となっていることに気づくであろう。やはりここでも、「質」を対等な関係を前提とした外交使節とみなすことはできないのである。

ここで出質の原因を考えてみると、『三国史記』新羅本紀奈勿王三十七年（三九二）正月条には「高句麗遣レ使。王以二高句麗強盛一、送二伊湌大西知子実聖一為レ質」とある。高句麗からの遣使は、高句麗本紀には「遣二使新羅一修好」とあるので、このとき外交交渉が合意をみて両国が修好したことが知られる。新羅の出質も、交渉での合意の結果であろう。新羅だけが一方的に「質」を出したのは、高句麗が「強盛」だからとされる。抽象的な表現で、これだけでは事情は明らかでないが、「碑文」では、三九九年に倭人が新羅領内に多数侵入してきて広開土王に救援を求めているし、『三国史記』でも、前述のように、三六四年、三九三年と倭兵の侵入記事がみえる。このようなことから、このときの出質は倭兵の脅威に備えるために高句麗の傘下に入ったことによると考えられる。

二度目の卜好の出質については、[31]四〇〇年に倭兵を新羅領から掃討したあと、新羅は高句麗に軍事的に従属し、朝貢するようになると考えられるので、このような両国の関係を前提とし、新羅側が高句麗にそのような関係継続の保証として出質したものであろう。

一方、未斯欣の倭国への出質についても、『三国史記』新羅本紀には倭国との通好に際して出質したとあり、同書朴堤上伝にも、「与二倭国一講和、倭王請下以二奈勿王之子未斯欣一為上レ質」とやや具体的に書かれている。すなわち、このときにも両国間の講和にともなって新羅からの出質が合意されたとみてよい。既述のように、『三国史記』「碑文」共通して倭兵の新羅領侵入を伝え、しかも「碑文」によれば、そのために新羅は三九九年に高句麗に救援要請するところまで追い込まれている。この時期の新羅にとって倭兵の脅威は重要な軍事・外交問題であった。新羅は、おそらく倭国との外交折衝において新羅領の侵犯停止の約束をとりつけ、その見返りとして未斯欣の出質を承諾したのであろう。

このようにみてくると、広開土王代前後の「質」については、いくつかの共通点が認められる。一つは、「質」は当事国同士の外交交渉の結果として送られるものということである。この点は、春秋期の「質」が「盟」を前提としていることに類似する。すなわち「質」は、旧説のようにそれ自体が服属の証というわけではなく、盟約を当事国が破らない保証として送られるものなのである。山尾氏がいうように、「外交関係において相手国を裏切らない保証」ではあるが、注意すべきは外交折衝をおこなう外交使節とは別の存在という点である。ムカハリとよばれたのは、まさに「質」のこの性質による。

共通点の第二は、「質」は相手国で行動の自由を制限されたことである。百済から倭国に送られた腆支（直支）、新羅から高句麗・倭国に送られた卜好・未斯欣兄弟についてはすでにふれたが、高句麗に最初に送られた実聖については、『三国史記』には、即位後も自分を出質させた奈勿王を怨んでいたので、倭王から奈勿王第三子の未斯欣を「質」として送るよう要請があったときにも拒まなかったし（朴堤上伝）、長子の訥祇については第三者に殺害を依頼したが、そのことを知った訥祇が逆に実聖王を殺し、自ら即位したという話が伝えられている（新羅本紀訥祇王即位前紀）。この時期の「質」にまつわる話に「怨みの連鎖」が投影されているとされる[32]のも、当時の「質」が相手国の監視下にあり、不自由な生活を強いられる存在であったことを物語るものであろう。

第三は、右のような性格をもつ「質」が、この時期のすべての事例で一方の当事国からだけ送られていることである。「質」の送受が一方通行なのである。のちの時期も含めて、倭国をめぐる「質」の送受においては、倭国は常に受け入れ国側であって、相手国へ「質」を送ったことは一度も確認できない。では、外交上の盟約の保証と考えられる「質」を当事国の一方だけが出すことは、どのように評価されるべきであろうか。

この問題を考えるには、まず「質」が外交上の盟約の何を保証したものなのかを明らかにしておく必要がある。新羅の二度の高句麗への出質は、『三国史記』に「以㆓高句麗強盛㆒」とあること、「碑文」で高句麗へ救援要請をしていること、さらには広開土王代以降しばらくの間、新羅は高句麗に軍事的に従属することなどから、軍事援助の代償であったとみてよい。また百済の倭国への出質も、両国の国交樹立が軍事同盟的性格をもっていたこと、高句麗にいったん服属したあとの修好にともなうものであること、その後、倭国が帯方界まで侵攻していることなどからみて、同様に軍事援助の見返りと解される。多少問題があるのは新羅の倭国への出質であるが、この時期両国は基本的に敵対関係にあったので、軍事援助の見返りということは考えがたい。講和後の出質という点からみて、おそらくこのときに倭国側の軍事力の不行使が合意されて、それに対する保証と解するのがよいと考える(33)。

このようにみてくると、この時期の新羅・百済から高句麗・倭国への出質は、軍事力の行使、あるいは不行使という盟約に対する保証という意味があったということになろう。ちなみに春秋期の「質」も、多くの場合、敵に降服したときや他国に援兵を要請するときなど、その立場が「いちじるしく不利な状況」のときに送られるという。二国間で「質」が交換されることもあるが、それは二国の力関係が対等な場合とされる(34)。広開土王代前後の高句麗・倭国への一方向の出質は、このような春秋期の「質」の例を勘案しても、対等な二国間の関係を前提としたものとみることは困難である。「質」を受け入れる側が軍事的に優位に立っていることは否定しがたいと考えられる。

とはいえ、この時期の「質」の送受関係は、当事国同士の盟約にともなうものなので、当面する外交問題が解消すれば「質」は送られなくなり、両国関係も変化していくと考えられる。倭兵の侵入に悩まされた新羅は、高句麗の傘下に入る一方で、倭国にも出質してその侵入を防ごうとしたが、未斯欣の帰国後は七世紀まで「質」は確認できない。また高句麗への出質も卜好以降はとだえる。百済から倭国への「質」は、四〇五年に腆支（直支）が帰国したあとはしばらくとだえ、四六一年に「脩㆓先王之好㆒」ために派遣されてきた王弟の軍君（昆支）（『日本書紀』雄略五年七月条所引『百済新撰』）がつぎの「質」とみられる。この間、百済・新羅両国は四三三年に講和して新たな国際関係を築きはじめ、広開土王代の百済―加耶南部諸国―倭国vs.高句麗―新羅という勢力図は大きく変化していくことになる(35)。

このように「質」の送受による国際関係とは、軍事的に不均衡な二国間関係において、優位に立つ国へ「質」を納れることによって盟約の遵守を保証するという意味をもったと考えられる。冊封や朝貢といった外交関係にくらべて、ある特定の局面でとられた外交手段であったといえよう。

以上、広開土王代の朝鮮諸国と倭国をめぐる国際関係をみてきた。ここで本稿の主題に立ち返り、関連することをまとめておきたい。まず広開土王の対外政策には帝国的志向が明瞭に認められる。「国岡上広開土境平安好太王」と諡《おくりな》されたように、盛んに領域拡大をおこない、新羅や粛慎とは朝貢関係を結んだ。(36) また新羅からは二度にわたって質を受け入れている。さらに三九六年、広開土王軍が百済に大勝すると、百済王は、一時的とはいえ、それまでの倭国との同盟関係を破棄して、高句麗に従属することを余儀なくされるのである。このように、広開土王は征服戦争をくり返して支配領域を拡大するとともに、周辺諸国を隷属させる政策を展開した。

そのようななか、百済は高句麗に対抗するために加耶南部諸国を介して倭国と軍事同盟を結成する。七支刀の銘文からみて、当初は対等な関係であったと解されるが、いったん広開土王に帰服したあとで倭国と講和したときには「質」を出しており、軍事援助と引き替えに従属的な外交関係を結ぶことになった。

倭国には、四〇二年に新羅からも講和と引き替えに入質があった。こうして倭国は、四〇〇年前後には百済・新羅両国と自国優位の外交関係を結んだことが知られる。

そこでつぎに問題となるのが、このような倭国優位の外交関係には貢調がともなったのかということである。『日本書紀』神功摂政前紀仲哀九年十月辛丑条のいわゆる神功皇后の新羅征伐記事の末尾には、(1)「新羅王波《は》沙《さ》寐《む》錦《きむ》」が「微《み》叱《し》己《こ》知《ち》波《は》珍《とり》干《かん》岐《き》」を質とするとともに、(2)金・銀・彩色と綾・羅・縑絹を献上した。(3)新羅王の「日本」への貢調がはじまったのはこのときからである、という話が付されている。(3)は貢調の起源を述べた縁起譚であり、『日本書紀』の編者が付加したとみてよいが、「微叱己知波珍干岐」は「毛麻利叱智」による「質」奪還物語（神功五年三月己酉条）にみえる「微叱許智伐旱」（未斯欣）のことであるから、それと一連の新羅系史料から出た記事と考えられる。とすれば、「微叱許智」の倭国への出質の際に金銀や高級絹織物が送られたのは事実とみてよいであろう。倭国優位の外交関係において、これらの物品が倭国側で調とよばれたことは十分に考えられるが、新羅にはそのような認識はなかったのかもしれない。

春秋期の「質」は「盟」を前提とするとともに、「賂」が同時に送られた。「賂」とは、宗廟の宝器・玉璧・幣錦・馬などの物品や楽師・女楽・工人などの特殊技能をもつ人物などである。また「碑文」に、広開土王軍に大敗した百済王が服属を誓って王弟・大臣らを出質したときに「男女生口一千人、細布千匹」を献上したとみえるのは、「賂」に相当するものにちがいない。このような傍証をふまえると、新羅・百済から倭国への出質の際にもヒト・モノがともなっていたとする見解はさらに補強されよう。このヒト・モノを倭国側が貢進物と認識し、とくにモノについては調とよんだのではないかと考えられる。

以上、史料的に論証可能な「質」の問題からアプローチして、新羅・百済から倭国への出質に貢調がともなっていたことを論じたが、これによって倭国は広開土王代に百済・新羅と倭国優位の外交関係を結び、「調」の貢納も受けていたことが明らかになったと思われる。すなわち高句麗と同様に、この時期の倭国の対外政策もまた帝国を志向するものだったのである。そこで最後に、残された加耶諸国、とくに「任那加羅」(以下、五世紀初頭以前の金官国については、「碑文」にならって「任那加羅」とよぶ)と倭国の外交関係がいかなるものだったのかを考えてみたい。

(3) 広開土王代の倭国と「任那加羅」

広開土王代の倭国と「任那加羅」(金官国)との外交関係を具体的に知ることのできる史料はほとんど残されていない。そこで以上の考察をふまえながら推論を展開してみたい。まずこの時期に倭国と外交関係のあった加耶諸国としては、「任那加羅」をはじめ、同じく「碑文」に出てくる安羅、神功紀で百済と倭国の国交樹立の仲立ちをしたとされる卓淳などの加耶南部諸国があげられよう。そのうち「碑文」に倭兵の退却先としてみえる「任那加羅」は、新羅侵入の拠点となっていたと考えられる。これはもちろん倭国が「任那加羅」を軍事的に支配していたとか、制圧していたということではない。両者は軍事的に提携していたとみるべきであって、このとき高句麗軍と戦ったらしい安羅も同様の関係にあったとみてよいであろう。

「任那加羅」の倭国との関係の深さは、考古学的にも実証されている。高久健二氏の集成によれば、「任那加羅」の所在地である金海の大成洞古墳群や良洞里古墳群からは巴形銅器や紡錘車形などの倭系遺物が集中的に出土しており、「金海地域の特異性が浮かび上がる」と評価されている[37]。また酒井清治氏によれば、列島における須恵器生産は四〇〇年前後に加耶東部の金海・釜山から渡来した工人によって西日本各地で多元的にはじまり、ついで五世紀前半に陶邑での須恵器生産が本格化する時期になると栄山江流域（馬韓地域）から新しい技術が入ってきて須恵器が定型化するという[38]。

加耶諸国は、近年の研究によれば一枚岩であったわけではなく、倭国との関係も一律ではなかった。いわゆる「任那日本府」を加耶諸国全体の合議機関と考える説が提起されたこともあったが、これはいわば「任那」の統治機関説の焼き直しであって、史料的根拠に乏しい。倭国と関係が深かったのは加耶南部諸国にほぼかぎられ、大加耶を中心としたそれ以外の国々は、とくに五世紀代までは倭国とは比較的疎遠であったとみるのがよいであろう[39]。加耶南部諸国が倭国と密接な関係にあったのは、小国の独立維持には倭国の軍事力が必要であり、倭国もまた先進文物を必要としたからであろう。とくに新羅に近接している金官国にとっては倭国の軍事力は不可欠であり、倭国の側も半島の玄関口に位置し、なおかつ鉄の産地でもあった「任那」（金官国）は特別な存在であったにちがいない。「碑文」に「任那加羅」が倭兵の退却先としてみえるのは、このような想定の有力な裏づけとなろう。

最後にこれらの諸点をふまえて「任那加羅」と倭国の外交関係を考えてみると、倭国優位の関係を示す確かな史料は存在しない。では、対等の外交関係であったとみてよいかというと、筆者はそれは困難であると思う。それは、第一に、倭国が百済・新羅に対しては、倭国優位の外交政策をとっていたことが明らかであるし、第二に加耶南部諸国、とくに「任那加羅」は倭国から軍事援助を受けていたことが「碑文」からうかがわれるからである。

近年一般的となった、倭国と朝鮮諸国との関係を対等とみる説では、倭国が軍事援助をし、その見返りとして朝鮮諸国から先進文物や鉄などが供与されたという理解が広くおこなわれている。確かにそのような側面は認められるが、正確な評価とはいいがたい。というのは、軍事力は一国の死命を制しうるものであって、それを提供しうる側が優位に立つことは、本稿で検討した「質」の送受関係からも明らかだからである。

広開土王代前後には、倭国はいったん高句麗に従属した百済とふたたび講和して、一定期間「質」を納れさせ、さらに「調」も貢納させていたとみられる。一方、新羅とは基本的に敵対関係にあったが、四〇二年に講和が成立して「質」を出させるとともに、「調」も進上させるようになった。このような関係は、少なくとも「質」が帰国する四一八年までは続いたとみてよい。

このように倭国は、四〇〇年前後には軍事力を背景にした自国優位の関係を百済・新羅と結んでいたと考えられる。そのような〝帝国主義〟的な外交政策を推し進めていた倭国が、加耶諸国とだけは対等の外交関係を結ぶということが、はたしてありうるだろうか。しかも碑文から「任那加羅」とは、軍事的に提携していたことがうかがわれる。「任那加羅」は加耶諸国中の一国で、朝鮮三国にくらべてはるかに小国であるから、倭国の軍事援助は国の存立に関わるほどの重要性をもっていた可能性は十分に考えられよう。「任那加羅」が「質」を出していたかどうかは不明であるが、その見返りとして「調」を貢納していたとみるのは無理な想定ではないと考える。

以上の検討をふまえて、第二節でもとりあげた『日本書紀』崇神六十五年七月条の「任那国遣二蘇那曷叱知一、令二朝貢一也。任那者去二筑紫国一二千餘里。北阻レ海以在二鶏林之西南一。」という記事を改めて取り上げてみたい。本記事は『日本書紀』最初の対外関係記事であるが、記事中の「鶏林」とは新羅の別名であり、その西南というのは金官国の方角なので、ここは狭義の「任那」のことであることが分かる。また「蘇那曷叱知」は朝鮮系の借音字とみられるので[40]、まったくの国内伝承ではなく朝鮮系の史料にもとづいた記事と考えられる。ただし百済系史料ではないので、年代を干支二運（一二〇年）降らせる操作は無効であり、年代は不明とするしかない。とはいえ『日本書紀』の対外関係の記事が、狭義の「任那」の朝貢記事からはじまっているというのは、はやく日本古典文学大系『日本書紀』上巻の頭注が注意しているように、まことに象徴的である。少なくとも『日本書紀』の編者にとって狭義の「任那」の朝貢記事は、倭国の対外関係のはじまりを象徴しうるほどの重要性をもつ国だったのである。この点からも狭義の「任那」、すなわち「任那加羅」は倭国にとって特別な意味をもった国であり、その「任那加羅」が倭国に求めたものが軍事援助だったとすれば、両国の関係はその段階から倭国優位で、「任那加羅」は「調」を貢納していたとみてよいと思われる。

以上、本章では倭国の対外関係を〝東夷の小帝国〟論と「任那」問題の再評価を中心に論じてきた。最後に論点をまとめておきたい。

〝南朝鮮の植民地支配〟説は、すでに完全に過去のものになったが、では律令制以前の倭国の対外関係をどのように再構築すべきかということになると、いまだ混沌とした研究状況であるように思われる。なかでも、〝南朝鮮の植民地支配〟説の中核をなしていた「任那」をめぐる問題をどのようにとらえ直せばよいのかということについては、朝鮮諸国との外交関係を対等とみる立場が主流となるなかで、「任那」の特異性、特殊性という評価自体が克服されるべき対象とされているように感じられる。しかしながら、『日本書紀』が「任那」を加耶諸国の汎称として用いていることは厳然たる事実であるが、そのこと自体が「任那」の特異性の端的な表れであり、歴史的所産なのである。新たな「任那」論の構築なしに律令制以前の倭国の対外関係史は描けないというのが筆者の考えである。

律令制以前の倭国の対外関係を再検討するためには、石母田氏の〝東夷の小帝国〟論の再評価が重要と思われる。それは、外交政策を規定した支配層の「国際意識」というレベルでは、依然としてその価値を失っていないし、廣瀬氏が「すべての国家は帝国たりえる」と表現した「帝国性」の問題としてとらえ直せば、国際関係を多くの王権・国家の主体的な外交活動の場としてダイナミックにとらえることができるとともに、律令制以前の対外関係を一律に対等とみる立場を克服することができると考える。

広開土王代の倭国の対外関係の特色は、百済―加耶南部諸国―倭国 vs. 高句麗―新羅という二大陣営のなかで軍事援助をテコに反高句麗勢力の盟主的地位について、百済からは「質」と調を、「任那加羅」からも調を得ており、さらには高句麗陣営に属する新羅からすら、一時期、「質」と調を受け入れていたことにある。とくに「任那加羅」とは、軍事提携の見返りとしてさまざまな文物が貢上され、緊密な関係が継続した。倭国の〝小帝国〟的理念の醸成にとっても特別な存在であったと思われる。ところが同盟関係にもとづく軍事行動で二度にわたって高句麗に惨敗し、反高句麗勢力の盟主的地位はゆらぎだし、新羅の自立の動きもあって、四二〇年代以降、国際関係はしだいに変化していく。

このような状況下ではじまるのが、倭の五王の宋への遣使と高句麗並みの官爵の獲得要求である。これはいわばぐらつきだした国際的地位の挽回策であったが、結局、最後まで「都督……諸軍事」号に百済を入れることが認められず、失敗に終わる。この時期倭国は、〝東夷の小帝国〟を標榜する外交政策を継続するが、朝鮮半島での軍事行動は縮小し、高句麗と戦うこともなくなる。しかし「金官」と国名をかえた「任那」とは緊密な関係が続き、すでに「任那」が加耶諸国の汎称として用いられていることも確認できる。

このように広開土王代から倭の五王の時代にかけて、倭国の対外政策は軍事力を背景にした〝帝国主義〟的理念にもとづくものという点では一貫していたが、そのような理念を支えていたものこそ、「任那」（金官）との特別な関係であったと考えられる。

この「任那」との関係の特異性は、六世紀前半の金官国の滅亡後は、「任那復興」という最重要の外交課題に形を変えて大化改新まで引き継がれていくことになる。近江毛野の安羅派遣、「任那日本府」による外交活動、そして「任那の調」の要求などはすべてこの「任那復興」をめざしたものである。倭国は亡んでしまった「任那」になぜここまで執着したのであろうか。末松保和氏の『任那興亡史』(41)とは異なる視点からこの問題にアプローチすることを筆者のつぎの課題としたい(補註)。

註

（1）金錫亨『古代朝日関係史』（勁草書房、一九六九年、原本は一九六六年）。
（2）李進熙『広開土王陵碑の研究』（吉川弘文館、一九七二年）。
（3）山尾幸久『古代の日朝関係』〈塙選書〉（塙書房、一九八九年）。
（4）石母田正「日本古代における国際意識について—古代貴族の場合—」（『石母田正著作集』第四巻、岩波書店、一九八九年。初出は一九六二年）七頁以下。
（5）酒寄雅志「華夷思想の諸相」（『渤海と古代の日本』校倉書房、二〇〇一年。初出一九九二年）。
（6）石母田正「古代における帝国主義について—レーニンのノートから—」（前掲註（4）石母田書、初出一九七二年）一二一頁。
（7）廣瀬憲雄『古代日本外交史—東部ユーラシアの視点から読み直す—』〈講談社選書メチエ〉（講談社、二〇一四年）一七九—一八一頁。
（8）田中俊明『大加耶連盟の興亡と「任那」—加耶琴だけが残った—』（吉川弘文館、一九九二年）三一—四〇頁。なお森公章「「任那」の用法と「任那日本府」（「在安羅諸倭臣等」）の実態に関する研究」（『東洋大学文学部紀要』六三 史学科篇三五、二〇一〇年）にも同様の見解がみえる。
（9）田中俊明「高句麗の「任那加羅」侵攻をめぐる問題」（『古代武器研究』二、二〇〇一年）。
（10）慶星大学校博物館『大成洞古墳群Ⅰ（日本語版）』（大阪朝鮮考古学研究会、二〇〇一年）一九一—一九四頁。
（11）『日本書紀』では、金官を須奈羅とも表記するが、それはso（soi）＝金、nara＝国の意味であるという。三品彰英『日本書紀朝鮮関係記事考證』下巻（天山舎、二〇〇二年）二四三頁。
（12）彌永貞三「「彌移居」と「官家」」（『日本古代社会経済史研究』岩波書店、一九八〇年、初出一九六四年）。
（13）坂元義種『倭の五王—空白の五世紀—』（教育社、一九八一年）一六三頁以下。
（14）田中俊明「韓国の前方後円形古墳の被葬者・造墓集団に対する私見」（『前方後円墳と古代日朝関係』同成社、二〇〇二年）。
（15）熊谷公男「倭王武の上表文と五世紀の東アジア情勢」（『東北学院大学論集　歴史と文化』五三、二〇一五年）。
（16）前掲註（14）田中論文。
（17）熊谷公男『大王から天皇へ』〈日本の歴史03巻〉（講談社、二〇〇一年）七二頁。

(18)　前掲註(15)熊谷論文。
(19)　西嶋定生『日本歴史の国際環境』(東京大学出版会、一九八五年)七五頁以下。
(20)　以下、熊谷公男「国家形成期の倭国の対外関係と軍事」(『日本史研究』六五四、二〇一七年)参照。
(21)　坂元義種「倭の五王―その遣使と授爵をめぐって―」(『古代東アジアの日本と朝鮮』一九七八年、初出一九七〇年)三六五頁。
(22)　前掲註(14)田中論文。同「倭の五王と朝鮮」(『姜徳相先生古希・退職記念日朝関係史論集』新幹社、二〇〇三年)にも同様の見解がみえる。
(23)　金泰植「六世紀中葉加耶連盟の滅亡過程」(『朝鮮学報』一四六、一九九三年)、前掲註(8)田中書、一三四頁。
(24)　前掲註(8)田中書、一九二―二〇四頁。
(25)　以下、「碑文」の理解は武田幸男の「廣開土王碑文試釈」(『廣開土王碑原石拓本集成』東京大学出版会、一九八八年)、および同「『広開土王碑文』釈読」(『高句麗史と東アジア』岩波書店、一九八九年)を参考にした。
(26)　武田幸男「「朝貢」関係の基本性格」(前掲註(25)『高句麗史と東アジア』)一一九―一二二頁。
(27)　小倉芳彦「中国古代の質―その機能の変化を中心として―」(『中国古代政治思想研究』青木書店、一九七〇年)。
(28)　前掲註(3)山尾書、三八四頁。
(29)　羅幸柱「古代朝・日関係における「質」の意味―特に百済の「質」の派遣目的を中心として―」(『史観』一三四、一九九六年)。
(30)　前掲註(3)山尾書、前掲註(17)熊谷書、四六頁。
(31)　前掲註(26)武田論文、井上直樹「高句麗の対北魏外交と朝鮮半島情勢」(『朝鮮史研究会論文集』三八、二〇〇〇年)、木村誠「新羅国家生成期の外交」(『古代朝鮮の国家と社会』吉川弘文館、二〇〇四年、初出一九九二年)、前掲註(15)熊谷論文など参照。
(32)　武田幸男「新羅「人質」物語」(『隋唐帝国と古代朝鮮』〈世界の歴史6〉中央公論社、一九九七年)。
(33)　前掲註(17)熊谷書、四七頁。
(34)　前掲註(27)小倉書。なお朝鮮諸国間でも、「交質」の例がごくまれにみられる。仁藤敦史「文献よりみた古代の日朝関係―質・婚姻・進調―」(『国立歴史民俗博物館研究報告』一一〇、二〇〇四年)参照。

(35)　前掲註(15)熊谷論文。
(36)　前掲註(26)武田論文、および同「高句麗勢力圏の展開過程」(前掲註(26)書)。
(37)　高久健二「韓国の倭系遺物」(『国立歴史民俗博物館研究報告』一一〇、二〇〇四年)。
(38)　酒井清治「須恵器生産のはじまり」(『土器から見た古墳時代の日韓交流』同成社、二〇一三年、初出二〇〇四年)。
(39)　前掲註(8)田中書。
(40)　三品彰英『日本書紀朝鮮関係記事考證』上巻(吉川弘文館、一九六二年)一一―一三頁。
(41)　末松保和『任那興亡史』(『古代の日本と朝鮮』(末松保和朝鮮史著作集4)吉川弘文館、一九九六年、初出は一九四九年)。
(補註)　本稿脱稿後、「「任那復興」策と「任那の調」」と題する論考を書き、『東北学院大学論集　歴史と文化』五七(二〇一八年)に掲載されたので、合わせて参照いただければ幸いである。

古代王権と遺詔

稲田奈津子

日本古代の遺詔（天皇や太上天皇の遺言）については、即位儀礼との関わりのなかで、あるいは天皇即位をめぐる政治史的視点から様々に論じられてきたが、遺詔そのものを扱った研究としては、亀井健太郎「遺詔からみた日本古代王権」が挙げられる(1)。亀井氏は遺詔の内容から、葬儀の薄葬を命じる薄葬遺詔と、後継天皇を指名する皇嗣遺詔の大きく二つに分類し、それぞれの変遷を追うなかで遺詔の特質を指摘するとともに、古代王権との関わりについても論じられた。亀井氏の研究は、古代の遺詔全般を扱ったはじめての専論であり、学ぶべき点も多いのであるが、若干の異見やなお論じ残されていると考える点もある。そこで本稿では、遺詔の内容とともに、その伝達過程や喪葬・即位儀礼との関連にも注目し、あわせて中国唐代の皇帝遺詔との比較を通して、日本古代の遺詔の特質について検討していきたい。

一　天武以前の遺詔（武烈〜天武）

はじめに天武以前の遺詔についてみてみよう。表1は『日本書紀』に記された天皇の遺詔の有無、遺詔が告げられ

表1　天武以前の遺詔

天皇	遺詔	対象	内容	皇位継承問題
武烈				群臣の議
継体				譲位、崩日に「立大兄為天皇」
安閑				群臣の奏
宣化				皇后の推挙
欽明	○	皇太子（敏達）	皇嗣、任那	
敏達	○	橘豊日皇子(用明)	欽明勅の遵守、任那	
用明				蘇我と物部の争い、皇后・群臣の勧進
崇峻				群臣の請、百寮が上表し勧進
推古	○ ○ ○	田村皇子（舒明） 山背大兄 群臣	皇嗣 皇嗣 薄葬	群臣の議、馬子と摩理勢の争い、群臣の請
舒明				皇后（皇極）即位
孝徳				皇祖母尊（斉明）重祚
斉明	○	皇太子（天智）	薄葬	皇太子（天智）称制
天智	○	東宮（天武）	皇嗣	壬申の乱
天武				皇后（持統）称制

た対象、その内容についてまとめている。あわせて当該期の皇位継承問題に関する事項についても注記した。この表からは、皇位継承に特段の問題がない場合に、遺詔が史料上に残されるという傾向を指摘することができよう。皇位継承者に遺詔によって後事を託すことは、皇嗣の正統性を確認する行為といえるが、一方で後述の推古の事例などをみると、遺詔、つまり前天皇には皇位継承者を排他的に決定する権限がなかったことがうかがえる。この点については吉村武彦氏も「現任の天皇は、自分で次代の天皇を決定することができず、せいぜい資格をもつ天皇候補者に遺言を残すぐらいである」とされている(2)。天皇位の決定は群臣の推戴によるのが基本であり、遺詔は補助的に機能するに過ぎなかったのである。

次に遺詔の伝達について、推古の事例をもとにみていきたい。病床の推古は、推古三十六年（六二八）三月に田村皇子を召して、「天位に昇りて鴻基を経綸し、万機を馭して以て黎元を亭育するは、本より輙く言うものに非ず。恒に之れ重くする所なり。故に汝は慎みて以て察せよ。軽しく言うべからず」と詔し、また山背大兄を召して、「汝は肝稚し。若し心に望むと雖も、諠く言う勿れ。必ず群の言を待ち、以て従うべし」といっている。[3]

その後、推古が歿して九月に葬礼が終わると、蘇我蝦夷は群臣に田村皇子と山背大兄に対する推古の遺詔の内容を告げ、いずれを皇位継承者とすべきかについて議論させる。蝦夷が田村皇子を天皇にしようとしていると知った山背大兄は、群臣に「天皇の遺詔とはどのようなものか」と問うと、群臣は「われわれはよく知らないが、大臣である蝦夷の語ったところによると、天皇が病床において田村皇子に云々、山背大兄に云々と語ったということで、このことは近侍の女王や釆女等が悉く知っている」と答える。すると山背大兄が「その遺詔は誰が聞いたものか」と尋ねると、群臣は「知らない」と答える。そこで山背大兄は「その遺詔は自分の聞いたものとは少々異なっている。自分は天皇の命によって大殿に引き入れられ、そこには栗下女王を首として女孺等が八人、あわせて数十人が天皇の側に侍っており、田村皇子もいた。天皇は云々と遺詔し、このことは当時侍っていた近習たちは悉く知っている」といって、みずからが遺詔によって皇位継承者に指名されたことを主張している。[4]

この事例からは、前述のように前天皇が遺詔によって恣意的に皇位継承者を指名することはできず、群臣の意向に配慮した曖昧な遺詔しか残し得なかったことが読みとれる。またその伝達方法についても、当時の遺詔は皇位継承者等を臥内に引き入れ口頭で告げられること、遺詔は個人的に伝えられるもので公的に発表される場はなく、大臣をはじめ群臣たちは近習の女官などを通して知るほかないことがわかる。

二　奈良時代の遺詔（持統〜光仁）

次に奈良時代の遺詔についてみてみよう。表2に持統以降の死亡年、遺詔の内容と告げられた対象、その日付、死亡日、遺詔を天皇に奏聞した日付、葬日の順にまとめている。参考として、三后の遺令についてもあわせて表記した。

また表3では、遺詔（遺令）の詳しい内容についてまとめている。

持統太上天皇の喪葬は、喪葬令規定をふまえた画期的儀礼であり[5]、遺詔においても、特定の作法で声をあげて泣く「挙哀」や、謹慎を示す装いである「素服」など、中国的・律令制的要素がはじめて登場する。ここではそれらを辞退する内容ではあるが、以後も挙哀・素服の日限を指定したり辞退したりと、継続的に言及される要素となっていく。また薄葬を求める文言が明記されるのも持統遺詔の特色といえるが、元明遺詔ではさらに具体的な指示がなされており、火葬や墓碑について言及しているのが特徴的で、実際に元明天皇陵碑が現存している。墓碑建立は喪葬令中にも立条されている内容であり、比較的整った遺詔の文体に漢籍の影響がうかがえることからも、元明遺詔は中国的・律令制的な喪葬儀礼を積極的に導入していこうとする、持統以来の潮流のなかに位置づけることができよう。

奈良時代の遺詔の全般的な特色としては、不安定な皇位継承を反映して、皇嗣に関する内容が多い点が指摘できる。また遺詔の伝達方法は、前代にひきつづき皇位継承者や特定の臣下に対して個人的に伝えられるのが基本となる[6]。ただし文武天皇と称徳天皇の事例では、群臣の前で遺詔内容を発表する儀式が行われている。文武の場合は、

庚寅、天皇が東楼に御し、詔して八省の卿及び五衛の督率等を召して、告げるに遺詔に依りて万機を摂る状を以てす

とあり[7]、死後九日目に、文武の母である元明が東楼に御し、八省の卿及び五衛の督率等を召して、遺詔に従い自身が万機を摂することを告げている。また称徳の場合は、

左大臣従一位藤原朝臣永手、遺宣を受けて曰わく、「今詔りたまわく、事卒然に有るに依りて、諸臣等議りて、白壁王は諸王の中に年歯も長なり。又た先帝の功も在る故に、太子と定めて、奏せるまにまに宣り給ふと勅りたまわくと宣る」

とあり[8]、左大臣藤原永手が遺詔を受け、白壁王を皇太子に立てることを宣している。さらに『日本紀略』所引の百川伝には、

表2　奈良～平安時代の遺詔（遺令）

天皇	太上天皇	三后	死亡年	内容	対象	遺詔	死亡	奏聞	葬
	持統		大宝二（七〇二）	薄葬		（12/22）	12/22		翌年12/17
文武			慶雲四（七〇七）	薄葬 皇嗣	 母（元明）	（6/15） 6/15	6/15		11/20
	元明		養老五（七二一）	薄葬	長屋王・藤原房前	10/13・16	12/7		12/13
	元正		天平二十（七四八）				4/21		4/28
		宮子	勝宝六（七五四）				7/19		8/4
	聖武		勝宝八（七五六）	皇嗣		（5/2）	5/2		5/19
		光明	宝字四（七六〇）				6/7		―
称徳			宝亀元（七七〇）	皇嗣	（藤原永手等）	（8/4）	8/4		8/17
	光仁		天応元（七八一）				12/23		翌年正/7
		新笠	延暦八（七八九）				12/28		翌年正/15
		乙牟漏	延暦九（七九〇）				閏3/10		閏3/28
桓武			大同元（八〇六）	皇嗣	皇太子已下参議已上	前年4/6	3/17		4/7
	平城		天長元（八二四）	薄葬			7/7		7/12
	淳和		承和七（八四〇）	薄葬	皇太子（・近臣）	5/6	5/8		5/13
	嵯峨		承和九（八四二）	薄葬	（子女・近臣）	（7/15）	7/15		7/16
仁明			嘉祥三（八五〇）	薄葬			3/21		3/25
		嘉智子	嘉祥三（八五〇）				5/4		5/5
文徳			天安二（八五八）				8/27		9/6
		順子	貞観十三（八七一）	薄葬			9/28		10/5
		正子	元慶三（八七九）	薄葬	左右	（3/23）	3/23		3/25
	清和		元慶四（八八〇）	薄葬			12/4		12/7
光孝			仁和三（八八七）	皇嗣	（宇多・基経）		8/26		9/2
		班子	昌泰三（九〇〇）	薄葬			4/1		4/4

天皇	太上天皇	三后	死亡年	内容	対象	遺詔	死亡	奏聞	葬
		明子	昌泰三(九〇〇)				5/23		
		温子	延喜七(九〇七)	薄葬			6/8		6/9
		高子	延喜十(九一〇)				3/24		
	醍醐		延長八(九三〇)	三事 薄葬	忠平・代明・重明	9/29	9/29		10/10
	宇多		承平元(九三一)	薄葬	(院司)		7/19	7/20	7/20
	陽成		天暦三(九四九)				9/29		10/3
	朱雀		天暦六(九五二)	薄葬	(院別当)		8/15	8/17	8/20
		穏子	天暦八(九五四)	薄葬か			正/4	正/7か	正/10
		安子	康保元(九六四)				4/29		5/8
村上			康保四(九六七)	薄葬			5/25		6/4
		媓子	天元二(九七九)	薄葬	(宮大進)		6/3	6/5	6/8
	円融		正暦二(九九一)	薄葬			2/12	2/12	2/19
		昌子	長保元(九九九)	薄葬	(女房・権亮)		12/1	12/5	12/5
		定子	長保二(一〇〇〇)	薄葬	(宮大進)		12/16	12/21	12/27
		詮子	長保三(一〇〇一)	薄葬			閏12/22	閏12/24	閏12/24
	花山		寛弘五(一〇〇八)	薄葬	(別当)		2/8	2/11	2/17
	一条		寛弘八(一〇一一)	薄葬 土葬	(院司) 中宮・道長・近習人		6/22	7/8	7/8
	冷泉		寛弘八(一〇一一)				10/24		11/16
	三条		寛仁元(一〇一七)	薄葬			5/9	5/12	5/12
		遵子	寛仁元(一〇一七)	薄葬	(宮亮)		6/1	6/5	6/5
		娍子	万寿二(一〇二五)	薄葬	(大進)		3/25	4/26	4/14
		妍子	万寿四(一〇二七)	薄葬	(宮亮)		9/14	9/15	9/16
後一条			長元九(一〇三六)	薄葬	(右衛門督)		4/17	5/19	5/19

	後朱雀		寛徳二(一〇四五)				正/18		2/21
	後冷泉		治暦四(一〇六八)				4/19	5/5か	5/5
	後三条		延久五(一〇七三)				5/7	5/7か	5/17
		彰子	承保元(一〇七四)	薄葬	(皇太后宮亮)		10/3	10/6	10/6
		賢子	応徳元(一〇八四)				9/22		10/1
		馨子	寛治七(一〇九三)	薄葬か	(皇后宮大進)		9/4	9/11	
		禎子	嘉保元(一〇九四)	薄葬	(本院別当)		正/16	2/10	2/5
堀河			嘉承二(一一〇七)	薄葬	(前蔵人頭)		7/19	7/24	7/24

百川は永手・良継と策を定め、偽りて宣命の語を作り、宣命使をして庭に立たしめ宣制せしむ

とあり[9]、これを信頼するならば、百川等によって偽作された遺詔が宣命使により庭中において宣制されている。文武と称徳とは、ともに皇太子もなく在位中に死亡しているので、皇嗣について述べた遺詔を群臣の前に宣制し、正統性を得る手続きが必要となったため、例外的にこうした儀礼が執り行われたのではなかろうか。天下諸国に天皇死亡の事実が伝えられる際には、同時に遺詔の内容を踏まえた挙哀・素服の指示が伝えられたと考えられるが、遺詔自体が伝達されたかどうかは不明であり、基本的には遺詔自体を公表する儀式は存在しなかったものと思われる。

三　平安時代の遺詔

(1) 桓武～光孝

平安時代については、便宜的に三期に分けて検討していきたい。まず桓武から光孝にかけての時期で注目すべき点として、平城太上天皇以降は皇嗣を内容とする遺詔がほとんどみえなくなることが挙げられる。これは、平安初期における皇太子制や践祚儀礼の確立によって、皇位継承が安定してきたことと密接な関係があるのであろう。つまり、

その他	
内外文武官釐務如常	
火葬、諡号、官人守本司、碑など	（整った形式）
散骨	（整った形式）
喪葬の詳細な指示	（整った形式）
柩前即位、鼓吹方相氏の停止	（整った形式？）
基経に皇太子（宇多）の輔弼を依頼	
三事（諡号拒否、忠平を太政大臣に、醍醐寺供米年分度者）	
神事節会を停めず	
（土葬）	
殯喪を秘す	
喪事を秘して「如在之儀」	

在位中の天皇の死といえども、践祚儀礼によって即座に皇権の移譲が可能となり、遺詔の宣制による皇位継承者の正統化といった手続きが不要となったため、遺詔であえて皇嗣について触れる必要がなくなったのである。

淳和太上天皇から仁明天皇にかけては、漢文的な整った文章をもつ遺詔がみられるようになる。他の遺詔の多くが断片的にしか知られないのに対し、とくに淳和と嵯峨は長文の遺詔が残されているが、これはおそらく偶然ではなく、他の簡素で形式化した遺詔とは異なり、この両者が特別に整った文章であったため、あえて記録に残されたのであろ

表3　奈良～平安時代の遺詔（遺令）内容

死者	皇嗣	喪司	喪料	挙哀	素服	山陵	国忌	荷前	倹約
持統	—			○	○				○
文武	○			○	○				
元明	—					○			○
聖武	○								
称徳	○								
桓武	○								
平城	—				○				
淳和	—	○	○		○	○	○	○	○
嵯峨	—			○	○	○	○	○	○
仁明	△								○
順子	—			○	○				
正子	—	○		○	○				
清和	—	○	○	○	○	○			
光孝	△								
班子	—	○		○	○				○
温子	—	○		○	○				
醍醐	—								○
宇多	—	○	○	○	○		○	○	
朱雀	—	○	○	△	△	○	○	○	
村上				○	○				
媓子	—			○	○				
円融	—			○	○	○	○		
昌子	—	○		○	○	○	○		○
定子	—	○		○	○				
詮子	—			○	○	○	○		
花山	—			○	○	○	○		
一条				○	○	○	○		
三条	—			○	○				
遵子	—			○	○				
娍子	—			○	○	○	○		
妍子	—			○	○	○	○		
後一条		○		○	○	○	○		
彰子	—	○		○	○		○	○	
堀河		○	○	○	○	○	○		

う。この時期の遺詔は散骨などの極端な薄葬思想を有し、(10)意識的に中国風の表現を用いている。また後述のように天皇への奏聞を意識しはじめた時期でもあったため、ことさら整った形式の遺詔が必要とされたのではなかろうか。光孝の喪葬儀礼は、(11)管見の限り諸国における挙哀・素服の実行された最後の事例であり、この時期に律令制的喪葬儀礼は終焉を迎える。

遺詔の伝達について、淳和の事例をもとにみていこう。死の前々日にあたる五月六日、淳和は遺詔を息子の皇太子恒貞親王に伝えており、朝例の凶具を固辞して受けないこと、また国忌や荷前の辞退を必ず朝家へ達するようにと指示している。散骨の指示に対しては、淳和の近臣である中納言藤原吉野が反対しており、彼ら近臣も遺詔の内容をあらかじめうかがい知る立場にあったことがわかる。(12) このように淳和の遺詔は、直接には息子や近臣といった淳和の周辺の人々に対して発せられ、そこから朝家、つまり天皇へ奏聞されることを想定した内容になっている。淳和の死後、八日には葬司が任命されているが、その構成員を見ると淳和の近臣が中心となっており、(13) 十三日に派遣された衛府の監護などは辞退している。(14) こうした点も遺詔と同様に、朝廷に対する淳和側近の独立した立場を表しているものと思われる。

次に嵯峨太上天皇の事例をみると、遺詔のなかに繰り返し「院中の人」「近臣臥内に出入する者」「院中の近習者」などと表れるように、まずは彼ら嵯峨の近臣を対象とした遺詔であり、また仁明天皇に対する指示もみえることから、天皇への奏聞も想定していたことがわかる。(15) 遺詔の最後には「忠臣孝子、善く君父の志を述べ、宜しく我が情に違うべからざるのみ」とあり、これは唐代皇帝の遺詔にみえる「百辟卿士、孝子忠臣、送往の事居、朕が意に違う勿れ」といった表現と類似しているが、(16) 唐代皇帝の事例にみえる、広く諸侯卿大夫士を指す「百辟卿士」の部分は省略されており、私的な範囲にその対象を留めている点が注目される。

この時期の遺詔の以上のような特徴は、薬子の変を契機とした嵯峨朝以降の新たな太上天皇制の反映と考えられよう。この変での上皇側の敗北を契機として、天皇の絶対的権力が確立したのに対し、太上天皇の地位は後退し、その居所も内裏外に置かれて朝廷政務との間に距離が保たれるようになる。(17) また天皇との関係においては、朝覲行幸の成立など、儒教的な親子秩序が強調されるようになる。これらを背景に、太上天皇の死亡は遺詔の奏聞という形で天皇・朝廷に報告されるようになり、また喪葬儀礼も院中で独自に行うようになったと推測されるのである。奈良時代の太上天皇の遺詔が、天皇と対等な権威をもって皇嗣を決定し、薄葬を主体的に指示していたのに対し、平安時代以降の太上天皇の遺詔は、天皇に奏聞され薄葬を請うものへと転化していったことが読み取れるであろう。

天皇や太上天皇の死亡事実が百官や諸国にも伝達されていたことは、前代同様である。たとえば文徳の場合には、死亡日の内に「天皇崩ずるの状を山城国司及び伊勢・近江・美濃等の使いに宣告す」とあり[18]、まずは政治不安による社会的混乱を避けるための警固を目的に[19]、山城国と三関国への通達がなされる。ついで八日後には「五畿七道をして始めて素服を着せしめ、挙哀して礼を成さしむること日毎に三度とし、限るに三日を以てす。（中略）其れ遠所は詔の到る日を以て期と為せ」とあり[20]、五畿七道に詔を発して素服や挙哀を命じている。清和の場合にも、「内外に頒告して曰く、『太上天皇崩ず。遺詔有りて素服・挙哀の礼を停む。宜しく知りて遵い行うべし』と。又た曰く、『喪制の行う所、遺詔に拠ると雖も、率土の黎元は何ぞ心喪無からんや。宜しく宴飲・作楽・美服を着するを禁ずべし』」とあり[21]、遺詔に従い素服・挙哀を停めることを伝達している。しかし、遺詔そのものが布告されたかは不明で、やはり前代同様に、遺詔自体が広く公表されることはなかったものとみられる。

（2）醍醐〜三条

あらためて表3をみてみよう。この時期になると、遺詔内容はさらに定型的な要素に限られてくる。「喪司」は朝廷から派遣される「喪事を監護」（養老喪葬令4百官在職条）するための官人、「喪料」はやはり朝廷から支給される賻物などの経済的援助のことである。「挙哀」「素服」は前述のとおり、それぞれ声をあげて泣く所作であり、特別な衣装を着用することであるが、奈良時代以来、天皇・太上天皇・三后の死亡時には、これらが百官及び諸国百姓にまで命じられるのが一般的であった。「山陵」は墓所に陵戸を設置して国家的に管理し奉幣の対象とすること、「国忌」は忌日に東寺・西寺などで国家的仏事を行うことである[22]。「荷前」は毎年十二月に諸陵墓に奉幣する儀式のことであり、以上の要素について、遺詔ではおおむね辞退が表明されている。さらに喪葬儀礼全般について、「倹約」を求める文言が加えられることが多い。

「喪司」以下は、律令制の導入とともに整備が目指された喪葬儀礼の諸要素ということができるが、実際にその変遷を追っていくと、醍醐・宇多の喪葬以降にはこうした諸要素は喪葬儀礼の場から姿を消し、『西宮記』などの儀式書にみえるような新たな儀礼が形成されていくことがうかがえる。(23) 例えば前述のように諸国での挙哀・素服の実施が確認できるのは光孝までであり、喪司任命も媓子を最後にみえなくなるが、遺詔にはその後も辞退の文言が残り続けることになる。また堀裕氏は、国忌・山陵を「死後も世俗的政治的な栄誉によって国家が讃え慰撫する制度」とした上で、淳和以降は「ただ人」である太上天皇は遺詔によって辞退することができたが、在位中に死亡した天皇には依然として設置されており、やがて後一条以降は「在位中の天皇の死でさえも「ただ人」と扱い得るようになり」、国忌・山陵が辞退されるようになったと指摘する。(24) 国忌・山陵の衰退の背景に、天皇・太上天皇という身位のそうした性格の変化があったとの指摘は重要であるが、その辞退の意志を遺詔という形式で表明する必要があったことに注意したい。

これと関連して遺詔の伝達に注目すると、宇多以降、遺詔そのものを天皇に奏聞する儀式を史料上で確認できるようになる。宇多の場合は、

廿日乙巳、院司左中弁紀淑光が左衛門陣に参り、外記に付して遺詔を奏して云わく、「葬司を任ずること・喪料を行うこと・国忌を置くこと・荷前に列する事、幷に自余の庶事、惣て皆な停止せよ」

とあり、(25) 死亡の翌日に院司左中弁紀淑光が左衛門陣において外記に付して遺詔を奏聞しているが、その方法は、三后の宮司が行う遺令の奏、親王や貴族の家司が行う薨奏と全く同じである。遺詔の奏聞が崩奏とも呼ばれるのも、薨奏に類するものと認識されていたことを示すのであろう。

遺詔の奏聞は、本来は葬日に先立って行われるが、一条以降、三后では昌子以降、奏聞が葬送当日に行われるようになる。これは貴族等の薨奏と同じ傾向で、彼らの薨奏もこの頃には葬日に行われるのが一般的になっている。こうした奏聞の遅れは、薄葬化の傾向と密接な関係にあり、奏聞を遅らせることで朝廷からの喪司や喪料を辞退する意味合いがあったと考えられる。(26) 太上天皇の喪葬であるにもかかわらず、一条以降は奏聞を遅らせることで朝廷からの支

給を拒み、院中で完全に私的に葬ることが可能になったのであるから、この時期の太上天皇は「ただ人」としての立場がさらに明確になったといえるであろう。奏聞の遅れはその後常態化し、妍子に至っては葬日以前の奏聞例が勘申されるまでになっている。(27)

遺詔の百官諸国への伝達に関して、『朝野群載』巻二一凶事には、花山太上天皇の死を伝える太政官符が残されている。

　太政官符す　五畿七道諸国百官
　　応に素服・挙哀を停止すべき事
　右、内大臣宣すらく、今月八日、太上法皇崩じ給う。須く素服・挙哀を例に依り行うべし。而るに今、遺詔に依りて停止すること件の如し。諸国は承知し、符到らば奉行せよ。
　右少弁　　右少史
　　寛弘五年二月十一日

一条天皇への遺詔の奏と同日に出された太政官符であるが、遺詔のなかでも諸国百官に関わりのある素服・挙哀の辞退のみを取り上げて布告しているのであり、遺詔そのものは布告されていないことが確認できる。これは前代までの推測を補強するものであり、やはり遺詔は一義的には私的な存在であり、公的に布告することを前提としたものではなかったことが確認できるのである。この点は後述の中国唐代の事例とは異なる特徴ということができる。

(3) 後一条～堀河

最後に後一条以降の事例を簡単にみておこう。後一条天皇は在位中に死亡したのであるが、堀氏が指摘されたように、その死亡は遺詔によって秘密とされ、「如在之儀」を以て皇太弟である後朱雀へと譲位が行われた。(28)これ以降、天皇は在位中に死亡しても太上天皇と同様に「ただ人」として扱われるようになるが、これに応じて遺詔も、新天皇に

		宮殿中での文武官の当臨は				喪葬について	
婚娶・祠祀・飲酒・食肉等を禁ぜず	釈服後の挙楽を禁ぜず	朝晡の定時哭は十五挙音	非時哭は禁ず	五坊鷹犬の解放	医官等の釈放	薄葬、山陵制度の倹約	喪具を金銀錦綵等で飾ることを禁ず
		○	○			○	
		○	○			○	
						○	
						○	
○	△	○				○	
						○	
○		○				○	○
		○				○	
○	○	○	○		○	○	○
		○				○	
○		○			○	○	
○	○	○	○	○	○	○	○
○	○	○	○	○	○	○	○
○	○	○	○	○	○	○	○
○	○	○	○	○	○	○	○
○	○	○	○	○	○	○	○

奏聞されるようになる。後一条のときには権中納言の藤原資平が、堀川のときには蔵人頭の源道時が奏聞主体となっており、天皇に近い彼らが院司に代わる役割を担ったのであろう。また両者とも葬日に奏聞しており、天皇の喪葬といえども、朝廷との関わりを絶った私的儀礼へと転換していく様相をみることができよう。

また、基本的に葬日にあわせて行われていた遺詔の奏であるが、『中右記』嘉保元年（一〇九四）二月四日条には、禎子内親王の葬儀が行われたこととともに、

抑も今夜、遺令を奏せらるべしと雖も、殿下の御衰日に当たるに依り、来る十日と云々

とある。葬日が関白藤原師実の衰日に当たるとの理由から、遺令の奏が十日に延期されているのである。実はこうした日次の良し悪しによって天皇への死亡報告が遅らされる事例はこれ以前から散見し、万寿二年（一〇二五）の藤原娍子なども賀茂祭を理由に葬送後の奏聞となっている。[29] 遺詔の奏が実際の喪葬儀礼とは切り離され、形式的な儀式へと変化していることを如実に示す事例をいうことができよう。

表4　唐皇帝の遺詔内容

皇帝（死亡年）	皇太子の柩前即位	冢宰を摂る者の指名	服紀を以日易月による	新皇帝の聴政・小祥・大祥・釈服等の期限	派遣官の赴哀の禁、任所に挙哀	天下人吏百姓は 出臨三日で釈服
高祖(635)	—		○	△	○	
太宗(649)	○		○		○	
高宗(683)	○		○			
睿宗(716)	—		○	△	○	
玄宗(760)	—		○	○		○
粛宗(762)	○				○	
代宗(779)	○	○		○	○	○
徳宗(806)	○		○		○	
順宗(806)	—		○	○		○
憲宗(820)	○	○	○		○	
穆宗(824)	○	○	○		○	○
文宗(840)	○	○	○	○	○	○
武宗(846)	○	○	○	○	○	○
宣宗(859)	○	○	○	○	○	○
懿宗(873)	○	○	○	○	○	○
僖宗(888)	○	○	○	○	○	○

四　唐代の皇帝遺詔

ここで少し視点を変えて中国唐代の皇帝遺詔について検討し、それとの比較を通して日本の遺詔の特質について考えていきたい。唐代皇帝の遺詔は、そのほとんどが『唐大詔令集』などの史料に残されており、内容を詳細に知ることができる。それをまとめたのが表4である(30)。これをみると、遺詔の内容は徐々に定型化していき、文宗以降はほぼ同内容が踏襲されていることが知られる。例えば「皇太子の柩前即位」欄では、太上皇・太上皇帝として死亡した高祖・睿宗・玄宗・順宗を除き、在位中の死亡による伝位の場合には必ず皇太子の柩前即位について述べられている。また遺詔の最後には「天下に布告し、明らかに朕の懐くところを知らしめよ」などとあり(31)、広く天下百姓に対して語られていることが読みとれる。

次にその伝達過程について、徳宗の事例をもとに検討していきたい(32)。貞元二十一年（八〇五）正月一日以降病床についた徳宗は(33)、安否を気遣う臣下を遠ざけたまま、二十三日に殁する。翰林学士らはあわてて遺詔を起草し(34)、翌二十四日に柩が会寧殿から太極殿に移されると、大明宮内の宣政殿において遺詔が宣せられる。(36) 二十六日には遺詔にもとづいて皇太子である順宗が柩前即位し、官人等が素衣冠を着して承天門に立仗する。(37) その後、各地に告哀使が発遣され、皇帝の死亡が知らされる。(38)

徳宗の場合は臣下が病床から遠ざけられたためか、皇帝の死亡後に遺詔が起草されるという例外的措置がなされているが、通常は皇帝の意を受けた官人が起草するのであろう。(39) 唐代には恣意的な皇位継承を行うために遺詔を偽作する「矯詔」の事例も多くみられる。また皇帝の死亡を天下に布告する告哀儀礼については、代宗の喪葬儀礼の儀注である「大唐元陵儀注」に、その詳細な内容をみることができる。(40)

其れ告喪の礼は、使の所在に至るや、州県官及び僧道・将吏・百姓等を州府の門外に集め、並びに素服し、各おの其の方を以て京師に向かい、行を重ねて序《つい》でもて立つ。百姓は左に在り、僧道は右に在り、男子は前に居り、婦人は後ろに居る。立訖れば、使者は官長の右に立ち、告げて云えらく「上天禍を降し、大行皇帝、今月某日奄《にわ》かに万国を棄てたり」と。刺史以下撫膺哭踊し、哀を尽くす。哭を止め、使者又た告げて云えらく「大行皇帝に遺詔有り」と。遂に詔を宣べ、訖れば、刺史以下又た哭し、十五たび声を挙ぐ。使者又た「皇帝伏して遺詔に準じ、今月某日を以て即位せり」と告ぐ。刺史以下再拝し万歳を称うること三たび。百姓及び州県の佐史は朝夕に巷哭し、各おの十五たび声を挙げ、三日にして釈服す。節度・観察・団練使・刺史は並びに斬縗経杖《ざんさいてつじょう》し、諸の文武官吏は斬縗に服し、経杖無し。大小の祥・釈服は、並びに遺詔に準ず。其れ勅書有らば、使者宣告すること常礼の如くす。

州府門外に州県官や僧侶道士、将吏や百姓らが集められ、皇帝が死亡したこと、遺詔の内容、さらに嗣皇帝が即位したことなどが伝えられる。百姓らはこの告喪の礼を受け、遺詔の指示に従い挙哀・着服を行うのである。

以上の唐代における遺詔の例を日本の場合と比較してみると、第一に、唐では柩前即位に先立って官人に対する遺詔の宣が必ず行われている。これは譲位詔と同様に、皇嗣を確定し正統化する意味があるものと推測される。矯詔が多く行われるのも、皇帝の遺詔が皇嗣決定において絶大な威力を発揮したことを示している。これに対して日本では、皇嗣に問題がある場合には、群臣の意向に配慮してかえって遺詔での後継者指名は避けられていたように見受けられ、平安時代以降に皇太子が置かれるようになってからも、遺詔によって皇太子の即位を確認することはほとんど行われていない。唯一、仁明天皇の遺詔では柩前即位のことが述べられているものの、これは漢籍の影響を直接的に反映した結果の例外的事例とみられる。このことは、皇位継承者決定における遺詔、つまり前皇帝・前天皇の権限の格差によるものであろうと推測される。

第二に、唐代の遺詔が広く天下百姓をも対象とした内容であり、実際に州県において百姓にまで遺詔が布告されていたことが知られるのに対し、日本ではそうした公的な布告儀礼の存在は確認できず、遺詔の内容もより私的な範囲へ向けたものとなっている。天皇の死亡は挙哀・素服の指示として諸国へ伝達されたものの、それもおそらくは国郡司レベルまでであり、また遺詔そのものが伝えられることはなかったものとみられる。

以上、日本古代における遺詔と唐代の遺詔とをみてきたが、最後に日本古代の遺詔の特質について、三点に絞ってまとめてみたい。

第一点として、日本では唐のように遺詔が即位儀礼において主要な位置を占めることはなかった。天武以前の時期には、皇位継承者は基本的に群臣推戴によって決定され、天皇の排他的皇位決定権は存在せず、前天皇の意向を示す遺詔は補助的・従属的役割しか果たせなかった。奈良時代には、後継者未定のまま在位中に死亡した天皇の場合、皇嗣遺詔を群臣の前に宣制し正統性を得る手続きが必要となった事例がみられるものの、平安時代以降は皇嗣に触れる内容はほとんどなくなる。これは平安初期に安定的皇位継承が確立し、以後は遺詔による皇嗣の正統化が不要になったためと考えられよう。やがて後一条以降に「如在之儀」が成立すると、在位中の天皇の死そのものがなくなり、即位儀礼と天皇の死とは完全に切り離されることになる。

第二点として、日本では唐のように遺詔が天下百姓に向けて布告されることはなかった。天武以前の時期には、遺詔は皇位継承者に口頭で個人的に伝えられ、公的に発表されることはなかった。奈良時代にも遺詔は皇位継承者や特定の臣下に伝えられるものであり、天下諸国へは挙哀・素服の指示として死亡の事実が伝えられたものの、遺詔そのものが伝えられることはなかったと推測される。嵯峨朝以降に太上天皇の後院が形成されてからは、院司などの近臣に対して遺詔が告げられ、近臣を通じて天皇に遺詔内容が奏聞されるものの、その内容はあくまで私的なものであり、やはり天下諸国に布告されたとは考え難い。したがって日本古代の遺詔は一貫して私的な存在であり、公的に布告されることを前提とした唐代の遺詔とは根本的に性格を異にしている。

第三点として、唐と同じく日本でも、遺詔の定型化・形式化が進んでいく。持統以降、挙哀・素服など中国的・律令制的儀礼にもとづいた内容が遺詔で述べられるようになり、やがて薄葬思想の進展とともに、元明や淳和・嵯峨・仁明など、唐風化されつつも独自の要素をもつ豊かな内容へと変化していく。しかし律令制的儀礼が衰退し、新しい儀礼が形成されてくるなかで、遺詔自体はそうした儀礼の変化に取り残されたかのように律令制的要素の辞退を内容として定形化し、また遺詔の奏聞も喪葬儀礼の進行とは無関係に遅延するなど、それ自体が一つの儀礼として形式化していくのである。

即位や譲位の詔に比べ、従来等閑視されてきた遺詔であるが、その特質や変遷からも、以上のような日本古代王権の一側面を垣間見ることができるのではなかろうか。

註

（1）亀井健太郎「遺詔からみた日本古代王権」（『史学研究集録』二七、二〇〇二年）。日本古代の遺詔については、谷川愛「平安時代における天皇・太上天皇の喪葬儀礼」（『国史学』一六九、一九九九年）も詳細な検討を行っている。

（2）吉村武彦「古代の王位継承と群臣」（『日本古代の社会と国家』岩波書店、一九九六年。初発表一九八九年）。

(3) 『日本書紀』推古天皇三十六年三月壬子条。

(4) 『日本書紀』舒明天皇即位前紀、推古天皇三十六年九月条。該当部分のみを以下に引用する。
九月、葬礼畢る。嗣位未だ定らず。是の時に当り、蘇我蝦夷臣は大臣たり。独り嗣位を定めんと欲す。顧みて群臣の従わざるを畏れ、則ち阿倍麻呂臣と議りて、群臣を聚えて、大臣の家に饗す。(中略)時に大兄王、群大夫等に伝え問わしめて曰わく、「天皇の遺詔いかん」と。対えて曰わく、「臣等は其の深きを知らず。唯し大臣の語る状を得るに稱えらく、天皇臥病の日に、田村皇子に詔して曰わく、「軽しく輙く来の国政を言うものに非ず。是を以て、爾田村皇子、慎みて以て言え。緩むべからず」と。次いで大兄王に詔して曰わく、「汝は肝稚し。而して諠く言う勿かれ。必ず群臣の言に従うべし」と。是れ乃ち近く侍る諸の女王及び釆女等は悉く知る。且つ大王の察る所なり」と。是に於いて、大兄王が且つ問わしめて曰わく、「是の遺詔をば、専ら誰人か聆くや」と。答えて曰わく、「臣等其の密を知らず」と。既にして更に亦た、群大夫等に告げしめて曰わく、「(中略)今群卿の遵う所の天皇の遺命は、少々我の聆く所に違う。吾は天皇の臥病を聞き、馳せ上りて門下に侍る。時に中臣連弥気、禁省より出でて曰わく、「天皇命じて以て喚す」と。則ち参り進みて閤門に向う。亦た栗隈釆女黒女、庭中に迎えて大殿に引き入る。是に於いて、近習者は栗下女王を首として、女孺鮪女等八人、并せて数十人、天皇の側に侍る。且つ田村皇子在り。時に天皇は沈病し、我を覩すこと能わず。乃ち栗下女王奏して曰わく、「喚する所の山背大兄王、参り赴く」と。即ち天皇は起き臨みて詔して曰わく、「朕は寡薄を以て久しく大業に労す。今暦運将に終わらんとす。病を以て諱むべからず。故に、汝は本より朕の心腹たり。愛寵の情は比と為すべからず。其れ国家の大基は、是れ朕の世に非ず。本より務めよ。汝は肝稚しと雖も、慎みて以て言へ」と。乃ち当時之に侍る近習の者は、悉く知る。(下略)

(5) 稲田奈津子『日本古代の喪葬儀礼と律令制』(吉川弘文館、二〇一五年)、第一部第二章「喪葬令と礼の受容」。

(6) 聖武天皇は、『続日本紀』天平勝宝八歳(七五六)五月乙卯条によると、道祖王を皇太子に立てる旨の遺詔を行っている。
ところで、天平宝字八年(七六四)十月壬申条や神護景雲三年(七六九)十月乙未条では、称徳天皇が聖武の「御命」を引用して、自らに皇位継承者の決定権が付与されたことなどを主張している。後者では元正天皇の「後の御命」も引用しており、これらを元正・聖武の遺詔とみることも可能であるが、ここでは考察の対象外としておく。ただし、天平宝字八年十月壬申条では「かく在る御命を朕また一二の竪子等と侍りて聞きたまえて在り」としており、こうした詔の伝達方法は遺詔の場合と一致している。

（7）『続日本紀』元明天皇即位前紀、慶雲四年（七〇七）六月庚寅（二十四日）条。
（8）『続日本紀』宝亀元年（七七〇）八月癸巳（四日）条。
（9）『日本紀略』宝亀元年八月癸巳（四日）条。
（10）山田邦和「淳和・嵯峨両天皇の薄葬」（『花園史学』二〇、一九九九年）。
（11）前掲註（5）稲田論文。
（12）『続日本後紀』承和七年（八四〇）五月辛巳（六日）条。
　辛巳、後太上天皇が皇太子に顧命して曰わく、「予、素より華餝を尚ばず。況んや人物を擾耗せんをや。歛葬の具は、一切薄に従い、朝例の凶具は、固辞して還し奉れ。葬畢らば縗を釈き、国人を煩わすこと莫かれ。葬は蔵なり。人の観ざるを欲す。送葬の辰、宜しく夜漏を用いよ。追福の事、同じく倹約すべし。又た国忌は、義は追遠に在りと雖も、有司を絆苦す。又た歳竟に綵帛を分かち、号して荷前と曰う。之を幽明に論ずるに、煩い有りて益無し。並びに停むべきの状、必ず朝家に達せよ。それ人子の道は、教えに遵うを先と為す。奉りて以て之を行い、違失を得ざれ」と。重ねて命じて曰わく、「予、聞くならく、人歿して精魂は天に皈り、空しく冢墓在りて鬼物憑く。終に乃ち祟を為し、長く後累を貽す。今宜しく骨を砕き粉と為し、之を山中に散ぜよ」と。是に於いて、中納言藤原朝臣吉野奏言すらく、「昔、宇治稚彦皇子は、我朝の賢明なり。此の皇子、遺教して自ら散骨せしめ、後世之に効う。然れども是れは親王の事にして、帝王の迹に非ず。我が国は上古より、山陵を起こさざるは、未だ聞かざる所なり。山陵はなお宗廟のごときなり。もし宗廟無くんば、臣子何処か仰がん」と。是に於いて更に報命して曰わく、「予は気力綿惙にして、論決すること能わず。卿等、嵯峨聖皇に奏聞し、以て裁を蒙らんのみ」と。
（13）『続日本後紀』承和七年五月癸未（八日）条。
（14）『続日本後紀』承和七年五月戊子（十三日）条。
（15）『続日本後紀』承和九年（八四二）七月丁未（十五日）条。
　丁未、太上天皇が嵯峨院に崩ず。春秋五十七。遺詔に曰わく、「余は昔、不徳を以て久しく帝位を忝くす。（中略）是を以て、朝に死すれば夕に葬り、夕に死すれば朝に葬るを欲す。棺を作るに厚くせず、之を覆うに席を以てし、約すに黒葛を以てし、床上に置く。衣衾・飯唅、平生の物は、一に皆な之を絶つ。復た歛するに時服を以てし、皆な故衣を用い、更に裁制する無く、纒束を加えず、著するに牛角の帯を以てせよ。山北幽僻の不毛の地を択び、葬は限るに三日を過ぎざれ。卜筮を信ずる無く、俗事に拘わる無かれ。謂うこころ、謚・誄・飯含・咒願・忌魂帰日等の事なり。夜尅に須く葬地へ向うべし。院中の人は喪服を著して喪事を給うべし。天下の吏民は著服するを得ざれ。而るに今上に供事するは、一七日の間、衰経を服するを得。此れを過ぐれば早く釈げ。其の近臣の臥内を出入する者を択び、応に素服を着すべし。余は亦た此れに准ぜよ。一切哀臨すべからず。柩を挽く者十二人、燭を秉る者十二人、並びに衣するに麁布を以てし、従者は廿人を過ぎざれ。謂うこころ、院中の近習の者なり。男息は此の限りに在らず。婦女は一に停止に従え。坑を穿つに浅深縦横は、棺を容るるに可なるとせよ。棺既已に下し了らば、封せず樹せず、土して地と平らとし、草をして上に生やしめ、長く祭祀を絶て。但し子中の長なるは、私に守冢を置き、三年の後に之を停めよ。又た資財無きと雖も、少しく琴書有り。処分は子に遺す戒に具さなり。又た釈家の論、絶えて棄てるべからず。是の故に、三七・七七に各おの麁布一百段、周忌に二百段。斯を以て便寺に於いて追福せよ。仏布施は絁細綿十屯。裹むに生絹を以てし、素机の上に置くべし。一切国忌に配すべからず。忌日に至るごとに、今上は別に人信を一寺に遣して、聊か誦経を修せしめよ。布綿の数、上の斎と同じ。一身を終えて即ち休み、他兒は此れに効わざれ。後世の論者、もし此れに従わざれば、是れ屍を地下に戮し、死して傷を重くし、魂にして霊有らしむ。則ち冥途に寃悲し、長く怨鬼と為る。忠臣孝子、善く君父の志を述べ、宜しく我が情に違うべからざるのみ。他の此の制中に在らざるは、皆な此の制を以て、類を以て事に従え」と。（下略）

(16)『唐大詔令集』巻一一、貞観九年（六三五）五月六日神堯遺詔。
(17)筧敏生「古代太上天皇研究の現状と課題」（『古代王権と律令国家』校倉書房、二〇〇二年、初発表一九九二年）。
(18)『日本三代実録』天安二年（八五八）八月二十七日乙卯条。
(19)岸俊男「元明太上天皇の崩御―八世紀における皇権の所在―」（『日本古代政治史研究』塙書房、一九六六年、初発表一九六五年）。
(20)『日本三代実録』天安二年九月四日壬戌条。
(21)『日本三代実録』元慶四年（八八〇）十二月五日甲申条。
(22)堀裕「死へのまなざし―遺体・出家・ただ人―」（『日本史研究』四三九、一九九九年）。
(23)前掲註（5）稲田論文。
(24)前掲註（22）堀論文。
(25)『日本紀略』承平元年（九三一）七月二十日条。

(26)稲田奈津子「死亡報告と弔使派遣の展開」(二〇一八年発表予定)。
(27)『小右記』万寿四年(一〇二七)九月十七日条。
(28)堀裕「天皇の死の歴史的位置―「如在之儀」を中心に―」(『史林』八一―一、一九九八年)。
(29)前掲註(26)稲田論文。
(30)金子修一主編『大唐元陵儀注新釈』(汲古書院、二〇一三年)八一頁収載の「表三 唐皇帝の遺詔内容の変遷」(稲田作成)をもとに、体裁のみを改めた(初発表二〇〇二年)。
(31)『唐大詔令集』巻一二、元和元年(八〇六)正月十九日順宗遺誥。
(32)中国皇帝の死亡から嗣皇帝の即位に至る過程については、以下の先行研究での理解を参考にした。尾形勇「中国の即位儀礼」(『東アジアにおける日本古代講座9 東アジアにおける儀礼と国家』学生社、一九八二年)、松浦千春「漢より唐に至る帝位継承と皇太子―謁廟の礼を中心に―」(『歴史』八〇、一九九三年)、同「唐代後半期の即位儀礼について」(『一関高専研究紀要』二八、一九九三年)、金子修一「唐の太極殿と大明宮―即位儀礼におけるその役割について―」(『山梨大学教育学部研究報告』四四、一九九四年)、藤森健太郎『古代天皇の即位儀礼』(吉川弘文館、二〇〇〇年)。
(33)「含元殿に朝を受け、還りて別殿に至る。諸王親属は賀を進め、独り皇太子は疾みて朝する能わず。徳宗は之が為に涕泣し、悲傷歎息す。因りて疾に感じ、恍惚は日に益して甚し。二十余日、中外は両宮の安否に通ぜず。朝臣は咸く憂懼し、為す所を知る莫し。翰林内臣と雖も、亦た知る者無し」(『順宗実録』貞元二十一年正月一日条)。
(34)「徳宗崩ず。蒼卒として翰林学士鄭絪を召し、衛次公等は金鑾殿に至り、遺詔を草す」(『資治通鑑』貞元二十一年正月二十三日条)。
(35)「神柩を太極殿に遷す」(『旧唐書』徳宗紀貞元二十一年正月二十四日条)。
(36)「遺詔を宣政殿に宣す。太子は縗服して百官を見る」(『資治通鑑』貞元二十一年正月二十四日条)、「遺詔を宣す。上は縗服して百寮を見る」(『順宗実録』同日条)。
(37)「上が太極殿に即位す。冊して曰わく、『維れ貞元二十一年、歳は乙酉に次る正月辛未朔二十三日癸巳、皇帝若ち曰わく、於戯、天下の大たるや実に惟れ重器にして、祖宗の業は允に元良に属す。咨、爾皇太子誦、睿哲温恭にして寛仁慈恵たり(下略)』」(『順宗実録』貞元二十一年正月二十六日条)。また『日本後紀』延暦二十四年(八〇五)六月乙巳条に、遣唐使の帰朝報告のなかで本儀式について触れており、「臣等は承天門に於いて立仗す。始めて素衣冠を着す。是の日、太子は皇帝位に即く。諒闇の中、万機に堪えず、皇太后王氏、朝に臨み称制す。臣等三日の内、使院に於いて朝夕挙哀す。其の諸蕃は三日、自余は廿七日にして後に吉に就く」とある。

(38)「淄青李師古、兵を以て滑の東鄙を寇するに、国喪を聞くなり」(『旧唐書』順宗紀貞元二十一年二月十二日条)、「李師古、兵を発して西境に屯し、以て滑州を脅かす。時に告哀使は未だ諸道に至らず。義成牙将の長安より還りて遺詔を得る者有り。節度使李元素は師古の隣道を以て、示すに外無しと欲い、使を遣して密に以て遺詔を之に示す。(中略)且つ上の即位を聞き、乃ち兵を罷む」(『資治通鑑』同日条)。

(39)太宗の事例では、「復た無忌及び褚遂良を召して臥内に入れる。之に謂いて曰わく、「朕、今悉く後事を以て公輩に付す。太子の仁孝は公輩の知る所なり。善く之を輔導せよ」と。太子に謂いて曰わく、「無忌・遂良在り、汝、天下を憂う勿れ」と。又た遂良に謂いて曰わく、「無忌は尽く我に忠す。我の天下有るは、其の力を多とするなり。我死せども、人間に譏らしむること勿れ」と。仍りて遂良をして遺詔を草せしむ。頃有りて、上崩ず」(『資治通鑑』貞観二十三年〔六四九〕五月二十六日条)とある。

(40)『通典』巻八三凶礼五「喪制之一復」所引「大唐元陵儀注」。前掲註(30)金子主編書、九七頁(鈴木桂氏執筆部分)での訓読を参考にした。

〔附記〕本稿は二〇〇二年八月に開催された第三〇回古代史サマーセミナー東京での口頭報告をもとに加筆・成稿した。参加者各位に記してお礼申し上げたい。本研究はJSPS科研費一六K〇二九九二の助成を受けたものである。

天皇制を考える

大山誠一

日本の歴史は、いつの時代も、その政治過程を検証する限り、一人ひとりの天皇の存在感はほとんどないのであるが、政治の枠組み全体をみると、天皇を中心とする政治秩序として機能しているようにみえる。天皇は座標軸の原点のようなもので、それ自体、価値としてはゼロに近いが、逆にそれ故にこそ、秩序の中心にあり、あらゆる価値の出発点としての意味をもっているようにみえる。ゼロにみえて、そこからあらゆる価値を生み出している。何とも不可思議な存在である。だから、こういう日本の天皇を、王権という概念で考えることは適当ではないし、といって、宗教上の神あるいは教祖のようなものと考えるのも適当ではない。何しろ、教義もないし、厳密な意味での信者もいないからである。

ただ、確かなのは、この天皇を掌握し自在に動かす立場に立った人物が、世俗の場で圧倒的な政治権力をもつことができるということである。天皇自身は、世俗的ではなく、価値観としてもゼロに近いが、それを掌握すると特別な権力が生ずる。日本の歴史は、こういう天皇を中心として推移してきた。今、仮に、こういう政治システムを天皇制と呼んでおくことにする。

もちろん、天皇制と称するからには、かの明治に成立した近代天皇制もその範疇に入ることはいうまでもない。維新の藩閥政府は、京都の朝廷のなかから天皇一人を取り出し、巨大な江戸城のなかに隔離し、これを様々に神格化した上で、その権威を利用して現実の政治を壟断したのであるが、その原理は、古代以来の政治秩序と大きく代わるものではない。もし、それ以前の歴史と違うといえば、過去の権力の場合は、天皇という存在を掌握すればそれ以上に関心をもたなかったのであるが、近代天皇制の場合は、天皇という存在を徹底的に管理し、その神という虚構を国家と国民の隅々まで徹底しようとしたことである。超国家主義と称される由縁であるが、虚構は曖昧にしてこそ価値があるのに、むき出しにして強調すれば自壊するのは当然であったわけである。

ともかく、日本の歴史には、天皇制という得体のしれないシステムが貫徹している。そのことは確かである。とすれば、この天皇制というものの正体を明確にしなければ、日本の歴史は解明されないということになる。その場合、古代史研究の立場としては、この天皇制がいつ、どのように成立したか、さらには、どのような人物の手によって創作されたのかを解明することが課題となると思う。

一　天皇制の構造

政治秩序の中心にありながら、現実には政治権力をもたない、という不思議な存在が千年を越えて存続している。我々は、そのことに慣らされているけれども、実は不思議なことなのではなかろうか。

そのような、政治秩序の存在を確認できる上限は、明確な制度としては、七〇一年の大宝令であろう。実は、それ以前の国制には不明な点が多く、天皇がどのような役割を果たしていたかも厳密には不分明なのである。これに対し、大宝令に関しては、その制度の内容はほぼ復元されており、また、その施行状況も『続日本紀』や奈良時代以後に編纂された様々な文献によって確認でき、それにより天皇制の実在も確認できるからである。

そこで、まずはじめに、大宝令によって成立した政治秩序のなかで天皇はどのように位置づけられているか。また、その後の天皇制の展開によって明らかとなる天皇とはどのような存在かについて、基本的な理解を示しておくことにしたい。天皇制の特徴は次の三点にまとめることができる。

第一は、大宝令においては、機構上、政治権力の実質は有力貴族の合議の場である太政官にあり、天皇は、その国家意志決定の場から排除されていることである。その結果、天皇は、実質上、政治権力をもたないことになる。いうまでもなく、この点こそ、日中の律令法の最大の相違なのであるが、これを重視しない研究者も少なくない。その原因は、日本法においても、制度上の天皇の地位は、形式的には（つまりみかけの上では）至高とされているからであろう。しかし、実際の政治過程では、天皇は巧妙に権力から疎外されているのである。

ただし、そのようにいうと、天皇の発する詔勅は、それ自体国家意志ではないのか、また、官制運用上の天皇の権限などを軽視しているといわれそうであるが、これについては、私は次のように考えている。

元来、大宝令も含めて古代の律令は中国の唐の制度の模倣である。だから、形式上、天皇は中国の皇帝に対応するものとして位置づけられており、ともに至高とされていることは同じである。しかし、両者の政策決定への関わり方はまったく異なっている。

中国の皇帝の場合、王朝の初代の人物は、固有の人脈と軍事力を背景に前王朝を征服し、新たに専制君主として全人民の支配者となった人物であり、歴代皇帝はその後継者である。彼らの支配の特徴は、全人民に対する統治機構（簡単にいえば官僚と軍隊）を整備しつつも、それとは別に、皇帝に固有の軍事的・経済的基盤を有し、その巨大な力を背景に、国家の法や制度を越えた専制的な権力を確立しているところにある。今日流にいえば、公私混同のオーナー社長のようなものであるが、世界史上、どの王朝も多かれ少なかれそういうものであった。だから、中国法では、皇帝の命令が法であり、政治は皇帝の命令を受けて、それを官僚が施行する過程であるといってよい。皇帝は唯一絶対の存在であり、その命令があって、はじめて政治が動くのである。もちろん、皇帝を排除して国政を審議する太政官のようなものなどはあり得ない。

ところが、大宝令においては、国政の中心にあるのは明らかに太政官である。この太政官は、太政大臣、左右大臣と大納言（定員は四人）からなる有力貴族の合議機関であり（のちに中納言・参議が加わる）、「太政」の語が「国家の政治」を意味しているとおり、国政審議の最高機関であった。その太政官の管轄下に八省からなる中央官制も全国の地方行政も置かれていたのである。これに対し、天皇には固有の人的・軍事的・経済的な、つまり権力的な基盤がない。天皇が大王と呼ばれていた古い時代には、大王家も一つの豪族として国家から独立した家政機関を所有していたはずであるが、律令制においては、皇室の家政機関は中務省と宮内省という二つの省に編成され、太政官の管轄下に置かれているのである。これにより、天皇は、中国の皇帝のような国家から自立した存在ではなくなってしまったのである。天皇のあり方に対しては、戦前において天皇機関説があり、戦後は象徴天皇という評価がなされているが、すでに大宝令の段階でそれに近いものとなっていたのである。我々日本人は、長い間、こういう皇室のあり方に慣れてしまっているが、世界史の普遍的な王権からみると、きわめて異質なあり方といわねばならない。

特徴の第二は外戚政策である。先にみたように、政治の実質が太政官にあったとすれば、現実の政治過程で重要なのは、太政官を構成する有力貴族たちの力関係ということになる。ところが、現実の政治過程をみると、そこでは、天皇との親近性、とくに姻戚関係が決定的な意味をもっていたことが分かる。娘を後宮に入れ、生まれた子を即位させるという、いわゆる外戚関係であるが、驚くべきことに、そういう関係は、天皇制成立以来一貫して藤原氏に握られていたのである。その最初が、藤原不比等が草壁皇子を擁立し、その後、不比等の娘の宮子が草壁の子にあたる軽皇子（文武）の妃となったことにはじまる。以来、藤原氏は、天皇との姻戚関係という律令制の秩序を超越した権威を手に入れ、これにより太政官の合議を牛耳り続けることになったのである。

しかし、ここで問題となるのは、外戚政策がなぜ有効であったかであろう。先に、私は、天皇は政治権力をもたないと述べておいた。とすると、藤原氏は、無力な天皇の外戚となることによって権力を掌握したことになるが、そこに論理矛盾はないのか。

しかし、これについては、次のように考えることができると思う。元来、天皇には、法制度上、というより形式上、詔勅を発する権限とか、貴族層に対する位階・官職の叙任権など本来なら絶大な権限が備わっていたのであるが、天皇は実際の統治機構から切り離されており、そういう権限を行使する主体たり得なかったのである。だから、いくら絶大な権限であっても、それは名目だけのいわば潜在的な権限に過ぎなかったのである。ところが、藤原氏が外戚となり、天皇の後ろ盾となれば話は別である。簡単にいえば、外戚関係により、天皇と藤原氏が一体となったことにより、天皇の潜在的な権限が藤原氏の手によって顕在化することになったのである。その場合、天皇自身は権力としての実体を失っているから、当然にも、天皇の権限は藤原氏が代行することになる。それが、藤原氏の権力の源泉だったのである。

その外戚政策であるが、出発点となったのは藤原不比等の娘の宮子であった。彼女が、六九七年、文武天皇の即位とともに夫人となり、七〇一年に首皇子（聖武）を生むことによって、藤原氏の外戚政策が本格的にスタートしたのである。これ以後、藤原一族は長期にわたって外戚政策を繰り返し、ついには、いわゆる摂関政治という政治形態を実現することになる。ただし、外戚政策というのは、単に、娘を天皇の後宮に入れるというだけではいけない。生まれた子を即位させてこそ外戚なのである。その場合、婚姻と出産というのは、ある程度の偶然性を考えねばならない。しかし、たとえ失敗して適当な男子が産まれなかった場合でも、傍系の皇族を擁立し、その後宮を一族の女性で張り巡らすという手段により、藤原氏は外戚政策を繰り返してきたのである。

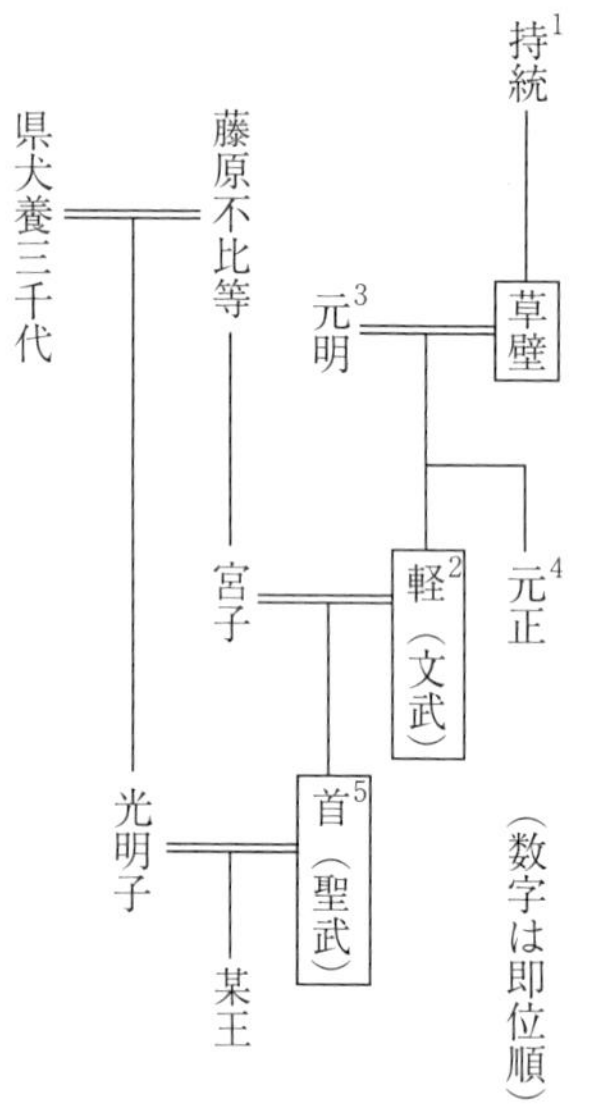

系図　不比等・持統～首の系図

つまるところ、天皇の潜在的な権限を、天皇の外戚となった藤原氏が利用して権力を掌握すること、それが天皇制の重要な一側面であったということになろう。天皇制は、実は、天皇のためのものではなく、藤原氏のためのものだったのである。

なお、以上のように考えてくると、先に指摘した摂関政治こそ、天皇制の典型的ないし究極的姿であることに気づく。摂関政治においては、実質的権力として世襲されているのは摂政・関白あるいは藤原氏の〝氏の長者〟の地位である。天皇は、その地位を得る手段として、その都度利用され、不要になれば容易に交替させられたのである。いわば、使い捨てにされたといっても過言ではない。だから、摂政を天皇が幼少の時の代行であるとか、関白を天皇の補佐役のように考えるのは厳密には正しくない。天皇制の実質上の中心は藤原氏だったからである。

さて、話をもとに戻そう。これまで、天皇は政治権力をもたないが、法制上有する権限はあり、それを藤原氏が代わって行使したと述べてきた。しかし、法制度上の権限といっても中国法の模倣に過ぎないのであるから、これでは天皇という存在自体が、本来的には価値がないということになりかねない。となると、外戚政策そのものも説得力を失うことになるのではないか。大宝令編纂の実質的責任者であった藤原不比等がそれに気づかないはずはない。

そこで、第三に、天皇自身に、政治権力とは異なる価値をもたせることが必要となる。そういうものとして考えられるのは特別な権威ないし尊厳である。端的にいって天皇の神格化である。もし、天皇が生まれながらに神ということになれば、目前の権力はもたなくとも、中国法を形式的に模倣しただけの権限であっても、さして問題ではない。神である天皇の権威と尊厳に抗うものはなく、その結果、外戚としての藤原氏の地位にも権威が生ずることになるからである。もちろん、そのために構想されたのが『古事記』『日本書紀』の神話、具体的には高天原・天孫降臨・万世一系の神話だったといってよい。天皇は、高天原に光り輝く太陽（アマテラス）の血を引く子孫であり、藤原氏の娘が、代々、その神の子を産み続けるということになれば、藤原氏自身も神格化されることになる。それ故、天皇制の重要な要素の第三として、記紀神話による神格化をあげることができるのである。

結局、ここにおいても、天皇を神格化する神話は、実は天皇自身のためではなく、むしろ藤原氏のために構想されたものであることが明らかになったといえよう。

以上、三点にわたって天皇制の特徴について述べてきたのであるが、重要なのは、これら三つの要素が分かちがたく結びつき、三位一体となって藤原氏の権力を正当化する構造になっていたことである。繰り返しになるが、天皇制とは、藤原氏が天皇の権威を利用して国制を支配するシステムである。とすれば、太政官政治・外戚政策・記紀神話の三つは、バラバラに自然発生的に生まれたものではありえないであろう。その点をさらに考えることにしよう。

二　天皇制の形成

大宝令によって完成した政治システムは、論理的には天皇を中心として構成されているから、これを天皇制と称することに問題はないと思う。しかし、その内実は、藤原氏のためのものであった。前節の説明がいささか煩雑だったので、その趣旨を簡単に整理しておくことにしよう。

大宝令以後の天皇制の特徴は、第一に、国政の中心は太政官にあり、天皇は実質的権力をもたない。第二に、藤原氏は外戚政策により、天皇が潜在的に有している法制上の権限を掌握あるいは代行して、太政官における覇権を確立した。そして第三に、神話により天皇を神格化し、それによって藤原氏の外戚政策をも正当化した、というものである。このように解してよければ、天皇制が天皇のためのものではなく、藤原氏のためのものであったことはあまりにも明白といえよう。

では、このような天皇制は、いつ、どのように成立したのであろうか。述べてきたとおり、先にみた三つの特徴は、単純な政治の成り行きの結果ではなく、全体として分かち難く一体のものとして構想されており、結果として藤原氏の覇権を確立するためのものとなっている。それは、もはや藤原氏の政治哲学と称すべきものである。とすれば、そういう政治哲学をもち、複雑な天皇制を構想し、それを強固な信念とたぐいまれな政治力によって実現した人物は誰なのであろうか。しかし、我々は、それが、藤原不比等であることをすでに知っている。彼こそ、大宝令編纂の実質的責任者であり、若くして草壁皇子の舎人となり、草壁の没後には、遺児軽皇子の擁立に奔走し、軽（文武）の即位と同時に娘の宮子をその夫人とし、外戚政策を確立した人物である。また、天皇の神格化に関しては、拙著『天孫降臨の夢』（ＮＨＫブックス、二〇〇九年）で論じたとおり、高天原・天孫降臨・万世一系の神話を構想した人物である。まさしく、天皇制は、藤原不比等によって構想され、実現したと評しても決して過言ではないのである。

また、その構想された年代も明確に指摘できる。『日本書紀』天武十年（六八一）の次の記事がそれである。

二月庚子朔甲子、天皇々后、共居于大極殿、以喚親王諸王及諸臣、詔之曰、（ａ）朕今更欲定律令改法式。故倶修是事。然頓就是務、公事有欠。分人応行。（ｂ）是日、立草壁皇子尊、為皇太子。因以令摂万機。

（三月）丙戌、天皇御于大極殿、以（ｃ）詔川嶋皇子・忍壁皇子・広瀬王・竹田王・桑田王・三野王・大錦下上毛野君三千・小錦中忌部連首・小錦下阿曇連稲敷・難波連大形・大山上中臣連大嶋・大山下平群臣子首、令記定帝紀及上古諸事。大嶋・子首、親執筆以録焉。

文中、傍線を引いた（ａ）（ｂ）（ｃ）三つの記事が、先にみた天皇制の三つの特徴に対応している。以下、簡単に説明しておこう。

（ａ）は、律令の制定を命じたものである。直接には持統三年（六八九）六月に諸司に頒布した令一部二十二巻、すなわち飛鳥浄御原令を指しているが、この令は、今日まったく伝わっておらず、編纂者も内容も知ることもできない。しかし、その次に編纂された大宝令は大宝元年（七〇一）の完成であり、その間わずか一〇年あまりにすぎず、また『続日本紀』大宝元年八月条に「大略以浄御原朝廷為准正」とみえることからも、大宝令と浄御原令とは内容的に近いことが推測される。とすれば、藤原不比等が浄御原令段階で編纂メンバーの一員となり、その経験を踏まえて大宝令編纂の事実上の責任者となったと考えることができるのではないか。そして、その大宝令において、国政の中心が、事実上、太政官にあること。それ故、天皇は国家意志の決定の場にいないこと。さらに、天皇の公私両面の生活を支えるはずの家政機関も、太政官被管の中務省と宮内両省に編成されることになり、ここにおいて、天皇は、自立した権力の基盤を失ったことになる。そして、そういう構造こそが天皇制なのである。

とはいえ、こういう私の理解は、天皇という存在を矮小化しているという批判を受けるかも知れない。しかし、これ以後、天皇が直接国政を主導することはなく、ただ、藤原氏という権力の許容する枠内での存在となったことは事実であろう。もちろん、個々の事象の解釈には幅があり、天皇の主体的な判断を想定する局面もないとはいえないが、天皇が固有の人的・軍事的・経済的基盤をもった存在ではなくなっていること、つまり独立した権力の主体ではあり得なくなっているということ自体は確かである。

（b）は、草壁皇子を皇太子とするという記事であるが、その当時、不比等が草壁の舎人であったことは確かで、その後の政治過程を考えれば、この立太子の背後に、不比等の政治力を想定することは十分可能と考える。ただ、この当時は浄御原令以前であるから、皇太子制はまだ成立していなかった可能性が高い。しかし、それでも、草壁が事実上の皇位の後継者となったこと自体は認めてよいであろう。また、草壁本人は、持統三年（六八九）に亡くなるが、以後、不比等の絶大な政治力により、草壁直系が皇位を継ぐことになり、その結果、藤原氏の外戚政策が実現することになる。とすれば、やはりこの草壁立太子の記事をもって、藤原氏の外戚政策の事実上の出発点とみなしてよいであろう。

（c）は、歴史書の編纂を命じた記事である。これが、結果として『古事記』と『日本書紀』となるのであるが、同時に二種類の歴史書を編纂するというのは考えがたいことであるから、当初は一つの歴史書の編纂事業であったが、途中で理念の相違が明らかとなり、『古事記』と『日本書紀』に分離したものと考えるべきであろう。

そう考えた場合、この歴史書の編纂の目的を示したものとして重視すべきは『古事記』の序文である。そこには、天武天皇の詔として「朕聞く、諸家の賷る帝紀及び本辞、既に正実に違ひ、多く虚偽を加ふと。今の時に当りて、其の失を改めずば、未だ幾年を経ずして其の旨滅びなむとす。斯れ乃ち、邦家の経緯、王化の鴻基なり。」と記されているからである。ここで確認すべきは、第一に、すでに天武朝の段階で諸豪族が所有する「帝紀」と「本辞」が存在していたことである。この場合、「帝紀」は「帝皇（帝王）日継」とも称されるもので、歴代天皇の系譜一式を指し、「本辞」は「旧辞」とも「上古の諸事」とも称されるもので、歴代天皇に関わる様々な伝承を指していると考えられる。そのようなものが、過去のある時期に、その当時の王家を中心に編纂され、天武朝段階においても諸豪族が所有しているというのである。今、これを旧「帝紀・本辞」と称しておくことにしたい。そして第二に、天武の詔では、その旧「帝紀・本辞」には誤りが多いから、これを正しい歴史書に作り替えよといっていることである。その作り替えた結果が、もちろん現行の『古事記』と『日本書紀』であろう。

とすれば、天武十年段階での歴史書編纂の目的は明確である。一言にしていえば、諸豪族が所有する旧「帝紀・本辞」の否定である。「正実に違ひ、多く虚偽を加ふ」という表現のはげしさからして、その内容が、現王家にとって絶対に認めがたい、あるいは決定的に都合が悪いものであったことは間違いあるまい。「邦家の経緯、王化の鴻基なり」の表現から、そう解釈するしかないであろう。つまり、旧「帝紀・本辞」に記されている歴代天皇の系譜および歴史理解そのものが間違っているというのである。そういうものが諸家に流布しているのである。

考えてみるに、どの王権であろうと、みずからの系譜を作成する際に、敢えて「正実に違う」、つまり事実と異なるものを作るなどということはあり得ないであろう。そう考えてよければ、諸豪族が所有する旧「帝記・本辞」もそれ自体としては間違っていたのではないであろう。事実は、それらが、現王家の立場からは誤っているということではないか。だからこそ「正実に違う」とされたのであろう。つまり、旧「帝紀・本辞」は、過去の別の王家、すなわち旧王家のものだったのである。だからこそ、新たに現王家の「帝紀」と「旧辞」を作成せよといっているのである。

古来、このように解した研究者はいなかったかも知れないが、『古事記』序文を冷静に読めば、こう考えるしかないのではなかろうか。

端的にいって、歴史書編纂の背景には王朝の交代があったのであり、それに即して「帝紀」も「旧辞」も作り直す必要が生じたということである。その場合、直ちに問題となるのは、旧王家とは何か。また、王朝交代とは何を指すかであるが、旧王家とは蘇我王家のことである。また、王朝交代とは乙巳の変を指していると考える。さらに、旧「帝紀・本辞」とは、『書紀』が、推古二八年（六二〇）に、蘇我馬子と聖徳太子が作成したとする「天皇記・国記」のことと考える。次に、これについて、簡単に説明しておく。

今日、聖徳太子は実在しないという点に関しては、ほぼ常識となっており、本気で聖徳太子を実在と考えている研究者はほとんどいないであろう。もちろん、聖徳太子の実在を示す根拠が皆無であることも実証済みである。ところが、では、聖徳太子がいない歴史はどのようなものであったのかについては、まだ、定説とすべき理解は定着していないようである。しかし、私見では、聖徳太子と一対の関係にある推古という女帝の存在は疑問と考えている。万機を委ねた聖徳太子が実在しないのであるから、推古の存在根拠もなくなるはずである。これに対し、六三六年に成立した『隋書』は、複数回に及ぶ遣隋使のもたらした情報に加え、直接倭国を見聞した裴世清の報告などをもとに編纂されており、史料的価値はきわめて高いといえる。その『隋書』によれば、当時の倭王には妻がおり、さらに後宮に女六七百人がいたと記されている。しかも、考古学が明らかにしている飛鳥の遺跡は、飛鳥寺、嶋宮、石舞台古墳などほとんどが蘇我馬子のものである。おそらく、突如この地に出現した見瀬丸山古墳が蘇我王権の成立を象徴するものとすれば蘇我稲目の墓と考えてよいであろう。このように考えてくれば、飛鳥に君臨した当時の倭王は、推古ではなく、蘇我馬子だったということになろう。つまり、蘇我王家が存在したのである。その蘇我王家が王権を失った事件といえば乙巳の変以外にはあるまい。蘇我入鹿が暗殺され、代わって中大兄を中心とする息長氏の王権が成立したと『書紀』が記す。ただし、その事件の真相には多くの疑問があるのであるが、王家の交代自体は確かと思われる。そして、そこで成立した息長王家こそ、『書紀』編纂段階の王家なのである。

以上のように考えてくれば、天武十年段階での歴史書編纂の目的は、旧王家である蘇我王家を否定し、現王家すなわち息長王家の正当性を確立することにあったということになろう。もちろん、その結果が、現行の記紀だったのである。

ただし、ここで重要な問題が生ずる。そのような場合、もし、中国の歴史書であったなら、その叙述は、事実に即して、旧王朝の崩壊と新王朝の成立として描かれたはずである。もちろん、その新王朝もいつかは革命により崩壊するという暗黙の前提があったはずである。ところが、記紀をみれば明らかなように、日本の場合は、王朝の交代はなかったことになっている。現王家が、神話にまでさかのぼって万世一系の皇統が維持されているというタテマエで記されているのである。これをどう評価するかである。

私見では、これこそ、不比等が構想した天皇制の歴史哲学によるものと考える。天皇から政治権力を奪い、その上で天皇を神格化し、天皇との外戚関係によって太政官を支配する。それが不比等の構想であった。天皇を神格化し、神話により神と結びつければ、その系譜は一系とせざるを得ない。そのために構想されたのが、高天原・天孫降臨・万世一系の神話だったのである。その結果、現王家は、歴史の始源までさかのぼって権威と正統性を主張することができ、外戚たる藤原氏の権威も保証されることになったのである。この作業は、事実上、過去の王家の抹殺であり、歴史の偽造というべきであるが、このようにして天皇制は実現したのである。これが、記紀に対する私の理解である。ここにおいても、天皇の神格化が、決して天皇のためではなく、藤原氏自身を不滅とするための不比等の構想であったことは明らかであろう。

さて、天武紀十年条の（a）（b）（c）三つの記事を検討してきたのであるが、これらが前節で論じた天皇制の三つの特徴に対応していたことが明らかとなったと思う。（a）は、律令編纂により太政官中心の政治秩序の形成と天皇の実質的権力の喪失。（b）は、草壁系王統の成立であるが、それは不比等の外戚政策のための伏線ないし準備であった。（c）は、神話による天皇の神格化であるが、神話の構想は藤原不比等によるものであり、それは、外戚政策をとる藤原氏にとって天皇の利用価値を高めるためのものであった。すべて、藤原不比等の政治哲学を背景としたものであった。

このようにみてくれば、結論として、日本の歴史を象徴する政治システムとしての天皇制の出発点は天武十年であったといってよいであろう。もちろん、最初は藤原不比等の構想に過ぎなかったかもしれない。しかし、様々な紆余曲折を経ながらも、その構想が着々と進行していき、ついに日本独特の政治制度と文化を形成していったのである。そして、その天皇制は、制度的には七〇一年の大宝令、思想的には七二〇年の『日本書紀』によって確立したといってよい。奇しくも、『日本書紀』完成の三ヶ月後の七〇一年八月に不比等は亡くなるが、それは、あたかも天皇制の成立を見届けたかのようであった。

その後の天皇制の時代であるが、いつも、藤原氏が天皇に擁立した一人の男性がいて、その回りに藤原一族の女性たちがいる。さらにその回りで、富と権力をもった男たちが成り行きを注視している。華やかな、それでいてどこか陰湿な社交が繰り広げられる。そういう時代が延々と続くことになったのである。藤原不比等の時代から源頼朝の時代まで、少なくとも五百年は続いたのである。もちろん、それ以後もこのシステムは生き続け、極論すれば今日にも影響は及んでいるといってもよいかも知れない。

その天皇制の社会は、外国の王朝の歴史と比べれば、著しく平和で安定したものであった。その原因は、第一に、当事者である天皇が世俗的権力をもたなかったこと。第二に、藤原氏の権力といっても外戚政策というわば女性の働きがなければ成立しなかったこと。そして第三に、天皇の権威の根拠が神話であるという、およそ浮世離れしたものであったことによるものといえよう。そのすべてが、驚くべきことに、藤原不比等の構想からはじまっていたのである。

このように考えてくれば、六八一年が、日本の歴史上、きわめて重要な年代であったことは明らかであろう。そこで、私は、その重要性に鑑み、六八一年以後を「天皇制の時代」とし、それ以前には「天皇制以前」という時代区分を与えようと考えている。

日本の歴史・文化を象徴する天皇制という独特の政治システムは、藤原不比等によって構想され、六八一年以後に実現に向かい、その後、七〇一年の大宝令、七二〇年の『日本書紀』によって事実上完成した。そう、私は考えている。

これに対して、疑問を抱く人がいるかも知れない。確かに、古代史上の藤原不比等の存在感の大きさは認めるにしても、六八一年当時、不比等はまだ二十代前半のはずである。そのような若者が、本当に天皇制を構想したといってよいのか、という疑問である。実は、私自身も、大いに疑問を感じているのであるが、しかし、それでも藤原不比等の構想という結論は動かしようがない気がしているのである。

なぜなら、天皇制という政治システムは、天皇に政治権力はなく実権は太政官にあり、藤原氏は天皇の外戚となって太政官を支配し、その天皇を神話により神格化して外戚政策を正当化する、という三つの要素からなり、全体として、藤原氏が天皇の権威を利用して国制を支配するというものである。要するに、藤原氏のための制度なのである。しかも、先の三つの要素はバラバラでは役に立たないものである。さらにいえば、その時代、藤原氏は、事実上不比等一人だったのである。とすれば、天皇制は、その構想段階から藤原不比等主導であったと考えないわけにはいかないのではないか。やはり、私には、そうとしか考えられないのである。

とはいえ、このような壮大かつ複雑な政治哲学の構想とそれを実現する政治力を、二十歳を過ぎたばかりの藤原不比等個人に求めることも現実的ではないことも事実である。とすれば、不比等の背後に彼を支える政策集団あるいは政治集団のようなものの存在を考えるしかないであろう。つまりは、藤原不比等という人物を通じて体系化され、かつ実現した天皇制という政治哲学の形成に、どのような人々が関わったのか、また、そこに成立した政治集団にあっ

三　今後の課題

て、藤原不比等がリーダーとして重きをなしたのは何故なのか、換言すれば、不比等が何故かくも大きな存在感を示すことができたのか、これらを解明することこそ、古代史最大の課題ではないかという気がするのである。

そこで、私自身の今後の課題としては、不比等個人に注目しつつも、彼の人脈を重視して、天皇制哲学の成立を論じてみたいと考えている。

なお、藤原不比等という人物を高く評価するとしても、個人の能力には限界があることも確かとすれば、彼の活躍を用意した歴史的背景についても検討すべきであろう。とくに、天皇制の特徴の第一の政治権力をもたないという点に関しては、飛鳥浄御原令や大宝令で急に決まったということはありえないであろう。かつての強大な大王の権力が失われていく過程があったはずである。それは、不比等が登場してくる直前の時代でなければなるまい。とすれば、天武朝、その前は天智朝ということになる。これまで我々日本人は、『日本書紀』という怪しげな書物によって、この天智・天武の二人を偉大な君主と考えることが常識とされてきた。しかし、そうであろうか。むしろ、この二人が無能だったからこそ、大王が実質的な権力を喪失することになったのであり、その結果を踏まえて不比等の構想する天皇制が成立したのではないか。こういう側面から、歴史を再検討する必要があるのではなかろうか。

そう考える根拠をいくつかあげておく。

まず、天智の場合であるが、乙巳の変はクーデターといっても簡単にいえば殺人事件であるから事実と考えてよいと思う。しかし、その後にはじまったとされる大化改新には疑問の点が多いのである。

まず、改新詔は大宝令を利用して作られたものであるから史料的価値は小さい。存在そのものが疑問である。その改革の内容も、乙巳の変後のにわか仕立ての政権には無理であろう。国・郡（評）・里（五十戸）の行政区画の設定は、各地方の利害が錯綜するし、郡司の任用ということになれば血をみてもおかしくない。短期間にできることではなく、強大な権力を背景に、しかも長期的にしか実現しないものである。租庸調などの統一税制も、度量衡の統一ばかりでなく、手工業製品の品質も問題であり、そのためには製造器械ないし製法の指導も必要である。前期難波宮の造営も巨大かつ独特な設計であり、相当長期の準備を経た上でないとはじまらないものである。蘇我入鹿を暗殺してすぐ立案するようなものではあるまい。

ところが、不確かな『日本書紀』においてさえ、すでに舒明・皇極朝とされる時代に国司を派遣し、伴造・国造制ではなく国を単位とする行政支配を行ったとする記事がある。また、前期難波宮に関しては、二〇一四年二月二四日の大阪府文化財センターの発表によると、宮域の北限を画する柱列跡に遺された二つの柱根の最外部の年輪が五八三年と六一二年のもので、おそらくは二本とも六一二年から間もない時期に伐採されたものということである。こういったことを考えると、これまで大化改新とされてきた改革は乙巳の変より相当前にはじまっていたのではないかと考えられるのである。六一二年から間もなくといえば蘇我馬子の王権の時代である。その時代にすでにはじまっていたのかも知れない。

確かに、乙巳の変により、息長氏に王権は移ったといってもよいが、左右の大臣の多くは蘇我一族であり、その下に実務官僚ともいうべき東漢直らの渡来人集団を考えると、蘇我馬子の時代からの改革は一貫していたのではなかろうか。

このような歴史過程について、私はかつて、「王権を槓杆として部民制を廃し、一元的な国家公民を創出するという大化改新を十分必然ならしむるものであり、族制的秩序の担い手であった蘇我氏の滅亡によって直ちに日程に上るものであった」（『古代国家と大化改新』吉川弘文館、一九八八年）と述べたことがある。これは、乙巳の変以前、つまりいわゆる大化改新以前に、舒明・皇極という息長系の大王の時代にすでに実質的改革がはじまっていたとするものであったが、現在では、舒明・皇極というような大王は存在せず、事実は蘇我馬子から蝦夷・入鹿の王権が続いていたのであり、いわゆる大化改新というのも、乙巳の変を挟んで長期にわたる蘇我氏主導の改革だったのではないかと考えている。

それに引き替え、中大兄（天智）の行動をみると、主導したのは古人皇子・有間皇子・蘇我石川麻呂らの粛正と白村江の戦いといった血なまぐさい事件ばかりであり、政治改革に属するものはない。あるとすれば、近江令の制定があるかも知れないが、これを六七一年の近江令官制の成立とすれば、ここにおいて、まさに太政官が成立し、大王が政治権力から排除されたのである。不比等の天皇制はその延長上にあったといってよい。

また、壬申の乱に勝利した天武天皇を偉大な専制君主と考え、私が不比等の天皇制哲学に基づくとした天武十年（六八一）の（a）（b）（c）三つの施策をもって、天武の専制王権確立の出発点とする理解が少なからずある。しかし、これまで多々述べてきたように、そのような理解はまったく見当違いといわざるを得ない。何度も繰り返して恐縮であるが、先の（a）（b）（c）三つの施策が意味するのは、藤原氏が、天皇を利用して国制を支配するシステムである。ここで成立した天皇制は、その後千数百年にわたり、極論すれば今日まで続いているが、その間、専制権力をもった天皇は皆無であるばかりか、およそ天皇自身に現実の権力が存在したことはなかったのである。先に、摂関政治について述べたように、摂政・関白は天皇の代行とか補佐役ではない。藤原氏の氏の長者として一族の内部で世襲される存在であり、国制の最高権力の地位である。十一世紀に出現する院政もやはり藤原氏の権力の延長上にある。歴代天皇の母方は藤原氏で、肥大化した藤原氏の権力のなかから、さらに特権的な存在として出現した権力とみるべきである。天皇との関係は形式的なものに過ぎず、天皇という地位も、現実を直視すれば、常に藤原氏の都合で使い捨てにされており、皇室自身の立場で、主体的に世襲されていたわけではない。天皇制という政治システムそのものが、天皇を政治権力から排除することによって成立している秩序だからである。形式上、天皇を中心として摂政とか関白とかの呼称にこだわって本質をぼかしているが、真の世襲権力が藤原氏にあることは明らかで、それこそが本質なのである。こういう天皇を無力にして藤原氏の傀儡とするような政治システムを、〝偉大な専制君主〟である天武天皇が企んだとでもいうのだろうか。天皇制をまったく理解していない解釈といわねばならない。

また、その天武天皇であるが、必ずしも壬申の乱の勝者ともいえない。単に、近江朝廷に反対する勢力に利用されたに過ぎない。彼自身は、ただ森のなかを逃げまどっただけだったのである。乱後の天武に、政治家として何らの実績もない。天皇が無力化している上に、執政の大臣すら一人もいなかったのである。事実は、藤原不比等が登場してきてから、またたく間に草壁皇子を擁立する権力核が出現し、天武十年（六八一）になり、先の（a）（b）（c）三つの施策が決定し、新たな時代がはじまったのである。

延暦度遣唐使三題

森　公章

私は先に遣唐使についていくつかの考察を試みており[1]、表題の延暦度に関しては、承和度ともども、遣唐使事業が終焉になる阻害要因を析出したことがある[2]。但し、延暦度は正史である『日本後紀』が欠失する部分であり、全体像が不明な点も残る。しかしながら、帰朝報告は完存しており（延暦二十四年六月乙巳条）、そこには唐の国内外の情勢について中国史料を補う独自の記述もあり、有用な情報として注目されるところである。留学者には最澄・空海や橘逸勢がいることは著名であるが、空海の入唐資格、留学僧霊仙の動向やその他の留学者に関する新たな史料の探究や考察の深化も示されている[3]。

そこで、本稿ではこれらの驥尾に付いて、延暦度遣唐使について私なりにその歴史的位置を検討することにしたいが、紙幅の都合もあり、全体的な推移をめぐる問題と文化面での交流の様相を検討する（延暦度遣唐使の構成員については表1を参照）。

表1　延暦度遣唐使一覧

大使	従四位下藤原朝臣葛野麻呂①
副使	従五位下石川朝臣道益②…唐で客死（『後紀』延暦二四年七月壬辰・八月壬子条、『続後紀』承和三年五月戊申条）
判官四人	正六位上菅原朝臣清公②→副使格に昇格か（『続後紀』承和九年一〇月丁丑条薨伝） 正六位上三棟朝臣今嗣③（『後紀』延暦二四年七月癸未条） 正六位上甘南備真人信影①ヵ…唐で客死（『後紀』延暦二四年七月壬辰条、『続後紀』承和三年五月戊申条） 正六位上高階真人遠成④（『類聚国史』巻九九大同元年一二月壬申条）
録事四人	正六位上上野朝臣頴人（『類聚国史』巻六六弘仁一二年八月辛巳条卒伝） 正六位上山田造大庭①
准録事	朝野朝臣鹿取（『続後紀』承和一〇年六月戊辰条薨伝）
訳語	正六位上笠臣田作（准判官兼訳語）
留学僧	空海①、霊仙
請益僧	最澄②─沙弥義真、従者丹福成、経生真立人
留学生	橘朝臣逸勢
請益生	粟田朝臣飽田麻呂、大伴宿祢少勝雄〔碁師〕、久礼真蔵〔茂〕・和邇部嶋継〔舞生〕、丹部頭麻呂〔横笛〕、明経請益大学助教豊村家長

（備考）人名の次の丸数字は乗船した船の番号。甘南備信影については、第二船に副使と判官菅原清公が乗船していることから推して、残る一人の判官である信影は第一船に乗船していたと考えた。

一　行程をめぐる問題

延暦度遣唐使の行程・唐での諸行事を整理すると、表2の如くである。今回の遣使の発遣過程では、まず天皇による餞宴の開催が明記されているのが注目される。

a『紀略』延暦二十二年三月庚辰条

遣唐大使葛野麿、副使石川道益賜㆑餞。宴設之事、一依㆓漢法㆒。酒酣、上喚㆓葛野麿於床下㆒賜㆑酒。天皇歌云、（中略）葛野麿涕涙如㆑雨、侍宴群臣無㆑不㆓流涕㆒。賜㆓葛野麿御被三領・御衣一襲・金二百両、道益御衣一襲・金一百五十両㆒。

b『後紀』延暦二十三年三月庚子条

是日、召㆓遣唐大使従四位上藤原朝臣葛野麻呂、副使従五位上石川朝臣道益等両人㆒、賜㆓餞宴殿上㆒。近召㆓御床下㆒、綸旨慇懃。特賜㆓恩酒一杯・宝琴一面㆒。酣暢奏㆑楽。賜㆑物有㆑差。

奈良時代には『万葉集』巻十九―四二四〇～四四に勝宝度の大使藤原清河に対する餞宴の様子が知られ、「春日祭神之日、藤原大后御作歌一首」（四二四〇）が掲載されているが、「大納言藤原家《仲麻呂》餞㆓之入唐使等㆒宴日歌」（四二四二～四四）とともに、これらは藤原氏の内々の餞宴の際のものと考えられる。宝亀度①では内宴で節刀を授ける礼式があり、その詳細は不詳であるが、大使・副使に御服を賜与したことが記されている（『続紀』宝亀七年四月壬申条）。このように天皇が前面に出て来ることがわかるのは奈良時代末からであり、確言はできないが、こうした君臣交歓の場、天皇自らが遣使主体であることを明示するのは、勝宝度に唐・玄宗が辞見の際に御製詩を賦した例（『東大寺要録』巻一所引延暦僧録第二勝宝感神聖武皇帝菩薩伝）、宝亀度①で代宗が銀鋺酒を賜与したこと（『続紀』宝亀九年十月乙未条）などをふまえて、唐皇帝の行為を模して成立した礼式ではないかと目される。

次に今回は一度目の渡航が失敗し、二度目で漸く渡海が実現している。奈良時代には北部九州において風待ちにより渡海が一年延期になった例（大宝度・宝亀度①）、大使の支障発生により進発が遅延になる例（宝亀度①）はあるものの、往路については一旦出帆すると、それ程問題なく唐に到着していた。ところが、今回の一度目は難波津発遣から程なく、まだ瀬戸内海航行の時点で漂没が起こり、船が破損、明経請益大学助教豊村家長が死没する為体で、bにみえるように二度目の進発・餞宴が行われた次第である。こうした事態は次の承和度にも発生しており、承和度は二度の渡海失敗、三度目に漸く渡航を遂げることになる（但し、二度とも北部九州から入海後に漂蕩したものである）。『続後紀』承和三年五月丙辰条には「夜裏大風、暴風交切、折レ樹発レ屋、城中人家不レ壊者希。斯時入唐使船寄二宿摂津国輪田泊一。遣二看督近衛一人於船処一、河水氾溢不レ得二通行一。更遣二左兵衛少志田辺吉備成一、問二其安危一」とあり、この時期に畿内付近で暴風雨が発生する事例が知られる。したがって延暦度の一度目は、こうした不測の事態に対処できなかったものと考えられるが、承和度に遣唐使船が輪田泊に待避していたのは、延暦度の経験をふまえてのことであろう。

ただ、そこには判断能力の欠如や航海知識・技能の低下といった人的資源の問題もあったのではあるまいか[4]。二度目の渡海に際して、「七月六日、発レ従二肥前国松浦郡田浦一、四船入レ海。七日戌剋、第三・四船、火信不レ応」とあり、早くも船団は分裂状態になり、結局のところ、第一船は福州、第二船は明州に到着と、第一・二船も連絡がつかなくなってしまい、それぞれに渡海を遂げた次第である（『後紀』延暦二十四年六月乙巳条）。今回の失敗を反省したのか、承和度には新羅人を起用した新羅訳語の活動によるものであるが、『入唐求法巡礼行記』巻一開成三年（承和五）八月十日条には「即聞、第二船着二海州一。第二船新羅訳語朴正長書送二金正南房一」とみえ、揚州に到着した第一船の新羅訳語金正南のもとに、第二船の海州到着を知らせる新羅訳語朴正長からの書信が届いており、彼らを介して他船の情報を得ることができている。帰路に九隻の新羅船を雇用し、渡海ルートをめぐって大使藤原常嗣と准判官長岑高名らとの意見が分かれた時、動静について知ることができたのも金正南の書信によってであった（巻一開成四年四月三日条）。

表2　延暦度遣唐使の行程

延暦二二年（八〇三）
三月一八日：朝堂院にて拝朝／二九日：大使・副使に餞宴 四月二日：辞見。節刀を賜与／一四日：難波津にて乗船／一六日：進発→暴風疾雨により船が破損。明経請益大学助教豊村家長は漂没／二五日：大使が上表／二八日：典薬頭藤原貞嗣・造宮大工物部建麻呂を遣し、遣唐使船と破損雑物を理む 五月二二日：節刀を奉還。船舶損壊により渡海できず〔第一回目の渡海失敗〕
延暦二三年（八〇四）
三月五日：拝朝／二五日：大使・副使に餞宴／二六日：節刀賜与 七月六日：肥前国松浦郡田浦より入海／七日：第三・四船と交信不能になる（→遭風漂廻） 八月一〇日：第一船は福州長渓県赤岸鎮に到着 ※第二船は明州に到着／副使石川道益は客死／判官菅原清公ら二七人は九月一日に上京し、一一月一五日に長安城に到着 一〇月三日：福州府に至る。二三人のみ上京を認められる 一一月三日：長安に進発 一二月二一日：長楽駅に到着／二三日：内使趙忠が郊労→長安城に入り、外宅に安置。菅原清公らと合流／二五日：宣化（政ヵ）殿にて礼見。次いで麟徳殿にて対見。「所請並允」、官賞あり
延暦二四年（八〇五）
正月一日：含元殿にて朝賀／二日：唐・徳宗が不予→二三日：崩御／二八日：使人ら素衣冠を着して、「諸蕃三日」の規定により朝夕挙哀。順宗が即位 二月一〇日：使人ら帰国を希望。内使王国文が明州まで監送する 三月二九日：越州永寧駅に到着。王国文はここで勅函を渡し、越州の使が明州まで監送 四月一日：録事山田大庭が福州から船を回漕して明州に到来／三日：明州に到着 五月一八日：明州より二船（第一・二船）が解纜 六月五日：対馬島下県郡阿礼村に帰着／一七日：第二船、肥前国松浦郡鹿島に帰着

七月四日：第三船、肥前国松浦郡庇良島より発して遠値嘉島に向かうも、南風により孤島に漂着・座礁し、判官三棟今嗣らは岸上に辿り着くが、さらに船が流されて、官私雑物を失う／一六日：朝廷より譴責
一二月：高階遠成、唐に来貢（長安に到来）〔第四船の渡海〕
大同元年（八〇六）
正月二八日：第四船の判官高階遠成、唐の告身を得る
一〇月二二日：高階遠成、空海らとともに帰朝

こうした新羅人の活動は奈良時代後半から顕著になっており、承和度には彼らに依存するところが大きかったが、延暦度ではまだ充分な活用は考慮されていなかった。しかし、それ故の支障発生、通交・航海全般に亘って日本人単独では不充分な面が顕現したのも、今回の反省点になる。

c『後紀』延暦二十四年七月癸未条
大宰府言、遣唐使第三船、今月四日発レ自二肥前国松浦郡庇良島一、指二遠値嘉島一、忽遭二南風一、漂二著孤島一、船居二巘間一、淦水盈溢、判官正六位上三棟朝臣今嗣等脱レ身就レ岸。官私雑物、不レ遑二下収一。射手数人、留二在船上一、纜絶船流、不レ知二何去一者。勅、使命以二国信一為レ重。船物須二人力一乃全。而今不レ顧二公途一、偏求二苟存一。泛レ船無レ人、何以能レ済二奉使之道一、豈其然乎。宜下加二科責一、以峻中懲沮上。

d―1『旧唐書』日本国伝
貞元二十年、遣レ使来朝。留学生橘免（逸）勢、学問僧空海。元和元年、日本国使判官高階真人上言、前件学生学業稍成、願レ帰二本国一。便請与レ臣同帰。従レ之。

d―2『類聚国史』巻九十九大同元年十二月壬申条
遣唐判官正六位上高階真人遠成授二従五位上一。遠成率爾奉レ使、不レ遑二治行一、其意可レ矜。故復命之日特授焉。

遣唐使の入唐後の行事ぶりは帰朝報告に詳しいが（『後紀』延暦二十四年六月乙巳条）、唐側の賓礼の検討は省略する。ところで、その帰朝報告には第一・二船の動向は記されているが、「第三・四船、火信不レ応」となった第三・四船はどのような仕儀になったのであろうか。後述の遣唐使派遣に伴う遣新羅使が新羅側に伝えたところによると、「去七月初、四船入レ海。而両船遭レ風漂廻、二船未レ審二到処一」（『後紀』延暦二十三年九月己丑条〔後掲k—1〕）とあり、「未レ審二到処一」の第一・二船は無事に入唐しており、第三・四船は「遭レ風漂廻」、即ち北部九州に戻っていたことが知られる。そこで、cの第三船の進路をみると、第一・二船が帰朝した後の七月四日に、第三船は肥前国松浦郡庇良島（平戸）を出発して南路による遣唐使の渡海地点である遠値嘉島（『肥前国風土記』松浦郡値嘉郷条）に向かっているので、この時点で一年遅れで三度目の発遣に臨んだものと考えられ、同時に第四船も渡海を企図したのではないかと指摘されている（5）。

私もこの理解を支持したいと思うが、では、第一・二船の帰朝が確認されており、すでに大使が使命を果した段階で、なお第三・四船が渡航する意味あいはどこにあったのであろうか。cの「国信」を国書とする説もあるが（6）、これは国信物、物実のことで（7）、遣唐使は国書を携行したことは認められるものの、それは大使が携行するのであって、第三・四船には国書はなかったと推定される。

e—1『紀略』大同二年正月辛丑条

是日、遣レ使奉二大唐綵幣於香椎宮一。

e—2『紀略』大同二年正月丙午条

献二唐国信物於諸山陵一。

e—3『紀略』大同二年正月丙辰条

大唐信物綾錦香薬等、班二賜参議已上卿一。

e—4『紀略』大同二年八月癸亥条

遣レ使奉二神宝并唐国信物於伊勢太神宮一。

e―5『後紀』大同三年十一月戊子条

勅、如レ聞、大嘗会之雑楽伎人等、専乖二朝憲一、以二唐物一為レ飾。令レ之不レ行、往古所レ譏。宜下重加二禁断一、不上レ得二許容一。

f―1『続後紀』承和六年十月辛酉条

奉二唐物於伊勢大神宮一。

f―2『続後紀』承和六年十月癸酉条

是日、建礼門前張二立三幄一、雑二置唐物一、内蔵寮官人及内侍等交易。名曰二宮市一。

f―3『続後紀』承和六年十二月辛酉条

天皇御二建礼門一、分二遣使者一、奉二唐物於後田原・八嶋・楊梅・柏原等山陵一。

f―4『続後紀』承和六年十二月庚午条

天皇御二建礼門一、奉二唐物於長岡山陵一。為レ漏二先日之頒幣一也。

延暦度遣唐使の帰朝後の行事として、e―1〜4の唐からの信物の頒施が注目される。神社や山陵に外国使節の到来を告げたり、貢献物を献上したりすることは、朝鮮諸国に関しては古くから事例があるが（『続紀』文武二年正月戊寅・庚辰条、勝宝四年閏三月乙亥条など）、遣唐使については『続紀』勝宝六年三月丙午条「遣レ使奉二唐国信物於山科陵一」が知られるくらいで、むしろ今回にはじまり、f―1・3・4の承和度に定着していくものと目される。e―1の香椎宮は神功皇后を奉祀するものであり、八世紀には神功皇后は専ら対朝鮮諸国の文脈で登場していたが、これ以後遣唐使も含めて、対外関係全般において認識の拠り所と位置づけられていく[8]。そして、e―3では公卿に「大唐信物」を班賜しており、これはf―2の「宮市」へとつながる行為である。「大唐信物」は「唐物」に他ならず、今のところe―5が「唐物」の語例の初見と目され[9]、延暦度遣唐使の帰朝と機を一にして登場することは興味深い。

諸貴族の外来産品への希求は、すでに八世紀中葉の新羅王子金泰廉の来航と買新羅物解に看取される新羅交関物の購買に顕現しており、その後も朝廷が高級貴族たちに大宰府綿を支給して、その入手を支援する措置が講じられている（『続紀』景雲元年十一月甲子・庚午条）。光仁朝になっても、「流来」・「帰化」などと称して日本に到来する新羅人は多く、朝廷は「若駕船破損、亦無二資粮一者、量加二修理一、給レ粮発遣」と令しており（『三代格』巻十八宝亀五年五月十七日官符）、大宰府での交易は展開を遂げていた。その観点からは遣唐使は新羅の中継品ではなく、直接に唐物を入手する大きな機会であり、この頃から唐物の獲得という要素も求められていくのではあるまいか。とすると、第一・二船の使命完了後に第三・四船が敢えて入唐する理由としては、このような要因を想定してみたい。第三船はまたも漂没し、船物をすべて流失してしまったため、厳しく譴責された次第である。

次に第四船に関しては、d―1・2の判官高階遠成が引率者であり、『朝野群載』巻二十「異国賜本朝人位記」には、元和元年正月二十八日付で「日本国使判官正五品上兼行鎮西府大監高階真人遠成」を中大夫試太子中允に任じた唐の告身が知られ、彼はこの年の正月には確かに唐に滞在し、官賞に与っている。第一・二船の唐への到着・入京の行程からみて、第四船がcの時点で渡海したとすれば、ちょうどこうした時宜で入京できた筈であり、d―1の如き申請も可能であったと思われる。天平度遣唐使の副使中臣名代が唐からの帰路に漂蕩し、帰国が一年遅れた際に、漂廻後に老子経・天尊像を懇求しており、唐はこうした場合にも日本人の要望を容れてくれている。また日本への国書で遣唐使の行方に関する情報を伝達しており、国賓としての接遇のあり方をうかがわせる（『冊府元亀』巻九九九外臣部請求・開元二十三年（天平七）閏十一月条、『唐丞相曲江張先生文集』巻七「勅日本国王書」）。したがってd―1にも高階遠成の来唐が記されているように、唐側はこれを日本の遣使として認定しており、官賞のような正規の使者に対する賓待を行ったのである。

g―1『続後紀』承和十年十二月癸未条

入唐留学天台宗僧円載之弟子仁好・順昌、与二新羅人張公靖等廿六人一、来二着於長門国一。

g—2『続後紀』承和十一年七月癸未条

又勅曰、在唐天台請益僧円仁・留学僧円載等、久遊二絶域一、応レ乏二旅資一。宜下附二円載傔従僧仁好還次一、賜中各黄金二百小両上者。所司准レ勅、分付如レ前云々。

g—3『続後紀』承和十四年七月辛未条

天台留学僧円載傔従仁好及僧恵蕚等至レ自二大唐一、上二奏円載之表状一。唐人張友信等卌七人同乗而来着。

g—4『続後紀』承和十五年六月壬辰条

是日、太政官牒、送二在唐天台宗留学問僧円載一。其辞曰、奉レ勅、省二円載表一偁、容服変更、心事艱阻、然自強不レ息、乞レ留二数年一。凡人心也、皆恋二郷土一、非レ敦二求法、誰楽二遠偏一。事須下遂二其実帰一、不上レ厭二年深一。又風潮万里、齎献遠臻、物豈在レ奇、唯嘉二乃情一。宜下因二于（「于、原作米、今従印本」）遠成等還次一、令レ知二此意一、裁賜二金物一以充中旅資上者。准 レ勅、聴三更住二数年一、兼賜二黄金一百小両一。宜レ領レ之。

g—5『訳注日本史料　日本後紀』延暦十五年五月丁未条

渤海国使呂定琳還レ蕃。（中略）又附二定琳一、賜二太政官書於在唐僧永忠等一曰、云々。今因二定琳等還一、賜二沙金少三百両一、以充二永忠等一。

g—6『続紀』宝亀七年四月壬申条

（上略・宝亀度①への節刀授与）賜二前入唐大使藤原河清一書曰、汝奉二使絶域一、久経二年序一、忠誠遠著、消息有レ聞。故今因二聘使一、便命迎レ之。仍賜二絁一百匹・細布一百端・砂金大一百両一。（下略）

この第四船の判官高階遠成の動向に関しては、g—4の解釈をめぐって、さらに問題がある。g—1〜4は承和度の天台留学僧で、会昌の廃仏を乗り越えてなお在唐する円載からの連絡、弟子の帰国と日本朝廷からの砂金付託を得ての再三に及ぶ渡海に関わる記事で、g—4に「遠成」の語がみえる。この部分については「円載の心持ちを嘉とし、高階真人遠成が唐へ戻るついでに托して、以上の思いを伝達させ、金を賜う」といった現代語訳が示されている。[10] しかしながら、高階遠成はすでに弘仁九年に六三歳で卒去しているので（『紀略』弘仁九年三月甲辰条）、この現代語訳は不適切と評さざるを得ない。

そこで、当該部分を「遠成等の還次に因み」と読み、「高階遠成が第四船の漂着によって遣唐大使藤原葛野麻呂の唐の朝廷への参内から一年余りおくれて内裏に参上することになったため、帰国が遅延することの承認と旅費の支給を申請し、それに許可をあたえた先例があったのであろう。それと同様な扱いとすることを円載に認めたのである」と説明する見解も呈されている(11)。ただ、g―3・4と同様のg―1・2のうちのg―2の事例、またg―5・6を参照すると、やはりここは「遠成等の還次に因りて」と読むべきであり、この場合は「遠成」という人物が唐に戻るのに付託しての意と解するのがよく、漢文史料の読み・解釈としては上掲の不適切とした現代語訳の方が当を得ている。しかし、この「遠成」を高階遠成と結びつけることには疑問がある。高階遠成はそれ程の著名人ではないから（散位従四位下で卒去）、g―4のような太政官牒では「遠成」のみでは誰を指すかわからず、「高階真人遠成」のように姓名を表記することが求められるのではあるまいか。また延暦度の判官高階遠成が日本に自分の窮状を伝えることができたか否かは不審であり、当該期には遣唐使以外による唐との通信手段はなかった。さらにいえば、高階遠成は唐側の正規の賓待を得ているので、帰国費用に困るようなことはなかったと思われる。

以上を要するに、g―4の「遠成」を高階遠成に比定したり、高階遠成の帰朝時に日本から砂金が送付されたという出来事を想定したりすることはできないと考える。では、g―4の「遠成」をどのように理解するのかについては、ここはとくに写本による文字の異同はなく、別の文字をあてることもできず、残念ながら成案が浮かばない。この点は後考に俟つことにし、以上で行程に関する考察を終えたい。

二　遣新羅使の派遣

今回、大使が乗船した第一船は福州に到着しており、これは遣唐使事業のなかでは最南の地であった。その点とも関係するのか、『性霊集』巻五「為大使与福州観察使書」のなかで、空海は「凱風朝扇、摧肝耽羅之狼心、北気夕発、失膽留求之虎性」と述べ、耽羅や留求（流求）への漂着を恐れる意識を吐露している。耽羅は当時新羅の附庸国であり、宝亀度①の第四船が帰路に耽羅に漂着し、「被島人略留」となって、新羅による救出を得て帰朝を果すという出来事があったので（『続紀』宝亀九年十一月壬子、十一年二月甲申、七月丁丑、十二年正月辛未条）、その記憶が生々しかったのであろう。流求は不詳であるが、勝宝度遣唐使の帰国に随伴した鑑真の船が阿児奈波島に到着した例がある（『唐大和上東征伝』）。『隋書』流求伝には「収取闘死者、共聚而食之」とあり、食人の風習が記されているが、鑑真が阿児奈波（沖縄）島で襲撃された否かは記述がなく、『隋書』の「流求」には沖縄説と台湾説が並存しており、なお未解決とせねばならない。

ともあれ、こうした漂着体験、とくに宝亀度①の耽羅への漂着→新羅を介した救出→遣新羅使派遣による帰国実現をふまえて、今回も早速に遣新羅使が派遣されることになる。日羅関係は七世紀末葉の新羅と唐との戦争に伴う新羅の対日朝貢姿勢から、八世紀には亢礼への変化があり、外交形式をめぐる紛争が頻発し、新羅使の来航は宝亀度①の救出に伴うものが最後になり、公的な通交は途絶していく。しかし、この遣唐使派遣と新羅への漂着時の保護依頼という日本側の必要性から、八世紀末～九世紀初には日羅の通交が散見するのである。

h―1『後紀』延暦十八年四月庚寅条

（上略）正六位上大伴宿禰峰麻呂為遣新羅使、正六位上林忌寸真継為録事。

h―2『後紀』延暦十八年五月壬申条

停二遣新羅使一。

i『三国史記』新羅本紀哀荘王三年（八〇二＝延暦二十一）十二月条

授二均貞大阿飡一為二仮王子一、欲三以質二倭国一。均貞辞レ之。

j—1『日本逸志』延暦二十二年三月条

乙丑、賜二遣唐使彩帛一、各有レ差〈日本紀略〉。右京人正六位上忌部宿禰浜成等、改二忌部一為二斎部一〈古記引国史云〉。己巳、遣唐使等於二朝堂院一拝朝〈日本紀略。〇古記引国史云、己巳、遣二正六位上民部少丞斎部宿禰浜成於大唐一〉。

j—2『古語拾遺』宮内庁書陵部所蔵明応元年写本識語[12]

延暦二十二年三月乙丑、右京人正六位上忌部宿禰浜成等、改二忌部一為二斎部一。己巳、遣二正六位上民部少丞斎部宿禰浜成於新羅国一。大唐消息。

j—3『三国史記』新羅本紀哀荘王四年七月条

与二日本国一交聘結好。

k—1『後紀』延暦二十三年九月己丑条

遣二兵部少丞正六位上大伴宿禰岑万里於新羅国一。太政官牒曰、遣二使唐国一修レ聘之状、去年令三大宰府送二消息一訖。時無二風信一、遂変二炎涼一。去七月初、四船入レ海。而両船遭レ風漂廻、二船未レ審二到処一。即量二風勢一、定着二新羅一。仍遣二兵部省少丞正六位上大伴宿禰岑万里等一尋訪。若有二漂着一、宜下随レ事資給、令上レ得レ還レ郷。不レ到二彼堺一、冀遣レ使入レ唐訪覓具報。

k—2『三国史記』新羅本紀哀荘王五年三月条

日本国遣使進二黄金三百両一。

l—1『三国史記』新羅本紀哀荘王七年（八〇六＝大同元）三月条

日本国使至。引二見朝元殿一。

l―2『三国史記』新羅本紀哀荘王九年二月条

日本国使至。王厚礼待レ之。

まず八世紀の遣新羅使を通覧すると、大使・副使以下の四等官が任命されたようであり（『延喜式』巻三十大蔵省「入諸蕃使」の入新羅使も参照）、大使は五位、副使は六位クラスの者が登用されている。しかし、h―1・j―1・k―1の事例をみると、九世紀前半には使人は正使（大使）と録事の二人のみが任じられ、ともに正六位上の位階の者が起用されており、相当位が下がっていることがわかる。この点に関しては、『続紀』宝亀十年二月甲申条「以二大宰少監正六位下下道朝臣長人一為二遣新羅使一。為レ迎二遣唐判官海上三狩等一也」を参照すると、新羅漂着時の保護依頼という特定の目的による遣使を考慮したものと目され、承和度遣唐使に伴う遣新羅使も正七位相当程度と目される武蔵権大掾紀三津という者であった（武蔵国は大国。『続後紀』承和三年閏五月辛巳・十月戊午・十二月丁酉条。三津は「緑衫」とあるので、六・七位とみなされる）。

また宝亀の下道長人は大宰少監であり、k―1によると、j―1・2の遣使は大宰府から派遣されたものと考えられるので、当該期の遣新羅使は朝廷が直接にではなく、下部機関である大宰府に交渉させるという躰をとることで、外交上の面目を保とうとしたのではないかと指摘される所以である[13]。かつて新羅が唐国勅使韓朝彩からの依頼と称して、渤海経由で日本に帰国した僧戒融の達不を尋ねるための使者金才伯ら九一人を博多津に送り込んだ時、日本側は新羅の執事省牒に対して大宰府が返牒を出していたから（『続紀』宝字八年七月甲寅条）、こうした案件では大宰府名義で対応するということなのであろう。こうした新羅を介した問い合わせという方法が、k―1のような日本側からの遣使や新羅を介した「遣レ使入レ唐訪覓具報」という方式を発想する参考になった点にも留意したい。

一方、新羅側の受け止め方として、j―3、k―2、l―1・2のように、当該期に日本が使者を派遣して交聘に努めたと認識している。k―1とk―2は若干時期が前後しており、l―1・2には日本側に対応史料が知られていないが、新羅の対外認識を考える上では有用な材料とすることができる。哀荘王は三代区分による新羅史では下代の四代目で、新王統の王権の確立強化に勤しみ、対外関係では対日本外交の他に、耽羅からの朝貢使の応接なども知られ、新羅における応接制度や王都の景観整備を促進、「中華意識」の回帰が看取されるとも指摘されている(14)。k—1によると、j—1・2の日本使人到来に対して、新羅側はとくに返信しなかったようである。またk—2の日本からの黄金三〇〇両献上は、日本側の史料にはみえないが、gの在唐留学僧への砂金送付の事例を参照すると、あるいは遣唐使漂着時の探索・保護依頼の代償としてもたらされたものかもしれない。ただ、延喜大蔵式の「賜蕃客例」では大唐皇には銀の給付があるものの、渤海王・新羅王には布製品の支給が基本であり、これはk—1とk—2を即応するものとした時の一案に留まる。

承和度の紀三津の「失使旨」事件では(15)、新羅側は「得二三津等状一偁、奉二本王命一、専来通レ好。及二開レ函覧一レ牒、但云レ修二聘巨唐一、脱有二使船漂二着彼堺一、則扶レ之送過、無レ俾二滞遏一者。主司再発二星使一、設問丁寧、口与レ牒乖、虚実莫レ弁。既非二交隣之使一、必匪二由衷之賂一。事無二摭実一、豈合二虚受一」と指摘しており（『続後紀』承和三年十二月丁酉条）、日本側の意図を推量し兼ねている様子も看取される。「小野篁船帆飛已遠、未下必重遣二三津一聘中于唐国上」とあるので、p—1に遣新羅使斎部濱成が唐に派遣されたかのような誤解が記されているように、三津は遣唐使のことに言及し、自らが唐に行くような誤解を与えたのかもしれない。勿論、三津は日本朝廷から「而三津到レ彼失二本朝旨一。称二専来通一レ好、似二畏怯媚託、私自設一レ辞。執事省疑下与二太政官牒一相違上、再三詰問、三津逾増二迷惑一、不レ能二分疏一。是則三津不文、而其口亦訥之所レ致也」と指弾されるような不始末を犯しているが、そこには日羅間の外交意識の相違のなかで、何とか穏便に使命を遂げようとする使人の辛苦をうかがうことができ、黄金付託のような物実の送付を全く想定できない訳ではないと考えておきたい。

なお、当該期の遣新羅使をこのように位置づけるとすれば、発遣はされなかったが、h—1・2はどのように理解すればよいのであろうか。延暦十八年には、例えば今回の遣唐判官菅原清公は二八歳で登科したところであった。最澄の入唐をめぐっては、延暦二十一年正月十九日の高雄山寺における天台妙旨の講演から桓武天皇の注目を得て、当初は弟子の円基・妙澄の留学が決まっていたが、「南岳高跡、天台遺旨、薄徳寡福、豈取得哉」、「披二覧此典一、既探二妙旨一、自非二久修行所一レ得、誰敢躰レ心哉」という天皇の意向もあり、最澄自身が請益僧として渡海することになるという状況が知られる（『叡山大師伝』）。上述のように、使人の任命は延暦二十年八月であり、延暦十八年には到底遣唐使の派遣が整うような状態ではなかった。ただ、宝亀度①の計画進捗をみると、使人任命の宝亀六年六月以前に、『続紀』宝亀二年十一月癸未朔条「遣レ使造二入唐使船於安芸国一」とあり、宝亀四年には造船が進展していたこともうかがわれるので（『大日本古文書』二十一―二七七宝亀四年二月十六日官符）、延暦度に関しても造船の進捗・発遣の時宜が延暦十八年に生じていたのかもしれない。しかし、その時点での計画遂行は見送られたので、遣新羅使派遣も中止になったということなのではあるまいか。この点は確説とはなし難いが、最澄の参加経緯にも看取されるように、延暦度遣唐使（あるいは他の遣唐使事業も）が紆余曲折を経て発遣に至ることを考慮すべき素材として留意したい(16)。

三　変容への道

延暦度遣唐使には最澄・空海らの仏教関係者以外にも、何人かの留学者が知られる。ここではとくに音楽関係者を中心に、近年付加された史料をもとに、検討を試みたい。

m『教訓抄』二・皇帝破陣楽

（上略）粟田道麿渡二破陣曲一云〈然者道麿渡歟〉。（中略）此家ニ習所ハ、如レ此而外従五位下尾張連濱主伝云、コノ舞ノ序、ハシメハ四十拍子ナリ。シカルヲ、遣唐時舞生、還二本国一時、忘二末八拍子一タリシニヨリテ、承和御時諸葛中納言奉レ勅、序一帖〈拍子三十〉、以二十六拍子一為二半帖一定了。（下略）

n『教訓抄』二・蘇合香

（上略）此朝ノ渡ス人、柏原天皇御時和邇部ノ嶋継ト見タリ。（中略）颯踏アリケレトモ、延暦ノ遣唐使舞生和邇

部嶋継、帰朝之時、忘レ之云々。古老説云、依レ絶二颯踏一、今世用二入破一也〈有二口伝一〉。

o―1『教訓抄』三・春庭楽

（上略）此曲延暦御時、遣唐使舞生久礼真蔵、所二伝来一也〈或貞茂タリ〉。則給二内教房一、奏二御前一。初大食調為レ楽、而承和御時、有レ勅改成二双調一了。（下略）

o―2『教訓抄』六・柳花薗

（上略）桓武天皇御時、遣唐使〈舞生久真茂〉所二伝渡一也。其時、一二三帖〈襲吹〉各无二間拍子一、三切舞終後、音取〈笙笛許〉、次詠。次四帖急吹〈加二同拍子一〉、次欲レ吹二五帖一之時、暫有二其間一、次五帖〈一切遅吹〉、次音取、次詠〈如レ前〉。次六帖ヲ急吹〈則加二拍子一〉。本是者〈大食調曲也〉。而承和御時、改被二双調一〈早物也〉。弾物ニハ無二楽拍子一、忠拍子許也。（下略）

p『新撰楽譜』康保三年十月十四日奥書（『大日本史料』第一編之三十八、一一二頁）

（上略）貞保親王譜方則有、嵯峨院雑色舟（丹カ）部頭麻呂手也。大唐貞元年中入唐所二習伝一也。与二今手一尤相異也。其譜又亡失也。承和聖主召二《大戸》清上於階下一、御笛。于レ時左大臣信朝臣・良峯宗貞等同傳（侍カ）二清涼殿東廂一、合二吹于御笛一。貞観聖主御仁寿殿東簷、召二和邇部大田麻呂於階下一、御笛。于レ時右大将《藤原》常行朝臣把レ笛合吹。夫此芸貴、以レ此可レ知。尤古之美談也者。（下略）

q『続後紀』承和六年十月乙酉朔条

天皇御二紫宸殿一、賜二群臣酒一。召二散位従五位下伴宿禰雄堅魚・備後権掾正六位上伴宿禰須賀雄於御床下一、令二圍碁一。並当時上手也〈雄堅魚下二石二路一〉。賭物新銭廿貫文。一局所レ賭四貫、所レ約惣五局〈須賀雄輸二四籌一、贏二一籌一〉。亦令三遣唐准判官正六位上藤原朝臣貞敏弾二琵琶一。群臣具酔、賜レ禄有レ差。

遣唐使の歴史のなかで音楽関係の将来品としては、霊亀の留学生吉備真備が天平度に随伴して帰朝した時、「銅律管一部、鉄如方響写律管声十二条、楽書要録十巻」を献じた例が知られる（『続紀』天平七年四月辛亥条）。これらのうち、『楽書要録』は則天武后勅撰で（『旧唐書』経籍志、『新唐書』芸文志）、九世紀末の藤原佐世撰『日本国見在書目録』楽家にも掲げられている。但し、延暦度以前の将来のあり方としては、この真備による伝来例、またこの天平度に随伴して来日した唐人皇甫東朝らによる唐楽奏上や林邑人仏哲による林邑楽の伝来などがあるくらいであり、その他の様相は不詳とせねばならない。一方で、『日本国見在書目録』には琴に関する譜や『弾琴用手法』・『弾琴手勢法』のような実技書、また琵琶・横笛・尺八などに関わるものをみられるから、これらが承和度までに移入されていたこともまちがいないであろう。

その際に注目されるのが、延暦度と承和度であり、とくに延暦度にはm～qのような音楽関係者の入唐が知られることが興味深い。承和度にも唐人廉承武から琵琶の伝習を受けた准判官藤原貞敏（宮内庁書陵部蔵『琵琶譜』奥書）や遣唐音声長良枝（大戸）清上、遣唐画師雅楽答笙師良枝朝生・春道吉備成などの参加が知られるが、彼らは官員の肩書きや別の名義を帯する形での渡海であった。一方、延暦度ではn・oの和邇部嶋継・久礼貞茂は「遣唐使舞生」と記され、舞生という特殊技能者として参加、請益生としての渡海であり、より直截に唐の楽舞を導入する目的が反映されていると考えられる。なお、mの粟田道麻呂は『続紀』では宝字三年七月丁丑条に内薬佑従七位下とみえるのが初見で、その後式部大輔・勅旨員外大輔・授刀中将になるが、神護元年八月和気王の謀叛に加担したとして飛騨員外介に左降され、彼に怨みを抱く上道斐太都が国守となり、妻とともに一院に幽閉されて死去したことが知られる（神護元年八月庚申朔条）。宝字三年以前の経歴が不明のため、確言できないが、入唐経験者か否かは不明とせねばならない。したがって延暦度以前に明確な形で音楽関係の伝授を目的に入唐した例は不詳であるといえよう。

ちなみに、延喜大蔵式の「入諸蕃使」には遣唐使構成員として、音声生・玉生・鍛生・鋳生・細工生など技術習得に関わる人々が掲げられているが、舞生のような楽舞に関連する存在はみえない。また雅楽寮の楽舞担当者に関する整備は、天平度以前の『続紀』天平三年七月乙亥条「定二雅楽寮雑楽生員一」云々（職員令雅楽寮条集解古記所引大属尾張浄足説も参照）以来、平城朝の官制改革の一環ではあるものの、延暦度を経た『三代格』巻四大同四年三月二十一日官符を嚆矢として、九世紀前半～中葉にいくつかの措置が講じられる。

その他、延暦度にはpの笛の伝習も行われている。時代は下るが、『禁秘抄』の「諸芸能事」には、「第一御学問也」に続いて、「第二管弦」として、延喜・天暦以降の事例ではあるものの、天皇の芸能として笛や琵琶などへの通暁が推奨されており、その端緒として天皇の唐風化を推進した桓武天皇、判官菅原清公による嵯峨朝における諸方策（『紀略』弘仁九年三月丙午、十一年二月甲戌朔条、『続後紀』承和九年十月丁丑条など）に結実する知見獲得などが大きな転換点であったと目される。[17]そして、qの伴宿禰雄堅魚は延暦度遣唐使に碁師として参加したことが知られており（『三代実録』貞観八年九月二十二日条）、wでは承和度で渡海した新帰朝者である伴宿禰須賀雄と囲碁の対局を行っている。囲碁に関しては、大宝度の留学僧で、唐で妻帯・二子を儲けた弁正が「時遇二李隆基龍潜之日一、以レ善二圍碁一、屢見二賞遇一」とあるのが著名であり（『懐風藻』）、日本でも早くから普及していたことがわかるが、小芸とはいえ、即位前の玄宗と親密になることができるような技芸として注目される。これも延暦度、そして承和度に通有する諸芸への目配りを示している。

次に伝習のあり方をみると、m・nでは遣唐使舞生が帰朝の際に拍子や舞い方の一部を忘れてしまい、不完全な将来になったことが知られる。mには舞生の名前が記されていないが、これらはともに和邇部嶋継の行為とみてよいであろう。今回の留学生橘逸勢は「理須下天文地理諳二於雪光一、金声玉振縟中鉛素上。然今、山川隔二両郷之舌一、未レ遑レ遊二槐林一、且温所レ習、兼学二琴書一」、「今見二所レ学之者一、雖レ不二大道一、頗有レ動レ天、感神之能矣」と弁解して、早期の帰国を求めており（『性霊集』巻五「為二橘学生一与二本国使一啓」）、帰朝時にとくに咎められた形跡はないので、舞生の不完全な習得も大きな問題にならなかったのかもしれない。しかしながら、勝宝度の留学僧で、宝亀度①とともに帰朝した行賀については、「帰来之日、歴二試身才一、東大寺僧明一難二問宗義一、頗有レ所レ塞。即罵曰、費二粮両国一、学植庸浅、何違二朝寄一、不二実帰一乎。法師大愧、涕泣滂沱」という逸話が伝えられており（『類聚国史』巻百四十七延暦二十二年三月己未条卒伝）、遣唐留学・請益の成果は厳しく問われるべき筈であった。

行賀に関しては、「久在二他郷一、粗忘二言語一」という事情が推し測られ、「在唐之時、居二百高座之第二一、有二法華経疏・弘賛略・唯識僉議等四十余巻一、是則法師之筆削也。又写得持来聖経・要文五百余巻、聖朝深喜弘益。授以二僧統一、詔付二門徒卅人一、令レ伝二其業一矣」として、一定以上の成果があったことも記されている。嶋継との関係は不明であるが、和邇部氏からはpに登場する大田麻呂のように、次代に活躍する人材が出現しており、大田麻呂は入唐はしなかったが、承和度の音声長良枝清上（帰路に漂没）に師事して「伎術出レ群」と評されているから（『三代実録』貞観七年十月二十六日条卒伝〔六十八歳〕）、あるいは嶋継―清上―大田麻呂のような伝習関係で、後輩の育成に功績を上げたのかもしれない。ちなみに、『教訓抄』三・玉樹後庭花には、「承和遣唐使舞生、件帰朝之間、此楽悉忘タリケレハ、又ツカハシテ、此朝ニハ習ト、メタリ」とあり、こうした忘失例は他にも存する。

承和度の舞生の名前は未詳であり、「又ツカハシテ」がどのようにして実現したのかも不審であるが、延暦度と承和度には連関性が認められる。m・oによると、忘失などの不完全な将来、完全な将来のものも含めて、承和度には日本側での改変・定着が推進されたことが看取され、興味深い。nでもまた、延暦度に伝来したものが亡失し、承和年間以降には別の形で伝習が行われたことがうかがわれる。そこには『教訓抄』三・輪臺に、「此曲、昔者〈平調楽〉。而承和天皇御時、此朝依レ勅、被レ遷二盤渉調曲一。舞者大納言良峯安世卿作、楽者和邇部大田麿作〈并《常世》乙魚・《良枝》清上等〉、詠者小野篁所レ作也」とあるような作業が推察される。ここには承和度で良枝清上が帰朝できなかったことにより、唐制の継続的な全面的移入が達成し得なかったこともあるのかもしれないが、『教訓抄』一・賀殿には「此曲ハ、モロコシヘ承和御門ノ御時、判官藤原貞敏ト云ケル者ヲ、ツカハレタリケルニ、廉承武ト云人ニ琵琶ヲナラヒテ此朝ニハヒロメタルナリ〈今急忠拍子〉。舞ハ同御門ノ御時ニ有レ勅作レ舞時、以二嘉祥楽一為レ破、以二嘉殿一為レ急、以二伽陵頻急一為二道行一。物師林直倉作之。或書ニハ大宋人云々。然者舞ハ此朝ニテ作云々〈此朝ヘ渡テ作歟、可尋。尤不審云々〉」とあり、日本で付加されて完成する場合もあったことが知られる。

以上を要するに、延暦度には天皇の礼楽面を支える楽舞の伝習という課題達成も図られていたのであり、唐風化の推進とともに、次の承和度にはこの移入を基盤として日本的な改変・定着が行われる端緒ともなっているのである。こうした延暦度の位置づけは、「国風暗黒の時代」と称される和歌の面でも、桓武天皇や嵯峨天皇には和歌に通暁した様子が知られ（『類聚国史』巻七十五延暦十四年四月戊申条、巻三十一弘仁四年四月甲辰条など）、決して和歌が軽視されていた訳ではないことにもうかがわれる。(18) 漢風隆盛のなかにも「国風」文化につながる要素は伏流しており、延暦度遣唐使による唐風化の推進、楽舞の移入による礼制的要素の整備の企図にも、承和頃からの転換を準備したものとして、その歴史的意味合いを付することができよう。

本稿では延暦度遣唐使をめぐるいくつかの問題を検討し、その歴史的位置づけを探った。延暦度と承和度には共通する部分、再三に亘る渡海までの過程、別稿で言及した唐側の賓待低下のあり方、唐物入手の顕在化等々、が看取される。また天皇の唐風化と関連する礼楽の導入でも連続する様相がうかがわれる。

延暦度と承和度で共通する要素としては、遣唐使の漂着の可能性に対応した遣新羅使の派遣があるが、これも宝亀度①から続くものであった。ただ、当該期には新羅人の流来が増加し、張宝高による海上交易の掌握など、東アジアにおける新羅人の海上活動が隆盛を迎えるところであり、そうした状況をふまえての日本の対外政策基調として考察することも必要になろう。また楽舞の移入と日本での改変・定着は、漢風隆盛から「国風」への転換の萌芽とも関わる事象であり、そうした変容への端緒としての当該期の位置づけも考慮せねばならない。これらは遣唐使だけではなく、広く政治・社会の動向とも関わる問題であり、そうした事柄の考究も課題として、蕪雑な稿を終えたい。

註

（1）　森公章ａ『遣唐使の光芒』（角川学芸出版、二〇一〇年）、同ｂ『古代日本の対外認識と通交』吉川弘文館、一九九八年）、同ｃ『遣唐使と古代日本の対外政策』（吉川弘文館、二〇〇八年）、森公章ａ「寛平度遣唐使再説」（『白山史学』五〇、二〇

一四年)、同b「奈良時代後半の遣唐使とその史的意義」(『東洋大学大学院紀要』五一、二〇一五年)など。
(2) 森公章「漂流・遭難、唐の国情変化と遣唐使事業の行方」(前掲註(1)c書)。
(3) 山内晋次「遣唐使と国際情報」(『奈良平安期の日本と東アジア』吉川弘文館、二〇〇三年)、東野治之a「大和文華館所蔵の延暦二十四年太政官符」(『日本古代史料学』岩波書店、二〇〇五年)、同b「空海の入唐資格と末期の遣唐使」(『文化財学報』二三・二四、二〇〇六年)、同c「遣唐使の諸問題」(『遣唐使と正倉院』岩波書店、一九九二年)、櫻木潤「平安時代初期の得度・受戒制度」(『ヒストリア』二〇八、二〇〇八年)、武内孝善『弘法大師空海の研究』(吉川弘文館、二〇〇六年)、堀池春峰「興福寺霊仙三蔵と常暁」(『南都仏教史の研究』下、法蔵館、一九八二年)、西本昌弘a「空海請来、不空・般若新訳経の書写と公認」(『日本古代中世の仏教と東アジア』関西大学出版部、二〇一四年)、同b「「唐風文化」から「国風文化」へ」(『岩波講座日本歴史』第五巻、岩波書店、二〇一五年)など。
(4) 承和度に関しては、前掲註(2)森論文を参照。
(5) 大庭脩「遣唐使の告身と位記」(『古代中世における日中関係史の研究』同朋舎、一九九六年)、上田雄『遣唐使全航海』(草思社、二〇〇六年)一九三〜一九四頁、武内孝善「帰国の船をめぐって」(前掲註(3)武内書)など。なお、西本昌弘「迎空海使としての遣唐判官高階遠成」(『関西大学文学論集』五七の四、二〇〇八年)は、桓武の病気悪化による空海の召喚のための派遣とするが、葛野麻呂帰国時には空海はまだ恵果に師事しておらず、空海が密教をどれくらい学んでいるのか不明であると思われるし、遣唐使以外による通信手段はないので、その進捗状況を知るすべもなかったと考えられるので、支持し難い。また山田佳雅里「遣唐判官高階遠成の入唐」(『密教文化』二一九、二〇〇七年)は、第四船の入唐を否定し、論証と結論が不明であるが、「あるいは切迫した欠員に、大使葛野麻呂は旧知のものを、いわば現地調達した可能性も考えられるのではなかろうか」(九四頁)と述べているので、大宰府官人の経歴を有する葛野麻呂が大宰大監であった高階遠成を登用し、遠成は第二度目の渡海の際に第一・二船のどちらかで入唐したとみているようである。ただ、大使による官員の登用が可能か否か、また遠成がその後も唐にいた事情が何かなど、不審の点が残り、この見解も支持し得ない。
(6) 黒板伸夫・森田悌編『訳注日本史料　日本後紀』(集英社、二〇〇三年)三〇九頁頭注は「国家から国家へ伝達される書簡。遣唐使第三船に乗った使者は重要な国信を失ったのである。」とし、森田悌『全現代語訳　日本後紀』上(講談社、二〇〇六年)三六六頁も「国から国への書簡である国信」と記す。
(7) 森公章「古代日本における対唐観の研究」(前掲註(1)b書)。

（8）森公章「平安貴族の国際認識についての一考察」（前掲註（1）b書）。
（9）森公章「奈良時代の「唐物」」（『唐物と東アジア』勉誠出版、二〇一一年）。
（10）森田悌『全現代語訳　続日本後紀』下（講談社、二〇一〇年）二八七頁。
（11）佐伯有清『悲運の遣唐僧　円載の数奇な生涯』（吉川弘文館、一九九九年）一〇五〜一〇九頁。引用部分は一〇九頁。
（12）石井正敏「『古語拾遺』の識語について」（『日本歴史』四六二、一九八六年）。
（13）石井正敏「八・九世紀の日羅関係」（『日本前近代の国家と対外関係』吉川弘文館、一九八七年）。
（14）濱田耕策「下代初期における王権の確立過程とその性格」（『新羅国史の研究』吉川弘文館、二〇〇二年）、酒寄雅志「古代東アジア諸国の国際意識」（『渤海と古代の日本』校倉書房、二〇〇一年）など。
（15）西別府元日「九世紀前半の日羅交易と紀三津「失使旨」事件」（『中国地域と対外関係』山川出版社、二〇〇三年）、山崎雅稔「新羅国執事省牒からみた紀三津「失使旨」事件」（『日本中世の権力と地域社会』吉川弘文館、二〇〇七年）など。
（16）北京大学図書館李氏旧蔵『唐会要』倭国条には、「正元十五年（貞元十五＝七九九＝延暦十八）、其国有二二百人一、浮レ海至二揚州一市易而還レ遠」とあるが、日本からの遣使の有無、n―1・2との関係などは不審とせねばならない。本史料の紹介は榎本淳一「北京大学図書館李氏旧蔵『唐会要』の倭国・日本国条について」（『唐王朝と古代日本』吉川弘文館、二〇〇八年）を参照。
（17）大津透『古代の天皇制』（岩波書店、一九九九年）、大津透他『日本の歴史』08古代天皇制を考える（講談社、二〇〇一年）など。なお、西本昌弘「嵯峨朝における重陽宴・内宴と『文鏡秘府論』」（『日本古代の「漢」と「和」』勉誠出版、二〇一五年）は、貞元年間完成と推定される『唐暦』が延暦度遣唐使によって将来され、そこに記された唐・太宗の内宴の記事が嵯峨朝における内宴の創始に資したとみている。ちなみに、『文机談』第一冊「天皇御楽事」には、桓武天皇が「なら丸を御師として御箏に長ぜさせをはします」とあり、この頃から天皇自身が音楽に長じた様子が知られる。『三代格』巻四延暦十八年十月二十五日官符「神笛生二人事」には、「毎レ至二祭祀一常供二音楽一而笛曲不レ調、多紊二儛節一。宜下取二神郡百姓堪レ習レ笛者二人上」云々とあり、延暦度遣唐使派遣以前にも桓武天皇が音楽の整備に留意していたことがわかる。
（18）北山円正「国風暗黒時代の和歌」（『日本古代の「漢」と「和」』勉誠出版、二〇一五年）は、当該期には儀式や宴において和歌を詠む決まりはなく、公の場で偶然に生まれたもの、天皇の意向やその場の雰囲気によって、詠むかどうかが決まるものであったとして、賦詩の場とは背景が大きく異なる点に注意すべきであるとする。

一世源氏元服に関する試論

江渡俊裕

元服の意義について、尾形裕康氏は個人にとっても、それを囲繞する社会にとっても重要であり、従来の環境からの隔離と文化及び道徳の世界への編入を物語ると述べている。(1) また中村義雄氏は、元服が王朝人にとって最も厳粛な儀式と指摘するように(2)、元服は成人儀礼として重要な機能を有していた。

もともと元服は古代中国の儀礼で、日本での史料上の初見は、首皇子（聖武天皇）の皇太子元服である。(3) 次いで親王元服、そして、幼帝で即位した清和天皇を契機とした天皇元服というように、日本における元服は皇位に関わるところから需要された。(4) 一方で、臣下の元服は内裏で行われるという特殊な事情を伴わない限り、史料に残らなかった。(5)

先行研究においても、皇太子元服及び天皇元服の儀式構造とその変遷を検討したもの(6)や天皇との親子関係に関する研究はみられるが(7)、臣下の場合は元服叙爵に伴う家意識の形成を検証したものはあっても(8)、史料の制約から元服そのものの検証は少ない。また本稿が扱う一世源氏元服も歴史学では論証がなされておらず、『源氏物語』を用いた国文学の研究が多い。(9) ただし、賜姓により「皇子」から「臣下」となった一世源氏の元服を検討することは、その性格を知る上で重要である。

そこで、本稿では一世源氏元服を通して、一世源氏がどのような身分に位置づけられたのか検討し、その元服が出仕後どのような影響を与えたのか検証するものである。

一　国史にみる一世源氏元服の事例

国史にある臣下の元服は管見の限り六例あり、その特徴は表1の通りである（表1参照）。そのうち半数が一世源氏で、それは左記の通りである。

『日本紀略』天長八年（八三一）二月丙子条
景〔丙〕子。御二紫宸殿一。源朝臣定加二元服一。冷泉〔然〕院為二主人一也。百済氏大夫等相共献レ物。雅楽寮奏二音聲一。賚二次侍従以上禄一。勅授二百済王寛命従五位下一。

『続日本後紀』承和五年（八三八）十一月辛巳条
辛巳。皇太子於二紫宸殿一加二元服一。（中略）是日亦源朝臣融於二内裏一冠焉。天皇神筆叙二正四位下一。嵯峨太上天皇第八皇子。大原氏所レ産也。賜二之天皇一令レ為レ子。故有二此叙一。賜二見参親王已下五位已上禄一有レ差。

『続日本後紀』承和十五年（八四八）四月癸卯条
癸卯。本康親王及源朝臣冷於二清涼殿一冠焉。並天皇之遺體也。本康親王同産桑子内親王亦初笄焉。是日。賜二近習臣及侍従已上禄一有レ差。

三例からは、二つの共通点をみることができる。一つは天皇の実子もしくは猶子で「今上皇子」なら天皇出御のもと内裏元服したこと[10]、もう一つは非血縁者を含めた官人の参加と彼らへの賜禄が行われたことである。

これらの共通点が一世源氏特有のものなのか考えるためにも、一世源氏元服が何に基づいたのか検討する必要がある。そもそも一世源氏元服はいつから行われたのか。史料上の初見は定であるが、それ以前にも嵯峨源氏の信・弘・常が元服したのは明らかなので、三人の元服時期が特定できれば、一世源氏が何に基づき元服したのか知る手がかりになると思われる。

まず三人の元服時期を考える上で、定・冷が元服の翌年に初叙位を迎えていることに注目したい(11)。それに基づけば、信は天長二年（八二五）、弘・常は天長五年（八二八）に初叙位を迎えているので、元服はその前年となろう(12)。つまり、一世源氏元服は天長元年（八二四）すなわち淳和朝から始まる。そうなると、三人は元服時「今上皇子」ではなくなるので、内裏元服の共通点と一致しない(13)。それに三人の元服時期からすると、『日本後紀』の逸文部分に該当するが、国史を抄出した『日本紀略』や国史を項目ごとに分類した『類聚国史』からも補えないので、立ち返って『日本後紀』自体に三人の元服が記載されていなかった可能性がある。したがって、定こそが一世源氏の内裏元服の初例と想定される。

そして、この前提にたてば、平安初期に内裏元服できた者はいかなる身分であったのか。国史からは表1の臣下や

表1　国史にみえる臣下の元服事例

	典拠	冠者	父	場所	主催者	天皇との関係	禄の対象者	備考
①	『続後紀』承和十年七月庚戌条（延暦七年春）	藤原緒嗣	藤原百川	殿上	桓武天皇	父百川の桓武即位への貢献	―	元服叙位（正六位上）
②	『紀略』天長八年二月丙子条	源定	嵯峨天皇	紫宸殿	嵯峨天皇	淳和猶子	次侍従以上	同日皇太子元服 実父主催
③	『続後紀』承和四年八月丁巳条	正道王	恒世親王	殿上	仁明天皇	仁明猶子	―	元服叙爵（従四位下）
④	『続後紀』承和五年十一月辛巳条	源融	嵯峨天皇	内裏（紫宸殿以外）			親王～五位以上	元服叙爵（正四位下）
⑤	『続後紀』承和十五年四月癸卯条	源冷	仁明天皇	清涼殿		仁明実子	近習臣～侍従以上	同日親王元服
⑥	『三実』仁和二年正月壬午条	藤原時平	藤原基経	仁寿殿	光孝天皇	父基経の光孝即位への貢献	五位以上	元服叙爵（正五位下）

表2の親王の元服が知られる（表2参照）。しかし、表1の①⑥は父の功績に報いるために行われたのであって、一世源氏元服の共通点とは異なる。したがって、親王元服から検討したい。

表2の一七例のうち②〜④⑥⑪⑬〜⑯の九例は史料上、「今上皇子」として内裏元服したことは明確である。また場所の記載がない①⑤⑫の三例も当時、「今上皇子」であるから内裏元服の可能性が高い。一方で、⑰の貞保は陽成天皇の同母弟であるから元服当時「今上皇子」ではないが、陽成元服に合わせて特例的に内裏元服したのであろう。そして、⑦〜⑩の四例は「今上皇子」ではないから、内裏外元服と思われる。[14]このことから、おおよそ親王が「今上皇子」であれば内裏、そうでなければ内裏外と区別されており、親王元服が「今上皇子」か否かを重要な要件としていた。つまり、一世源氏元服の共通点の一つは親王の内裏元服の要件と一致している。

そうなると、淳和猶子である定が内裏元服するにあたって、親王元服を模倣したと考えられるのではないだろうか。それをうかがわせるのが冷元服で、一世源氏と親王が一緒に元服したと想定される。なぜなら、冷と本康の元服が場所、時間及び次第に違いがあったならば、二人を「及」で並列表記するのではなく、融と皇太子恒貞親王のように同日の元服でも身分差により別々に表記するのが自然ではないか。その点を鑑みると、一世源氏と親王に身分差はなく、元服次第も親王元服の通りであったと考えられる。

そして、もう一つの共通点である儀式への非血縁者の参加と彼らへの賜禄についても、一世源氏元服と親王元服とで一致している。詳しくみれば、儀式への非血縁者の参加に関して、尾形勇氏は古代中国では皇帝にはプライベートな私事の礼が許されたが、その範囲は近親・家人に対してで非血縁者に擬制的にも拡大されることはなかったと指摘している。[15]

しかし、日本は非血縁者を含めることで公的儀式と位置づけ、[16]またその参加者に賜禄を行った。その禄には給与的側面があり、禄を介して天皇と官人との間の人格的結合が促されたと指摘されている。[17]それを踏まえれば、参加者にとっては給与という恩恵を一世源氏によってもたらされたことになり、それは一世源氏の優遇を意味するのではない

表2　国史にみえる親王の元服

	典拠	冠者	父	場所	参加者	賜禄対象	備考
①	『紀略』延暦十一年二月庚子条	伊予親王	桓武	―	―	―	―
②	『紀略』延暦十七年四月丁卯条	大伴親王		殿上	―	―	―
③		葛原親王					
④	『後紀』延暦十八年二月辛巳条	神野親王			五位以上	五位以上	―
⑤	『紀略』延暦二十年十一月丁卯条	茨田親王		―	―	―	―
⑥	『後紀』延暦二十四年十一月戊子条	坂本親王		殿上	―	坂上田村麻呂・藤原園人・多入鹿	―
⑦	『紀略』弘仁四年八月庚子条	葛井親王		―	群臣	群臣	宴
⑧	『紀略』天長七年十一月庚子条	基良親王	嵯峨	―	侍臣	親王、藤原三守	琴歌
⑨	『類国』天長九年二月乙亥条	秀良親王		冷然院	―	―	叙品（三品）
⑩	『続後紀』承和元年二月乙未条	忠良親王		―	―	―	叙品（四品）
⑪	『続後紀』承和九年二月辛巳条	道康親王	仁明	仁寿殿	親王・藤原氏	参議～未得解由大夫等	後に立太子
⑫	『続後紀』承和十年八月乙亥条	宗康親王		―	親王～五位	親王～五位以上	―
⑬	『続後紀』承和十二年二月癸巳条	時康親王		清涼殿	―	非侍従～未得解由大夫等	―
⑭		人康親王					
⑮	『続後紀』承和十五年四月癸卯条	本康親王			近習臣～侍従	近習臣～侍従以上	同日一世源氏元服
⑯	『文実』天安元年十二月甲子朔条	惟喬親王	文徳	御前	藤原良房・源信、近習臣	―	宴楽・琴歌 叙品（四品）
⑰	『三実』元慶六年正月乙巳条	貞保親王	清和	内裏ヵ	―	―	同日天皇元服 叙品（三品）

か。言い換えれば、参加者にとっては賜姓されたとはいっても、一世源氏は「臣下」ではなく、親王と同じ存在と感じざるを得なかったのではないか。つまり、親王元服の儀式構造を一世源氏元服にも用いたことは、一世源氏と親王は「皇子」[18]としての性質を同一視されていたことを裏づける。

以上のように、国史での一世源氏元服からは二つの共通点があり、それは親王元服と一致する。また待遇も同じであった可能性が高く、身分的に両者を区別していなかった。この内裏元服で重要なのは、「今上皇子」を必須要件としたことであり、一世源氏は賜姓により「皇子」から「臣下」になったにもかかわらず、「皇子」としての出自から親王に準ずる存在であったと考えられる。

二　儀式書にみる元服次第

ここでは、『新儀式』及び『西宮記』によって規定された元服次第をもとに、一世源氏と親王の元服次第を比較検討して共通点・相違点を示したい。二つの儀式次第は左記の通りで、要点ごとに番号を付した。また波線は筆者による。

一世源氏元服の次第

Ⅰ『新儀式』第五　源氏皇子加二元服一事。

①源氏皇子可レ加二元服一。先撤二晝御座一、立二倚子一為二御座一矣。孫廂南第二間敷二疊并茵一為二加冠座一。其西〔イ无〕南敷二菅圓座一、為二冠者座一。（延長七年二月十六日、両源氏加冠之時、孫廂第二三間敷二加冠座一其南第一間敷二圓座二枚一、為二冠者座一。）

②時剋出御。令三侍臣喚二加冠人一。加冠人参入着座。次源氏依レ召参入侍レ座。侍臣以二理髪具一。（匣盖納二櫛巾冠等一也。）置二座側一。次召下侍臣堪二其事一者上。（用二四位一。）令二理髪一。

③訖加冠人進而加冠。訖理髪人更進而理髪。畢退下。次源氏退下、更レ服参入、當二于御座一。於二庭中一拝舞退出。

④次令㆔内侍召㆓加冠人㆒。応㆑召参上。命婦持㆑禄給㆑之。拝舞退出。（其禄同㆓親王加冠之時㆒。）女蔵人召㆓理髪者㆒、同給㆑禄。（又同㆓親王之例㆒。）拝舞退出如㆑初。

⑤内蔵寮辨-㆓備饗饌㆒、給㆓殿上侍臣㆒。或出-㆓御侍方㆒有㆓歌遊事㆒。王卿已下至㆓于六位㆒、給㆑禄有㆑差。

Ⅱ『西宮記』巻十一

①一一世源氏元服（御装束同㆓親王儀㆒。但源氏座在㆓孫庇㆒。（西面北上。）前置㆓圓座㆒、其下置㆓理髪具㆒。（入㆓柳筥㆒。）

②引入着座。（召。）源氏着座。（召。）蔵人置㆓理髪具㆒、理髪被㆑召着㆓圓座㆒。（了入㆑巾、候㆓便所㆒。）

③引入着座。（引入還。）冠者下。（於㆓下侍㆒改㆑衣。黄衣。）拝舞。（入㆑自㆓仙華門㆒。）

④引入禄。（拝舞。）

⑤天皇御㆓侍倚子㆒。（王卿已下候、有㆓御遊盃酒㆒。源氏候㆓四位上㆒。王卿給㆑禄。本家分㆓屯食廿具諸陣㆒。）

親王元服の次第

Ⅲ『新儀式』第五　親王加㆓元服㆒事。

①親王加㆓元服㆒之儀。撤㆓晝御座㆒、鋪㆓毯代㆒、立㆓大床子㆒。（用所。）南廂第二間鋪㆓疊二枚㆒、其上鋪㆑茵、為㆓親王座㆒。（北面。但元服之時東面。疊用所茵。用㆓本家㆒。）孫廂南第二間鋪㆓疊并茵㆒、為㆓加冠者座㆒。親王座東邊鋪㆓菅圓座㆒、為㆓理髪座㆒。

②時剋出御。次親王自㆓侍方㆒参上着座。次召㆓加冠㆒。上卿着之後。置㆓加冠調度親王座東頭㆒。上卿奉㆑仰召㆓理髪人㆒。進着座理髪。訖退候㆓南階邊㆒。

③上卿起座、到㆓親王座東頭㆒、加冠復㆓本座㆒。理髪更進理髪。訖退出。次親王退出。次上卿退出。次撤㆓加冠調度㆒。次親王改-㆓換装束㆒。（下侍東第一間立-㆓廻五尺御屏風三帖㆒、鋪㆓地敷二枚㆒、其上置㆑茵。竝用㆓本家㆒。但所雑色以下鋪㆑之。）自㆓仙華門㆒参入、於㆓東庭㆒舞踏退出。

④爰内侍於㆓侍東戸下㆒召㆓加冠人㆒。進候㆓孫廂㆒。女蔵人取㆑禄賜㆑之。（白褂一重、御衣一襲。大臣加㆓白橡表御衣㆒。

或歌遊之次、召二左右馬寮十列一、各一疋加給。）退下舞踏、自二仙華門一罷出。次召二理髪者一候二南廊小板敷一。同賜レ禄。（白掛一領、阿古女御衣一領）舞踏同上。

⑤内蔵寮辨二備酒饌一、賜二王卿及殿上男女房一。（或本家設二此饗一。）本家設二献物一。（殿上王卿已下、及蔵人所雑色等取レ之。入レ自二北廊戸一、列二立御前一西面南上重行。若人数不足。召二用内豎一。或亦設二純物一、立二便所一。克明親王之時、分二立南庭東西一、令三検非違使分二給所々陣一。）其後召二王卿於御前一。（其座如レ常。）即賜二酒肴一。（新冠親王同候レ之。）御次召下侍臣堪二管絃一者及楽所人等上、同令二歌遊一。（侍臣候二南廊小板敷一、楽所人候二南階下一。或左右近陣奏レ之。）御厨子所時供二御酒一。次王卿及男女房賜レ禄有レ差。（可レ注丙載天皇間産親王於二御前一行二此禮一叙二三品一例等。又非二今上親王一於二私第一加二元服一参入儀等。又第一親王與二他親王一。有乙分別甲乎。）

Ⅳ『西宮記』巻十一

①②一親王元服（延喜同日四人元服。二人両度参上。大臣大納言二人加冠。両度、於二里亭一加持、於二母屋一有二此儀一。）天皇出御。（垂二母屋御簾一、撤二晝御座一、鋪二毯代一、立二大床子一。）親王着座。（東廂南二間敷二地敷茵一。所錦疊三枚上敷レ之。有二二人一敷二二枚一。北面。元服時東面。）引入着二孫廂南二間一。（依レ召疊一枚置レ茵。二人候鋪二二枚一、第一二間大臣錦端、納言両面茵。本家儲二置加冠具親王座頭一。唐匣一合、泔坏一口、巽角二階、御冠入二柳莒一。）理髪着二親王座東一。（菅円座。理髪了。入レ巾去、候二南小戸前一。）

③引入進。（執レ冠入了。自レ座下着二本座一。有二二人一之時、引入並進。或自二上臈一進。）理髪進、攬レ鬢出了。親王退、引入退。（親王下二々侍一改レ衣。黄衣。本家立二四尺屏風三帖一、鋪二地敷茵等一。）親王拝。（入レ自二仙華門一、於二東庭一拝舞。）

④加冠依レ召着二御前座一。（内侍於二侍(殿)東戸下一召二引入一、女蔵人授二給禄一。下二長橋一。〔不レ着レ沓。〕於二庭前一拝舞、懸二出仙華門一。白掛一重、御衣一襲。大臣加二白橡御衣一。延喜九年二月、内侍取、左衛門督。）理髪給レ禄。（候二南廊小板敷一。白掛加二阿古女一重一。同拝舞、自二仙華門一退出。）牽出物。（左右入レ自二北門一牽二庭中一、引入取小拝、授二朧

人一引入出。或引入被レ召二親王曹司一、有二盃禄一。有無不レ定。）又召二御前一。（有二酒禄一。或奏二見参一。）
⑤宜陽殿西廂設レ饗、春興殿西庭立二屯食卅具一。（給二禄男女一。或本家設。）内蔵寮備二酒饌一賜二王卿一。（殿上。）本家献物、王卿已下所人執。（入レ自二北廊一立二御前一、重行。人少召二内竪一屯食、所々非違使分行。）王卿候二御前孫廂一（賜二酒肴一、有二楽舞一。〔近衛府奏〕新冠同候。有二御遊一、供二天酒一。）禄。（納言已上白掛、親王同。参議紅。四位或御衣。殿上四位五位衾一條。六位童疋絹、楽人同。尚侍白掛。典侍、更衣、乳母、命婦紅掛。掌侍、命婦、蔵人衾。已上后腹儀。）或叙品。（后腹三品、一親王同。餘四品。）

まず一世源氏と親王の元服次第の構成をみると、①〜③が加冠儀、④が加冠人・理髪人への禄、⑤が官人を含めた饗宴という同一構造であることがわかる。

次に、項目ごとに共通点・相違点を検討したい。①は会場と座の位置についてである。会場は共通して清涼殿である。清涼殿は嵯峨朝に休息的宮殿として新設され、宇多天皇以降に常御所として用いられた[19]。そのため、清涼殿は天皇のプライベートな場所としての性格を備えた。そして、殿上間の新設に伴う昇殿制の整備により、日常政務の場も兼ね、天皇と私的な関係に基づいた政治機構が整備されるに至った[20]。つまり、宇多以降の清涼殿は政治的な要素が含まれた空間であったことを念頭に置く必要がある。

そして、相違点として二点挙げることができる。一つは一世源氏元服が「天皇―加冠人―一世源氏―理髪人」の順に説明しているのに対し、親王元服は「天皇―親王―加冠人―理髪人」となっていること、もう一つは一世源氏座が孫廂なのに対し、親王座は東廂[21]になっていることである。

まず説明順に関して、一世源氏は元服後まもなく官人秩序に組み込まれるので、初叙位階が従四位上[22]となる一世源氏に対して、上位である加冠人が前となる。逆に理髪人は四位が担当するので、位階では一世源氏と同等となるが、一世源氏が元服の主役であるため、理髪人が後となる。つまり、出仕を見据えた関係が反映されている。一方、親王は親王であることで尊重されるので[23]、官人秩序とは別に位置づけられる。また一世源氏と親王の座について、天皇との距離が一世源氏（孫廂）と親王（東廂）とで一段違う。それに臣下が担う加冠人・理髪人の座も孫廂にあるので、臣下は孫廂、親王は天皇に近い東廂という関係が示されている。つまり、①の二つの相違点は「臣下」に属する一世源氏と親王の身分差と考えられる。

②は①で座を設けられた者の参上・着座である。ここでは①通りに参上・着座しているが、親王は天皇出御を受けて召によらず参上し、一方で一世源氏は召によって参上しているので、参上方法が異なる。また加冠人・理髪人も召により参上しているので、臣下は召がなければ参上できなかったことになる。したがって、ここでも身分差が示されている。[24]

③は退出後の行動で、共通して一世源氏と親王は下侍で衣装を黄衣に改めて、清涼殿の東庭で拝舞している。④は加冠人・理髪人への賜禄で基本的に禄物は共通しているが、厳密には親王の加冠人には左右馬寮から馬が下賜されるので、「親王」の加冠人には禄の上乗せがあり、身分差を指摘できる。

⑤は饗宴である。一世源氏は三部構成（饗・歌遊・賜禄）、親王は五部構成（饗・献物・歌遊・賜禄・叙品）で、親王元服には献物・叙品という独自事項がある。

まず双方に共通している事項から検討するが、饗について、一世源氏は清涼殿侍方において「殿上侍臣」や「王卿以下」を参加者とし、親王は宜陽殿において「王卿及殿上男女房」を参加者としている。

次に歌遊だが、一世源氏の場合は参加者を列挙しておらず、饗が行われたであろう清涼殿侍方にいた王卿や殿上侍臣がそのまま参加したと思われ、天皇が饗宴当初から出御していた可能性がある。一方、親王は王卿・侍臣・楽所人等と幅広い参加者が知られ、饗から歌遊への移行に伴って、王卿は「御前」、侍臣は「南廊小板敷」、楽所人は「南階下」と会場も宜陽殿周辺から清涼殿に移っている。したがって、親王元服の饗宴における天皇出御は歌遊からとなろう。つまり、一世源氏と親王では饗への参加者数に差があり、[25]会場も異なった。そして、親王の場合は歌遊への移行は会場移動を伴い、天皇出御の時期にも影響した。

また賜禄はここまでの参加者を対象とするため、そこには大きな差が生じるが、禄や饗の費用は内蔵寮負担とする。その理由については、後述したい。

最後に親王独自の事項であるが、その一つは献物である。献物は親王負担で、対象者は王卿から蔵人所雑色までとされるので、事前の準備を要したであろう。つまり、親王は元服前から経済力があったことを示している[26]。

そして、もう一つが叙品である。叙品については醍醐朝以降、元服叙品が三品直叙と密接に結びついたとされ[27]、表2にあるように国史では例外的な元服叙品が、儀式書段階では定着したことを示唆している。

これまで、一世源氏と親王の元服次第を要点ごとに検討してきた。それにより、同じ「皇子」でありながら、身分によるであろう差異が明らかになった。ただし、その差の一方で、一世源氏元服が親王元服と同一構成となっていること、「源氏皇子」と明記されたこと、衣服や調度も親王元服と同じことに一世源氏が「皇子」として親王と同格視されていたことがうかがえる。つまり、一世源氏元服は「源氏」と「親王」という身分差を生みつつも、「皇子」という同一性を前提とした。そして、親王元服を模倣しながらも、身分差による省略ののちに形成された可能性を示唆している。

三　元服次第の成立過程とその実態

（1）元服次第の成立と編纂過程

これまでを踏まえると、国史も儀式書も一世源氏元服は親王元服を模倣したという理解に至る。換言すれば、親王元服がいつの時点で儀式書のような次第を形成していたのか把握できれば、一世源氏の元服次第も自ずとどのような成立過程であったのか知ることができると思われる。

そこで、国史以降の親王元服のうち、詳細な事例（克明親王・代明親王・成明親王・広平親王）をもとに[28]、儀式書次第⑤の経済負担（饗・献物）の変遷から親王元服次第の成立過程を推察してみたい。

まず饗であるが、克明は「克明親王家設侍従以上、及殿上侍臣饗」(29)とあって自己負担しているが、代明は「承和例、及克明親王時、親王家給殿上及侍従等。此度仰停止事。任簡略之也」として親王負担が醍醐天皇によって停止されている(30)。それを受け、広平も「又承和例并克明親王加元服時、親王家儲王卿侍従男女房饗。而延喜延長之間、克明親王以下、次々親王加冠日仰内蔵寮儲此饗事、従簡略」(31)とあって内蔵寮が負担している。一方、成明は「中宮職設親王・公卿及侍従饗」とあり中宮職が負担していて(32)、実例は一定していない。

しかし、儀式書は内蔵寮負担とあるので、代明・広平の事例を採用したことになる。それは醍醐の仰せを尊重したことを意味しよう。ただし、親王負担も記しているように承和例や克明元服を意識している。また承和例を挙げているので、饗負担が承和までさかのぼり、克明元服がそれを継承していたことを示している。

次に献物であるが、代明は「内々此院所調」とあり宇多が調達しているが、その他は自弁している。儀式書はいずれも親王負担とするので、献物は少なくとも克明までさかのぼる。しかし、克明の時から追加されたのではなく、饗負担と同じく、それ以前からの継承とみるのが妥当であろう。したがって、克明の元服次第はそれ以前までの集大成として、儀式書の次第に近い完成形であったと考えられる。

翻って、同時期の一世源氏元服は、源高明・兼明の事例が『吏部王記』延長七年（九二九）二月十六日条から知られる。

①十六日、当代源氏二人（高明・兼明）元服。垂母屋壁代、撤晝御座。其所立倚子為御座。孫庇第二間有引入左右大臣（藤原忠平・定方）座。
其南第一間置圓座二枚為冠者座。（置西面又圓座。前又置圓座。又其下置理髪具。皆盛柳筥。）
②先両大臣被召著圓座。引入訖。
③還著本座。次冠者二人立座退下、於侍所改衣装。

④此間両大臣給レ禄、於二庭前一拝舞。(不レ著レ沓。)出二仙華門一退出。於二射場一著レ沓撤レ禄。
③次冠者二人入二仙華門一、於二庭中一拝舞退出。参二仁和寺一(宇多上皇御在所)帰参。
⑤先レ是宸儀御二侍所倚子一。親王・左右大臣以下近臣等同候。有二盃酒御遊一。両源氏候二此座一。(候二四〔品〕位親王之次一、依レ仰也。奥方壁下也。)深更大臣以下給レ禄。両源氏宅、各調二屯食廿具一、令レ分二諸陣所々一。

しかし、これは国史以降、史料上確認できる唯一の内裏元服と思われる。それは文徳天皇から陽成までの在位期間や即位年齢から一世源氏が創出されても「今上皇子」としての元服は難しくなっていた(33)。また光孝天皇は即位前後で「皇子」を賜姓させたので「今上皇子」として元服する者がなく、高齢での即位もあり「今上皇子」に該当する者はすでに元服していたと考えられる(34)。さらに、宇多は皇女を賜姓する一方、皇子を賜姓せずに親王とし皇統の安定を保つことを優先している(35)。つまり、延長七年の元服は冷以来の内裏元服ということになる。

では、その元服を迎えた時、当然、冷元服を参考としたであろう。しかし、それ自体が親王元服と同じであるから、直近の親王元服も用いたと考えられる。要するに、延長七年の一世源氏元服も親王元服に基づいたのではないか。

そうなると、一世源氏元服は親王元服の模倣にもかかわらず、なぜ国史にはなかった身分差が儀式書に至ってあらわれるのか。例えば、延長七年の一世源氏元服では、饗宴における一世源氏の座次を「両源氏候二此座一。(候二四〔品〕位親王之次一、依レ仰也。奥方壁下也。)」と醍醐の仰せが示すように、醍醐が一世源氏と親王の身分差を厳密に意識している(36)。また延喜十九年の代明元服では、前述の通り親王負担を宇多が肩代わりしたのは、代明の経済事情からすると内裏元服としての体裁を整えられなかったと思われ(37)、宇多は親王という身分に配慮していたことがわかる。つまり、宇多・醍醐の頃に身分差は存在したことになる。

その契機は新皇統にあるのではないか。要するに、一世源氏と親王という身分を潜在的に意識せざるを得なかった事情があったと考えられる。すなわち、光孝即位にあっては、融の自薦に対して藤原基経は一世源氏という「皇子」であっても「臣下」からの即位を退けた(38)。しかし、後に宇多は基経が否定した形で即位した。また宇多即位後には、陽成が「当代は家人にはあらずや」といったように賜姓を経て即位した宇多に対する侮蔑がある。(39) さらに、醍醐は「源定省」の子すわなち臣下として誕生し、父の即位により皇位を継承した。このような反応や出自は新皇統にとって、一世源氏と親王を意識せざるを得なかった端的な事例と思われる。その意識が両者の差を生み出したのではないか。

したがって、一世源氏元服の次第は、「皇子」という出自から親王元服を模倣したことで同一構造となったが、皇統の変更という契機に触れて生じた身分差を親王元服を簡略化することで、延長七年の一世源氏元服を行い儀式書の編纂を迎えたと推測される。(40)

（2）内裏元服にみえる親子関係

元服事例からは儀式書にはみられない側面がうかがえる。例えば、延長七年の一世源氏元服には天皇の関与がみてとれる。それは加冠儀が終わってから饗宴までの合間に、高明・兼明が宇多のもとに参上していることである。単に拝賀とみることもできるが、その行動を醍醐の意向ととらえたい。それは新皇統として最初の一世源氏元服であり、嵯峨皇統の直系が創出してきた「源氏」を光孝皇統も踏襲したことを意味する。(41) そして、この継承が嵯峨天皇からの皇位継承の連続性に醍醐を位置づけることも意味したのではないか。それ故に、宇多のもとに二人を遣わしたと思われる。要するに、元服に天皇の別の意志が介在した。

また視点を『源氏物語』に移すと、桐壺帝は光源氏元服に際して、自ら引出物等の準備を官司や官人に差配して、皇太子元服を凌ぐ元服を催した。それは桐壺帝が元服を主導し、皇太子より光源氏を優遇しようとする意図がみえる。(42) つまり、一世源氏元服には儀式次第からはみえないが、親である天皇の意志が介在している。

一方、親王元服から宇多の関与がうかがえる。克明は「仰令レ参二入於二条院一。令二左衛門督藤原朝臣輔資謁見一」と醍醐が元服の最中に官人を宇多のもとに派遣し、宇多の仰せ通りに叙品がされている。また代明は「于レ時令三代明親王参二入於六条院一」と自らの元服費用を肩代わりした宇多のもとへ赴いている。このように、宇多は直接元服に参加してないが、祖父として直系孫の元服に関心を示していたことがうかがえる。

　さらに、成明は朱雀朝に内裏元服しているが、本来は醍醐皇子であり、朱雀天皇の同母弟とはいえ、内裏元服に該当しない。しかし、この元服には母である皇太后藤原穏子の主導がうかがえる。それは内蔵寮が負担する饗を中宮職が負担したことや元服後に穏子のもとに参上するように命じ、その場で饗宴が行われていることからも明らかである。当時、朱雀に後継者がいなかったため、同母弟であった成明は将来を見据えて特例的に内裏元服したものと思われる。

　これらからわかるのは、儀式書とは別に一世源氏や親王の元服には親子関係や直系関係に基づく関与や介入があり、元服には天皇周辺における「私的」思惑を含んでいた。

　しかし、天皇との親子関係等に基づいた元服に、なぜ官司として内蔵寮が関与したのか。本来、内蔵寮は『養老職員令』7内蔵寮条にあるように金属や衣服等を収納する官司であったが、後には『延喜内蔵寮式』53諸司年料条や『同』54諸国年料条にあるように食料をも収納するようになる。収納物の増加は臨時宴等が整備された嵯峨朝を契機とし[43]、内蔵寮はもともとの職掌になかった饗宴に関わることで、収納物を多様化させた[44]。

　では、なぜ元服の饗宴と内蔵寮が結びついたのか。それは一世源氏の元服が親子関係等に基づく「私的」要素を有したことによるのではないか。森田悌氏は、内蔵寮が関わる儀式は天皇・皇室が私的に主催・参加するという性格が強いという[45]。例を挙げれば、内宴は天皇の私的な宴会と評され[46]、『延喜内蔵寮式』40内宴儲料条にあるように、その供給対象は「王卿及殿上男女房」としている。それは元服の参加者とも共通する。つまり、天皇と「皇子」という親子関係に基づくところに天皇の財政基盤である内蔵寮が関与する「私的」要素があった。裏を返せば、一世源氏が「皇子」であるからこそ内蔵寮が関与したのであり、一世源氏は「臣下」として元服していないことを意味する。

　そして、饗宴後、内蔵寮から参加者に賜禄が行われた。賜禄の性格は前述の通りであるが[47]、内蔵寮から物品を供給することには意味があった。それは内蔵寮物の性格にあり、清和の遺詔からうかがえる。遺詔には「先皇遺詔。不レ欲レ費二官物一。故用二内蔵寮綿一」とあり[48]、森田氏は官物と内蔵寮物が対概念で、国家財政に関わる官物と天皇や皇室の私的な用途に充てる内蔵寮物に区分でき、内蔵寮は国家財政から独立した皇室の財政的基盤を形成したと指摘する[49]。つまり、物品は内蔵寮に収納された段階で天皇の物もしくは天皇に関わる物に性質を転換された。

その内蔵寮物の下賜は、一世源氏の地位を高めることになったのではないか[50]。それは内蔵寮が身分的には「臣下」である一世源氏元服に対して、天皇の物品を支給したからである。そこに官人は一世源氏が「臣下」ではなく、「皇子」であることを再認識したと考えられる。

またその「私的」側面の一方で、非血縁者を含めた官人が参加したことは「公的儀式」としての性格を有するという[51]。そもそも元服への参加といっても加冠儀には加冠人・理髪人以外は参加しないから、一世源氏を公にするために饗宴が行われた。そして、その場として、政治性を含む清涼殿を用いており、一世源氏にとって、将来出仕する新しい社会への招待で官人秩序の共有をもたらした。加えて、「公的儀式」として披露されたことは一世源氏自身の秩序内での位置づけを意識させたと考えられる。

このように、内蔵寮が一世源氏元服に関与したのは、天皇との親子関係という「私的」要因に基づいていた。そして、内蔵寮物の下賜は一世源氏を身分的に「臣下」としながらも、逆に「皇子」としての側面を強調させた。したがって、一世源氏元服に内蔵寮が関与したことで、一世源氏は官人秩序内での位置づけを高めたのではないか。

(3)　一世源氏の内裏外元服

最後に、内裏外元服にも触れたい。一世源氏の内裏元服として、確認できるのは允明・為明・盛明・昭平の四例で[52]、その要件は昭平元服に「先帝皇子」とあるので、「今上皇子」ではないことにある。そして、いずれも「今上皇子」ではないので、内裏外元服に該当する。また内裏外元服が確認できる親王の三例も「今上皇子」ではない点で一致している[53]。

この四例に基づけば、場所は不定で、参加者も経済事情によって差が生じている。とくに、注目したいのは允明元服を兄弟が負担した理由に「外戚无㆓相労㆒者、无㆑便㆑成㆑禮。仍余前事申㆓卿君㆒。甚憐㆑之。仍冠者服并童装、引入・理髪等禄、一事以上皆悉具備成㆓今日事㆒。余亦設㆓餉食十具・献物卌捧㆒」とあって、允明の経済力や外戚の援助がないことを挙げている。つまり、内裏外元服には元服する者の経済力の有無が直接影響した。

要するに、内裏外元服は自己負担とされ、不足分は縁者が負担することになった。しかし、それでもなお、元服の体裁を整えたのは一世源氏としての体面を保持するためと考えられる。(54)

(4) まとめ

ここでは、儀式書の編纂過程や実態から検討してきた。それにより、一世源氏元服は親王元服を模倣したが、新皇統への変更が両者の身分差を明確にした。しかし、天皇との親子関係という「私的」要素に基づく故に内蔵寮が関与し、非血縁者を含めた官人の参加と内蔵寮物の下賜を通して、一世源氏の「皇子」としての性格は強調された。つまり、一世源氏の内裏元服は賜姓後であっても「臣下」としてではなく、「皇子」としての元服であった。そのため、「皇子」待遇のまま官人秩序への編入をもたらしたと考えられる。一方で、内裏外元服にそのような恩恵はうかがい知れない。したがって、同じ一世源氏であっても、元服が内裏か否かは、その待遇に明確な差を生じさせた。

本稿では一世源氏元服を事例や儀式書を通し、また親王元服を参考することで、一世源氏の身分やその性格を検討してきた。それによれば、一世源氏の内裏元服は一貫して「今上皇子」であるか否かという天皇との親子関係に基づいた。それは親王と同じで、「皇子」という出自が両者を同一視させ、元服次第も同一構造をとった。しかし、新皇統への移行に伴い一世源氏と親王という身分差の認識から親王元服を簡略化することで、一世源氏元服は形成された。そして、親子関係に基づいた内裏元服に非血縁者である官人を参加させたことは「公的儀式」の性格を帯びさせた。それにより、元服が内裏か否かという差を生じさせ、同じ一世源氏においても区別を促したのではないか。結果として、延長七年に内裏元服した高明等は大臣へ、内裏外元服した異母兄弟は公卿に至らなかった(55)。要するに、官人として出仕する一世源氏の最初の儀式参加が、後の官人生活に影響した可能性を示す。

それは一世源氏元服が天皇と皇子という親子関係に基づいて行われることで、その関係性を参加者に可視的に示し、また兄弟（親王または一世源氏）の参加は天皇―親王・一世源氏という血統意識の強化を促した。それにより、一世源氏は父天皇の権威を付与され、親王と帰属意識を共有した。そのため、皇位が醍醐から朱雀・村上へと親から兄弟継承したことで高明・兼明はミウチとして存在するに至ったのではないか(56)。

かつて、筆者は賜姓源氏創出の目的は天皇輔弼にあり、その理由として賜姓詔に反して、初叙において高位を授けたことを挙げた(57)。そして、従四位上という初叙位は、一世源氏が「臣下」とされながらも、親王より下位で皇孫より上位と位置づけられたことに由来すると考えた(58)。そして、本稿によって、賜姓から初叙位の間である元服時も一世源氏は「皇子」扱いであり、内裏元服によって一世源氏は貴族社会における位置づけを高めた。つまり、内裏元服したという事実が、出仕後も一世源氏に政治的な恩恵をもたらしたと考えられる。

本稿は少ない史料に基づくため、一事例に依拠せざるをえなかったが、これをもって、一世源氏元服の見解としたい。また出仕後の一世源氏の位置づけは今後の重要な課題と考える。

註

（1）尾形裕康「成年礼の社会的意義」（『日本歴史』三四、一九五一年）二三―二五頁。
（2）中村義雄『王朝の風俗と文学』（塙書房、一九六二年）一二六頁。
（3）『続日本紀』和銅七年六月庚辰条。
（4）皇太子元服は『内裏儀式』、天皇元服・親王元服は『新儀式』から記載されるが、臣下の元服は私撰の儀式書によって知られる。
（5）岡田まり「日本古代の皇太子元服加冠儀」（『国史学』二〇八、二〇一二年）。

（6）中村義雄「元服儀礼の研究―天皇元服について」（『二松学舎大学論集（昭和四十年度）』一九六六年）。所功「「御元服」儀式文の成立」（『神道学』一〇六、一九八〇年）。後に同『平安朝儀式書成立史の研究』（国書刊行会、一九八五年、ここでは再録参照）。詫間直樹「天皇元服と摂関制―一条天皇元服を中心として」（『史学研究』二〇四、一九九四年）。

（7）岩田真由子「元服の儀からみた親子意識と王権の変質」（『ヒストリア』二一三、二〇〇九年）。

（8）服藤早苗a「転換期における王権と国家―元服と身分秩序の転換」（『歴史学研究』五八六、一九八八年）。同b「元服と家の成立過程―平安貴族の元服と叙位」（前近代女性史研究会編『家族と女性の歴史―古代・中世』吉川弘文館、一九八九年。後に同『家成立史の研究―祖先祭祀・女・子ども』［校倉書房、一九九一年］、ここでは再録参照）

（9）清水好子『源氏物語論』（塙書房、一九六六年）。中嶋朋恵「源氏物語創造―光源氏の元服」（鈴木一雄編『平安時代の和歌と物語』桜楓社、一九八三年）。山中裕「『源氏物語』の元服と結婚」（同『源氏物語の史的研究』思文閣出版、一九九七年）。植田恭代「元服・裳着―源氏物語にみる成人儀礼」（増田繁夫・鈴木日出男・伊井春樹編『源氏物語研究集成第十一巻―源氏物語の行事と風俗』風間書房、二〇〇二年）。

（10）三例とも内裏元服であるが、表1の通り主催者と場所には違いがある。とくに、定元服は前掲註（7）岩田論文が嵯峨と淳和天皇との関係を背景にした政治的意図がこめられた事例で、その儀式を皇太子元服に擬すことで定を淳和の後継者と位置づけることに意味があったと指摘する（八三―八五頁）。

確かに、「正嗣」恒貞は元服していないから、淳和が定に一目を置くのは理解できる。しかし、定を後継者とするにも親王復帰は天長四年に嵯峨が否定している。また生母百済氏（養母永原氏）を考えれば、恒貞をおいて定を後継者とする必然性がない。むしろ河内祥輔（『古代政治史における天皇制の論理』吉川弘文館、一九八六年、一六八―一六九頁）のいうように皇位の正統は淳和にあるとすれば、母親が劣る定を敢えて後継者にする理由はない。したがって、定を後継者とすることが淳和の意思ではないと思われる。

そこで、定元服が淳和即位後、最初の「今上皇子」の元服で、また後述するが源朝臣姓としては内裏元服の初例であることに注目したい。淳和は「定養㆓長於深宮之内㆒」（『日本三代実録』貞観五年正月丙寅条）という状況を危惧して、定の存在を示すことに意を注いだのではないか。つまり、定元服は後継者待遇としてではない。それに淳和は実父嵯峨を主催者としたことで二つの権威により、その殊遇を示そうとしたのではないか。そして、「今上皇子」としての元服を経て、定は翌年に従三位という異例の初叙位で出仕したと考えた方が自然と思われる。それは江渡俊裕（「賜姓源氏の初叙位に関する一試論」

『国史研究』一四一、二〇一六年〕一四頁）において、寵愛の延長上と考えたことと矛盾しない。
(11) 定は『類聚国史』巻九十九、天長九年正月辛丑条、冷は『続日本後紀』嘉祥二年正月乙亥条。
(12) 信は『日本三代実録』貞観十年閏十二月丁巳条、弘は『日本三代実録』貞観五年正月戊子条、常は『日本文徳天皇実録』斉衡元年六月丙寅条から初叙位が知られる。
(13) 前掲註（7）岩田論文によれば、淳和朝から先帝所生親王が内裏外で元服するとして、今上天皇の実子か否かが問題になり、『新儀式』親王元服次第の割注は淳和朝に確立したと指摘している（八一頁）。そして、それが一世源氏にも適用されたことを信等の事例は裏付けているのではないか。
(14) 前掲註（7）岩田論文は葛井の内裏元服の可能性を示している（八一頁）。しかし、「今上皇子」ではないから内裏外元服の可能性は否定できない。ただし、史料的根拠は示せないので、ここでは可能性の言及にとどめる。
(15) 尾形勇『中国古代の「家」と国家—皇帝支配下の秩序構造』（岩波書店、一九七九年）二一四—二二〇頁。
(16) 前掲註（8）服藤a論文、四九頁。
(17) 饗場宏・大津透「節禄について—「諸節禄法」の成立と意義」（『史学雑誌』九八—六、一九八九年）四八—五三頁。
(18) 『新儀式』は一世源氏元服を「源氏皇子加二元服一事」と題し、一世源氏は「皇子」という認識を示している。
(19) 目崎徳衛「仁寿殿と清涼殿」（『宇津保物語研究会会報』三、一九七〇年。後に同『貴族社会と古典文化』〔吉川弘文館、一九九五年〕ここでは再録参照）二六六—二六七頁。
(20) 古瀬奈津子「昇殿制の成立」（青木和夫先生還暦記念会編『日本古代の政治と文化』吉川弘文館、一九八七年。後に古瀬奈津子『日本古代王権と儀式』〔吉川弘文館、一九九八年〕ここでは再録参照）三四二—三四五頁。
(21) 『新儀式』は親王座を南廂と、侍方から参上するとある。しかし、南廂も侍方も位置としては殿上間を指し、親王の行動が不明確となる。後註（29）～（32）の実例からすれば、親王はいずれも殿上間から東廂に移動しているので、ここでの南廂は東廂の南側と解釈できる。
(22) 前掲註（10）江渡論文、一〇—一一頁。
(23) 喜田新六「令制下における君臣上下の秩序維持策」（『古代学』七—一、一九五八年。後に同『令制下における君臣上下の秩序について』〔皇學館大学出版部、一九七二年〕ここでは再録参照）四九六頁。
(24) 実際には親王も召により参上しているのが後註（29）～（32）から知られるが、ここでは儀式書の次第上は両者に身分差があったということにとどめたい。
(25) 前掲註（7）岩田論文、七四頁。
(26)『新儀式』「皇子給二親王号一事」には親王宣下の際、外戚の拝賀があり、親王は外戚との関わりが強いことがわかる。
(27) 山本一也「日本古代の叙品と成人儀礼」（『敦賀論叢』一八、二〇〇三年）四二―四四頁。
(28) 国史以降、儀式書編纂頃までの間、確認できる親王の内裏元服は一二例あり、醍醐皇子の克明・代明・重明・式明・常明・有明・時明・長明・成明、村上皇子の広平・為平・致平である。
(29)『醍醐天皇御記』延喜十六年十一月二十七日条。以後、克明元服については、この史料に基づく。
(30)『醍醐天皇御記』延喜十九年二月六日条。以後、代明元服については、この史料に基づく。
(31)『村上天皇御記』応和三年八月二十日条。以後、広平元服については、この史料に基づく。
(32)『吏部王記』天慶三年二月十五日条。以後、成明元服については、この史料に基づく。
(33) 文徳の賜姓勅は仁寿三年、崩御は天安二年なので、文徳源氏が「今上皇子」とされるのは五年間となる。また清和の賜姓勅は貞観十五年、退位は同十八年なので、清和源氏が「今上皇子」なのは四年間となる。単純計算であるが、文徳・清和の一世源氏が「今上皇子」として元服するのは難しいと思われる。一方で、陽成の賜姓勅は不明で、陽成自身の元服が元慶六年で退位は同八年であるから、在位中に賜姓は行えなかったと想定される。
(34)『日本三代実録』貞観十二年二月丙申条、『類聚三代格』巻十七、元慶八年四月十三日勅。
(35) 江渡俊裕「賜姓源氏創出の論理と変遷」（『法政史学』八三、二〇一五年）一九頁。
(36) 前掲註（10）江渡論文、八頁。
(37)『本朝皇胤紹運録』は代明母を藤原連永女とし、その連永は『尊卑分脈』（第二篇）に総継孫で伊予介とされる。しかし、連永はこれ以上把握できないので、政治経済的に優れた者ではなかったと想定される。
(38)『大鏡』第二巻「太政大臣基経昭宣公」。
(39)『大鏡』第一巻「五十九代宇多天皇」。
(40) 延長七年の次第⑤の記述は『西宮記』次第⑤と同内容であり、『西宮記』は編者高明自身の体験を反映したものと考えられるので、『西宮記』は延長七年をもとに一世源氏元服を記述したのであろう。また『新儀式』の編纂時期は清水潔（「清涼記と新儀式と天暦蔵人式」〈『皇學館論叢』四九、一九七六年〉四九―五〇頁）が応和三年から康保四年の間とし、西本昌弘（「「唐風文化」から「国風文化」へ」〔『岩波講座日本歴史』古代五、二〇一五年〕一七一頁）は応和年間前後の撰定とするので、いずれも村上朝を想定している。つまり、『新儀式』も成立時期に近い延長七年の元服をもとにした可能性が高い。

（41）前掲註（35）江渡論文、一八頁。

（42）『源氏物語』「桐壺」。

（43）『内裏式』上巻「元正受群臣朝賀式并会」や山中裕（『平安朝の年中行事』塙書房、一九七二年）一六三頁が指摘する内宴の開始時期からすると、嵯峨朝以降、内蔵寮と饗宴が結びついていたことがわかる。

（44）古尾谷知浩（「内蔵寮の収納機能」〔『律令国家と天皇家産機構』塙書房、二〇〇六年〕）九〇頁。

（45）森田悌「平安中期の内蔵寮」（彌永貞三先生還暦記念会編『日本古代の社会と経済』下巻、一九七八年。後に同『平安時代政治史研究』〔吉川弘文館、一九七八年〕ここでは再録参照）四〇九頁。

（46）前掲註（43）山中論文、一六三―一六四頁。

（47）前掲註（17）饗場・大津論文。

（48）『日本三代実録』元慶四年十二月己丑条。

（49）森田悌「平安初期内蔵寮の考察」（『金沢大学法文学部論集　史学編』一九、一九七二年、八―九頁。後に同『平安初期国家の研究Ⅱ』〔関東図書、一九七二年〕ここでは初出参照）、前掲註（44）古尾谷論文、八八―八九頁。

（50）古尾谷知浩「内蔵寮の出納体制」（「古代の内蔵寮について」〔『史学雑誌』一〇〇―一二、一九九一年。後に改題し、同『律令国家と天皇家産機構』〔塙書房、二〇〇六年〕ここでは再録参照）三八頁は内蔵寮と大蔵省の支給に際して宣命の比較から、内蔵寮物の方が天皇からの特別な恩が示され、人格的結合を重視していると指摘する。

（51）前掲註（8）服藤a論文、四九頁。

（52）允明は『吏部王記』承平四年十二月二十七日条、為明は『同』天慶四年八月二十四日条、盛明は『同』天慶五年十一月二十二日条、昭平は『日本紀略』安和元年八月二十五日条。以後、四例の元服については、これらの史料に基づく。

（53）国史以降、儀式書編纂までの期間、敦実が宇多院（『扶桑略記』延喜七年十一月二十二日条）、行明が東八条院（『吏部王記』承平七年二月十六日条）、章明が自邸（『同』天慶二年八月十四日条）で元服していることが知られる。

（54）藤木邦彦「皇親賜姓」（「奈良・平安期における皇親賜姓について」〔『国士舘大学人文学会紀要』二、一九七〇年〕。後に改題して同『平安王朝の政治と制度』〔吉川弘文館、一九九一年〕ここでは再録参照）二三六頁。

（55）盛明は『日本紀略』康保四年六月二十二日条、昭平は『同』貞元二年四月二十一日条に親王復帰し、為明は『同』応和元年六月二十六日条、允明は『一代要記』から天慶五年七月五日に卒去している。

（56）さかのぼって、嵯峨源氏の信、弘及び常は内裏元服ではないが、大臣や大納言に至っている。「今上皇子」として元服していない三人が議政官に至ったのは異母弟である定と融が天皇猶子として元服したことによるのではないか。それは二人の内裏元服時、三人はすでに出仕し、参加者としてその場にいたと考えられる。つまり、二人の内裏元服を通して、嵯峨源氏と天皇との兄弟・従兄弟関係を再確認させ、官人に出自の違いを示すことで、彼らは「ミウチ」の地位を得た。

（57）前掲註（35）江渡論文、七頁。

（58）前掲註（10）江渡論文、一〇・一二頁。

皇子女の五十日・百日の祝について

新井重行

五十日・百日の祝は、生誕祝の行事の一つであり、それぞれ誕生から五十日および百日に際し、新児に餅を含ませる祝儀である。これらは産養とともに言及されることが多く、生誕祝の行事としてはよく知られたものであろう。しかし、これまでは主に国文学の立場から、『源氏物語』をはじめとする文学作品や、五十日・百日を題材とした和歌などを素材として説明されることが多く、歴史的な変遷や意義などについて検討されることは必ずしも多くはなかった。

筆者は前稿(1)において、皇子女の誕生儀礼のうち産養を採り上げ、①十世紀頃までの産養は、御父天皇から饗饌を賜る七夜を除いては、縁故者や近侍者による祝宴であったと推測されること、②一条朝から、産養の各夜に多くの公卿が参加するようになり、それが次第に定式化し鎌倉時代末期に至ること、③一条朝の変化の背景には、とくに皇子が誕生した場合に、外祖父家が産養の運営に深く関わり盛大な饗宴を行うことで、後見として他の公卿との超越性を印象づける意図があったのではないかと推測されることなどを述べた。本章では前稿の結論を踏まえつつ、産養に引き続いて行われる五十日・百日の祝について皇子女を対象に検討を行う。

一　祝儀の概要

まず五十日・百日の祝について、『皇室制度史料　儀制　誕生四』[2]によりながら概要を述べておく。

五十日・百日の祝は、平安時代中期には両儀ともに行われるようになっていたと考えられるが、確実な初見は天暦四（九五〇）年誕生の村上天皇の皇子憲平親王の百日の例である。以降、鎌倉時代末期に至るまで、規模の縮小・次第の省略はみられるものの、新児に餅を含ませる作法を中心とする行事が行われていたことが確認できる。この両儀が行われるのは、新児の誕生後五十日目・百日目が最も多いが、事情により延引することもあった（末尾の表も参照）。

次に五十日・百日の次第について、平安時代中期から鎌倉時代の実例を参考に述べると、まずそれぞれの儀の前に定を行い、日時および御膳・籠物・折櫃物等の調進者を定める。五十日の当日には、早旦に市餅五十果を買い求める。なお市餅は、月の前半であれば東市の、後半であれば西市のものを使用するという風習があったようである。時刻が至り、祝宴に参加する公卿・殿上人が着座すると盃酌が行われる。また新児の御膳が供され、籠物五十捧・折櫃物五十合が並べ立てられる。新児が乳母等に抱かれて簾中に出座すると、新児に吉方を向かせ、重湯に浸した餅を木匕を以て三度含ませる。この時に餅を含ませる役は御父（その身位は天皇・上皇・皇太子の例がある）が務めた例が最も多く、ほかに御兄たる上皇、外祖父等が務めた例がある。次いで座を改めて穏宴が催され、公卿等の盃酌に続いて御父の御膳が供される。この座においては御遊や和歌の詠進が行われることも多い。また多くの場合、穏宴の後に御母の御膳が供される。百日の次第も五十日とほぼ同様であるが、購入する市餅が百果、籠物・折櫃物がそれぞれ百捧・百合になるなどの違いがある。百日においても新児に餅を含ませる役は御父が最も多く、ほかに外祖父等の務めた例がある。

なお鎌倉時代末期には、「五十日百日」などと称し、誕生後百五十日に際して、餅の祝儀を行っている異例もみられ[3]、後醍醐天皇の皇女の例を最後に、皇子女の五十日・百日の事例は確認できなくなる。

次に五十日・百日の祝に関する研究について触れておきたい。はじめに挙げるべきは中村義雄氏の研究であろう。[4]記録にも文学作品にも目が配られていて、月の前半・後半によって餅を買う市が異なることや、戌刻に餅を含ませるのが例であったことなども触れられており、簡にして要を得た概説といえる。また歴史学からの研究としては平間充子氏の研究がある。[5]これは平安時代における御産から五十日・百日の祝までの諸儀礼の次第を詳しく扱ったもので、五十日・百日の祝については、新児に供えられる御膳が産養の威儀御膳に類似していること、御遊が産養で行われるよりも早い時期から確認できることなどの点を指摘し、御遊は藤原道長が権力を握った時期に、五十日・百日の儀制から産養に転用された可能性を述べる（これらの理解については、後述するように私見は異なる）。平間氏の研究は、一連の誕生儀礼を、穢れなど新児のもつ負のイメージを払うためのものと捉え、通説的な理解、すなわち新児の誕生を祝い、将来の多幸を願う行事であるとする考え方に疑問を呈することを目的としたものであるが、この結論については、すでにいくつかの反論がなされている。[6]

五十日・百日の祝についての専論は少ないが、これまでの研究では、五十日・百日の祝は誕生儀礼として産養と同じような儀礼として述べられることが多い。また平安時代中期より史料に確認できるようになる次第によって検討されているものの、儀の内容の変遷などに触れた研究はほとんどないことが課題として挙げられる。そこで以下では、儀の次第や作法の時期による変化について検討し、そこから読み取れる儀の意義について考察を進めたい。

二　十世紀後期頃の特徴

まず五十日・百日の祝が史料にみえはじめる十世紀後期頃の特徴について確認しておきたい。五十日・百日が行われたことが確認できる古い例としては、醍醐天皇の皇子成明親王の誕生の際に、五十日あるいは百日に詠まれたとされる藤原伊衡の歌および醍醐天皇の御製が知られるが、『大鏡』ではこれを五十日とし、『玉葉和歌集』は百日とする。いずれの歌にも「百年《ももとせ》」の語が詠み込まれることからすれば、百日の祝に際して詠まれたと考えるのが妥当であろうか。(7)また『中務集』には、同じ歌でありながら写本により詞書が異なっており、村上天皇の皇女承子内親王の五十日、もしくは皇太子憲平親王の王女宗子内親王の百日に詠まれたとされるものがある。

確実な初見と考えられる憲平親王以降、詳しい儀の内容が知られるようになる一条天皇の皇子敦成親王までの間には、次の事例が確認できる。

①憲平親王　百日　天暦四年八月五日（『御産部類記』所収『九条殿記』）
②懐仁親王　五十日　天元三（九八〇）年七月二十日（『日本紀略』）
③脩子内親王　五十日　長徳三（九九七）年二月九日（『小右記』）
④敦康親王　百日　長保二（一〇〇〇）年二月十八日（『権記』）
⑤媄子内親王　百日　長保三年三月二十五日（『権記』）

次いで各例について、詳しくみていくことにしたい。

①憲平親王（御母は女御藤原安子）の例は、百日の祝の実施は知られるが、五十日の祝については不明である。(8)この事例は、七月二十八日に行われた百日定、および八月五日当日の次第が詳細に知られる点で貴重であるので、以下に史料を掲げておく。

伏見宮本『御産部類記』巻三所引『九条殿記』

天暦四年七月廿八日、癸巳、巳剋大夫・両亮・大少進等於二殿上一侍二定一来月五日饗雑事一、彼日当二降誕後百日一、仍可レ定也、御膳、付二御厨子所一、男方殿上饗、大進遠規、女房饗、少進守忠、但彼日守忠奉二仕女御御膳一、仍預案主江沼実望・蔵人多治常扶奉仕、四陣官人饗、大属維家、女官饗、少属豊範、飩食十具、盛三具、監田著〔署カ〕正首三人各一具、荒三具、主膳佑宗竹、荒四具、両属各二具、

八月五日、庚子、此日儲宮降誕之後当二百日一、依二世俗例一供二餅御膳一、朱小御台六基、一基御匕筯・乾荷葉四種、以上銀器、二基唐菓子八種、二基餅八種、一基木菓子四種、以上

盛二様平盤一、此間御座設二於御帳東面一、御畳一枚、繧繝端、其上敷二簟一枚一、唐東京錦端、以二乳母橘等子一民部、為二陪膳一、女蔵人伝二供之一、陪膳及蔵人皆理髪、酉二剋初供レ之、於二御台之外一切餅百枚之端、而盛二於銀御器一、以二摩粉木一摩レ之、加レ漿、以二柳匕一供レ之、件御膳下御厨子所調二供之一、殿上幷女房・四陣・女官等饗如二先定一、但飩食十具之中盛三具本家女房、同侍所、同政所、各一具、・荒七具、四陣各一具、女官一具、女御（藤原安子）政所一具、本家随身所一具、又女御々膳折敷九枚、少進守忠奉仕、碁手五十貫、十貫殿上、十貫碁所、五貫女官、十貫四陣、《近衛各三具、兵衛各二具、》十五貫本家女房、

（《　》は双行のなかの双行）

この史料から読み取れる点についてまとめておくと、まず百日当日の記述に「依二世俗例一供二餅御膳一」とあり、餅を供することが世俗の例とみなされている点が注目される（このとき切餅百枚が用意された）。また新児の御膳が、「朱小御台六基」からなり唐菓子・木菓子など様々なものを盛りつけたものであったことが知られる。最も注目すべきは、定および当日の記述によって、このときに用意された饗饌が、新児の御膳と御母女御の御膳のほかは、「男方殿上饗」「女房饗」「四陣官人饗」「女官饗」であったことが知られる点である。このことより、祝宴の参加者は同家に仕える者が中心の内々の祝宴であったとみられ、しばらく後の時代のように、公卿・殿上人が多く参加するようなものではなかったものと考えられる。また後述する籠物・折櫃物はみられないが、碁手が用意されている点にも留意しておきたい。この時には、あるいは産養のように打攤が行われたものであろうか。なお碁手は後の時代にはみることができず、この史料のみにみられるものである。

②懐仁親王（御母は女御藤原詮子）の例は、『日本紀略』によって五十日が清涼殿において行われたことが知られる。なお清涼殿において五十日の祝が行われた例は他に確認することができない。

③脩子内親王（御母は中宮藤原定子）の例は、『小右記』長徳三年二月十日条によって、同月四日（この日は誕生後四十八日に当たる）に女院（東三条院藤原詮子）の御所にて餅を食したこと、御供の者は女房と右大将藤原道綱・権中納言平惟仲・左大弁源扶義・左近衛中将藤原斉信であったことなどが知られる。また同日条によれば、二月九日に五十日の祝を行ったらしいが、詳細は不明であり、百日の祝が行われたかについては史料に確認できない。

④敦康親王（御母は中宮藤原定子）の例は、『権記』によって、百日の祝に天皇が渡御したこと、殿上人が御膳の陪膳をつとめたことが知られるが、餅のことや、参加者として饗饌に与った公卿の有無などについては史料にみえない。

⑤媄子内親王（御母は中宮藤原定子）の例は、百日の祝を実施したことが『権記』によって知られるが、儀の詳細については史料にみえない。

いま、上記五例の大きな特徴として挙げられるのは、いずれの事例も五十日の祝もしくは百日の祝のどちらかが実施されたことが知られるのみで、両儀とも行われたことが確認できる例はないことである。ところが上掲の史料はいずれも、それぞれの皇子女の誕生から百日までの期間の記事が存在しており、同質の史料のなかでいずれかの記述しかないことについては、祝宴が行われておりながら敢えてそのことを記さなかったと想定するよりも、祝宴が行われなかったと考えるほうが自然なのではないかと思われる。もちろん断定はできないが、上記五例の時期には、五十日・百日のいずれかの祝のみが行われたと考えることも無理な想定ではないと思われる。

そもそも五十日・百日の祝の中心は、新児に餅を含ませることにあるが、この作法の目的や効果について明記した史料は確認することができない。(9) 古くはこれを乳離れの形式化したものであるという理解があり、(10) 近年の研究でも、五十日は「形式的に」餅を含ませるもの、百日は「実質的な離乳の開始」を示しているという理解があるが、(11) これを裏付ける史料は今のところ確認できておらず、乳離れとする理解では五十日・百日の両方を行うことの理由が明確でないほか、いわゆる食初めの儀礼として誕生後二十箇月目に行う真菜始（魚味始）との関係も明確ではない。また五十日と百日とで新児に餅を含ませる作法に違いがあるとする史料についても確認することができないことから、五十日と百日の祝に異なる意義を見出すことは難しいであろう。一般的に餅は神聖視され、霊力が宿る食物とされることからして、今のところは、餅を含ませることで新児から災厄を払う意味があったという程度に考えておきたい。またこの行事は、もともと誕生後五十日もしくは百日に一度行えばよいものと認識されていた可能性を指摘しておく。

三　生母の身位等による差異

一条天皇の皇子敦成親王（御母は中宮藤原彰子）以降には、上記のような状況は一変し、確認できる限り、ほとんどの皇子女について五十日・百日の祝の両方が行われたことが判明する。この頃より各儀の次第が詳しく知られるようになり、摂関・大臣以下公卿が多く参加して饗宴が行われ、多くの事例で御遊や和歌などが催されるようになる。なお餅の購入方法や、餅を含ませる作法については先に述べた通りであり、儀が行われなくなる鎌倉時代末期までを視野に入れても、儀の中心となるこれらの作法に大きな変化はみられない。また儀場については、概ね御母の御在所が使用される。

続いて前稿で検討した論点を踏まえつつ、いくつかの視点から特徴を指摘しておきたい。まず御母の身位による皇子女の扱いの差が、史料から読み取れるかという点について検討することにしたいが、五十日・百日の祝は産養ほど各儀の参加者の詳細が判明しないこともあって、参加者の多寡により儀の規模を比較することは困難である。しかし以下の事例は、御母の身位による差の有無について重要な示唆を与えてくれる。

後三条天皇の皇子実仁親王（御母は女御源基子）の五十日の祝について、『栄花物語』には次のように記される。

『栄花物語』巻三八　松の下枝（梅沢本を底本とした）

内の若宮《実仁》の御五十日四月十よ日、その日のありさまいふかたなし、（中略）御前物上達部とりつゝきてまいり給、れいは殿上人こそさうやくはつかまつるを、せめて心ことにおほしめすなるへし、

ここから通常は殿上人が務める御膳の陪膳役をとくに公卿に行わせたことが知られ、御母の身位や生家の状況を慮り、天皇の特別な配慮があったことをうかがわせる。

後嵯峨天皇の皇子宗尊親王（御母は内侍平棟子）は、仁治三（一二四二）年十一月二十二日の誕生であるが、『増鏡』

の増補本系本文によれば、寛元元（一二四三）年六月二十六日に五十日の祝が行われたとされる。時期としては誕生より半年以上が経過しており、やや不審ではあるが、興味深い記述があるので、以下に引用する。

『増鏡』五 内野の雪（尊経閣文庫本を底本とした）

その夜（寛元元年六月二十六日）又兵衛内侍の御はらの若宮（宗尊親王の御事なり、）御五十日の儀式、この院にて沙たあり、后腹の御子ほとこそおハせねと、これも御門わたくし物にいと〳〵おしうおほす事なれハ、御けしきにしたかひて上達部・殿上人いみしうまいりつとふ、関白殿まいり給てくゝめたてまつり給、陪膳通成三位中将、役送家定朝臣つかまつりける、人々の勧盃・饗なとハなし、建久に土御門院の御いかきこしめしける例とそ、

この五十日の祝が、皇子が「后腹の御子」ではないが、天皇の思召しによって公卿・殿上人を多く招いたこと、饗宴は行われなかったことなどが知られる。また建久六（一一九五）年十二月二日誕生の後鳥羽天皇の皇子為仁親王（土御門天皇）の例を逐ったものであると記すが、為仁親王もまた御生母が后でない例である。

上記の事例からして、皇后所生でない場合には、規模を縮小して五十日・百日の祝を行うのが常例であると考えられていたことがうかがえる。

次に新児の性別によって、儀に差異があるかという点について検討するが、これには長和二（一〇一三）年七月六日誕生の三条天皇の皇女禎子内親王（御母は中宮藤原妍子）の事例が参考となる。この例においては、前稿でも指摘したように、皇子の誕生を望む外祖父藤原道長が、皇女であることを知って不快感を示したことが知られるが、八月二十七日に行われた五十日について記す『小右記』には、公卿らの勧盃の後、「不二飲酒一、無二酔人一、頗以徒然」とあり、さらに御遊が行われた後にも「卿相不レ酔、事似二冷淡一」と記されており、五十日の祝は盛会とはいえない雰囲気であったようである。但し儀の次第のうえではとくに違いはみられず、性別の違いによる扱いの差を読み取ることはできないと思われる。なお後一條天皇の皇女章子内親王（御母は中宮藤原威子）の百日について記す『小右記』によれば、このとき皇女の御膳を供進しなかったことが知られ、これは倹約によるものと記される。この事例のみからでは、女

児のときに省略する傾向があるとまではいえないと考えるが、参考として指摘しておく。

以上から、皇子女の五十日・百日の祝は、御母の身位によって儀の規模に差があったが、皇子女の性別による差はとくにないと考えられる、とまとめることができる。(12) さらに、皇后（中宮）所生の場合に盛大に祝儀が行われるという傾向は、前稿で検討した皇子女の産養と同じであることも確認しておきたい。

四　籠物・折櫃物の意義

さらに敦成親王の五十日・百日の祝の事例以降、儀にみられるようになる作法のうち、籠物・折櫃物と称する献物を儀場に並べたてることに注目したい。これらは実例によれば、参加の公卿らが参入し着座する頃から、新児に餅を含ませる頃までの間に、儀場となる殿舎の簀子や渡殿などに並べ立てられるものであり、儀場に威儀を添えることを目的とした飾りであろう。これらは儀の終了後に縁故者に配られるのが例であった。

籠物とは、銀で造った籠に果物あるいは絹などの献物を入れ、これを銀などで作った枝に結びつけたものであり、装飾を施された折敷の上に並べ置かれる。折櫃物とは、献物を入れた折櫃に、金銀で州浜などの飾りを施したものであるが、飾りや意匠は時々によって多少の相違がある。(13) なお折櫃物は、院政期頃より、折櫃に餅を入れ、その上に金銀で造った鶴・亀などで装飾する形式のものに定着したらしい。(14)

籠物・折櫃物を調進するのは、諸史料によれば殿上人であることが多く、然るべき地下の者や受領に課されることもある。これを調進する者にとっては少なからぬ負担となっていたと考えられ、実際に禎子内親王の百日について記す『小右記』長和二年九月二十日条には、殿上人が籠物の調進を求められていること、また藤原資平（『小右記』の筆者藤原実資の養子）のこととして、儀にあたり一枝に二つの籠を付した籠物三枝の調進を求められていること、一枝は銀籠を用い、二枝は竹籠を用いようとしたところ、外祖父藤原道長の意向によってすべて銀籠で造ることを求められたことを記し、「難レ堪之世也、立二朝端一之者難レ持二一銖之銀一」と、重い負担への不満を洩らしている。

数量については、早い時期から五十日には籠物五十捧・折櫃物五十合、百日にはそれぞれ百捧・百合として定着したようだが、籠物・折櫃物のほかにさらに贈進品のあったことが知られる例もあり、当初から献物の数量は定まっていたのではないようである[15]。また平安時代後期頃からは、籠物・折櫃物のうち、籠物の献上が確認できない事例が増える傾向がある。なお、事前に御膳等の調進者を定める定の内容が知られる事例においても、籠物のことは確認できなくなり、定文には折櫃物の調進者のみが記されることが多い。

次に、五十日・百日の祝において、このような献物が儀場に並べ立てられることの意味について考えたい。先に述べたように、籠物・折櫃物が儀のなかにみられるようになるのは、敦成親王の例以降のことであるが、ここで類似のものとして思い当たるのは、産養における威儀御膳である。前稿で指摘した通り、産養における威儀御膳は、厨子二脚に数十坏の菓子・干物などの盛物を並べ立てるもので、外祖父が主催する産養（多くは五夜）のみにおいてみられるという特徴があり、これには新児の後見として、外祖父の財力や権力を可視的に示す意味があったのではないかと推定した。

いま籠物・折櫃物を産養の威儀御膳と比較すると、儀にみられるようになる時期、および調進の方法などにおいて共通する点が多いことがあげられる。さらに籠物・折櫃物について、史料にみえはじめる時期には数量が固定していなかったと考えられること、また調進することへの不満を漏らす者もいたことなどの点は、籠物・折櫃物が以前より定着していた作法ではなかったことを示唆している。これらのことから、五十日・百日の祝において、籠物・折櫃物を並べ立てる意味も、産養の威儀御膳と同様に考えることができるのではなかろうか。

すなわち、敦成親王が誕生した頃を境として、内々の行事であった誕生後五十日もしくは百日に新児に餅を含ませる行事が、皇子女については五十日・百日の両方に行われ、大臣以下公卿らが参加する公的な性格の強い行事となったのであるが、これを主導したのは敦成親王の外祖父である藤原道長であった可能性が高い。また道長は、籠物・折

奉舎者	五十日備考	百　日	誕生後の日数	式　場	奉舎者	百日備考
		天暦 4.8.5	100			皇太子百日の例、次第の分かる初例、「世俗の例により」とあり
	御遊あり					
	2月4日女院にて餅					
		長保 2.2.18	101	内裏	(御父天皇渡御)	
		長保 3.3.25	100			
外祖父藤原道長	御遊・和歌あり	寛弘 5.12.20	99	内裏中宮御方	御父天皇	和歌あり
御父天皇	御遊あり	寛弘 7.閏 2.6	101	枇杷殿	御父天皇	御遊あり
外祖父藤原道長	御遊あり	長和 2.10.20	103	中宮	外祖父藤原道長	御遊・和歌あり
		万寿 2.11.13	100	太皇太后宮		
(御父天皇渡御)	御遊・和歌あり	万寿 4.3.20	101	中宮（飛香舎）	(御父天皇渡御)	御遊あり
(御父天皇渡御)	雨により御遊・和歌なし	長元 2.4.14	102	中宮（飛香舎）	(御父天皇渡御)	御遊あり、和歌なし
(東宮出座)	御遊あり					
		長元 7.10.29	101	御母の御所		
	御遊あり					
		永承 7.4.15	—			
御父天皇	御遊あり					
	御遊あり、和歌なし	承保 2.4.10	103			
		承保 3.7.20	105			御遊あり
(御父天皇渡御)	9月4日とする史料もあり	承暦3.10.20	101			10月21日とする史料もあり、御遊あり
		永保 1.8.2	103			
御父天皇	御遊・朗詠なし	康和 5.4.27	100	院御所高松殿	御父天皇	
御父天皇	御遊あり	元永 2.9.9	100	内裏中宮御方	御父天皇	御遊あり
	御遊あり	保安 3.10.8	100	三条殿	母后（御父天皇疱瘡による）	
御父上皇		天治 1.9.13	103	三条殿		
		天治 2.9.9	103			
	御遊あり	大治1.閏10.6	101			御遊あり
御父上皇か	御遊あり	大治 2.12.22	100	院御所三条第	御父上皇か	御遊あり
御曾祖父の姉聡子内親王	御父母が服喪中の異例	大治 4.11.1	100	院御所大炊御門亭	御曾祖父の姉聡子内親王	御父母が服喪中の異例
御父上皇	五十日以前に皇后の養子となる、御遊あり	保延 2.3.27	113	東三条殿	(御父上皇渡御)	御遊あり
	御遊あり	保延 3.7.23	105	院御所白河殿	(御父上皇渡御)	御遊あり
		保延 5.8.29	100		崇徳天皇	皇太子百日の例、御遊あり
	御遊なし					
御父上皇	御遊あり	永治 2.2.18	101	院御所白河北殿		御遊あり

表　皇子女の五十日・百日

皇子女	御　父	御　母	出産時の御母の身位	誕　生	西暦	五十日	誕生後の日数	式　場
憲平親王（冷泉）	村上天皇	藤原安子	女御	天暦 4.5.24	950			
懐仁親王（一条）	円融天皇	藤原詮子	女御	天元 3.6.1	980	天元 3.7.20	50	清涼殿
脩子内親王	一條天皇	藤原定子	皇后（中宮）	長徳 2.12.16	996	長徳 3.2.9	53	
敦康親王	一條天皇	藤原定子	皇后（中宮）	長保 1.11.7	999			
媄子内親王	一條天皇	藤原定子	皇后（中宮）	長保 2.12.15	1000			
敦成親王（後一条）	一條天皇	藤原彰子	皇后（中宮）	寛弘 5.9.11	1008	寛弘 5.11.1	51	中宮
敦良親王（後朱雀）	一條天皇	藤原彰子	皇后（中宮）	寛弘 6.11.25	1009	寛弘 7.1.15	50	枇杷殿
禎子内親王	三條天皇	藤原妍子	皇后（中宮）	長和 2.7.6	1013	長和 2.8.27	51	中宮（左府土御門家）
儇子内親王	敦明親王	藤原寛子	親王妃	寛仁 2.12.9	1018	寛仁 3.1.28	50	敦明親王の御在所
親仁親王（後冷泉）	皇太子敦良親王	藤原嬉子	尚侍	万寿 2.8.3	1025	万寿 2.9.27	55	太后宮
章子内親王	後一條天皇	藤原威子	皇后（中宮）	万寿 3.12.9	1026	万寿 4.1.29	51	中宮（飛香舎）
馨子内親王	後一條天皇	藤原威子	皇后（中宮）	長元 2.2.2	1029	長元 2. 閏 2.22	51	中宮（飛香舎）
娟子内親王	皇太子敦良親王	禎子内親王	東宮妃	長元 5.9.13	1032	長元 5.11.2	50	御母直廬(宜耀殿)
尊仁親王（後三条）	皇太子敦良親王	禎子内親王	東宮妃	長元 7.7.18	1034	長元 7.9.13	55	御母の御所
祐子内親王	後朱雀天皇	藤原嫄子	皇后（中宮）	長暦 2.4.21	1038	長暦 2.7.？（月に誤あるか）	—	
皇女某	皇太弟尊仁親王	藤原茂子	東宮妃	永承 7.1.4（百日からの逆算）	1052			
実仁親王	後三條天皇	源基子	女御	延久 3.2.10	1071	延久 3.4.1？	51	
敦文親王	白河天皇	藤原賢子	皇后（中宮）	承保 1.12.26	1074	承保 2.2.20	54	弘徽殿
媞子内親王	白河天皇	藤原賢子	皇后（中宮）	承保 3.4.5	1076			
善仁親王（堀河）	白河天皇	藤原賢子	皇后（中宮）	承暦 3.7.9	1079	承暦 3.9.5	56	内裏（藤壺）
禛子内親王	白河天皇	藤原賢子	皇后（中宮）	永保 1.4.17	1081	永保 1.6.16	58	内裏
宗仁親王（鳥羽）	堀河天皇	藤原苡子	女御	康和 5.1.16	1103	康和 5.3.15	59	院御所高松殿
顕仁親王（崇徳）	鳥羽天皇	藤原璋子	皇后（中宮）	元永 2.5.28	1119	元永 2.7.21	53	内裏中宮御方（仁寿殿代）
禧子内親王	鳥羽天皇	藤原璋子	皇后（中宮）	保安 3.6.27	1122	保安 3.8.17	50	内裏
通仁親王	鳥羽上皇	藤原璋子	皇后（中宮）	天治 1.5.28	1124	天治 1.7.20	52	
君仁親王	鳥羽上皇	藤原璋子	女院	天治 2.5.24	1125	天治 2.7.20	55	三条殿
統子内親王	鳥羽上皇	藤原璋子	女院	大治 1.7.23	1126	大治 1.9.19	56	
雅仁親王（後白河）	鳥羽上皇	藤原璋子	女院	大治 2.9.11	1127	大治 2.11.8	57	院御所三条烏丸第
本仁親王	鳥羽上皇	藤原璋子	女院	大治 4. 閏 7.20	1129	大治 4.9.16	56	院御所三条京極亭
叡子内親王	鳥羽上皇	藤原得子	（院寵人）	保延 1.12.4	1135	保延 2.1.26	53	東三条殿
暲子内親王	鳥羽上皇	藤原得子	（院女御）	保延 3.4.8	1138	保延 3.6.3	55	院御所白河殿
体仁親王（近衛）	鳥羽上皇	藤原得子	（三位殿）	保延 5.5.18	1139	保延 5.7.10	52	内裏中宮御方
重仁親王	崇徳天皇	源氏	更衣	保延 6.9.2	1140	保延 6.10.23	52	
妹子内親王	鳥羽上皇	藤原得子	（女御殿）	永治 1.11.8	1141	永治 2.1.1	54	院御所東対

奉含者	五十日備考	百　日	誕生後の日数	式　場	奉含者	百日備考
御父天皇	皇太子五十日の例、御遊あり	治承3.2.22	100			皇太子百日の例、御遊あり
		治承3.6.10	102	修理大夫信隆卿の八条亭		
外祖父九条兼実	御遊あり	建久6.11.26	103	内裏（藤壺）	御父天皇	御遊あり
御父上皇	五十日以前に女院の養子となる、御遊あり	正治2.12.21	100	宣陽門院御所六条殿	御父上皇	御遊あり
		建仁1.11.2	—	七条院		略儀
御父上皇	御遊あり	元久1.7.17	103	院御所	御父上皇か	御遊あり
	御遊あり	建保5.7.16	114			御遊あり
	皇太子五十日の例、御遊あり	建保7.1.21	101	高陽院		皇太子百日の例
御父天皇	御遊あり	寛喜3.5.24	101	内裏（仁寿殿代）	御父天皇	御遊あり
外祖父九条道家	御父天皇は方違行幸中につき出御なし、御遊あり					五十日の後に父天皇が譲位
関白殿	日付は『増鏡』による、饗なし					
御父天皇	御遊あり	寛元1.9.4	113	内裏中宮御方	御父天皇	皇太子百日の例、御遊あり
御父上皇	御遊あり	宝治2.1.20	102	院御所	御父上皇	御遊あり
	御遊あり	建長1.9.14	105			御遊あり
（御父上皇渡御）	御遊あり	建長6.9.10	101	院御所（女院御方）	御父上皇	
	御遊あり	建長8.7.27	105			御遊あり
後深草上皇	御遊なし、御父は法体により出御を避けるとする（『妙槐記』）	文応1.6.10	100			御遊あり
	御遊あり					
	御遊あり	弘長3.3.19	129			御遊あり
	御遊あり	文永2.10.26	105	内裏		御遊あり
御父天皇か	御遊あり	文永5.2.25	114	院御所	御父天皇は出御なし	異国のことにより奉幣のため天皇出御なし、御遊なし
	10月9日予定のところ延引、御遊あり	文永7.11.29？	100			御遊あり
		建治3.3.8	111			御遊あり
御父上皇	御遊あり					
						（参考）弘安8.7.19五十日百日
（御父上皇渡御）						（参考）弘安9.11.？百五十日儀
御兄後宇多上皇	御遊なし（春日社回禄のため）	乾元2.8.27	107	亀山上皇御所？		春日社神木入洛により略儀、後宇多上皇不出御、藤氏公卿は不出仕
御父上皇	伏見上皇および女院三方も参入、御遊あり	応長1.6.4	100			御遊あり
（御父上皇渡御）	御遊あり					
						（参考）元応2.12.22着袴の日に餅を供す
		元応1.8.13	140	女院御所今小路殿	御叔父花園上皇	略儀、折櫃物を略す
	御遊あり	建武2.9.9	168			御遊あり

皇子女	御　父	御　母	出産時の御母の身位	誕　生	西暦	五十日	誕生後の日数	式　場
言仁親王（安徳）	高倉天皇	平徳子	皇后（中宮）	治承 2.11.12	1178	治承 3.1.6	55	内裏（閑院）
守貞親王	高倉天皇	藤原殖子	典侍	治承 3.2.28	1179			
昇子内親王	後鳥羽天皇	藤原任子	皇后（中宮）	建久 6.8.13	1195	建久 6.10.7	54	大炊御門殿
雅成親王	後鳥羽上皇	藤原重子	（二位殿）	正治 2.9.11	1200	正治 2.11.3	52	宣陽門院御所 六条殿
頼仁親王	後鳥羽上皇	藤原氏	（西御方）	建仁 1.7.22（百日からの逆算）	1201			
尊快親王	後鳥羽上皇	藤原重子	（二位殿）	元久 1.4.2	1204	元久 1.6.2	59	鳥羽殿
諦子内親王	順徳天皇	藤原立子	皇后（中宮）	建保 5.3.22	1217	建保 5.5.12	51	
懐成親王（仲恭）	順徳天皇	藤原立子	皇后（中宮）	建保 6.10.10	1218	建保 6.12.7	58	高陽院
秀仁親王（四条）	後堀河天皇	藤原竴子	皇后（中宮）	寛喜 3.2.12	1231	寛喜 3.4.9	57	内裏（仁寿殿代）
暐子内親王	後堀河天皇	藤原竴子	皇后（中宮）	貞永 1.9.3	1232	貞永 1. 閏 9.26	54	九条道家第
宗尊親王	後嵯峨天皇	平棟子	内侍	仁治 3.11.22	1242	寛元 1.6.26	212	女院の御所カ
久仁親王（後深草）	後嵯峨天皇	藤原姞子	皇后（中宮）	寛元 1.6.10	1243	寛元 1. 閏 7.2	52	内裏中宮御方
綜子内親王	後嵯峨上皇	藤原姞子	皇后（中宮）	宝治 1.10.9	1247	宝治 1.11.28	50	院御所
恒仁親王（亀山）	後嵯峨上皇	藤原姞子	女院	建長 1.5.27	1249	建長 1.7.24	56	
雅尊親王	後嵯峨上皇	藤原姞子	女院	建長 6. 閏 5.28	1254	建長 6.7.25	57	院御所（女院御方）
貞良親王	後嵯峨上皇	藤原姞子	女院	建長 8.4.10	1256	建長 8.6.8	57	院御所
皇女某	後嵯峨上皇	藤原姞子	女院	正元 2.2.29	1260	文応 1.4.19	50	院御所二条殿
貴子内親王	後深草上皇	藤原公子	女院	弘長 2.6.2	1262	弘長 2.7.21？	50	
睍子内親王	亀山天皇	藤原佶子	皇后	弘長 2.11.9	1262	弘長 3.1.8？	59	
知仁親王	亀山天皇	藤原佶子	皇后	文永 2.7.11	1265	文永 2.9.9	58	内裏
世仁親王（後宇多）	亀山天皇	藤原佶子	皇后	文永 4.12.1	1267	文永 5.1.20	50	富小路殿
姈子内親王	後深草上皇	藤原公子	女院	文永 7.9.18	1270	文永 7.10.19	61	
啓仁親王	亀山上皇	藤原位子	女院	建治 2.11.17	1276			
継仁親王	亀山上皇	藤原位子	女院	弘安 2.6.28	1279	弘安 2.8.18	50	院御所
邦治親王（後二条）	後宇多天皇	源基子	（御寵人）	弘安 8.2.2	1285			
兼良親王	亀山上皇	廊御方	（院寵人）	弘安 9.6.29	1286	弘安 9.8.25	55	富小路殿？
恒明親王	亀山上皇	藤原瑛子	女院	乾元 2.5.9	1303	乾元 2.7.8	59	亀山上皇御所？
珣子内親王	後伏見上皇	藤原寧子	女院	延慶 4.2.23	1311	延慶 4.4.14	52	後伏見上皇御所
量仁親王（光厳）	後伏見上皇	藤原寧子	女院	正和 2.7.9	1313	正和 2.8.29	51	
寿子内親王	花園上皇	藤原実子		文保 2	1318			
皇女某	後伏見上皇	藤原寧子	女院	文保 3.4.21	1319			
皇女某	後醍醐天皇	珣子内親王	皇后（中宮）	建武 2.3.18	1335	建武 2.5.12	53	

櫃物の調進を殿上人らに課し、それを儀場に並べ立てることにより、参加者に対して外祖父の超越した勢力を示す効果を期待したものと考えられる。

そしてこれらは皇子女の誕生時の行事として定着していき、平安時代を通して、同様の次第で行われ続けた。しかし院政期頃より、五十日・百日の祝を記した貴族の日記には、餅の作法などについての記述が乏しくなり、これに替わるようにして御遊の曲目や所作人などの情報が詳細に記されるようになっていく。この傾向は、参加する公卿らの関心のありかを如実に示しているとともに、儀の次第が定着して形式化し、本来の儀の意味が薄れていることをも示していると考えられる。

本稿では、皇子女の生誕儀礼として行われる五十日・百日の祝について、その成立から行われなくなるまでの時期を視野に入れ、儀の次第における差異や変化に焦点を当てて検討を行った。その結果、十世紀までは、内々に行われる祝儀であったものが、藤原道長が強大な権力を握った一条朝を画期として、大臣以下公卿らが参加するようになるなど、儀の規模に大きな変化があったこと、また儀場に籠物・折櫃物といった大量の献物を並べ立てる作法を採用した当初には、皇子女の後見として自らの超越した勢力を誇示する意図があったのではないかということを確認することができた。またこれらの特徴は、皇子女の産養においてもみられたものである。

従来の研究では、これらの儀礼を考える際に、詳しい史料が残るようになる道長の時代をもって典型とみなし、それ以前に形成され、定着した儀式を引き継いでいるものと無批判に考えてはいなかったであろうか。

本稿および前稿での検討によって、藤原道長が主導して、自らの超越した権力を誇示する装置として、本来は私的に行われる慣習であった誕生祝の諸行事を、公的な性格の強い行事として積極的に朝廷に取り込み、恒例化したという一面を指摘した。次に問題となるのは、同様の性質の行事が他にも存するかということや、これが朝廷の諸年中行事のなかにどう位置づけられるかということであるが、これらは今後の課題としたい。

註

（1）新井重行「皇子女の産養について」（『書陵部紀要』六三、二〇一二年）。以下、「前稿」とはこれを指す。
（2）宮内庁書陵部編纂、二〇一一年。
（3）皇子女の例ではないが、平安時代末期には、五十日・百日を「混合」して行う例もみられる。『山槐記』治承二年正月二十二日条・治承四年二月十一日条など。
（4）中村義雄『王朝の風俗と文学』（塙書房、一九六二年）。
（5）平間充子「平安時代の出産儀礼に関する一考察」（『お茶の水史学』三四、一九九一年）。
（6）二村友佳子「古代の出産儀礼に関する一考察―平安時代の皇族の出産儀礼を中心に―」（『歴史研究』四二、一九九六年）。服藤早苗「王朝社会の出産とジェンダー」（『ジェンダーと教育の歴史』川島書店、二〇〇三年）。
（7）前掲註（4）中村書では百日と推定している。また日本古典文学大系『大鏡』（松村博司校注、岩波書店、一九六〇年）の頭注、および日本古典文学全集『大鏡』（橘健二・加藤静子校注・訳、小学館、一九九六年）の頭注も、百日とするのが妥当としている。
（8）天暦四年五月二十四日誕生、閏五月があり六月十四日が五十日目に当たるが、この前後の『九条殿記』には立太子の可否について詳しい記述があるものの、五十日の祝についての記述はない。
（9）例えば、産養における廻粥は、夜泣きを封じる効果が期待されている。『二中歴』巻八産所歴などにみえる問答を参照。
（10）桜井秀『日本風俗史』大日本史講座巻十五（雄山閣、一九二九年）。
（11）加藤理『「ちご」と「わらは」の生活史―日本の中古の子どもたち―』（慶應通信株式会社、一九九四年）。
（12）なお皇子の身位が皇太子か否かによる次第の差については、史料が少ないため断定はできないが、とくにないものと考えておく。
（13）例えば敦成親王の五十日について記す『御産部類記』所引『小右記』寛弘五年十一月一日条には「次籠物五十捧、居二折敷一、或銀籠、付二銀作枝一、居二沈折敷一、有二洲濱等風流一、蔵人頭・雲上四品等以二左府命一所二奉仕一云々、地下四位・五位執レ之、次折《（ママ）》敷物五十合、〈大和守頼親朝臣奉仕、盡レ善盡レ美、如二籠物一〉」（〈　〉は双行）とあり、親仁親王の百日について記す『小

右記』万寿二年十一月十三日条には、「資房所二調課一籠物二枚〔枝〕持來、一枝銀、一枝竹、付二銀枝一、以レ銀爲二折敷餝一、殿上人皆奉仕、又百合折櫃地下人奉仕、以二金銀一爲レ餝云々」とある。

(14) 例えば顕仁親王の五十日について記す『長秋記』元永二年七月二十一日条には「役二諸大夫等一、取二折櫃物一置二腋戸下一、餅上或居二銀鶴亀一、或用二金銀紙一」とある。また言仁親王の五十日について記す『山槐記』治承三年正月六日条には、折櫃物（史料には「粉物長櫃」とあるが折櫃物のこと。籠物と折櫃物はしばしば混同される。しだいに籠物がみえなくなることについては後述）の形状を詳しく説明した記述があり「件折櫃塗二銀泥一、以二紺青・緑青一画二鶴松一、彫二透牙象一、有二金銅伏輪・口帯等一、其内居レ笥盛レ餅、作二鶴松一立レ之」とみえる。なお、室町時代頃より通過儀礼として確認できるようになる深曽木・髪置・色直などにおいて、「いか物」と称する贈進品が史料にみえるが、江戸時代の史料によれば、これは折櫃に餅を盛り周囲を飾り付けたものであることが知られ、折櫃物と類似している。あるいはその呼称は「五十日物」の転訛したものであろうか。

(15) 敦成親王の百日について記す『小右記』寛弘五年十二月二十日条には、籠物百捧・折櫃物百合のほかにさらに「大折櫃十合」があり、これは道長が調進した布製品であることが知られる。また敦良親王の五十日について記す『御堂関白記』寛弘七年正月十五日条には、折櫃物五十合のほかに「大籠物六捧、二捧入二綾色三十疋・色々張物・打物百疋一、二俸〔捧〕入レ綿、二俸〔捧〕入二生絹百疋一」とみえ、これも布製品を献じたものである（ここに「籠物五十捧」が献じられたことはみえない）。なお『権記』同日条にも「折櫃物幷大籠物」とみえる。

Ⅱ　律令田制をめぐって

班田制と律令法

三谷芳幸

律令国家による人民支配の手段として、班田制（班田収授制）が大きな役割を果たしたことはいうまでもない。一定の基準に基づいて、人民に田地（口分田）を分配し（給田）、死亡後に回収する（収公）というのが、この制度の眼目である。本稿では、この班田制を素材として、律令法と現実との関係という問題を考えてみたい。

具体的には、人民一人あたりの口分田の支給面積、すなわち給田額に着目することによって、この問題に接近したいと思う。給田額については、田令の条文に明確な数値が規定されているが、実際の給田にあたっては、それとは異なる独自の数値を地域ごとに設定することが可能であった。この二つの給田額の存在こそ、律令法と現実との関係を考えるための、一つの材料となりうるものである。中国唐代の均田制と比較しながら、この材料を検討することで、日本における律令法の独特の機能のしかたに迫ることも不可能ではないだろう。

一　応受田額と「郷土法」

まず、日唐田令の給田額に関する規定をみてみたい。天聖田令に附載された唐田令では、次の1条から4条までが給田額に関わる条文である。

〔唐1条〕諸丁男給二永業田二十畝・口分田八十畝一。其中男年十八以上、亦依二丁男一給。老男・篤疾・廃疾各給二口分田四十畝一。寡妻妾各給二口分田三十畝一。先有二永業一者通充二口分之数一。

〔唐2条〕諸黄・小・中男女及老男・篤疾・廃疾・寡妻妾當レ戸者、各給二永業田弐十畝・口分田三十畝一。

〔唐3条〕諸給レ田、寛郷並依二前条一。若狭郷新受者、減二寛郷口分之半一。

〔唐4条〕諸給二口分田一者、易田則倍給。寛郷三易以上者、仍依二郷法一易給。

1条にあるように、唐田令では、丁男一人あたり口分田八〇畝・永業田二〇畝の合計一〇〇畝が、給田額の基準となる。そのうえで、3条において、土地に余裕のある地域＝「寛郷」と、余裕のない地域＝「狭郷」とを区別し、寛郷では、口分田の給田額を1条に規定された八〇畝とするが、狭郷では、その半額の四〇畝とすることを規定する。

一方、日本の養老田令では、次の3口分条に給田額に関する規定がまとめられている。

凡給二口分田一者、男二段。女減二三分之一一。五年以下不レ給。其地有二寛狭一者、従二郷土法一。易田倍給。給訖、具録二町段及四至一。

男一人あたり口分田二段を給田額の基準としたうえで、土地に寛狭があれば「郷土法」に従うことを認めている。この「郷土法」は、地域ごとの独自の給田額を意味すると考えてよい。唐田令4条には、「郷土法」に類する語句として「郷法」がみえるが、これは易田（休耕を要する劣悪な田地）の増額支給という特殊な場合にのみ関わるもので、養老令の「郷土法」のように、口分田の支給一般に関わるものではない。つまり、養老令の「郷土法」規定は日本独自の発想に基づくものであり、唐では寛郷・狭郷に対応する二種類の給田額を明確に定めているのに対し、日本では地域の実情に応じた、さまざまな給田額の設定が可能であることを規定しているのである。大宝令には「其地有二寛狭一者」の部分があったことが知られるから[1]、養老令と同じ内容は、大宝令にも存在したとみてよいだろう。

こうした日唐田令の規定は、実際にはどのように運用されていたのか。日唐それぞれの実際の給田額のあり方をみてみよう。まず、唐代戸籍の記載として、開元四年（七一六）西州柳中県高寧郷戸籍（東京国立博物館蔵）の一部を掲げる。[2]

戸主江義宣年弐拾弐歳　白丁親侍　下中戸　課戸不輸
母張年肆拾壱歳　丁寡
弟抱義年拾伍歳　小男開元弐年帳後死
弟義珎年拾伍歳　小男
妹寿持年拾参歳　小女
叔母俎渠年伍拾柒歳丁寡篤疾両目盲

壱拾参畝壱拾歩永業
壱拾参畝捌拾歩已受
応受田玖拾壱畝　柒拾歩居住園宅
柒拾柒畝半肆拾歩未受

（以下、地段記載省略）

ここにみられるように、唐代の戸籍には、その戸の「応受田」額（受給すべき田地の面積）、「已受田」額（すでに受給した田地の面積）、「未受田」額（いまだ受給していない田地の面積）が記載される。応受田額から已受田額を差し引いたものが未受田額であるが、重要なのは、一人あたりの応受田額が田令の規定する給田額にほかならない点である。西州は狭郷であるから、この戸籍では、唐田令3条に規定される狭郷の給田額が応受田額となっている。丁男一人あたり六〇畝（永業田二〇畝・口分田四〇畝）である。

西州に関しては、県官・里正による収公・給田作業の実態をあらわす、退田文書・欠田文書・給田文書が知られている。それらの分析から、この地域では、丁男一人あたり一〇畝（ないし六畝）という、独自の給田額に基づいて給田を実施していたことが明らかにされている。[3] 六〇畝という田令の規定による給田額＝応受田額とは別に、西州独自の基準として、きわめて少額の給田額が設定されていたわけである。戸籍にみられる已受田額は、この基準に従って実際に支給された面積を示している。

寛郷である沙州の戸籍では、唐田令1条の規定する一〇〇畝が、丁男一人あたりの応受田額となっている。しかし、丁男一人あたりの已受田額の平均は三〇〜三七畝ほどで、一〇〇畝の応受田額には遠く及ばない。この点について、土肥義和氏は、寛郷の沙州でも狭郷の西州と同じように、田令の規定とは別に、地域独自の給田額を設けていた蓋然性があるのではないかと指摘している。[4] これに従えば、寛郷・狭郷を問わず、田令の規定による給田額＝応受田額と、地域独自の給田額との二重性が認められることになる。

この二重性をどのように評価すべきだろうか。土肥氏は、戸籍に応受田・已受田・未受田額が記されることについて、「応受田の語は、国家が均田制の理念を農民に知らしめるための有効な表現であり、已受・未受の二語は、おそらく国家が農民に対して均田制の理想とかけはなれた現実を熟視している姿勢を、農民へ表現せんとして、戸籍に記したと解することもできよう」と述べている。[5]

また、池田温氏は、「現実の要求に即応して新たな基準を設け給田を実施することは国家の承認する―消極的黙認といわんよりは事実積極的意志を伴った―所であったが、おもてむきは令制が遵守されているかの如き文書記録を作製し、その為に多大の煩労をも辞さなかったのである。かかる様相は、均田体制と呼ばれる唐前期の土地法体系が、現実に適応し得たメカニズムの一端を示すと共に、反面法体系自身が浮上った虚構的存在と化する契機をも示唆するものであろう」と述べ、均田法の「理念的普遍的性格」を指摘している。[6]

土肥・池田両氏が語っているのは、均田制には「理念」「理想」「虚構」の次元と「現実」の次元があり、前者は田令が規定する給田額＝応受田額に、後者は地域独自の給田額にあらわれている、ということだろう。均田制には「理念」と「現実」にあたる二つの給田額があり、そのうち「理念」としての給田額のみを規定しているのが、律令法としての田令であったと理解できる。

これに関連して注意されるのは、『唐律疏議』戸婚律15占田過限条に「疏議曰、王者制レ法、農田百畝」とあることである。唐田令1条に規定される、丁男一人あたり一〇〇畝という給田額は、王者の制定した法という位置づけを与えられている。唐代の戸籍に、田令の給田額が応受田額として記載されるのは、王者の法としての給田額が、均田制の「理念」として人民支配に貫徹されていることを示すためだろう。一方、実際の給田作業に関わる欠田文書や給田文書は、もっぱら地域独自の給田額に基づいて作成されている。この地域独自の給田額は、戸籍では已受田額の記載に反映されることになる。つまり、田令の給田額に均田制の「理念」があらわれ、欠田・給田文書の給田額に「現実」があらわれているとすれば、戸籍の給田額には「理念」と「現実」の両面があらわれているといえるだろう。

以上のような均田制の給田額のあり方に対して、班田制の給田額のあり方はどのようなものであったか。班田制の給田額に関する史料としては、大宝二年（七〇二）の西海道戸籍がよく知られている。中国では、毎年給田が行われるなかで、三年に一度戸籍が作られるので、戸籍に給田の結果も記されることになるが、日本では、六年ごとに戸籍が作られ、その内容をもとに給田が行われるので、戸籍には給田の結果を記しようがない。ところが、西海道戸籍には、戸ごとに口分田の受給面積を集計した、受田額記載と呼ばれるものがある（各戸の記載の末尾に「受田壱町参段弐佰肆拾歩」のように記される）。これは異例のもので、戸籍の完成が大幅に遅れたために、給田の予定額（給田の結果ではない）を書きこむことが可能になったとする見方が有力である。(7)

この受田額記載を詳細に分析し、田令に明記された給田額とは異なる地域独自の給田額の存在を明らかにしたのが、虎尾俊哉氏である。(8)それによれば、筑前国の給田額は、男一段二〇四歩・女一段六〇歩・奴一八〇歩・婢一二〇歩、豊前国の給田額は、男一段二三五歩・女一段三六歩・奴一九八歩・婢一三二歩、豊後国の給田額は、男一段一一八歩・女三一八歩・奴婢不明で、郡・里による違いはなく、国を単位として独自の給田額が設けられていた。この独自の給田額の設定は、まさに田令3口分条の「郷土法」の規定によるものと考えられる。

西海道戸籍では、唐代の戸籍と異なり、男一人あたり二段という田令の給田額は、応受田額として文面にあらわれてこない。日本田令の給田額には、絶対的な「理念」としての性格が希薄なのであろう。逆に、給田にあたって考慮されているのは、国ごとに算出された独自の給田額のみである。均田制にならっていえば、これが「現実」の給田額ということになるが、この「現実」の次元が、「郷土法」というかたちで田令自体に組みこまれている点こそ、均田制にはみられない班田制の大きな特徴なのである。

虎尾氏は、次のように指摘している。「郷土法は我が班田法の特徴で、恐らく唐及びそれ以前の均田法に於いては、三易田などの例外を除いて、一般には認められていなかったであろうと思う。その為に均田法に於いては法定額を「応受田」として示し、それから未受分を差引いて已受分を示すという形式をとる必要があったのであり、わが班田法では郷土法を認めているから法定の応受田額を示す必要もなく、従って已受・未受を記載する必要もなかったのである」(9)。

これは、田令に「郷土法」を規定した班田制と、そうでない均田制とでは、田令に明記された給田額＝応受田額の位置づけも大きく異なることを指摘したものだろう。中国の均田制では、「理念」としての給田額のみが田令に規定され、地域ごとの「現実」の給田額は、田令のなかに根拠をもっていなかった。律令法としての田令に規定されるのは、王者の法としての給田額であり、それは絶対的な「理念」として機能するものであった。一方、日本の班田制では、田令自体に「郷土法」の規定があり、地域独自の給田額の可能性が、あらかじめ律令法のなかに織りこまれていた。この場合、田令に明記された給田額＝応受田額は、代替可能な一つの給田額として相対化されることになろう。班田制における応受田額は、絶対的な「理念」ではなく、むしろ地域ごとの給田額と同一次元に属する、もっとも望ましい「現実」であったと考えられる。

この点に関連して想起されるのは、吉田孝氏の議論である。吉田氏によれば、丁男一人あたり一〇〇畝という唐田令の応受田額は、一般には超えるはずのない占田限度額であった。それに対し、男一人あたり二段という日本田令の応受田額は、実際に班給しようとした目標額であった(10)。「そもそも農民に一〇〇畝の田を給することは、井田法以来の中国の伝統的な理念であり、理想であった。農民がみな一〇〇畝の田をもつことができれば、この世は聖人・君子の世となる。したがって均田法はあきらかにフィクションを内包しており、フィクションを媒介とすることによって現実により有効に機能することができたと思われる。しかしこのような法の機能の仕方は、日本の班田法には存在しなかった。日本の班田法は、現実にそのまま適用することを意図して作られている(11)」。

ここでは、日本田令が唐田令にあった理念性を切り捨て、もっぱら現実的な機能を優先したことが明快に指摘されている。唐田令の応受田額が、井田法の「理念」「理想」を継承する一種の「フィクション」であったのに対し、日本田令の応受田額は、実際に受給すべき現実的な目標であったというのである。二段という面積は、律令制以前の一〇〇代にあたるが、一〇〇代は「令前租法」における租稲徴収の単位であり（『令集解』田令1田長条古記所引慶雲三年格）、実態的な裏づけのある面積であったと推測される。唐田令が、現実との乖離を踏まえた、フィクションを内包する法体系であったとすれば、日本田令は一貫して、現実的に機能することを目指した法体系であったといえるのだろう。日本田令に「郷土法」が規定されたのも、この現実的機能の優先という点から説明できる。

日本田令の給田額に関する規定は、二つの点で現実的なものであった。一つは、男一人あたり二段という応受田額が、唐田令の応受田額＝一〇〇畝のような「理念」ではなく、実際に受給すべき目標であったこと。もう一つは、地域の実情に応じた独自の給田額の設定を、「郷土法」というかたちであらかじめ認めていたことである。この二つは、表裏一体のものと理解できる。要するに日本田令は、唐田令にくらべて理念性が希薄であり、きわめて現実的な性格が強いものであったといえるだろう。これは、日本律令法の一つの特徴を物語っているのではなかろうか。

二　中央政府と給田額

地域ごとの給田額について、均田制は田令に規定しないのに対し、班田制は「郷土法」として田令に規定する、という違いがあった。この違いは、地域ごとの給田額の設定方法にも反映していると思われる。以下、日唐それぞれの方法を検討したい。

次に掲げるのは、開元二十九年西州高昌県給田関係牒（大谷文書三一五〇）である。(12)

　　　　└康大智辞。

　└廃垣并廃渠道計有二弐畝一。（東竹手達、〔　〕南康茲敏、北斯越寺。）

県司。大智家兼丁、先欠二口分一不レ充。今有二前件

廃渠道一、見亭無二人営種一。請勘責充分、貧下

得レ存二活路一。謹辞。

　「冬　初　給　受、令　式

　　昭　然。非〔

　□〔　　　　　　」

西州での給田に関わる文書で、給田を申請した農民の牒に対して、県官が判を加えたものであるが、その判辞のなかに「初冬給受、令式昭然」とあり、県官が給田を行うに際し、「令」や「式」の規定に準拠していたことがうかがえる。(13)「令」とはいうまでもなく田令であるが、田令のほかに「式」にも給田に関する規定があったことが注意される。地域ごとの給田額の規定が田令になかったとすれば、この「式」にその規定があった可能性を考えなければならない。

問題は、「式」をどのようなレベルで捉えるかである。これに関しては、論者の見方が分かれている。一つは、地方官庁レベルの「式」に、その地域だけの給田額が定められていたとする見方。もう一つは、中央政府レベルの「式」に、田令とは異なる給田額が定められていて、それが該当する地域に適用されたとする見方である。

前者の見方をとるのは西村元佑氏で、「戸籍に示された応受田額は天下公示の大原則としての令制の基準であり、この大原則の範囲内で、各地域の実情に応じた、それぞれに異なる施行細則としての「式」の基準が存在したものとみ

られ、西州における一丁男一〇畝という基準額は、おそらく西州の地方行政細則に規定されたものであったろう」と述べている。[14] また、西嶋定生氏も同様の見方で、「田令に規定された寛郷および狭郷の応受田額のほかに、いわゆる郷原の法によって、それぞれの地方の特殊事情が勘案され、その地方に即した田額がおそらくは式によって規定されていたものであろう」と推測している。[15]

これに対して、後者の見方をとるのが盧向前氏である。給田額を規定するのは国家的法制としての「式」であり、具体的には戸部式に狭郷の給田額が定められていて、それが西州にも適用されたと推測している。[16] いわゆる律令格式の「令」には、狭郷の給田額が六〇畝と規定され、「式」には一〇畝と規定されていたと考えるわけである。この場合、中央政府レベルの「式」に、一般的通則として、田令よりは現実的な給田額が定められていたことになるが、敦煌発見の水部式（P二五〇七）に照らせば、さらに別の可能性も想定できるかもしれない。すなわち、水部式には、[17]「諸」字からはじまる全国的・通則的な規定とともに、固有名詞からはじまる地方的・特殊的な規定があるが、それと同じように、ある地域に固有の給田額が、中央政府レベルの「式」に規定されていた、という可能性である。

地域ごとの給田額が、地方官庁レベルで設定されていたか、中央政府レベルで設定されていたか。決定的な論証は今後の研究に委ねるしかないが、ここでは、一つの材料として給田の手続きに触れておきたい。[18]

唐田令には、次のような給田手続きの規定がある。

〔唐25条〕諸応二収授一之田、毎年起二十月一日一、里正豫校勘造レ簿。至二十一月一日一、県令總二集応レ退応レ授之人一、対共給授。十二月三十日内使レ訖、符下案記、不レ得二輒自請射一。其退レ田戸内、有レ合二進受一者、雖二不課役一、先聴二自取一、有レ余収授。郷有レ余、授二比郷一、県有レ余、申レ州給二比県一、州有レ余、附レ帳申レ省、量給二比近之州一。

これによると、給田は毎年、十月はじめから里正が帳簿を作成し、十一月はじめから県令が給授をする、という手順で行わねばならなかった。郷・県・州に田地の余りがあれば、それぞれ隣接の郷・県・州の人間に支給するが、州をまたがる給田だけは、中央の尚書省に上申する必要があった。この規定をみるかぎり、給田の実施に中央政府が介入するのは例外的な場合であって、基本的に給田手続きは県官以下のレベルで完結している。実際の給田に関する権限は、原則として県官を中心とする地方官に委ねられていたといえよう。この給田における地方官の自律性からすると、地域独自の給田額も地方官庁レベルで設定され、「地方行政細則」（西村）に規定された可能性が高いのではなかろうか。そうだとすれば、「理念」としての給田額は、中央政府レベルの田令で定められ、「現実」としての給田額は、地方官庁レベルの細則で定められるという、明確な役割分担が認められることになろう。

　地方官の自律性が強い唐に対して、日本の給田手続きは、中央政府の統制が強いことが大きな特徴である。養老田令では、次の23班田条に給田手続きが規定されている。

　凡応レ班レ田者、毎二班年一、正月卅日内、申二太政官一。起二十月一日一、京国官司、預校勘造レ簿。至二十一月一日一、摠二集応レ受之人一、対共給授。二月卅日内使レ訖。

六年に一度の班年（班田が行われる年）になると、正月末までに太政官への上申を行い、十月はじめから国司が帳簿を作成し、十一月はじめから給授をする、という手続きである。唐田令と比べると、給田に先立って必ず太政官に上申しなければならないのが大きな違いで、本条の義解および令釈・跡記によると、上申するのは国司である。国司が給田を実施するには、事前に太政官の承認を得る必要があったことがわかる。唐制と異なり、日本では給田全体が中央政府の強力な統制のもとに置かれているといえよう。

　この原則は長く維持され、『延喜式』巻二十二・民部上123班田条では、次のような規定になっている。

　凡班レ田者、諸国至二于期年一、校二定国内之田一、副二授口帳一言上、待二報符一即班給。自二十月一始班授。其畿内遣レ使校班。

　班田の年になると、国司は授口帳を副えて校田結果を言上し、太政官の報符を受けたあと、十月から班給を開始するという内容で、やはり太政官の事前承認を必要としている。具体的には、国司から提出された校田帳・授口帳を、民部省が審査し、太政官が承認することで、はじめて給田の実施が可能となる。その国独自の給田額、すなわち「郷土法」の設定も、この手続きのなかで行われるのであり、国司からの申請と民部省による審査、そして太政官の承認を必要とするのである。

　このプロセスをよくあらわしている史料として、天長五年（八二八）五月二十九日官符（『類聚三代格』巻十七・募賞事）がある。

（前略）右太政官去三月五日下㆓民部省㆒符偁、得㆓彼省解㆒偁、検㆓案内㆒、太政官去延暦十九年十一月廿六日騰勅符偁、隠首括出、禁㆑貫㆓京畿㆒者。而依㆓太政官去大同元年八月八日符㆒、更聴㆓附貫㆒。今左右京職所㆑進授口、以㆑昔況㆑今、人数已倍。因㆑茲比㆓校籍帳㆒、弘仁三年九月（年カ）損益猶同、天長元年多㆓隠首㆒。或一嫗戸頭、十男寄口、尋㆓彼貫属㆒、所生不㆑明。或戸主耆耄、群幼新附、以㆑父言㆑子、物情已乖。如㆑此之色、編而為㆑戸。如今以㆑人准㆑田、一人之外（分カ）不㆑満㆓百歩㆒。望請、天長元年以来隠首、不㆑預㆓授田之例㆒、以遏㆓貪㆑田之奸㆒者。中納言兼左近衛大将従三位行民部卿清原真人夏野宣、奉㆑勅、依㆑請者。（後略）

　班田の実施を前に、京職から提出された授口帳に基づいて、民部省が独自の給田額の適否を検討している。そして、少しでも給田額を増やすため、隠首に給田しないことを太政官に提言し、それが許可されている。「郷土法」としての給田額の設定に、中央政府の審査と承認が必要であることを、明瞭に物語っているだろう。さきにみた西海道戸籍の受田額は、本来は別の帳簿に記されるべき給田予定額であるが、この記載もまた、自国の「郷土法」を中央政府に申請し、承認してもらうためのものだろう。

　このように日本では、国ごとの独自の給田額は、中央政府によって最終的に決定されていた。これは、「郷土法」が中央レベルの田令に規定されているために、実際の「郷土法」の設定も、中央政府の権限で行われるということなのだろう。唐では、田令に「理念」の給田額が規定され、「現実」の給田額は地方官庁レベルで決められていたとみられるが、日本では、田令自体が「現実」の給田額を指向し、各国独自の給田額をすべて中央政府が最終決定していたのである。

三　「寛郷」「狭郷」と給田額

次に、給田額と密接に関わる「寛郷」と「狭郷」の制度をみてみたい。唐田令では、寛郷・狭郷に関する規定は13条にあり、部内の受田を充足できる地域が寛郷、充足できない地域が狭郷と定義され、州・県両方のレベルに適用される概念とされている。

〔唐13条〕諸州県界内所部受レ田、悉足者為二寛郷一、不レ足者為二狭郷一。

いうまでもなく、この場合の「郷」は、県の下位にある地方行政単位としての郷ではない。

養老田令では、13寛郷条がこれに対応する条文であり、

凡国郡界内所部受レ田、悉足者為二寛郷一、不レ足者為二狭郷一。

とあるように、唐令の内容をそのまま継受している。寛郷・狭郷の概念は、やはり国・郡両方のレベルに適用されることになっている。ここでも「郷」は、郡の下位単位としての郷（＝里）ではない。

これら田令の規定は、実際にはどのように運用されていたのだろうか。まず、唐については、次の判集残巻（P三八一三）が貴重な史料として挙げられる。(19)

奉判、雍州申二称地狭一。少レ地者三万三千戸、全無レ地者五千五百人。毎レ経二申請一、無二地可一レ給。即欲三遷就二寛郷一、百姓情又不レ願。（中略）雍州申二称地狭一、百姓口分不レ充。請レ上之理雖レ勤、撫レ下之方未レ足。但陸海殷盛、是号二皇居一。長安厥田、旧称二負郭一。至レ如二白丁衛士一、咸曰二王臣一。無レ地少レ田、並皆申請。州宜下量二其貧富一、均中彼有無上給。須レ就二彼寛郷居宅一、宜レ安二旧業一。（後略）

「雍州申二称地狭一。少レ地者三万三千戸、全無レ地者五千五百人」、「雍州申二称地狭一、百姓口分不レ充」とあり、雍州が狭郷として扱われていたことがうかがえる。では、雍州全体が一律に狭郷であったかといえば、それには疑問もある。

次に掲げる『冊府元亀』巻百十三・帝王部・巡幸二の貞観十八年（六四四）二月己酉条によれば、太宗が雍州のある村落に行幸したとき、受田が「丁三十畝」すなわち丁男一人あたり三〇畝にすぎないことを聞き、田地が充分に支給されていないのを憂えたという。

　幸霊口。村落偪側、問其受田、丁三十畝。遂夜分而寝、憂其不給。詔雍州、録尤少田者、並給復、移之於寛郷。

太宗は、雍州に詔して、とくに田地が少ない者を「寛郷」に移住させるが、雍州＝京兆府から他州への移住は原則として認められていないので（『唐令拾遺』戸令復旧18条）、ここでの移住は、雍州のなかの狭郷の県から寛郷の県への移住と解される。狭郷の州のなかにも、寛郷の県があったということになろう。行幸先の村落があったのは狭郷の県で、丁男一人あたり三〇畝という給田額は、一義的にはその県に固有のものと考えられる。県が寛郷・狭郷の単位となり、独自の給田額を設けられたことがうかがえるが、このことは、次の史料からも読みとれる。

　彭澤九郷、百姓齊営水田。臣方到県、已是秋月。百姓囂囂、群然告歎。詢其所自、皆云、春夏以来、並無霖雨、救死不蘇。営佃失時、今已不可改種。見在黄老、草莱度日。旦暮之間、全無米粒。切見、彭澤地狭、山峻無泉。百姓所営之田、一戸不過十畝五畝。準例常年、縦得全熟、納官之外、半載無粮。今総不収、将何活路。自春徂夏、多莩亡者。検有籍暦、太半除名。里里郷郷、班班戸絶。如此深弊、官吏不敢自裁。謹以奏聞。

明代の『九江府志』巻四・食貨志にみえる「狄梁公奏免民租疏」で、長寿元年（六九二）頃、彭澤県（江南道・江州）に県令として赴任した狄仁傑の奏聞である。ここに「彭澤地狭、山峻無泉。百姓所営之田、一戸不過十畝五畝」とあることから、彭澤県は狭郷と考えられ、その給田額が一〇畝あるいは五畝という、きわめて少額であったらしいことがわかる。(20) これも、県が狭郷の単位となり、独自の給田額が設定されていた例といえよう。

これに対して西州では、高昌県・柳中県が、ともに丁男一人あたり一〇畝の給田額であったことが明らかにされている。西村氏は、「西州管内においては一丁男の受田額が一〇畝以下であってはならないという原則が県郷をつうじて一貫されていたと考えられる」と述べており[21]、西州全体が狭郷で、州を単位として独自の給田額が設けられていたと考えているようである。

州・県の寛狭をどのような関係で捉えるか、難しい問題であるが、さきにみた給田手続きで、県官が給授の主体になっていることからすると、寛郷・狭郷のもっとも基本的な単位は、州ではなく、県であったのではなかろうか。

では、日本の国・郡の寛狭はどうであろうか。まず、以下の二つの史料は、郡を単位として寛郷・狭郷を区別する場合があったことを示唆する。

（A）『続日本紀』延暦五年（七八六）四月乙亥条

播磨国言、四天王寺餝磨郡水田八十町、元是百姓口分也。而依二太政官符一入レ寺訖。因レ茲百姓口分、多授二比郡一。営種之労、為レ弊実深。其印南郡、戸口稀少、田数巨多。今当二班田一、請下遷二餝磨郡一置中印南郡上。許レ之。

（B）『日本三代実録』貞観二年（八六〇）六月二十三日壬寅条

皇太后宮職水田九町在二美作国英多郡一。今相二博勝田郡公田一。以二英多郡地狭田少一、給二民口分一常煩レ不レ足故也。

（A）の記事には、播磨国の印南郡について「戸口稀少、田数巨多」とあり、同郡は寛郷にあたるとみられる。逆に、（B）の記事には、美作国の英多郡が「地狭田少」で、常に口分田が不足しているとあり、同郡は狭郷にあたると推測される。これらをみる限り、郡ごとに寛狭が判断されていた蓋然性を認めざるをえないだろう。『令集解』田令14狭郷田条の穴記は、「郷土法」の設定について、「依二上条一、狭従二郷土法一。謂先支二度一郡内田一、均給訖」と説明している。これは、郡ごとに田数を勘案して「郷土法」を算出する、ということだろう。寛郷・狭郷の区別、および独自の給田額の設定において、郡が単位となる場合があったことは否定しがたい。

しかし、それ以上に確実なのは、国を単位として独自の給田額が設定されたことである。まず、国を単位とする寛郷・狭郷の認識があったことは、『続日本紀』神護景雲元年（七六七）十二月庚辰条に、「収下在二阿波国一王臣功田・位田上、班二給百姓口分田一。以二其土少一レ田也」とあることから推知される。ここでは、「少田」の阿波国は、狭郷の国とみなされているのであろう。

こうした国の寛狭を踏まえて、独自の給田額が設定される。その端的な例が、さきにも触れた、西海道戸籍から知られる諸国の給田額である。くりかえせば、筑前国は男一段二〇四歩、豊前国は男一段一三五歩、豊後国は男一段一一八歩などと、国ごとに独自の給田額が設けられていて、郡による違いは認められない。後述するように、日本では、田令の規定どおり男二段を支給できるかどうかで、寛郷・狭郷が区別されたようなので、これらの国はすべて狭郷であり、それぞれの国内田数に応じて、異なる給田額が設定されたのだろう。

国を単位として給田額を設定した例は、史料上、九世紀後半に多くみられる。これは、その時期に、給田と租税負担を対応させる観念が強まり、租税負担の軽重に応じた給田額の改定が増えるからであるが[22]、その改定がやはり国を単位として行われているのである。たとえば、『日本三代実録』貞観十五年（八七三）十二月十七日戊申条には、次のような記事がある。

大宰府言、筑前国去仁寿二年班田、其後歴二十九年一。死亡口分、散入二富豪一、生益貧身、徒苦二賦役一。仍須下早班二口分一令中民安堵上。但課役之民、日無二偸安一、不課之戸、時多二閑逸一。論二其身一事、固非二同年一。然則所レ得之分、多少宜レ殊。昔唐制、丁男・中男給田一頃、残疾・廃疾卌畝、寡妻妾卅畝。差降之法、誠非レ無レ故。今定、課丁給二三段三百廾九歩一、不課男給二二段一、女一段。然則女子得二半男之分一、乗田益二旧年之数一。（中略）依レ請許レ之。

筑前国で班田を実施するために、唐制を参考にしながら、課・不課を区別した独自の給田額が設けられている。これは、郡の違いを超えた共通の基準なのであろう。それが大宰府から中央政府に申請され、許可されているので、先にみたように、国の「郷土法」としての給田額は、中央政府によって承認される必要があったことも確かめられる。

また、『日本三代実録』元慶四年（八八〇）三月十六日己巳条には、次のような記事がみられる。

班二山城国田一使解僀、太政官今月五日符僀、検二案内一、民部省去年十二月五日下二彼国一符、須レ注二京戸男一人水田一段八十歩、土戸男一人水田一段八十歩・陸田二百歩。而注二京戸男水田一段百歩、土戸男水田一段百四十歩・陸田六十歩一。使并国司早応二改正一者。使等須下依二符旨一改正班給上。（後略）

山城国の班田のために、民部省から国に対して、京戸男・土戸男それぞれの給田額を指示する符が下されている。山城国（山城国班田使）から申請された給田額を、民部省が審査し、太政官が承認したあと、太政官から民部省に班田実施を命ずる符（班符）が下され、さらに民部省から山城国に指示の符が下されたものだろう。ここでも、中央政府の承認を受けて、国を単位とした独自の給田額が設定されている。

『日本三代実録』仁和元年（八八五）十二月二十七日丁丑条に、

令三土佐国班二給田一。正丁四段、次丁并中男二段、不課男一段、女五十歩。一班之間、依レ此行之。

とあるのも同様で、土佐国の班田において、独自の給田額が一律に設けられたことがわかる。

このように、実例からみると、日本では国を単位として独自の給田額を設定する場合が多かったようである。寛郷・狭郷の区別は、郡のレベルにも認められるようなので、給田の単位としての国・郡の関係を整理するのは容易ではないが、田令23班田条の給田手続きに郡司が登場せず、国司がすべての作業の主体になっていることからすれば、給田額の設定単位としては、国がより重視されたとみてよいのではなかろうか。唐では、寛郷・狭郷の区別や、独自の給田額の設定において、州よりも県が基本的な単位となっているのに対し、日本では、郡よりも国の位置づけの方が大きいように思われる。これは、日本において給田に対する中央政府の統制が強いことと、密接に関連しているだろう。

四　日唐の「寛郷」「狭郷」の違い

最後に、寛郷・狭郷の概念について、日唐の比較を行っておきたい。この問題には、さきにみた田令に規定する給田額＝応受田額の性格の違いが関わってくる。

まず、唐田令の応受田額については、一般には超えるはずのない占田限度額であり、人民の新たな開墾田は、その限度額の範囲内で已受田として処理できる仕組みになっていたとする見方が有力である。[23]これに従えば、唐田令の応受田額とは、将来の開墾の余地をも含めた、きわめて大きな占有の上限額にほかならない。この応受田額を基準として、土地の寛狭が判断されるとすれば、唐における寛郷・狭郷の概念は、未墾の土地まで含めた、トータルな利用可能地の多寡をあらわしていることになろう。

この点に関して注意されるのは、次の唐戸婚律15占田過限条である。

諸占レ田過レ限者、一畝笞十、十畝加二一等一。過二杖六十一、二十畝加二一等一、罪止二徒一年一。若於二寛閑之処一者、不レ坐。

疏議曰、王者制レ法、農田百畝。其官人永業準レ品、及二老小寡妻一、受レ田各有二等級一。非二寛閑之郷一、不レ得二限外更占一。若占レ田過レ限者、一畝笞十、十畝加二一等一。過二杖六十一、二十畝加二一等一。一頃五十一畝、罪止二徒一年一。又依レ令、受レ田悉足者為二寛郷一、不レ足者為二狭郷一。若占二於寛閑之処一、不レ坐。謂計レ口受足以外、仍有二剰田一、務従二墾闢一、庶尽二地利一。故所レ占雖レ多、律不レ与レ罪。仍須二申牒立一レ案。不二申請一而占者、従下応二言上一不二言上一之罪上。

応受田額を超過して田地を占有した場合の罰則が定められているが、「寛閑之処」では同じ場合でも罪にならないとされている。疏文によれば、寛郷では余分の未墾地を積極的に「墾闢」し、占田してもよいという主旨らしい。唐における寛郷とは、一〇〇畝の応受田額を満たしても、なお未墾地に余りがある地域をいうのであろう。

このように、唐における寛郷・狭郷は、現に存在する熟田だけでなく、将来開墾されるべき未墾地をも含めた、全体的な利用可能地の分量によって決まるものとみられる。将来の開墾を見越した概念であるとすれば、寛郷・狭郷の区別は、容易に変化することのない長期的な枠組みであると推測されよう。

日本における寛郷・狭郷は、これと根本的に異なっていると考えられる。先にみたように、男二段という日本田令の応受田額は、実際に受給すべき目標額であるとする説が有力である。これは、いうまでもなく熟田を受給すべき額であり、未墾地を含まない。田令3口分条の集解をみると、「古記云、其地有二寛狭一者。謂、給二二段一、謂二之寛一、二段不レ足、謂二之狭一」、「釈云、給二二段一、謂二之寛一。不レ足二二段一、謂二之狭一也」、「謂、受田足二二段一者為レ寛。不レ足者為レ狭也」とあり、古記・令釈・義解ともに、二段の受田を充足できるかどうかで、寛郷・狭郷の別が決まるとしている。つまり、男一人あたり二段の熟田を受給できる地域が寛郷、できない地域が狭郷となるわけである。

ここに、唐の寛郷・狭郷は、未墾地を含めた全体的な土地量によって決まるのに対し、日本の寛郷・狭郷は、現に存在する熟田の量のみによって決まる、という違いが見出せよう。また、日本の寛郷・狭郷は、班田時の熟田量（と人口との関係）によって、その都度決まるものであり、唐の寛郷・狭郷が、将来の開墾を見越した長期的な概念であるのと異なり、六年に一度の班田ごとに変動しうる短期的な概念であるといえよう。この寛郷・狭郷をめぐる違いにも、日本田令の現実的な性格があらわれているように思われる。

以上、給田額の問題に焦点をあてて、律令法としての田令の機能のしかたを検討してきた。その結果を改めてまとめると、以下のようになる。

唐の均田制では、田令に丁男一人あたり一〇〇畝という給田額＝応受田額が規定されていたが、これは井田法以来の「理念」をあらわすもので、それぞれの地域の実情に応じた「現実」の給田額は、田令とは別に地方の行政細則で設定されていた。これに対して、日本の班田制では、田令に男一人あたり二段という給田額＝応受田額が規定されていたが、これは「理念」ではなく、「現実」に受給すべき目標額であり、またそれと並んで「郷土法」の規定があって、地域独自の給田額を設定できることが田令自体によって認められていた。この点、日本田令は、唐田令に比べて現実的な性格が顕著であるといえる。

地域独自の給田額は、唐では地方官庁レベルで設定され、中央政府は原則としてそれに介入しなかったとみられるが、日本では各国から中央政府に申請し、その額を承認してもらわなければならなかった。この違いは、田令における「郷土法」規定の有無に対応していると考えられる。すなわち、日本では、中央政府レベルの田令に「郷土法」の規定があるために、各国独自の給田額は中央政府によって最終決定される必要があったと理解できる。給田額の設定単位として、唐では州よりも県が重視され、日本では郡よりも国が重視された、という違いがうかがえるが、これも日本における中央政府の統制の強さと関連すると思われる。

寛郷・狭郷の性格についても、日唐の間には違いがあったとみられる。唐の寛郷・狭郷は、未墾地を含めた全体的な土地量で決まるもので、将来の開墾を見越した長期的な概念であったが、日本の寛郷・狭郷は、班田時の熟田量で決まるもので、六年ごとに変わりうる短期的な概念であったと考えられる。ここにも、給田の「現実」に密着した日本田令特有の性格があらわれているといえよう。

結論的にいえば、日本田令あるいは班田制には、現実的な機能の重視、地域の実態に対する中央政府の干渉の強さ、という特徴が認められるということである。これは、日本における律令法の機能のしかた、あるいは日本律令国家の地方行政に対するスタンスとして、無視できないものではなかろうか。

律令法の継受にあたり、日本令の編纂者が、社会の実情にあわせて唐令の内容に改変を加えたことは、改めていうまでもない。しかし、その改変の度合いは、全篇を通じて一律ではなく、篇目によって自ずと異なっていた。たとえば、医学・医療に関わる医疾令は、唐令の内容をほぼそのまま継受しており、唐の先進的な医学教育・医療制度をまるごと導入しようとしていたと指摘されている(24)。それに対して、田令や賦役令など人民支配に関わる篇目は、多くの点で唐令が改変され、かなり独自性の強い内容になっていることが知られる。

唐令と日本令とでは、人民支配に関する諸篇目の、令全体のなかでの位置づけに大きな違いがある。唐令では、戸の編成を規定する戸令は、官人の出身母体に関わるものとして、選挙令・考課令などとセットで篇目順の上位に置かれ、田地分配・租税徴収を規定する田令・賦役令のセットは、大きく離れて篇目順の下位に置かれていた。ところが日本令は、それを大きく入れかえ、戸令・田令・賦役令をワンセットにして、篇目順の上位に位置づけた。この違いは早くから注目され、日本令の編纂者が民政をとくに重視していたことのあらわれであると指摘されている。(25) 戸を編成し、田地を分配し、租税を徴収するという人民支配体制の確立は、おそらく律令国家にとって喫緊の課題の一つであり、戸令・田令・賦役令のセットには、高遠な理念よりも、すぐに実施すべき現実的な内容が求められたであろう。これらの篇目に多くの唐令の改変がみられるのは、日本独自の事情を踏まえて、現実に適用すべき制度をつくる必要があったためと考えられる。本稿でみてきた、給田額をめぐる日本田令の特徴も、このような歴史的背景のなかで理解できるのだろう。

註

（1）仁井田陞著・池田温編集代表『唐令拾遺補』（東京大学出版会、一九九七年）一三〇六頁。
（2）池田温『中国古代籍帳研究』（東京大学出版会、一九七九年）録文三〇。
（3）西嶋定生「吐魯番出土文書より見たる均田制の施行状態」（『中国経済史研究』東京大学出版会、一九六六年、初出一九五九・一九六〇年）、西村元佑「唐代均田制度における班田の実態」（『中国経済史研究―均田制度篇』東洋史研究会、一九六八年、初出一九五九年）、土肥義和「唐代均田制の給田基準攷」（唐代史研究会編『隋唐帝国と東アジア世界』汲古書院、一九七九年）、池田温「初唐西州土地制度管見」「神龍三年高昌県崇化郷点籍様について」（『唐史論攷』汲古書院、二〇一四年、初出一九八四年・一九八八年）、盧向前『唐代西州土地関係述論』（上海古籍出版社、二〇〇一年）、大津透「吐魯番文書と律令制」（土肥義和編『敦煌・吐魯番出土漢文文書の新研究』東洋文庫、二〇〇九年）など。
（4）土肥義和「唐代敦煌均田制の田土給授文書について」（唐代史研究会編『東アジア古文書の史的研究』刀水書房、一九九〇年）三一六―三一七頁。
（5）土肥義和「唐天宝年代敦煌県受田簿断簡考」（国學院大學文学部史学科編『坂本太郎博士頌寿記念　日本史学論集　上巻』吉川弘文館、一九八三年）三二一頁。
（6）池田温「唐代均田制をめぐって」（『法制史研究』一四、初出一九六四年）六一・六四頁。

（7）鎌田元一「大宝二年西海道戸籍と班田」（『律令公民制の研究』塙書房、二〇〇一年、初出一九九七年）。
（8）虎尾俊哉『班田収授法の研究』（吉川弘文館、一九六一年）。
（9）前掲註（8）虎尾書、七六頁。
（10）唐田令の応受田額一〇〇畝＝一頃が二万四〇〇〇歩であるのに対し、日本田令の応受田額二段は七二〇歩であり、面積として格段の違いがある。
（11）吉田孝「編戸制・班田制の構造的特質」（『律令国家と古代の社会』岩波書店、一九八三年）二〇八頁。
（12）前掲註（2）池田書、録文一八六。
（13）「令式」という表現は、広く「法」を意味する場合もあるが、この史料に関しては、前掲註（3）大津論文、二五七頁などに従い、「令」と「式」を指すと理解しておく。
（14）前掲註（3）西村論文、四二四頁。
（15）前掲註（3）西嶋論文、六五六頁。
（16）前掲註（3）盧書、三四八―三五七頁。
（17）岡野誠「敦煌発見唐水部式の書式について」（『東洋史研究』四六―二、一九八七年）。
（18）日唐の給田手続きについては、三谷芳幸「律令国家と校班田」（『律令国家と土地支配』吉川弘文館、二〇一三年、初出二〇〇九年）で論じたことがある。
（19）前掲註（2）池田書、録文一一四。同「敦煌本判集三種」（末松保和博士古稀記念会編『古代東アジア史論集　下巻』吉川弘文館、一九七八年）参照。
（20）前掲註（3）盧書、三四八―三五一頁。
（21）前掲註（3）西村論文、二一頁。
（22）三谷芳幸「律令国家と土地支配の展開」（前掲註（18）書）二八八―二八九頁参照。
（23）前掲註（11）吉田論文、坂上康俊「均田制・班田収授制の比較研究と天聖令」（『史淵』一五〇、二〇一三年）。
（24）丸山裕美子「律令法の継受と文明化」（大津透編『律令制研究入門』名著刊行会、二〇一一年）。
（25）『シンポジウム日本歴史4　律令国家論』（学生社、一九七二年）一〇〇―一〇一頁、坂本太郎「日唐令の篇目の異同について」（『坂本太郎著作集　第七巻　律令制度』吉川弘文館、一九八九年、初出一九八四年）一一九―一二〇頁など。

田令田長条に関する覚え書き

佐々田　悠

田令の冒頭に位置する田長条は、田の面積や租稲の基準を示したものである。

凡田長卅歩、広十二歩為レ段、十段為レ町。〈租稲二束二把、町租稲廿二束。〉

条文が意味するところは単純明快であるが、その歴史的な位置づけをめぐって種々議論がある。すなわち、『令集解』本条古記が記す田租・田積法の変遷、およびそれと密接に関わるであろう班田制の施行をどう理解するのか、という問題である。すでに論じ尽くされたテーマであるが、史料の少なさもあって必ずしも定見に至っていない部分がある。もとより本稿においても決定打は得られないが、私なりに整理を行い、先学の驥尾に付して若干の見通しを得たいと思う。なお、膨大な研究史の整理は他に譲り、必要に応じて言及するにとどめたい[1]。また、本条は古記の記述から大宝令もほぼ同文であったと考えられ、以下ではその前提に基づいて話を進める。

一　田積の「変遷」

『令集解』古記は、本条の田積規定に附した問答のなかで、田積法に二度の変遷があったらしいことを述べる。

問。①田長卅歩、広十二歩為レ段。即段積三百六十歩。②更改二段積一為二二百五十歩一。③重復改為二三百六十歩一。又雑令云、度レ地以二五尺一為レ歩。又和銅六年二月十九日格、其度レ地以二六尺一為レ歩者。未レ知、令格之赴、并段積歩改易之義。請具分釈、无レ使二疑惑一也。

長卅歩、広十二歩による一段の面積は三六〇歩となるが（傍線部①）、これを二五〇歩に改め（②）、さらに三六〇歩に復したという（③）。この「変遷」を大宝令（あるいは浄御原令）以前の出来事とみるか、あるいは大宝令以後、天平年間までに充てて理解するかで長らく議論がある。『日本書紀』大化二年（六四六）正月の改新詔に大宝令と同文があり、また白雉三年（六五二）正月己未朔条に類似の規定がみえることから、改新の評価とも関わって、かつては令前に複雑な経緯を想定してきた。津田左右吉氏や坂本太郎氏に代表される研究がそれで、「変遷」の起点を改新、ないし改新を襲用した近江令とした(2)。しかし、通常「問」の直後は令文ないし令意を引くものであるから、古記の文脈としては大宝令以後と解したいところである。この点を明確にしたのが虎尾俊哉氏による詳細な研究で（ただし氏は浄御原令＝大宝令とみる）(3)、以後は大方そのように理解されている。問いの後半で雑令および和銅六年（七一三）格の度地規定を引き、関係が問われていることも、大宝令以後とみることに適っているかもしれない。

しかし、そこには一つ大きな問題がある。大宝令以後に実際に二五〇歩に改めたことを示す史料が他に見出せないのである。それでは問いに対する古記の答えはどうか。

答。幡云、④令以二五尺一為レ歩者、是高麗法用為二度レ地令レ便。⑤而尺作二長大一、以二二百五十歩一為レ段者、亦是高麗術云之。即以二高麗五尺一、准二今尺一、大六尺相当。故格云、以二六尺一為レ歩者則是。令五尺内積歩、改名二六尺積歩一耳。其於レ地无レ所二損益一也。然則時人念、令云二五尺一、格云二六尺一、即依二格文一可レ加二一尺一者、此不レ然。唯令云二五尺一者、此今大六尺同覚示耳。此云未レ詳。

幡説によれば、令制の一段三六〇歩は高麗尺の五尺四方で一歩とするものであるが（④）、同じく高麗尺で尺を長くし、一段二五〇歩とする場合があるという（⑤）。この二五〇歩は先の「変遷」にいう数値と一致し、また本条後半の

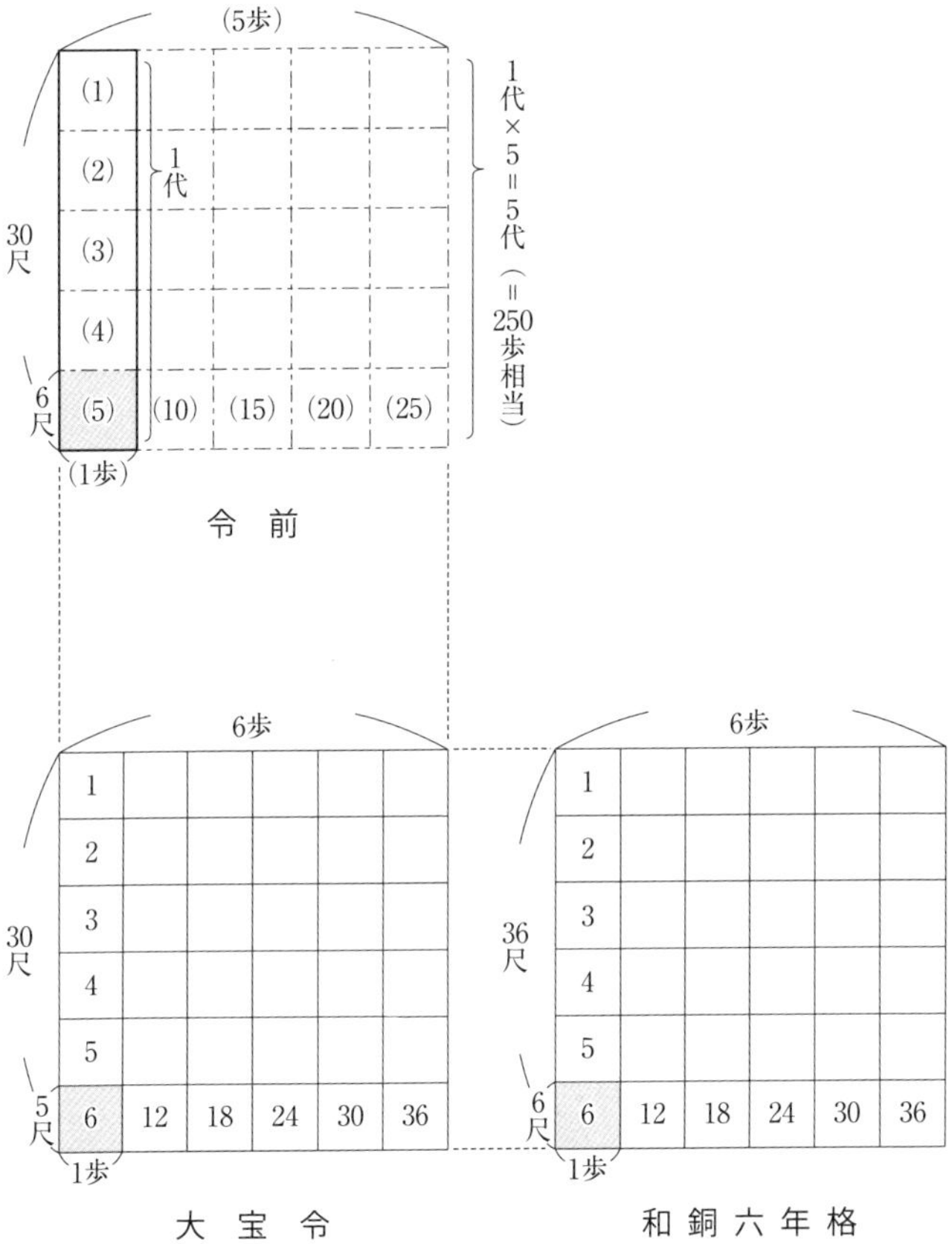

図　田積・度地の変遷 模式図

古記にいう「令前租法」での田積とも対応する。

令前租法、熟田百代租稲三束。〈以㆓方六尺㆒為㆑歩、歩之内得㆓米一升㆒。〉一町租稲一十五束。

詳細は後述するが、令前においては高麗方六尺が一歩に相当し、一町（五〇〇代）で一五束、つまり一段（五〇代）で一束五把の租を要したという。当時は代制が基本であり、一代＝五歩にあたるから、一段の面積は五〇代＝二五〇歩に相当することになる。つまり、令前が二五〇歩、令制が三六〇歩というわけであるが、これは基準となる一歩の違いによって数字が異なるに過ぎず、実面積は同じである。このあたりの認識は、弘仁十三年（八二二）十一月五日の額田国造今足勘文（『政事要略』巻五三交替雑事、雑田）に詳しい。幡説の「而尺作㆓長大㆒」は、高麗五尺より長い六尺で一歩とした場合には二五〇歩となる、と繋がるのだろう。(4)

いずれにせよ、本条の古記から知られるのは、令前では高麗方六尺・一段二五〇歩相当であったという事実であり、素直に考えれば田積の「変遷」の一つはこれに関わるとみるべきだろう。ところが、先述のごとく「変遷」を大宝令以後に置く通説では、そのように捉えられていない。逆に右の幡説などを根拠に、大宝令以後、具体的には慶雲三年（七〇六）格ないしその前年に、大宝令の高麗方五尺・三六〇歩から高麗方六尺・二五〇歩へ制度的な変更があった、または実態として令前に復したと捉える八木充氏や宮原武夫氏らの研究が有力な見方の一つとなっている。(5) しかし、果たしてそうだろうか。後述するように同格は田租法の改訂を定めたものであって、田積を変更する必然性があるのか疑いなしとしない。そもそも上記の④⑤を時系列に読む必要はなく、また法制でなく実態をもって変遷を記すとも思えない。結局これらの見解は、古記の問答を齟齬なく意味づけようとするあまり、かえって「変遷」を過剰に見出していると思われる。

「令前租法」と考え合わせれば、古記の内容から確実にいえるのは、高麗方六尺・五〇代（二五〇歩）＝令前、高麗方五尺・三六〇歩＝令制ということに尽きる。とすれば、田積の「変遷」の一つは、やはり令前から大宝令への変更に当てはめて考えるのが自然であろう。ちなみに、虎尾氏は「令前」＝浄御原令以前とし、研究史に多大な影響を与えたが[6]、前提となる西海道戸籍の理解は揺らいでおり、そうした見方は採らない[7]。

残る「変遷」は二五〇歩をさかのぼる三六〇歩であるが、これについてはまず、改新詔に潤飾された令文にあたる可能性が考えられる。本稿では改新全般を論じる準備はないが、古記が『日本書紀』をみていたことは確実で、改新詔をもって解説した可能性があろう。あるいは白雉三年の記事を反映している可能性も考慮されるべきである。白雉三年正月己未朔条に、

自㆓正月㆒至㆓是月㆒、班田既訖。凡田長卅歩爲㆑段、十段爲㆑町。〈段租稲一束半、町租稲十五束。〉

とあり、班田終了の記事とともに田積田租の規定がみえる。田積は令文や改新詔と同じ三六〇歩とみられるが（ただし広さの規定を脱する）、田租は「令前租法」と同じである。後述するように、令文の田租は普及に難のある不成斤束であるのに対して、「令前租法」は通用の成斤束に基づく。この点を勘案するに、改新詔は改革の大綱を表現するにあたって令文を直截に写したのに対して、白雉三年の記事は実際に一部の地域において新たな三六〇歩の田積に基づく班田を目指したものの、租法は通用の成斤束に基づいた、と考えることも一応可能である。もっとも、「令前租法」は二五〇歩相当であるから、三六〇歩は結局実現できず、早晩変更されたとみなければならない。すなわち、最初の三六〇歩から次の二五〇歩への「変遷」である。このように白雉三年の記事については実効性を証し難いが、何らかの歴史的事実を反映している可能性はあろう。そして、こうした改新詔ないし白雉の記事自体が古記の認識に影響を与えた可能性は充分あると思う[8]。

古記の幡説に戻る。同説は続けて、和銅六年格において高麗五尺が唐大六尺に置換されたことを述べる。これによりみかけの数字は増したが、実面積は損益がないという。つまり、高麗五尺と唐大六尺は実体が同じわけで、一歩を高麗方六尺から方五尺へと変更した大宝令の前後とは根本的に意味が異なるといえよう。なお、『続日本紀』和銅六年二月壬子条に「始制㆓度量・調庸・義倉等類五条事㆒」とあり、ここにいう度量の制が和銅六年格と対応すると考えられる。

以上、古記の問答をみてきた。問いにいう田積の「変遷」は、文脈上は大宝令以後として読むべきと思われるが、内容的には「令前」の高麗方六尺・二五〇歩が引かれており、「令前」から大宝令に帰結する変遷を示している。このようにこの問答には齟齬がある。従来は古記を令前か令後かで択一的に読み、あるいは敢えて整合させて複雑な変遷を見出してきたが、齟齬は齟齬として受け取りたい。古記のいう「変遷」は、「令前」の現実に引きずられたのであって、その意味では、令文による改新の潤飾（ないし白雉の施行）↓「令前」↓大宝令としておくのが適当である。したがって、かつての令前に「変遷」を見る議論に近いが、ここから改新や浄御原令の評価にどう踏み込むかはまた別の問題である。一方で、当該史料をもとに大宝令以後の制度の変遷や、慣行として旧来の度地法が残っているといった議論は、基本的に成り立ち得ない。重要なのは、大宝令以後の田積法は一貫して一段三六〇歩であったと考えられることである。この点は慶雲三年格の評価を経て再度言及しよう。

それでは、なぜ古記は齟齬を承知で問答を展開したのか。かつて虎尾俊哉氏は、和銅六年格によって生じる恐れのあった誤解――和銅の六尺を「令前」同様の高麗六尺と誤り、五尺に一尺足したとの誤解を生じさせないための展開として、田積の「変遷」を読むべきことを指摘した。(9) 古記の「変遷」を大宝令（虎尾氏にあっては浄御原令も同じ）以後として捉えつつも、実体を伴わないものとしたのである。卓見であるが、それは机上の空論として誤ってみせたのではなく、誤解の土壌には広く知られた「令前」の現実があったというべきだろう。古記は「令前」を流用して、結果として「令前」からの「変遷」という体で、この問題を説明したのである。

二　田租の「折衷」

続いて、本条後半の田租規定に附した古記に移ろう。ここで古記は慶雲三年（七〇六）九月格を引用し、段租が一束五把、町租が一五束へと変更されたことを述べている。大宝令制下では大宝二年（七〇二）の造籍、翌年の校田を経て、慶雲元年（七〇四）に最初の班田が行われたと考えられているが、[10]それから間もなく田租が変更されたわけである。この変更の意義を正しく捉えたい。同格の解釈には諸説に揺れがあるため、やや詳しくみていく。

慶雲三年九月十日格云。准レ令、田租、一段租稲二束二把。〈以二方五尺一為レ歩、歩之内得二米一升一。〉一町租稲廿二束。令前租法、熟田百代租稲三束〈以二方六尺一為レ歩、歩之内得二米一升一〉。一町租稲一十五束。⑥右件二種租法、束数雖二多少一、輸実猶不レ異。⑦而令前方六尺升、漸差二地実一。遂其差升亦差二束実一。⑧是以、取二令前束一擬二令内把一、令条段租、其実猶益。今斗升既平。望請、輸租之式、折衷聴レ勅者。朕念、百姓有レ食、万条即成。民之豊饒、猶レ同二充倉一。宜段租一束五把、町租一十五束。主者施行。今依二竿法一、以二廿二束一准レ計二十五束一者。所レ得二一束一者、一十四把三分之二。

まず、令と「令前租法」とが対比的に説明される。この対比で重要なのは、令制では一歩＝方五尺から得られる米の量を一升とするのに対して、令前租法では一歩＝方六尺から得られるのを一升とする、ということである。この時代の斗升は基準となる土地単位に規定され、同じ一升といいつつ、実体が異なるわけである。比率としては令前：令制＝三六：二五となる。先掲の額田国造今足勘文では令前の升を「大升」、令制の升は「減大升」と称して区別している。なお、本条の穴記などによれば、大升となる令前の束は一束が一斤の重さとなる成斤束であったが、減大升となる令制の方は一束で一斤に足りない、不成斤の束であった。[11]束・升の内実にこのような差異があることに改めて留意しておきたい。

同格は続けて「これら二種の租法は束数に差はあるが、輸すところの実量は異ならない」と述べる（⑥）。これは租が一町あたり二十二束（令制）か十五束（令前）かでみかけの数値上は異なるものの、物量として比較する限り、ほぼ近しいことをいう。勿論細かくいえば多少の差はあり、成斤十五束は不成斤二一・六束にあたることから、令制の租額二二束は令前よりも若干の増徴であったことが知られる。

さて、以上の理解は従来の諸説もほぼ一致しているといえるが、問題はその後である。「而るに令前方六尺升は漸く地実に差《たが》ひ、遂にその差升もまた束実に差ふ」とある⑦。この「差」や「差升」をめぐって幾つもの解釈が提示され、議論されてきた。青木和夫氏は「差」を基準と捉え、「…を差《えら》ぶ」と読む独自の解釈から、「方六尺の升が事実上土地を測る基準となり、また束を測る基準ともなった」と解する[12]。これを敷衍すれば、令前の田積法および大升・成斤束は慶雲年間に復活ないし継続したことになり、前掲の宮原武夫氏らの研究に繋がっていく。しかし、この読み方はやはり特殊であって、「差」を「違ふ」と読めるならば当然その方がよい。では何が違うようになったのか。八木充氏は、一歩あたりの収穫量が増加した結果、「方六尺の升では土地の広さを正確に言い表せなくなった」、つまり大升を出す土地面積が一歩より小さくなったとし、土地生産力の問題から解釈する[13]。継承すべき重要な視点であると思うが（令前方六尺から令制方五尺への変更理由として理解し得る）、大升の増量化を軸とする解釈は複雑な様相を呈し、後段の「折衷」も租法内のこととするなど、従えない。

　この点に関しては、早くに早川庄八氏が読んだ内容が最も素直で、正鵠を射ていよう[14]。氏は文中の「地実」や「束実」を当時の法制、つまり大宝令制下におけるそれとして理解し、方六尺の土地に基づく大升では、当時の令制方五尺の土地から得られる量（減大升）と違い、束実＝令制おける束把（不成斤の束）とも異なってしまった、とごく当たり前のことを述べていると解するのである。むしろここで注目すべきは、方六尺升を主語にしていることで、令前からの大升が令制下にも根強く残っていたことが示唆されよう。そのため、この大升を公式に復活させるべく話は展開するのである。

　一方、虎尾俊哉氏は異なった理解を示す。氏は令前の方六尺升＝大升では地実（令制の一歩方五尺）と合わず、令制の方五尺升＝減大升では通用している束実（令前からの成斤束）と合わない、と読む[15]。「差升」を減大升と理解し、「地実」「束実」を令制と令前に分けるところが独自であるが、文章の意味としては早川説と大きな差はない。氏の特徴はこれに続く「令条段租、其実猶益」に至る部分⑧で、田租の穀納化の問題とも絡めながら、大升と減大升の比較の結果、減大升の方が段租額が僅かに増す、と理解するところにある。故に令制を採用しない、と話が進むわけであるが、ただ、この直前には段租額に大差ない旨の内容があり、ここで再び微増に注目するのはいかにも難渋である。続く「折衷」の必然性を導く文脈としても、苦しいといわざるを得ない。

「令前の束を取りて令内の把に擬ふるに」云々（⑧）は、青木・早川氏らの読むように、成斤束（大升）が通用していたことを前提に、成斤束によって不成斤の束に代えるならば、という仮定として理解するのが適切であろう。この場合、もしも段租額が令制の二束二把のままならば、一束五把から半数近い七把を増すわけで、当然かなりの増徴になってしまう。「その実、なお益すがごとし」はこのことを指す。そこで負担する段租の額を、成斤束の一束五把にならうべく願い出たわけである。無論、これは成斤束の「復活」とともに租額を換算する必要性を導くためのロジックに過ぎず、実際に成斤束で段租二束二把としたり、そうする意図や誤解があったという議論は必要ない[16]。文中の「今斗升、既に平す」は、諸氏のいうとおり、近い過去（慶雲二年か）に斗升が改定され、大升を用いることに決定されたことを示すだろう[17]。したがって、租法もまた即座に改定される必要があったのである。なお、令制の二束二把は令前の成斤束一束五把に比して微増であったから、ここで再び成斤束の一束五把に戻すことは、令制より微減となることを意味する。「朕念ふ…」以下の文武天皇の勅裁において、もっともらしく百姓の暮らしに言及するのは、僅かながら税額を下げたことを強調したものといえよう。

かくして田租法は田積法と「折衷」の上で定められた。具体的には、田から収穫した稲は令制の不成斤束ではなく成斤束によって量り、米は減大升ではなく大升によって量ることになった。これは令前租法と同様である。ただし、慶雲三年格には田積法は出てこない。すなわち、田租法のみを改定し、田積法は令制を維持したのであり、これを「折衷」と称したわけである。単純に令前の制度に復したのではなく、田租法と田積法を独立させたところに歴史的な意義があるといえよう。田積はかつて収穫量と密接不可分であり、一束＝一代が規定的な関係にあった。しかし、「一束の絶対量が一度決定されれば、それは二五〇歩なり三六〇歩なりの歩数と必ずしもあいともなう必要のない、独立の基準となってよい[18]」。それが最終的に実現したのがこの慶雲三年格であったといえる。

以上の結論は、かつて説かれていた通説と基本的に変わらない。坂本太郎氏は慶雲三年格について、「度地法では新制が行はれても束法では行はれ難かつた実情が遂に此の如き改正を促した一半の原因であつたろう」と大宝令で一段三六〇歩の田積法となりながら、それと対応する不成斤束がついに普及しなかったゆえの改定であるとし、「これまで存続した方五尺一歩の制と不成斤の束、方六尺一歩の制と成斤の束との二種の組合は解体して、束は独立した重量の単位となつた」と束の独立基準化を的確に指摘していた[19]。本稿で述べてきた内容は、この見解を早川説などに基づいて読解したに過ぎない。また、「折衷」の結論自体は『続日本紀』補注（当該箇所は早川氏執筆[20]）にも端的に記され、有力な解釈として広く共有されてもいるだろう。したがって、如上の叙述は冗長との謗りを免れないが、研究史が改新や近江令・浄御原令あるいは慶雲年間の歴史的評価と関わって、微に入った史料解釈により次第に核心からずれていった部分があるのも事実である。諸説の意図と異同を示し、現在の定点を明確にしておくことも無意味ではないだろう。本稿を覚え書きとする所以である。

三　班田制と条里

述べてきたように、田積の「変遷」は事実上大宝令以前に相当し、大宝令以後の制度的な変更は見出し難い。また、慶雲三年格にいう田租法の「折衷」においても、田積の変更はなかった。したがって、田令田長条にいう一段三六〇歩とする仕組みは大宝令以降一貫していたといえる。

そもそもこの田積規定は、班田と深く連関した数値をもつから、易々と改変できるものではなかった。田令3口分条に、

凡給二口分田一者、男二段。〈女減二三分之一一。〉五年以下不レ給。其地有二寛狭一者、従二郷土法一。易田倍給。給訖、具録二町段及四至一。

とあり、授田にあたっては二段（一〇〇代）を基準に、女子にはその三分の一を減じるといい、また奴婢には男女それぞれの三分の一を支給することから（田令27官戸奴婢条）、田積は計算上三分できなければならない。位田も女子は三分の一を減じている（田令4位田条）。もしもこれを一段二五〇歩に変更するとなれば、支給の体系と基準を大幅に作り直さなければならず、事実そのようなことにはならなかったのである。(21)

それでは右のごとき田積規定はいつごろ、どういう経緯で成立したのだろうか。本条に相当する唐令は、武徳令・開元七年令・同二十五年令、および同令を引き継いだ北宋天聖令が知られているが、いずれも、

諸田広一歩、長二百四十歩為〻畝、畝百為〻頃。

と復元され、(22)三六〇歩という数値自体は唐令にみえない。吉田孝氏が明らかにしたように、日本の口分田は永業田・口分田の有機的な連関を継受せず、また女子や年少・老人などの不課口にも支給するなど、唐制とはかなり異質であることは周知の通りである。(23)むしろ類似点が見出されるのは北朝の制度である。田積の三六〇歩についても、亀田隆之氏は『通雅』『事物紀原』の記述などを引き合いに、北魏・北斉時代の山東半島の慣行に一畝三六〇歩の制があり、朝鮮半島を通じて日本にもたらされた可能性を示している。(24)この指摘は重要で、詳細は明らかにし難いものの、度地に高麗五尺を用い、一段三六〇歩とする田積法などの知識は、七世紀後半における唐令の体系的な継受とは別に、それに先だって継受され（あるいは継受した内容をもとに創案され）、班田制をなす制度の一つとして構想された可能性がある。律令のなかでも戸令・田令・賦役令といった民衆支配の根幹をなすシステムについては、早くにこうした広義の律令制継受があり、改新期以降の諸政策を支えたものと考えられる。(25)

このように考えた場合、改新詔そして白雉三年記事における田租・田積法の評価が改めて問題になってこよう。本稿でも整理したように、大宝令までの土地制度は百代三束（一段二五〇歩相当）の田租田積によるものであり、体系的な班田の実施は大宝二年（七〇二）の造籍後まで待たなければならなかった。しかし、広範な実施は認められないにしても、改新期に上記知識に基づく班田制の構想があり、屯倉や畿内地域などの限られた範囲において、種々の試

みがなされた可能性は否定できない。むしろ、この七世紀中葉を起点とした試行錯誤がなければ、大宝令制下に至って班田制を全国的に展開することは難しかったのではなかろうか。とくに問題だと思われるのは条里制（条里地割）である。

条里制については、かつてのように無前提に班田収授法と結びつけることはできない。金田章裕氏が強調するように、条里呼称をともなう土地管理システム（条里プラン）は八世紀中葉以降に整備されたもので、班田収授法とは切り離して理解するべきである(26)。条里地割の施工についてもいくつかの段階があったと考えられ、大和国の統一条里についていえば、八世紀前半の平城遷都後や、十一・十二世紀の荘園制との関わりから画期が見出されている。とくに広域的な地割の施工は平安時代以降と考えられ、全国的にも類似の状況にあるようである。しかし、一方でその施工の開始を平城京造営以前、七世紀後半にさかのぼらせる有力な見解が提出されていることは大いに注目されよう。井上和人氏は代制地割や賦田制地割といった先行条里の存在を否定しつつ、現存地割の施工開始が平城京条坊に先んじることを論じた(27)。氏は施工開始そのものが政治的に重要な画期であったとし、また古代官道の建設同様、その可視的な表象性に注目する。いずれも重要な論点であろう。七世紀後半を中心に、班田制の具体的な前提が作り出されたのである。その際に殊に重要だと思われるのは、地割の施工が地積の明確化・規格化をもたらす点である。

「令前租法」(28)から知られるように、大宝令以前に代制であったものが大宝令に至って町段歩制へと移行したことはほぼ間違いない。両制度の関係は、五〇〇代＝町、五代×一〇＝段、一代＝五歩となるが、そこには数値の換算だけでは量り切れない意味があったと思われる。すなわち、代は本来一束の稲を得られる土地を意味し、地積としてやや漠然としたところがあった。それが地割の施工によってはじめて明確な内容を獲得するに至ったのである。彌永貞三氏はいう。「古来からあった代という地積を規準として、各地方に発生した土地割が（中略）全国的に画一的な形式をそなえた土地割に帰結し得るとは到底考えられない」。逆に「整然とした土地割が施行されることによって、はじめて、それまで漠然としていた代という地積に、一定の内容が附与され」、「公定されることになった(29)」。個々の代からの積み上げとして条里があるのではなく、地割施工によって代は質的に変化し、町段歩制への移行が可能となるのである。こうして代制は一段二五〇歩の町段歩制を意味することになった。彌永氏は代制と町段歩制の併存した時期があるとしたが、それはこうした代制の新たな段階を示し、まさに七世紀後半にこそ当てはまるものであろう。それはまた、条里地割とともに班田制の前提が作られていった様子を物語っている。

以上、田令田長条の『令集解』古記を素材として、律令国家田制の根幹をなす田租・田積法の成り立ちについてみてきた。話題として改新詔まで言及することになったが、改めていうまでもなく、そこには造籍・班田・賦役の理念が虚構的に潤飾されており、何をどこまで認定するかは軽々に判断を下せない。本稿は従来の議論をなぞった部分が多い一方、とくに大宝令以前については憶測を重ねる結果となってしまった。また、田租自体の性格や、田租の穀化の問題など、本条と密接に関わる問題にも言及できなかった。課題は多いが、すべては今後を期すこととし、この粗雑な覚え書きを閉じたい。

註

（1）研究史は、宮本救「律令制的土地制度」（『律令田制と班田図』吉川弘文館、一九九八年、初出一九七三年）、村山光一『研究史班田収授』（吉川弘文館、一九七八年）に詳しい。いずれも一九七〇年代までに限られるが、考え得る諸説はすでに出尽くした観がある。史料的に決め手を欠き、水掛け論のまま終わっているのが現状であろう。小口雅史「国家的土地所有の成立と展開」（『新体系日本史3　土地所有史』山川出版社、二〇〇二年）のいうように、その後特筆すべき成果はみられない。比較的最近のものに、金沢悦男「田積田租法の変遷について—学説史の検討から—」（『法政考古学』第二〇集、一九九三年）がある。

（2）津田左右吉「大化改新の研究」（津田左右吉全集第三巻『日本上代史の研究』岩波書店、一九六三年、初出一九二九—一九三一年）一九〇—一九一頁は、田租田積が近江令の転載である改新詔、持統令、大宝令と変遷したとの見方を簡潔に示す。

高い実証性をもってはじめて本格的に論じたのは、改新研究の画期をなした坂本太郎氏の研究であろう。同『大化改新の研究』（坂本太郎著作集第六巻『大化改新』吉川弘文館、一九九八年、初出一九三八年）一九四―二〇二、二六〇―二六一、三二三―三二四頁。

（3）虎尾俊哉「大宝令以前に於ける田積法及び租法の沿革」（『班田収授法の研究』吉川弘文館、一九六一年、初出一九五五年を補訂）。

（4）このあたりは区切り方が難しいが、本文のごとく読んでおく。

（5）八木充「田租制の成立」（『律令国家成立過程の研究』塙書房、一九六八年、初出一九六一年を補訂）、宮原武夫「班田収授制の成立」（『日本古代の国家と農民』法政大学出版局、一九七三年、初出一九七〇年を改稿）。前掲註（1）宮本論文によるまとめも宮原説に依っている。

（6）前掲註（3）虎尾論文。根拠となる西海道戸籍の分析については、同「浄御原令に於ける班田収授法の推定」（前掲註（3）書、初出一九五四年を補訂）。

（7）鎌田元一「大宝二年西海道戸籍と班田」（『律令公民制の研究』塙書房、二〇〇一年、初出一九九七年）。

（8）以上の変遷については、田中卓「令前の租法と田積法の変遷」（田中卓著作集六『律令制の諸問題』国書刊行会、一九八六年、初出一九五八年）参照。改新詔の修飾性、白雉三年の実効性をどう評価するか問題を残すが、総じて穏当な見解である。青木和夫「律令財政」（『日本律令国家論攷』岩波書店、一九九二年、初出一九六二年）二一六―二一九頁（注三）も同様。なお、記事には脱漏が見込まれ、注記内容も田積と階調しないことから、文面のまま受け止めない見方も多い。前掲註（2）坂本著書、二六〇―二六一頁は、白雉三年に改新詔から「令前租法」へ変更されたとみている。

（9）前掲註（3）虎尾論文、九四―九六・一〇七―一一〇頁。

（10）前掲註（1）宮本論文、四三頁、同「班田制施行年次について」（前掲註（1）書、初出一九九六年）八七頁。

（11）本条後半に附した穴記に「令文廿二束、與㆓今十五束㆒、員殊実同。但先束者不㆓斤成㆒、今十五束者成㆑斤耳。」とあり、「先束」はこの場合令文の束にあたり、不成斤である。「今十五束」は無論穴記にとっての「今」であり、本文で述べるごとく慶雲三年の改定を経て令前の租法に復しているから、「今十五束」＝令前束は成斤であることが知られる。また、『令集解』田令34在外諸司条の古記に「謂、史生田六段、応㆑得㆓稲三百斤㆒、造㆑米十五斛」とあり、一段の穫稲は五〇束であるから（本条令釈ほか）三〇〇束＝三〇〇斤＝一五〇〇升、すなわち一束＝一斤＝五升という関係が見出される。

（12）前掲註（8）青木論文、二一六―二一九頁（注三）。ただし、青木氏は同書補注で、「差升」は「差舛」の誤写であるとの虎尾俊哉氏の指摘をいれて、「差」はタガフと読むべきともしている（三二五頁）。
（13）前掲註（5）八木論文、一九六―一九七頁（注七）。
（14）早川庄八「批評と紹介　村尾次郎著『律令財政史の研究』」（『史学雑誌』第七一編第八号、一九六二年）八一―八三頁。
（15）虎尾俊哉「慶雲三年の輸租折衷法について」（『日本古代土地法史論』吉川弘文館、一九八一年、初出一九六五年）三六―四二頁。
（16）前掲註（14）早川書評は「不成斤の二十二束となった筈の租量が実は成斤の二十二束で徴収されてしまい」、租法を改正しなければ「現実の増徴は法制的にも正式に認められてしまうことになる」（八二頁）とし、実際に増徴の混乱があったように読む。前掲註（15）虎尾論文は、そうした過大な増徴を認める青木・早川説を退けるが（二八―二九頁）、両説の意図は古記の論理展開を示すことにあると思われ、本文のごとく解釈してよいであろう。
（17）『帝王編年記』慶雲二年八月に「賜二諸国斗升合等一」とあり、関係する可能性がある。前掲註（5）宮原論文、二〇三―二〇四頁。
（18）前掲註（8）青木論文、一九二頁。
（19）前掲註（2）坂本著書、三二三―三二四頁。
（20）新日本古典文学大系『続日本紀』第一巻（岩波書店、一九八九年）補3－七三、三七六―三七七頁。
（21）仮に慶雲―和銅年間に一段二五〇歩に復したとする説に立つとしても、その田積に基づいて班田する機会はかなり限られていたはずである。前掲註（7）鎌田論文が明らかにしたように、西海道の大宝二年戸籍に基づく班田は初度の班田であり、一歳以上の戸籍登録者全員に班給したから、和銅元年（七〇八）造籍に基づく第二回の班田で新たな受給者は発生しない。鎌田氏が示唆するように、西海道以外の畿外地域で大宝以前に班田が行われたかは明らかでなく、とすれば一段二五〇歩が俎上にあがるのは畿内程度ということになろう。なお、前掲註（5）宮原論文、二〇五―二〇六頁も参照。
（22）仁井田陞『唐令拾遺』（東方文化学院、一九三三年）、天一閣博物館・中国社会科学院歴史研究所天聖令整理課題組『天一閣蔵明抄本天聖令校證　附唐令復原研究』（中華書局、二〇〇六年）。
（23）吉田孝「編戸制・班田制の構造的時質」「墾田永年私財法の基礎的研究」（『律令国家と古代の社会』岩波書店、一九八三年）二〇六―二〇八、二七〇―二七三頁。

（24）亀田隆之「古代の田租田積」（『奈良時代の政治と制度』吉川弘文館、二〇〇一年、初出一九五五年）一八―一九頁。
（25）大隅清陽「大化改新論の現在」（『日本歴史』第七〇〇号、二〇〇六年）三一頁。
（26）金田章裕『条里と村落の歴史地理学研究』（大明堂、一九八五年）、同『古代日本の景観―方格プランの生態と認識』（吉川弘文館、一九九三年）。
（27）以上、井上和人「条里制地割施工年代考」（『古代都城制条里制の実証的研究』学生社、二〇〇四年、初出一九九四年）。
（28）前掲註（1）金沢論文に整理がある。ただ、令前の町の位置づけにはなお検討を要するか。町代制については、吉田孝「町代制と条里制」（『山梨大学教育学部研究報告』第一九号、一九六八年）参照。
（29）彌永貞三「半折考」（『日本古代社会経済史研究』岩波書店、一九八〇年、初出一九六七年）一八四頁。

大宝田令六年一班条と初期班田制

北村安裕

国家の把握する全人民に一定額の「田」を分配する班田制は、律令制国家の土地支配の根幹にあたるとともに、籍帳制や税制とも密接に結びつくことで、人民支配の基礎ともなっていた。そのため、制度自体は中国の均田制を模したものでありながら、国家体制に応じた多くの改変が加えられており、国家や社会の実情、さらには政府による社会改革の方向性にせまる上で、班田制の分析は優れた利器となりうる。

一方で、班田制の研究の上で大きな壁となるのが、失われた大宝田令条文の復原である。大宝田令の復原は早くから着手され、膨大な蓄積がなされてきたが[1]、未解明の部分を多く残しながらも、一九八〇年代後半には低調となってしまった。九〇年代の後半には宋天聖令および附載唐令が中国において見出され、それを利用した復原もなされているが[2]、かつてのような活況には至っておらず、論点もいまだ尽くされていない。

本稿では、難解な条文の一つとされてきた田令21六年一班条に対応する大宝令の復原を試みる。養老令におけるこの条文は、口分田の班給や収授のタイミングに関する比較的単純な条文であるが、大宝令復原の最も有力な根拠となる『令集解』古記には、大宝令のものとみられる語句が多くみえる上、それらの多くは養老令文にはみえず、しかも説明の論理も複雑であることなどから、大宝令復原に関する断案が存在しないのが現状である。

本稿では、『令集解』古記と唐令の双方から六年一班条に対応する大宝令文について再検討し、その背景にある初期の班田制の特性および展開について考えていきたい。

一　『令集解』古記の再検討

本章では『令集解』古記を材料として、六年一班条の大宝令文復原に関する先学の解釈や問題点を整理していく。養老令六年一班条は、

A凡田、六年一班。B〈神田・寺田、不レ在二此限一〉。C若以二身死一、応レ退レ田者、毎レ至二班年一、即従二収授一。（A〜Cは『令集解』の分節に対応する。以下同）。

と、班田収授が六年に一度であること、神田と寺田が班田収授の対象外であること、死亡により「田」を返還する場合には六年ごとの班田年に実行すること、を定めている。このうちA部分およびB部分について古記が存在する。

まず、より論点の少ないB部分に附された古記および「私」（惟宗直本の私案）をみていきたい。


神田条、「不在収授之限」、謂収而不レ授二百姓一也。

一云、神田、余者不レ収、欠加。寺田雖二欠乗一、不レ在二収加之例一。

問、神田・寺田、輸レ租以不。

答、並輸。各入二本主一。

問、神田・寺田、聴二売買一以不。

答、寺田聴二売買一也。神田不レ合。

私、此云、在二田有交錯条下一。案レ之、古令、神田・寺田、別立レ条。似レ不レ称二於此条一。新令、省二其条一、可レ附二此条一。仍以二事緒相類一、附二此条中一也。

点線部の「私」によると、古記の文は「田有交錯条」（養老田令25交錯条に対応）に関する註釈の後に置かれており、これは「古令」（大宝令）において神田・寺田に関する条文が別条として立てられていた名残であった。六年一班条の大宝令文復原に関する論点の一つは、同条が何条で構成されていたか、換言すれば、養老令で何条が合成されたか、という点であるが、一条だったとする見解[3]については、古記を実見した所見である「私」の内容を無視している点で問題がある。大宝令における「神田寺田不在此限」の文言は主体部とは別条文だったのである。

次に、A部分の古記に目を移す。


「初班」、謂六年也。「後年」、謂再班也。「班」、謂約六年之名。仮令、初班死、再班収也。再班死、三班収耳。

問、人生六年得授田。此名為初班。為当、死年名初班。未知其理。

答、以始給田年為初班。以死年為初班者非。

問、上条「三班乃追」。与此条「三班収授」、其別如何。

答、一種无別也。「三班収授」、謂即三班収授也。

問、於二月授田訖。至十二月卅日以前身亡。何為初班也。

答、以作年為初班也。仮令、自元年正月至十二月卅日以前、謂之初班也。


ここで古記が直接引用する「初班」「後年」「班」「三班収授」（傍線部）は確実な大宝令の語句とみなしうるが、「班」を除いては養老令文にはみえず、大宝令文がかなり異なるものであったことを推定させる。

「初班」「三班」、そして「後年」と同義とされる「再班」の基本的意味については、まず古記の波線部が参照できる。それによると、「初班」という期間に死去した時は「再班」という時点、「再班」という期間に死去した時は「三班」という時点で、それぞれ口分田が収公される。「再班」の語が期間と時点の両方にみえていることから明瞭なように、「班」には特定の班田年を指す用法と、そこから六年の期間を指す用法（古記の「班謂約六年之名」に合致）の二通りが存在する。時系列に沿って並べると、「初班」（期間）→「再班」（時点）→「再班」（期間）→「三班」（時点）という順序になり、「初班」（期間）を基準とすると、「再班」（時点）は次回、「三班」（時点）は次々回の班田年を指すことになる。したがって、波線部は口分田の受給者が死亡した場合、次の班田年に口分田を収公することを説明した文章として把握できる。ここまでは多くの論者にとって異論のないところであろうが、「初班」の具体的内容をどのようにとるかによって、大宝令文の復原内容が大きく変わってくる。

古記の問答部分は、「初班」が「始給田年」、より具体的には「作年」、すなわち班田の作業が終わって耕作を開始する年を指すと明言されている[4]。さらに「班」の二義性を考えると、「初班」には班田が終了する年（時点）と、そこからの六年間（期間）という、二通りの用法があることになる。

この語義を仮に波線部に適用すると、「口分田を受けてから六年の間に死去した時には次の班田年に収公し、その次の六年間に死去した時には次々回の班田年に収公する」という意味になる。これは養老令と同じ内容であり、この解釈をもとにして、「後年」「三班収授」という大宝令の語句をうまく嵌め込めば、養老令と異なる規定を想定することなく大宝令文を復原できる。代表的な復原案を、関連する部分に限って掲げる。

〔仁井田陞説[5]〕以身死応収田者、初班不収、後年死三班収授。
〔時野谷滋説[6]〕以身死応収田者、初班死、再班収。後年三班収授。
〔森田悌説[7]〕初班、以身死応収田者、再班収、後年死、三班収授。

これらの復原案は、波線部とほぼ同じ文脈で令文を復原しており、文章としてはややたどたどしい印象を受けるものの、大宝令と養老令の整合性や、六年一班条古記のなかでの「初班」の語義の一貫性という点において優れている。

一方、他の条文の古記にも目を向けると、「初班」および波線部について別の解釈も成り立ちうる。まず参考となるのが、六年一班条古記が「上条」と述べる田令18王事条の古記である。養老令王事条は、

A凡因二王事一、没二落外蕃一不レ還、B有二親属同居一者、C其身分之地、十年乃追。D身還之日、随レ便先給。E即身死二王事一者、F其地伝レ子。

と、「王事」によって「外蕃」より帰れなくなった場合の口分田等の処理法を定めている。C部分に附された古記は、以下の如くである。

「三班乃追」、謂二班之後、三班之年、即収授也。

問、計レ班之法、未レ知、若為。

答、以身死応収田条一種。仮令、初班之年、知レ不レ還、収二三班一収授。又初班之内、五年之間、亦初班耳。

傍線部より、養老令の「以身死応退田」という部分が「以身死応収田」であったことや、「以身死応収田条」という呼称が存在したことが判明する。この点については、条数の問題と合わせて後述する。

養老令王事条にあっては、口分田は一〇年後に収公される（「十年乃追」）ことになっていたが、大宝令では「三班」に収公される規定であった。(8) ここでの「三班」は、「二班之後」、すなわち次々回の班田年のことであり、六年一班条古記の「三班」と合致する。

古記はやや言葉足らずであるが、「仮令」以下は、「たとえば、（ある時点を「初班之年」に設定すると、その）「初班之年」に「不還」が判明した時は、「三班」に収授する」、という意で解釈できる。すなわち、ここでの「初班之年」は、受田してからの年月にかかわらず、「不還」の判明という事由発生を含む時点であり、古記の説明によると、その時点を含む班田間の六年間も含意される。これが収授の際の計年の基準となるのである。抽象化すると、この「初班」は、事由発生の時点を含み、計年の基準となる時点ないし期間を表す語とすることができる。

これを六年一班条古記の波線部に当てはめると、「不還」の判明に対応する事由発生時点とは、口分田を受けてからの年数に関係なく、ある人が死亡した時である。全体として波線部は、「ある人が死去した場合には次の班田年、次の六年間に死去した場合には次々回の班田年に口分田を収公する」という一般論として解釈できる。ただしその場合には、口分田を得た年あるいはそこから六年間の意味の「初班」と「後年」、「三班収授」といった語句が条文中でどのように用いられていたのか、さらなる探求が必要となってくる。

王事条古記からは「初班」と「三班収授」に何らかの関係を想定できるように思われるが、さらなる手がかりを与えてくれるのが、田令29荒廃条の古記である。

「替解日還官収授」、謂、百姓墾者待二正身亡一、即収授。唯初墾六年内亡者、三班収授也。公給熟田、尚須二六年之後一収授。況加二私功一、未レ得レ実哉。挙レ軽明レ重義。

ここでは、大宝令荒廃条の本文には存在しなかった「百姓墾」(9)について、一般的な開墾地は開墾者の死去とともに収公されるが、「初墾六年内」であれば「三班収授」であることが述べられている。その理由は、開墾を要しない「公給熟田」（口分田）ですら（本来の収公期限から）「六年之後」に収公されるのだから、私功を加えながら十分な収穫を得ていない段階の墾田ならば、明文化されていなくても同等の措置がとられるのが当然だ、という理屈である。

通常の場合と「初墾六年内」を比較し、後者に「三班収授」を適用するという古記の論理からすれば、「公給熟田」には二種の収公期限が明文化されており、「初墾六年内」に対応するものが「六年之後収授」（＝「三班収授」）だったと考えることができる。

これをもとに六年一班条古記に戻ると、「初墾六年内」に「初班」が対応するようにみえる。すなわち、この期間に死去した時は「三班収授」が適用される可能性が生じるのである。このことから、大宝令文には「初班」の場合の特例として「三班収授」となることが規定されていたという説が立ち上がることになる。その具体的な条文案としては、次のようなものが提出されてきた。冒頭の「以身死応収田者」は共通するため省略する。

〔田中卓説〕(10)　初班従三班収授。後年毎至班年即収授。
〔杉山宏説〕(11)　初班不収。即初班死、及後年死、従三班収授。
〔山本行彦説〕(12)　初班不収、三班収授。後年毎至班年即従収授。

これらの説は、「初班」と「後年」を対比させ、前者を「三班収授」、後者を通常の収授に対応させる点を特徴とする。やはり文章が未熟であり、とくに「再班」を意味するはずの「後年」が一般的な収授の規定に落とし込まれているところに違和感を覚える。またA部分古記において同じ「初班」の語が複数の意味を有するのは不自然であることや、王事条・荒廃条古記の解釈をめぐって批判もあるが、複数の古記を大きな矛盾なく統合的に説明できる点では優れており、大宝令と養老令を同一の法意でとらえる説より、おおむね多くの支持を獲得してきた(13)。

最後に、六年一班条に対応する大宝令文の条文数の問題にもふれておきたい。大宝令が養老令と同様の一条であったとする説が成り立たないことはすでに述べたが、次に問題となるのが、「田六年一班」の部分が「以身死応収田」規定と同条にあったか否かである。別条とみなす見解の主要な根拠となるのは、王事条古記に「以身死応収田条」の語がみえ、「以身死応収田」の句が条文の冒頭にあった可能性が想定されることである(14)。しかし、古記がある条文を「○○条」と称する時に必ずしも冒頭の句をとるわけではないので、これは決定的な証拠とはならない。一方、同条であったとする説(15)は、「凡田六年一班」が条文として短かすぎることを根拠とするが、印象論の枠をでるものではない。結局、『令集解』古記からは、大宝令文は一条ないし二条であった、という以上のことは知り得ないのである(16)。

次章では、ここまでの諸説が参照できなかった唐令の知見を提示し、それを参照して立論した学説を批判した上で、大宝令文の復原に関する私案を示していく。

二　対応唐令からの再検討

六年一班条に直接的に対応する唐令は長く不明のままであったが、一九九〇年代末に田令の本文が公開された天聖令附載の不行唐令によって、その姿がほぼ判明した。この唐令は、永徽令（大宝令の藍本）から数度の改定を経た開元二十五年令によっており(17)、大宝令とは遠い兄弟関係といえる。まず、養老令六年一班条の「神田・寺田、不在此限」を除く部分について、対応する唐令（唐23条・24条(18)）を示す。

〔唐23条〕諸以二身死一応レ退二永業・口分地一者、若戸頭限二二年一追、戸内口限二一年一追。如死在二春季一者、即以二死年㆒統㆓入限内㆒。死在㆓夏季以後㆒者、聴㆘計㆓後年㆒為㆖始。其絶後無㆓人供㆑祭及女戸死者、皆当年追。

〔唐24条〕諸応㆑還㆑公田、皆令㆘自量為㆓一段㆒退㆖。不㆑得㆓零畳割退㆒。先有㆑零者聴。其応㆑退者、皆待㆑至㆓収授時㆒、

然後追収。

唐23条は、「以身死応…」という冒頭部分からして、日本令の中心部分に対応する唐令である。戸頭と戸口のそれぞれの場合について、永業田・口分田を退田するタイミングを示すとともに、夏季以降の死去の際には、「後年」（翌年）を計年の始点とすることを明示している。唐の均田制における受田は、六年ごとの日本と異なり、毎年行われる原則であった。この規定によると、退田が判明した段階が耕作のはじまる春季以前であればそのまま翌年（戸頭であれば翌々年）に収公するが、耕作がはじまった後である夏季以降であれば一度収穫を終えた上で翌々年（戸頭であれば三年後）に収公することになっていた。

唐24条は、公田を返還する際に細分化しないことや、「収授時」に収公することを述べた文章である。前半部については、田令22還公田条とほぼ同文であるが、後半部分の論理は六年一班条の「毎至班年、即従収授」にきわめて近い。したがって六年一班条に影響を与えたことが想定される。

これらの唐令の知見によって大宝令を復原した研究としては、服部一隆の説がある。(19) 服部説は唐令を用いて六年一班条に該当する大宝令文の条数・条文・法意を総合的に考察するという劃期的なものであり、論点はきわめて多岐にわたっているが、本稿の関心に沿って概要をまとめると次のようになる。

（1）条数　養老令には「凡田六年一班」の語句があるが、これに対応する唐令の文章は存在しない。また、古記の「初班謂六年也」「班約六年之名」という説明は、「六年一班」と明記してあれば自明で、生じえない。「以身死応収田条」という条文名からも、「以身死応収田」が冒頭にあった可能性が高い。こうしたことから、「田六年一班」にあたる部分は大宝令には存在しなかった。したがって条数は、「神田・寺田」に関する部分（唐28条に対応）と、「以身死応収田」条の二条となる。

（2）復原条文　凡以身死応収田者、初班三班収授。後年待班田年収授。

（3）法意　王事条の「三班乃追」との対応関係を重視すると、「初班」は生まれてから初回の班田年までの間を指すと解するのが妥当である。「六年一班」規定の不在によって、班田を経ずに死去した者からも口分田を収公してしまう可能性が生じたため、死後に一度給田して、次々回に収公する規定が設けられていた。

このように、服部は従来とは異なる先鋭的な復原案を提示しているが、俄には従えない点も多い。[20]「六年一班」の不在については、唐令に対応する条文・句がみえないことをどれだけ重視できるのか、という疑念がある。「初班謂六年也」「班約六年之名」についても、「班」に時点と期間を指す二様の用法があったことを想起すれば、「六年一班」の語があっても必ずしも不要な説明といえない。上述のように「以身死応収田条」という条文名は「田六年一班」の不在を証明する決定的な材料とはなりえないし、仮に「以身死応収田」が冒頭にきていたとしても、「田六年一班」が別条に規定されていた可能性を妨げない。結局、「田六年一班」規定が大宝令に存在しなかった可能性はないわけではないが、確度の高い推定とはみなしがたく、[21]少なくとも議論の出発点となるような盤石な事実とはいいがたいのである。

法意に関する解釈にも問題がある。古記では、「以始給田年為初班。」「以作年為初班也。仮令、自元年正月至十二月卅日以前、謂之初班也。」と明言されているが、もし「初班」が「生まれてから初めての班田年までの間」を意味するのだとすれば、古記は一体何を説明しているのだろうか。「班」には時点と期間という二様の用法があるが、服部説に従うと、「初班」という時点は生年そのものになってしまう。これでは、語義としても不可解だし、古記の解説とも大きく外れてしまうことになるだろう。また服部説に従って厳密に手続きを進めると、班田を経ることなく死去した者に次回の班田でいったん給田し、次々回の班田で収公することになる。幼児死亡率がきわめて高かったであろう古代社会において、このような措置が果たして可能だろうか。あるいは服部は、弥縫のために運用しない前提でシステムを組んだと想定しているのかもしれないが、たとえ「六年一班」規定が存在しなかったとしても、非現実的な制度が惹起する混乱に見合う成果が得られたとは考えがたい。いずれにしても、服部説は法解釈上も制度運用上も問題があるといわざるを得ない。

では、唐令をもとに、いかなる大宝令文を復原しうるか。何より注目しなければいけないのが、どのような文脈で使用されたかが必ずしも明瞭でなかった「後年」の語が唐令にみえる点である。唐23条における「後年」は、「死年」と対比される語であり、具体的には死去の翌年を指す。農作業のはじまる春以前に死去した際には、「死年」（死去した当年）が計年の始点となるが、すでに作業の開始された夏以降は「後年」（翌年）を始点とするというのである。唐においては毎年給田がなされる原則なので、「後年」は「次の給田年」と言い換えてもよい。一方、日本令の「後年」は「再班」と同義であり、それは「次の給田年」の謂であった。給田の間隔の違いこそあれ、唐令と日本令の「後年」は、「次の給田年」という同一の属性を有しているのである。

唐令と大宝令で同じ語句があり、しかも共通する意味が見出せる場合、まずは同一の文脈で使用された可能性を想定すべきと思われる。そこで、日本令の「後年」が、唐令の文脈で矛盾なく使用できるか考察する。唐令での「後年」は、収公期限を延長する特例がとられる際に、次回の給田年を計年の始点とする、という文脈で用いられていた。前章で確認したように、六年一班条の大宝令文に関する従来の説は、①いかなる場合でも次回の班田年に口分田を収公する内容だったとみる説と、②口分田を得てから六年以内に死去した場合は次々回の班田に収公する特例が存在したとする説に大別されるが、それぞれについて、唐令の文脈で「後年」を用い得るか考えてみたい。

まず①説において、「後年」は「三班収授」に収公される対象として扱われており、他の文脈は想定しにくい。これは唐令の「後年」の文脈とはかけ離れており、唐令に近い文章で大宝令文を復原することは不可能である。

一方、②説の場合、「後年」は「三班収授」となる「初班」と対比されて、特例が適用されない場合の収公期限を説明する文脈で用いられていた。ただし、「初班」でない場合の収公期限について規定したいのであれば、「再班」という特定の時点を意味する「後年」ではなく、もっと一般的な表現を用いて説明する方が自然であり、②説の大宝令復原案はその点に若干の問題をはらんでいた。ここで唐令に沿って組み立ててみると、「「初班」に死去した場合には「後年」（次回の班田年）を計年の始めとして「三班収授」する」というものができあがる。この文章は、「後年」の語を吸収しつつも、文章の稚拙さを解消することにも成功しているといえる。たとえば唐令の語をほぼそのまま活用して組み上げてみると、

如死在初班者、聴計後年為始、三班収授。

という文章になる。この復原案は、唐令と共通する語句を同じ文脈で用いることができており、古記の註釈とも矛盾しない。細かい字句については他に復原の材料がないため確実性を欠くが、大宝令文はこれに類似する文章とみてよいのではないか。

なお、この文章の前後に、古記波線部で解説されているような一般的な収授の時期やタイミングに関する規定があったはずである。それらについて、唐令や養老令を参考にして作文すると、たとえば次のような文章になる。

凡田六年一班。[22] 若以二身死一応レ収レ田者、限二一班一収授。[23] 皆待二班年一、然後収授。[24] 如死在二初班一者、聴下計二後年一為レ始、三班収授上。

細かい字句の相違も予想されるが、一般的な口分田収公の期限、タイミング、「初班」時の収公期限延長特例、という内容で文章が組み立てられていたことは動かないように思われる。

六年一班条の大宝令文の復原については長年議論されていたが、唐令に関する新知見を加味することで、口分田を得て六年以内に死去した時に次々回の班田年に収公するという特例（以下、「初班特例」）が存在したとする説の蓋然性はかなり高まったといえよう。

三　制度の変遷とその背景

前章までの考察により、六年一班条の大宝令文では初班特例が認められていたことが想定できた。一方で、この特

例は養老令には引き継がれず、比較的早期に見直しがはかられている。では、初班特例はいつ、どのような事情を背景に成立し、なぜ廃止されるに至ったのか。本章では、これらの点について班田制の特性や歴史的展開と関連付けて考察していきたい。

初班特例は天聖令附載不行唐令（開元二十五年令）にはみえず、大宝令の藍本たる永徽令にも存在しなかった可能性が高いが、先学が指摘するように、均田制の実施をはじめて命じた北魏太和九年（四八五）の制に類似の規定がみえる。(23)

諸還二受民田一、恒以二正月一。若始受レ田而身亡、及売二買奴婢牛一者、皆至二明年正月一、乃得二還受一。(24)

言葉を補って解釈すると、「初めて受田した者が当年に死亡した場合、通常の還受の年である翌年のさらに翌年に還受する」という内容である。日本令の初班特例の源流は、この太和九年制にあると考えられる。唐令では、やはりこの制度を淵源としつつ、死亡の季節によって収公期限を変えるという、より広範な優遇措置に変化していたが、日本令ではなぜかその方式を採用せず、より古い段階の規定を令文に定着させていたことになる。

初班特例の成立時期および事情について明らかにする上で、やや搦手からの考察となるが、初班特例が班田制において負っていた役割から論を進めていくことにする。実際の班田作業に引きつけて初班特例の存在を考えてみると、以下のような長所が見出せる。初班時の死者の口分田を次の班田時に収公してしまうと、前回の班田の成果が消失してしまう上、耕作関係も煩瑣となる恐れがある。そこで六年間という追加の返還猶予を設ければ、次回班田時の煩が大幅に軽減されるし、猶予期間中に戸口が増益することによって、収公予定の口分田を新受分に振り向けることも可能となる。班田制の運営にあたり、耕作関係の異動を最小限にして安定的に制度を運用しようとする局面において、初班特例は一定の役割を果たすと予想されるのである。

初班特例のもつこの機能は、初班時の死者が相対的に多数にのぼるほど、より多くの対象に適用されて、効果が高まる。初班時の死者が最大となるのは、すべての人民がはじめて口分田を得る第一回目の班田である。したがって、初班特例の利点が最も発揮されるのは、第一回目の班田ということになる。第二回目以降では、口分田を受給する世代の死亡率が高いほど、初班時の死者は増加する。いかなる社会においても死亡率が高いのは乳幼児と高齢者であるが、多産多死型の古代社会にあっては、とりわけ前者の死亡が多かったと考えられる。つまり、二回目以降の班田においては、おおむね五歳以下の乳幼児が口分田の受給対象となった時に、初班特例は最大の効果をもつことになる。

以上をふまえ、大宝令において初班特例が新設された可能性を考えてみる。口分田を受給する年齢について、養老令では田令3口分条で「五年以下不給」を定めている[25]。この文章については、年齢制限ではなく、単に六年ごとに班田を行うことを示しているに過ぎないとする説もあるが、数え年か満年齢かで議論があるものの[26]、通説通り六歳以上に給田する意でとるべきであろう。『令集解』田令24授田条古記に、

「先无」、謂初班年五年以下不レ給也。

とあることから、この語は大宝令にもこの語句があったと想定できる[27]。つまり、大宝令制下では、五歳以下の者に口分田を班給しない「五年以下不給」制が敷かれていたことになる。この制度の意義としては、口分田受給者の総数を絞ることによって、口分田の不足に対応するものであったとの見方がある[28]。五歳以下の人口は相対的に大きな割合を占めていただろうから、この想定に異論はない。一方で、「五年以下不給」制には、初班特例と類似する役割も想定できる。すなわち、死亡率が最も高く、口分田を給付しても早期に収公に至る可能性が高い五歳以下の者を対象からあらかじめ除外することによって、班田作業を効率化・安定化するという機能である。

「五年以下不給」制と初班特例が共存していたということは、大宝令制下においては、まさに「五年以下」を対象とした時に効率が最大化する初班特例の特性が十分に発揮できなかったことを意味する。そればかりか、初班特例が立ち向かうべき課題は、「五年以下不給」制によって、強力かつ根本的に解決されてしまっていたのである。このように考えてくると、「五年以下不給」制が存在するにもかかわらず、大宝令において唐令を改変してまで初班特例を取り入れる必然性は考えにくくなる。

では、先行する浄御原令制ではどうか。後述のように浄御原令班田制については不明な点が多いため、まずは初班特例の機能の問題から推論してみる。

浄御原令に基づく班田は持統六年（六九二）と文武二年（六九八）の二度実施されたと想定され、六年を基準として造籍・校田・班田のサイクルを確立したという意味において高い劃期性を有する。(29) このうち持統六年班田は実質的な第一回目の班田であり、「五年以下不給」制の有無にかかわらず、初班時の死者は史上最大となる。したがって第一回目の班田を控える浄御原令の段階こそ、初班特例の導入時期としてより理解しやすい。第二回目の班田については、「五年以下不給」制が浄御原令制下になければ、初班特例が乳幼児の死亡に対する制度上の安全弁として機能することになる。班田制が本格的に始動する持統六年班田は初班特例が十全に役割を果たし得る機会であり、さらに「五年以下不給」制が浄御原令制に存在しなければ、第二回目以降も初班特例は安定的な班田制の運用に貢献する環境が整っていたことになる。このことからすれば、初班特例が設定されたのが浄御原令である可能性はかなり高いといえる。

では、浄御原令班田制のあり方に照らして、ここまでの推論は成立しうるだろうか。浄御原令班田制の内実については、虎尾俊哉の先駆的な研究(30)があり、現在に至るまで議論の中心的位置に置かれている。(31)

虎尾は、大宝二年（七〇二）の所謂西海道戸籍の受田記載を浄御原令制下の班田制の遺制と考え、そこで戸籍に記載された全員について受田額が記されているという事実を重視した。このことは、戸籍から除かれた者の口分田が残る初班特例や、年齢によって受田できない者が現れる「五年以下不給」制など、大宝令に存在したと思われる仕組みが機能していないことを意味し、それこそがこの受田額が浄御原令に基づくものであることの証左であるとした。この説に従うと、浄御原令には戸籍に載る人民全員に口分田を班給する制度が敷かれる、すなわち「五年以下不給」制が存在しない一方、初班特例も未成立だったことになってしまう。

この虎尾説に対する比較的新しい批判としては、以下に示す鎌田元一の説がある。(32) 虎尾によれば、正丁一人あたりの受田額は二段より少ない額となっており、基準額は国ごとに設定されている。これは狭郷による減額措置（「郷土法」）の結果だが、そうすると、浄御原令下で二度の班田を経ても基準額が変動しないことは不可解である。郷土法による田数は班田時の国郡の田数によって変化するからである。つまり、西海道戸籍の受田記載は、これまでの班田結果を積み上げたものでなく、この時の造籍にともなって、国内の人口と田数から機械的に算出したものなのである。これは、それまで西海道では班田が実施されていなかったことによる措置で、全員に給田されているのは、次回に受田すべき「五年以下」の者もあらかじめ給田してしまうことで、次回の班田作業を大幅に簡略化し、班田制を軌道に乗せる意味があった。以上の鎌田説によれば、西海道戸籍の受田記載に浄御原令制の遺制を見出すことは不可能となる。これを採ると、初班特例が浄御原令制下に成立した可能性は高まるが、同時に「五年以下不給」制も存在していたことになってしまう。

これらの当否を考える上で重要となるのは、西海道戸籍の受田記載の性格であろう。この記載は戸籍本文とは別筆で記載されており、その時期は国印の捺印以前であるという。すなわち、受田記載が記録されたのは、戸籍が完成する直前である。西海道戸籍は、大宝二年の年紀をもっているが、実際に完成したのは大宝三年の末から同四年にかけての時期であったとする説が有力である(33)。大宝四年（＝慶雲元年）は、六年ごとのサイクルに照らすと、大宝令制下におけるはじめての班田年にあたる。

受田記載の性格についてまず想定できるのは、班田の結果であった可能性である。大宝二年の一つ前の班田年は文武二年であるが、それ以降に生まれた者も受田の対象として計上されていることから、受田記載は文武二年班田の結果を記したものではありえない。一方、実際の戸籍の作成時期は大宝二年より遅れていたとみられるが、その完成時期は次の班田が終了する慶雲二年春よりは以前だったと考えられるので、やはり大宝四年班田の結果を記すことはできない。

次に想定されるのが、次の班田のための予定額（実数もしくは参考値）が記録された可能性である(34)。まず、次の班田が六年以上先とみて、全員に口分田が割り当てられていることと大宝令制との整合をとろうとする見解は、「次の班田」が西海道における史上、あるいは大宝令制下において初回のものであるとの仮説に結びつけて論を展開する。そうすると、大宝令制下の「五年以下不給」制と「五年以下」の者も受田している事実、さらには初班特例がみられないことにも整合がとれるというのである。この説については虎尾が批判するように、純粋に理論的な要請から西海道の初回の班田を和銅年間まで引き下げてしまうことには慎重であるべきだろう。また、六年以上の時間のなかで、とくに「五年以下」の者の人口は大幅に減少したと思われるので、その意味でも実質的な役割は想定しがたい。

「次の班田」をスケジュール通りに慶雲元～二年とみた場合、浄御原令に沿った受田額とみると、鎌田の批判が立ち塞がることになる。一方、大宝令に則った受田額とみると、やはり初班特例の不在が問題となり、これを整合的に説明するには鎌田のようにこれを初回の班田とみるより方途がなくなる。だが、これとて理論的要請の枠をでるものではなく、別の筋道から解決できるのであれば、必ず選択すべき証拠を備えているわけではない。

以上のように、西海道戸籍の受田記載を実際の班田作業に引きつけて解釈しようとすると、どこかに無理が生じてしまうのである。そもそも、戸ごとの受田額を戸籍に記載することは法制的な裏付けをもたず、他の戸籍にも同様の記載は存在しない。そうである以上、受田記載を実際の班田作業に結びつけること自体、現状では無理があるように思う。田中卓は、「直接に班田のための実際上の目的よりも、実は一応の参考のための形式的な算出と考える方がより妥当」としつつ、六年後の班田と関連付けた説を展開しているが(35)、「一応の参考のための形式的な算出」という理解に止めておく方が、現状では最も無難な理解といえるのではないか。西海道戸籍の受田記載を現実の班田と結びつけて理解することは妥当とはいえず、鎌田説・虎尾説のいずれも再考の必要があると思われるのである。

西海道戸籍の受田記載が現実の班田とは距離のある試算だったとすれば、戸籍の世界を越えた広がりをもつ初班特例がそこで無視されたとしてもさほど不思議ではない。むしろ問題なのは、「五年以下」も含む全員が受田の対象とされている理由である。この点について、現状では二つの可能性に思い当たる。その一は、さしたる考えもなく、戸籍の記載をすべて計算に入れてしまった場合である。受田記載が実際の班田と距離をもつ数値だとすれば、一応それでも問題がないわけであるが、そうなるとこの記載は浄御原令制と無関係になり、全員受田制を想定する際の障碍とはなりえなくなる。もう一つの可能性は、大宝二年より前の仕組みに引きつけられて計算をしてしまった場合である。この記載は現実には運用される必要がなかったとすれば、すでに新令が頒布されていたにもかかわらず、旧制で計算がなされていたとしても、大きな問題とはならなかったはずである。この想定によれば、他の要素はともかくとして、全員受田制については浄御原令制の遺制であったことになる。

以上、きわめて迂遠な議論に終始し、かつ西海道戸籍の受田記載の多岐にわたる問題をすべて解決できたわけではないが、浄御原令班田制が全員受田制であり、かつ「五年以下不給」制は存在しなかったとする想定と、西海道戸籍の記載が矛盾しないことは示せたと思う。本稿では、初班特例が全員受田制をとる浄御原令班田制において導入された制度であり、初班時死亡者の口分田収公を猶予することで、口分田の権利関係の移動を最小限に抑える役割を担っていたと考えたい。

最後に、初班特例の成立から廃止に至る道筋を、「五年以下不給」制との関係に着目して素描する。浄御原令制下において初班特例は、多数に及ぶことが予想された初回班田直後の死亡者および乳幼児の死亡者を対象として導入され、班田制の安定的な離陸を助けた。しかし、二度の班田を経て、口分田の不足が認識されるようになり、より抜本的な対策が求められるようになった。そこで大宝令では「五年以下不給」制が取り入れられ、それまで初班特例が担っていた乳幼児死亡による口分田変動の抑制を肩代わりするとともに、口分田の総額を抑えることにも成功した。この時点で初班特例は意義のほとんどを喪失していたが、第三回目の班田において第一回班田直後の死者の扱いが問題となることから、初班特例は大宝令に残されることになった。ただし、制度としての命脈はほとんど尽きていたことから、養老令に至って条文からも姿を消したと考えられるのである。

本稿では、田令六年一班条に相当する大宝令文を復原し、そこにみえる初班特例の制度的変遷とその背景について考察してきた。最後に、初班特例のたどった道筋が、七世紀後半における土地制度の展開のなかでどのように理解できるのか、これまでの考察に即して見通しを示し、締め括りとしたい。

班田制の源流は、孝徳朝に求めることができる。前代の貢納・奉仕の拠点を中心とした支配を転換する過程で、水田を中心とした農地の調査の上で、「収め数ふる田」が「均給」されたのである。これは、支配単位としての「戸」の創出を目的として、それまで実質的に農民が耕作してきた土地を「戸」に附属させ、一定規模の土地経営を保証する措置だったと考えられる。定期的な分給をともなう律令制下の班田制とは目的も内容も異なるが、ここで一般農民の「戸」に土地が附されたことは、班田制の出現を準備する意義を有していた。(36)(37)(38)

浄御原令制下の班田は持統六年にはじまり、六年ごとの造籍・および校班田のサイクルが、曲がりなりにも確立した。そこで農民に付与された口分田は、それまで農民が耕作してきた耕地を中心としたものであり、権利関係の移動は最小限に抑制されていたと考えられる。この時に導入された初班特例は、多数にのぼることが予想される初回班田直後の死者や乳幼児の死者の口分田の収公を猶予し、その間に増加した人口によって収公される予定の口分田を相殺することを期待する措置であった。それにより、戸の口分田の変動を抑え、班田制を安定的に運営することが志向されたのである。(39)

しかし二度の班田の作業を経て、令に規定される班田収授の仕組みを厳格に施行しようとすると、実際に班給しなければいけない口分田が増え、早晩それも不足してしまうことが予想されたのだろう。唐永徽令を模範として洗練された大宝令の班田制では、乳幼児の死亡による混乱を抑えつつ、戸の口分田の総数を抑制する新案として、「五年以下不給」制が新設されることになった。ただし、これも班田制がはらむ問題を抜本的に解決するには至らず、口分田の不足は課題として残されていくことになった。こうした状況を克服することを一つの目的として、耕地開発を促す墾田法が八世紀中葉にかけて整備されていくわけであるが、それはまた別の機会に論じたい。

註

（1）研究史については、村山光一『研究史　班田収授』（吉川弘文館、一九七八年）、服部一隆「大宝田令班田関連条文の復原」（『班田収授法の復原的研究』吉川弘文館、二〇一二年、初出二〇〇四年）など参照。

（2）前掲註（1）服部書。

（3）鈴木吉美「大宝田令諸条の復旧」（『立正史学』三二、一九六八年）、河内祥輔「大宝令班田収授制度考」（『史学雑誌』八六―三、一九七七年）、川北靖之「大宝田令六年一班条の復原について」（『史料』一六、一九七九年）など。

（4）田令23班田条の古記にも、「十一月一日総集対共給授」、謂此不三名為二初班之年一也。「二月卅日内使訖」、謂此名為二初班年一也。」とあり、班田の作業が終了する年が「初班年」と解されている。

（5）「中国・日本古代の土地私有制」（『中国法制史研究　土地法・取引法』東京大学出版会、一九六〇年、初出一九二九・一九三〇年）。

（6）「大宝田令若干条の復旧」（『飛鳥奈良時代の基礎的研究』国書刊行会、一九九〇年、初出一九五八年）。鈴木吉美も同説にほぼ依拠する（前掲註（3）論文）。

（7）森田悌「口分田収受について」（『日本古代の耕地と農民』第一書房、一九八六年、初出一九八三年）。

（8）戸令10戸逃走条の古記によると、大宝令逃走条には「地従一班収授」の語が存在した。これは、「除二帳籍一之後、遭二班田之年一即収授」ということであり、「一班収授」とは次回の班田年での収授の謂である。すなわち大宝令における「〇班収授」の秩序は、次回の班田年における収公が「一班収授」、次々回の班田での収公が「三班収授」になるという、やや複雑なものだったことになる。「一班」と「三班」を系統の異なる数え方とみる説もある（河内祥輔「書評　虎尾俊哉著『日本古代土地法史論』」〔『史学雑誌』九一―三、一九八二年〕）が、六年一班条古記の「初班」が一意であることを不動の前提として立論している点において、必ずしも依拠できない。

（9）大宝令荒廃条には、一般的な開墾地の扱いに関してはいかなる規定も有していなかったと考えられる。北村安裕「律令制下の大土地経営と国家的規制」（『日本古代の大土地経営と社会』同成社、二〇一五年、初出二〇〇九年）参照。

（10）「大宝令における死亡者口分田収公条文の復旧」（『田中卓著作集6　律令制の諸問題』国書刊行会、一九八六年、初出一九五八年）。虎尾俊哉ａ『班田収授法の研究』（吉川弘文館、一九六一年）、ｂ「大宝田令六年一班条について」（ｃ『日本古代土地法史論』吉川弘文館、一九八一年）、前掲註（3）川北論文、同「大宝田令六年一班条の復原をめぐって」（『皇學館大学史料編纂所論集』皇學館大学史料編纂所、一九八九年)、米田雄介「大宝二年戸籍と大宝令」(井上薫教授退官記念会編『日本古代の国家と宗教』下、吉川弘文館、一九八〇年)なども同様に該当部を復原している。
(11)「田令集解六年一班条の古記について」(『史正』四、一九七五年)。
(12)「大宝田令六年一班条および口分条の復原について」(『続日本紀研究』二二一、一九八二年)。
(13)このほか、喜田新六は「初班及再班死、後年収授、自余三班収授。」と、初班・再班以外の期間に死去した者に対して「三班収授」の特例を認める(同「死亡者の口分田収公についての大宝令条文の復元について」[『日本歴史』一一四、一九五七年])。河内祥輔は六年ごとの班田と、一二年ごとの収授というきわめて複雑な仕組みを想定した上で、「凡田六年一班、三班収授…若以身死応収田者、初班死猶一班後年収授。」という復原案を示した(前掲註(3)河内論文)後に撤回したが、異なる二種の計班法を想定する復原案を再び示している(前掲註(8)河内書評)。
(14)松原弘宣「『令集解』における諸法家の条文引用法」(『日本歴史』三五三、一九七七年)。
(15)亀田隆之「書評　虎尾俊哉『班田収授法の研究』」(『史学雑誌』七〇—一〇、一九六一年)によって提起され、前掲註(10)虎尾b論文、前掲註(7)森田論文などが賛同する。
(16)吉村武彦「大宝田令の復元と『日本書紀』」(『明治大学人文科学研究所紀要』八〇、二〇一七年)。
(17)戴建国「天一閣蔵明鈔本『官品令』考」(『宋代法制初探』黒竜江人民出版社、二〇〇〇年、初出一九九九年)。
(18)条文番号は、天一閣博物館・中国社会科学院歴史研究所天聖令整理課題組校証『天一閣蔵明鈔本天聖令校証』(中華書局、二〇〇六年)による。
(19)前掲註(1)服部論文、同「田令口分条における受田資格」(前掲註(1)服部書、初出二〇〇五年)。
(20)坂上康俊「書評　服部一隆著『班田収授法の復原的研究』」(『史学雑誌』一二二—一一、二〇一三年)も参照。
(21)柳沢菜々「書評　服部一隆著『班田収授法の復原的研究』」、前掲註(20)坂上書評、前掲註(16)吉村論文なども参照。
(22)「田六年一班」の語句が別条であったか否かについて本稿は断案をもたないが、仮に復原する。
(23)唐令の「限一年追」「限二年追」を参考にした。あるいは、戸令戸逃走条の古記にみえる「従一班収授」であった可能性も考えられる。
(24)唐24条の「皆待至収授時、然後追収」をもとに、養老令文の「班年」「収授」を嵌め込んだ。
(25)前掲註(3)川北論文。

(26)『魏書』一一〇　食貨志。
(27)明石一紀「班田基準についての一考察」（竹内理三編『古代天皇制と社会構造』校倉書房、一九八〇年）、同「田令口分条の「不給」規定」（『日本歴史』四一五、一九八二年）。
(28)虎尾俊哉「大宝令における受田資格について」（前掲註（10）c書、初出一九八一年）。
(29)服部一隆は、授田条古記の文章を養老令分の混入とみなす（前掲註（18）論文）が、大宝令文に「五年以下不給」規定がなかったとみる最大の根拠は、大宝令に「六年一班」規定がなかったという自説であり、その想定が盤石のものでないことは上述の通りである。なお、「五年以下不給」規定が大宝令文になくとも、古記がかかる説明をしている以上、「五年以下不給」が大宝令制下に機能していたことは間違いない。
(30)前掲註（10）虎尾a書。
(31)三谷芳幸「律令国家と土地支配の展開」（『律令国家と土地支配』吉川弘文館、二〇一三年）。
(32)「浄御原令に於ける班田収授法の推定」（前掲註（10）虎尾a書、初出一九五四年）。
(33)研究史については、前掲註（1）村山書、梅田康夫「大宝二年（七〇二）西海道戸籍の受田記載について」（『金沢法学』二八―二、一九八六年）など。
(34)「大宝二年西海道戸籍と班田」（『律令公民制の研究』塙書房、二〇〇一年、初出一九九七年）。
(35)岸俊男「造籍と大化改新」（『日本古代籍帳の研究』塙書房、一九七三年、初出一九六四年）。
(36)田中卓「大宝二年西海道戸籍における「受田」」（前掲註（10）書、初出一九五八年）、前掲註（33）梅田論文など。
(37)前掲註（36）田中論文。
(38)『日本書紀』大化元年八月庚子条など。
(39)『日本書紀』大化二年八月癸酉条。
(40)北村安裕「孝徳朝における土地政策の基調」（佐藤信編『史料・史跡と古代社会』吉川弘文館、二〇一八年）。
(41)北村安裕「班田制と土地開発」（天野努・田中広明編『古代の開発と地域の力』高志書院、二〇一四年）。

田令集解従便近条の考察

森田　悌

一　便近の土地

田令従便近条は口分田を支給するにあたっては、受給者の便宜を考慮して便近の地において受田するようにせよと定め、国郡境界の改定により受田者と田とが各別の郡所属になったり、犬牙して接《まじわ》り入り組んでいて郡を異にする受田が行われているような場合は元通りのままとせよと指示し、受給者の所属郡に田がない場合は近隣の傍郡において支給することを認めると定めている。班田に際しては受給者と田とが懸隔しないようにせよということであり、大化二年八月癸酉の東国国司らに対して発せられた詔で「以収二数田一、均二給於民一、勿レ生二彼我一、凡給レ田者、其百姓家、近二接於田一、必先二於近一」[1]と述べている受給者と田とを近接させよとする原則を受け継ぐ令条である。ただし非常に分かり易いこの原則も現場で実施するとなると一筋縄ではいかず種々の問題が出来せざるを得ず、これについて議論を展開しているのが『令集解』の明法注釈ということになる。この明法注釈は令文解釈に際し有効である一方で、現代人である我々からみてその論理を把握するのが容易でない箇所があるのも事実である。本稿では田令集解従便近条の明法注釈を取り上げ、検討していきたいと思う。先ず令文を示すと、次の通りである。

凡給二(イ)口分田一、務従二便近一、(ロ)不レ得二隔越一、(ハ)若因二国郡改隷一、地入二他境一、及犬牙相接者、(ニ)聴レ依レ旧受、本郡無レ田者、聴二隔郡受一、

(イ)〜(ニ)の部分ついて注釈説が取られているので、それぞれについて検討していくことにする。

(イ)の集解注釈を各説ごとに示すと、

義解　謂、従二其家居便近一而給也、縦求二処々一不レ可レ聴、

穴記　穴云、定二便近一有二両説一、一説如下以レ近及レ遠之義上、一説以レ近給レ近、但遠人越二近人一而受耳、不レ安、

朱記　朱云、政従二便近一者、任レ文便近人耳、以レ近不レ可レ及レ遠者、或不レ同耳、問、口分田従二便近一耳、已違二均平一何、答、猶従二便近一耳、不二以レ近及一レ遠、

或説　問、悪田在二門田一者何、答、猶給耳、豈別隔任レ意給哉未レ詳、此説在二跡後一、

となっている。或説とした明法注釈については末尾の割注文を根拠に、「朱云」からはじめて或説とした部分までを含めてすべてが跡記に書き込まれた文章とする解釈があり得ないわけではないが、朱記は古記、令釈、跡記、穴記などの明法書に並ぶ独立した注釈書なので、「朱云」以下の文章すべてが跡記の書き込みとみるのは当たらないと考えられる。集解の編者が書き込んだとみられる二行割書の「未詳、此説在二跡後一」という注文中の「此説」は、右示した注釈諸説のなかで門田に所在する悪田について議論するという特異な内容からなる或説とした注釈をさす、とみるのが妥当と考えられる。集解中の「朱云」ではじまる文章には、(1)

朱云、…或云、…、在レ跡

の如きスタイルのものが間々みられ、この場合の朱記は「或云」の直前までで終わり、「或云」以下は「在レ跡」という注記より跡記に書き込まれた或る人の注釈説になると考えられるが、私が或説とした門田絡みの注釈は「朱云、…或云、…在レ跡」という文章中の「或云」が省略されたものとみるのである。

最初の義解は百姓の家居の近くに支給することと解していて分かり易いが、具体的にどういう具合に実施するかとなると何もいっていないのも同然で、原則をいうのみということになる。

次の穴記には「定二便近一」について「以レ近及レ遠」と「以レ近給レ近」という二つの方式があることをいい、後者について遠方の人が田に近接する人を飛び越して受田する場合があることを指摘して、「不レ安」という批評を行っている。この批評については集解の編者のコメントとみることが不可能ではないが、割書きでないことから穴記の文章とみるのが妥当なようである。即ち「不レ安」の直前の注釈について十分に納得することができないとする穴記筆者自身の評語である。朱記では穴記と同様に二つの方式があることをいい、「以レ近及レ遠」とする方式が当たらないことを述べている。ただし「以レ近及レ遠」を不当とする所見に対して同意しない説があることを述べ、口分田を便近地で支給するとなるとすべての支給例が均平にならないが、それでも適宜便近になるようにし「以レ近及レ遠」という方式には依らないとしているのである。

悪田についての問答は既述したごとく或る人の説として跡記に書き込まれたものであり、悪田が門田としてあるような場合はそれを便近の田として支給し、家居を離れた別所において支給することはしないとする内容である。

以上㋑についての注釈説の概略について述べてみたが、穴記と朱記が「定二便近一」の具体的なあり方として「以レ近及レ遠」と「以レ近給レ近」という二方式があることを指摘している。前者について訓読を検討すると、先ずは「近キヲ以テ遠キニ及ボス」と読むことができるもののこれでは意味が判然としないので、「以」に「〜ヨリ」という訓をつけることが可能(3)なことから「近キ以《よ》リ遠キニ及ボス」と読むべきだと考えられる。「近キ以《よ》リ遠キニ及ボス」となると営繕令近大水条、

凡近二大水一、有二隄防一之処、国郡司以レ時検行、若須二修理一、毎二秋収訖一、量二功多少一、自レ近及レ遠、差二人夫一修理、

（下略）

の堤防修理に当たっては「自レ近及レ遠」という方式で人夫を動員するとする規定が想起されることになる。もちろん

この句の訓読は「近キ自《よ》リ遠キニ及ボス」であり、「近キ以《よ》リ遠キニ及ボス」と同意となろう。堤防修理での「自レ近及レ遠」とは堤防の要修理地に近い人から順次離れた人を動員するという方式に他ならず頗る分かり易く、従便近条の「以レ近及レ遠」も同一内容の方式とみてよいように思われる。近大水条では要修理地と被差発者の組み合わせにおいて最も近接した組み合わせから順次離れた組み合わせとなる人を動員するということであり、従便近条では田と人との組み合わせにおいて、もっとも近接した組み合わせから順次離れた組み合わせにしていくことである。近大水条では組み合わせの要素の一である要修理地点が固定しているので、要修理地と差発人夫の組み合わせの序列は容易に定まり、図示したケースの如くであればA→B→Cの順で差発することになる。班田の場合の受田者と田の組み合わせとなると人も田も複数になるので、両者が最も近接した組み合わせから順次離れた組み合わせを定めるとなると、頗る困難な作業になることが予想されるが、原理としては右述した如くとなると考えられる。

　ここで令絡みで「以近及遠」という語句の使用例を捜すと田令従便近条集解の他に賦役令丁匠赴役条があり、次の通りである。

　凡丁匠赴レ役者、皆具造レ簿、丁匠未レ到前三日、預差二簿太政官一、便送二配処一、皆レ以近及レ遠、依レ名分配、作具自備、

諸国から差発する丁匠が従事することになる配処に送るに当たっては、近くより遠くへ及ぼせということで、丁匠の出身地と作業所との組み合わせを考え、より近接した組み合わせから離れた組み合わせになるようにせよという指示である。

丁匠赴役条の集解令釈では、

　釈云、以レ近及レ遠、仮有二倭国木国造作之事一、応レ役二関東丁夫一者、以二三野夫一配二木国一、以二尾張夫一配二倭国一之類、

という例を挙げて注釈し、同様の例示をあげての注釈が義解にもみえている。こ

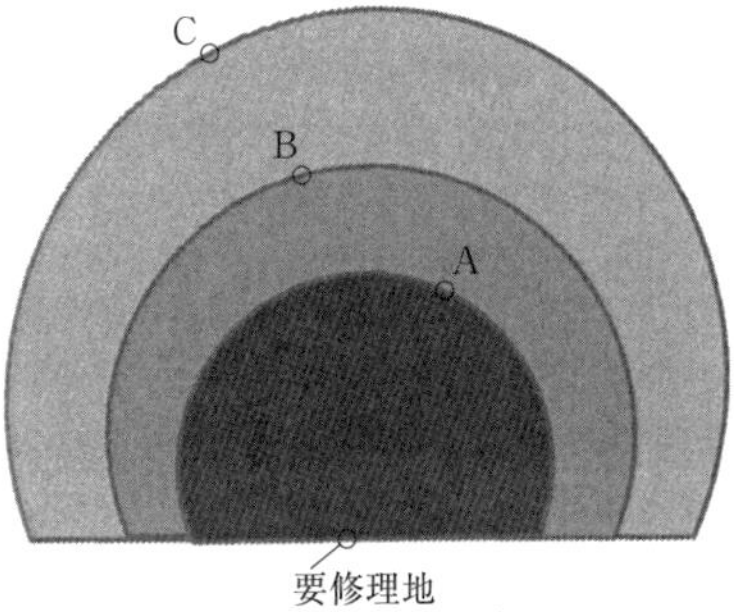

A、B、Cは人夫の家居

図1

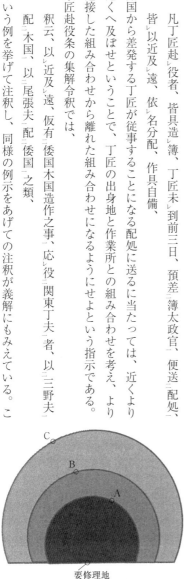

の例示について青木和夫氏は「以近及遠のごとき難解な句は、令釈およびその系統をひく義解の注釈でもよく判からない」(4)と述べ、吉田孝氏は「意味が明瞭でない部分」(5)として解釈を放棄しているが、「以㆑近及㆑遠」が最も近接した組み合わせから順次離れた組み合わせとすることと解釈すれば、至極明解なことをいっているに過ぎないことが容易にわかるのではないか。令釈が例示しているのは配処が倭（大和）国と木（紀伊）国、丁匠動員国が尾張国と三野（美濃）国であるから、配処と動員国の組み合わせは、

倭国―尾張国
倭国―三野国
木国―尾張国
木国―三野国

の四組になり、これら四組の内で尾張国と三野国からみて木国は倭国より遠方になるので、倭国―尾張国と倭国―三野国は木国―尾張国、木国―三野国より近接しているので、まずは前二者が再近接候補となり、倭国―尾張国と倭国―三野国の組み合わせの間では前者の方が近接しているので、全四組のなかで最も近接しているのは倭国と尾張国であり、これに続く組み合わせとなると自ずと木国と三野国になるから、令釈の尾張国の丁匠が倭国で使役され三野国の丁匠を木国で使役するのは当然のことになるのである。義解の注文は既述したごとく令釈と同義の文章であるが、例示の国名表記が異なり、令釈の倭国が大和国、木国が紀伊国、三野国が美濃国になっている。義解の国名表記は義解撰進当時のそれに依っており、それに対し令釈の倭国、木国、三野国はさかのぼった時期における表記であり、倭国についていえば律令制当初の大倭国の省略形であり、天平九年に大養徳国に改められ同十九年に大倭国に戻り天平宝字二年の頃に大和国にされたとみられ、美濃国を三野国とする表記は天平十年ごろに撰進された古記の引用する民部省式にみえている。(6)これより令釈の依っている国名表記は令釈が選進された延暦十年ごろよりかなりさかのぼった時期のものであり、令釈は古い時代の注釈説を援用していることが考えられ、みようによっては大宝令時代の注釈を継

承している可能性がありそうである。

猶、大和と尾張、美濃との距離関係については、壬申の乱の時大海人皇子が大和から伊賀をへて伊勢へ出、尾張国に至り、その後養老元年に美濃行幸を行った元正天皇が大和→伊賀→伊勢→尾張→美濃→近江と移動し、天平十二年伊勢行幸に出た聖武天皇が大和→伊賀→伊勢→尾張→美濃→近江→山城と進んでいるのが参考になり、大和国―尾張国の組み合わせの方が大和国→美濃国の組み合わせより近接していることを明示していると解される。

次に丁匠赴役条集解の古記に当たると、次の通りである。

古記云、其外配者、便送二配所一、謂、西方之民、便配二造難波宮司一也、以レ近及レ遠、謂先番役二近国一、次中国、次遠国也、

この古記の注釈について青木和夫氏は難解としているが[7]、造難波宮司で使役する丁匠は使役官司が平城京の西方なので、東国方面の丁匠より西方の民を動員する方が近接していて便宜であることは当然で、令文「便送二配所一」に照らし合わせれば至極当然のことになると考えられる。「以レ近及レ遠」について近国→中国→遠国の順で差発するのは近大水条の修理箇所と人夫差発地との関係である「自レ近及レ遠」と全く同じであり、古記の近→中→遠という順序が畿内ないし京内での使役を考えていることに依る。造難波宮司で使役する役丁を西方から動員するという注釈は、東方か西方かという二者択一となればより近い西方からの民の動員となるのは当然のことであり、少しも難解な文句ではない。おなじ近国、中国、遠国からの差発となれば、自ずと東方諸国からでなく西方諸国からの動員になるということである。

以上「以レ近及レ遠」について稍煩雑な説明をしてきたが、口分田の受田者と田との関係に当てはめると、既述した如く受田者、田ともに複数であり、その組み合わせとなると往々にしてかなりの数になり、既述したごとくそれに序列をつけるには多大な困難が伴うことが予測されるが、原理としては右述したとおりである。朱記では「以レ近及レ遠」について依るべきでないと述べているが、人と田の組み合わせが近接しているケースにあっては正に便近に適うこと

A	B	田1	田2

図2

になるが、順次並べられた組み合わせの内で末尾の方に来た事例では田と人とが懸隔する場合が出来することが予測され、依るべきでないとする説に説得性があるように思われる。即ち受給田が遠隔地に所在し、はなはだ便近でないケースが出てくるのである。これに対し「以レ近給レ近」となると受田者と田とを近接させるということであいまいなところが残るものの、適宜両者を近接させるようにするということのようであり、必ずしも人と田との間の距離が同じにならないにしても、大まかにみて受田者にとり近接したところで受田するということらしい。朱記では「口分田便近ニ従フテヘリ。已ニ均平ニ違フハ如何。答フ、猶便宜ニ従フナリ」と述べているが、「以レ近給レ近」ではどうしてもすべてのケースが公平になるわけにいかず不公平になることがあるものの、適宜に即して実施するということで従うべき方法になるとの所見である。穴記では「以レ近給レ近」方式によると、遠方の人が近人を越えて受田する事例が出来すると述べているが、これは図示するような受田者A、Bと田1、田2の所在を想定すると、できるだけ平準化するとAには田1、Bに田2を支給することになり、遠人Aは近人Bを越えて田1を受田し、Bは最も近い田1でなく田2を受田するようになることであろう。「以レ近及レ遠」方式に依ればAは田2、Bは田1を受田することになるが、Bに少し損をさせAに対し有利に取り計ろうとするのが「以レ近給レ近」なのである。穴記ではこの説に対し「不レ安」との所見を付し、朱記では「或人不レ同耳」としているが、「以レ近給レ近」方式に依ると必ずしも均平でなく、人と田が最接近するあり方が採用されないことがあるなどから、賛成することができないとする所見が出されても不思議でないようである。

以上令句㋑に附された明法註釈について論じてきたが、㋺「不レ得二隔越一」については古記注のみが取られていて、

古記云、不レ得二隔越一、謂、此郡人給二彼郡一、彼郡人給二此郡一不レ合也、

の如くである。古記は「隔越」の意味が郡を異にすることと解釈し、ある郡の人が別な郡の田を受田することと解している。「隔越」なる令句は田令荒廃条にもみえており、

凡公私田荒廃三年以上、有二能借佃者一、経二管司判一借之、雖二隔越一亦聴、（下略）

の如くである。公私田が荒廃している時の借佃規定で、借佃申請者と荒廃田が「隔越」していても許可するという内容である。ここの「隔越」について義解は、

　謂、仮如、甲郡人欲レ佃二乙郡田一者聴也、

とし、跡紀は、

　跡云、雖二隔越一亦聴、謂、所部一国之内是、

穴記は、

　穴云、雖二隔越一亦聴、謂所部一国之内是、

朱記は、

　朱云、雖二隔越一亦聴、国内人也、若越二国界一申レ官処分耳、

と注釈している。義解説は郡が異なっていても借佃を認めるということで、ここで国界を越えてよいか否かについて沈黙しているが、国内、国外に触れていないのは、同一国内での郡について議論していると考えられ、ここは同一国内で借佃申請者と借田地とが別郡になっていても申請を認めるという含意のようである。この義解説は従便近条㋺に附された古記の「隔越」に附された解釈に一致することになる。右引古記に続く跡記、穴記、朱記の注釈説は一国内での申請の場合とし、国界を越えての借佃申請は太政官の処分を要するということで一致しており、表現は異なるが実質的に義解説と同じとみることができ、令語「隔越」の語義となると、一国内で郡を異にする場合と判断してよいように思われる。吉田孝氏は従便近条の「隔越」について古記説を紹介する一方で令意は未詳としているが[8]、荒廃条に附された明法諸説を参考にすると、古記説を令意とみてよいのではないかと思われる。

　仮に㋑の「隔越」が郡を越えての給田に関わることでないとすると、班田に当たっては口分田と受給者の居所とが「隔越」、離れてはいけないという趣旨になると解され、いわば「不レ得二隔越一」に先行する「務従二便近一」に関わる丁

寧規定になるように思われる。口分田を支給するに当たっては便近になるように努め、両者が「隔越」、離れ離れになるようなことがあってはならない、ということである。令文において丁寧に規定することは悪いことではないが、通常は避けるものであり、㋺の「不レ得二隔越一」が「務従二便近一」を補充するために措かれた文言とは考え難く、やはりここは義解の郡を越えての受田は認めないとする解釈が令意であった蓋然性が高いように思われるのである。

班田行政が何を範囲として完結するかに関し田令寛郷条では、

凡国郡界内、所部受田、悉足者、為二寛郷一、不レ足者、為二狭郷一、

と規定しており、一国内の郡内での受田に当てる田の過不足を問題にし、足りている郡を寛郷、不足する郡を狭郷とすると定めている。ここの郷は郡を意味している。一国内の郡に関し受田に当てる田の過不足を定めるということは、一国内の郡を単位に班田行政が行われるということを含意としていると解されるのである。関連して田令狭郷田条では、

凡狭郷田不レ足者、聴二於寛郷遙受一、

としており、規定の受田額を班給できない狭郷の百姓口分田は例外として寛郷において遙受を認めるとしていて、郷＝郡内で完結することを旨としていたことが知られるのである。かかる法のあり方を踏まえれば㋺の「不レ得二隔越一」が郡界を越えての受田を認めないの意で置かれており、郡界の近くで便近という観点から別郡での受田が百姓にとり好都合であっても、それは認めないということであると考えられる。即ち「不レ得二隔越一」という令句の措定は、百姓の便宜の地での受田を原則とするといいつつ、便宜の田が隔郡となる場合はその原則に依らず、受田させることはしないということになろう。

二　郡界と受田

次に令文㈧に附された明法注釈を取り上げると、

義解　謂、隷者附着也、犬牙者、如二犬之牙一、不二相当一而含銜入也、

令釈　釈云、説文、隷附着也、音魯帝反、師古注漢書曰、犬牙、言下地形如二犬之牙一、不二相当一而相銜入上也、仮定二郡疆一必如二弦矢一也、若以二川山一為レ限、不二必正直一、牙相含入、故云レ尓、又云、案犬牙相接者、因二国郡改隷一亦云耳、地入二他境一者、百姓不レ入耳、若百姓入二他界一者、地亦依レ旧受、同可レ求レ之、

穴記　穴云、地入二他境一、犬牙相接、並因二国郡改隷一耳、但置二及字一、為下称二犬牙一生上レ文耳、

跡記　跡云、犬牙、謂以レ川為レ堺、而地形犬牙、合レ別二改レ堺量直向者一也、

古記　古記云、犬牙、謂、伊呂比訓也、漢書文帝紀云、師古云、犬牙、言下地形二如犬之牙一交相入上也、

の如くとなる。義解、令釈、跡記、古記は郡界が「犬牙相接」することについての語義説明を行い、令釈と穴記は郡界が「犬牙相接」する状態になっている由来について、国郡の境界を改めたことに起因すると注釈している。語義の説明について漢書の顔師古注に依拠しており、義解や跡記の語義説明もこれに依っているとみてよいだろう。師古注のいっているところは、犬牙とは地形が犬の牙が上下相当たらず含み入る状態に類した様相になっていることであり、具体的には蛇行する川の流路に従い境界を定めているようなケースが考えられることになる。令釈に「仮ニ郡疆ヲ定ムレバ、必ズ弦矢ノ如クニナル」とあるのは、郡界が定まるということは一方が出れば他方は引っ込むということで、弓弦と矢の関係のごときだということである。蛇行する川の流路を境界とすれば正に一方が出れば他が退り、犬の牙が相当たらず銜入るような様相を呈することになるのである。

なお、古記では犬牙について「伊呂比訓也」とし、おそらく、

　伊呂此ト訓ムナリ。

と読むらしい注釈を付している。古記には漢語に和風の読み方を付していることが間々あり、右の訓読注はその一例である。しかし犬牙を「いろし」と読むというのは意味が取りがたく、何らかの誤りがあるように思われる。集解の伝写本では多くが「伊呂此訓也」となっているようである(9)が、私は右語句中の「此」を元来は「比」であったとみて「伊呂比訓也」と校訂し、

　伊呂比ト訓ムナリ。

としたらどうかと考えている。「いろひ」は動詞「いろふ」の連用形で関係する、関わりあうことを意としており、犬の牙が相当たらずして含み入る状態をさす語として相応しいように思われるのである。即ち「伊呂比訓也」ならば意味が通じるといってよく、元来の「比」字が伝写の過程で「此」に誤記されてしまったのであろう。塙保己一校訂本令集解を忠実に踏襲しているとされる萩野由之旧蔵本と石川介校印本では、「伊呂此訓也」が「他界比川也」となっている。これは伝写本の「伊呂此訓也」を意により校訂したもので「他界川ニ比スナリ」とでも読み、国郡の境界が川に比す、川の流れになずらう形になっている、という意味になろうかと思われる。「犬牙相接」の意味は蛇行する川の流れに准ずるような境界の謂であるから、萩野本、石川本の校訂は意味的に通じるものになっているとはいえ伝写本の文字と違いすぎ、少なからず無理な改変の感を免れがたいように思われる。萩野本では伝写本の「伊」に多少とも似た字としてイ編がつく「他」、「呂」に似た要素が多少ともある字として「界」、「此」に似た字として「比」、「訓」の言編が脱落した「川」を当てたと推測されるが、意改として面白いとはいえ卑案の「此」を「比」に改めただけの校訂に比べ、行き過ぎた校訂といわざるを得ない。石川本の校訂は塙本のそれを踏襲したものとみられる。

㈧に附された跡記には私の読み方に依る返点を打ってみたが、新訂増補国史大系本令集解では、

　犬牙、謂以レ川為レ堺、而地形犬牙合レ別、改境量置直向者也、

の如く点を打ち、三浦周行・滝川政次郎編『令集解釈義』では、

犬牙謂以川為境、而地形犬牙合別改境置向者也、

と読点を打っている。新訂増補国史大系本の右引文前半の部分は「犬牙トハ、謂フココロハ川ヲ以テ境ト為スナリ。而シテ地形犬牙ハ別ナルベシ」と読むのだろうが、川をもって境界とすることが犬牙になることは確かであるが、「地形犬牙」が「別ナルベシ」では意味が通じないように思われる。既述した如く令釈や古記が引用している漢書の顔師古の注が日本の明法家の犬牙についての解義の根拠になっていると推測され、この解義に跡記も従っていたとみてよく、こうなると「地形犬牙」は蛇行する川を境界とするような場合に他ならないのである。「地形犬牙ハ別ナルベシ」では顔師古の注釈に合わないといわざるを得ない。『令集解釈義』の読点では「而」以下をどう読むのかはっきりしない。私は既引した如く点を打ったのであるが、訓読すれば、

犬牙トハ、川ヲ以テ、境トナシテ、地形犬牙ナルヲ謂フ。境ヲ改メ量リテ直グニ向フトハ別ナルベシ。

となり、犬牙とは蛇行する川を以て境界とし犬の牙の如く出入りして相い当たらないようにしたものをいう、これは犬牙する境界を改めて直線形態にしたものとは別である、といったことになるように思われる。

ところで令文「国郡改隷」が国郡境界を改めることであることはいうまでもないが、「地入二他境一」、百姓の所属郡に変動はないものの受田地が別郡になることは間々起こりうることであり、そのような事態への対処策として「聴二隔郡受一」は分かり易いが、令釈では受田地に所属郡の変更がなく、百姓の方が別郡に所属するようになったケースを挙示している。このようなことが起こりうるのは当然で、この場合について令文は何もいわず、令釈はこの場合も「聴二隔郡受一」と注釈し、この部分について「同可レ求之」という割注文が付されている。この割注文は、百姓の所属郡に変動が出来し受田地に変更がないケースに関し、旧来の受田のままとする解釈につくされていないところがあるので、更に検討が必要であるという意であり、「地入二他境一」と「百姓入二他境一」とが同じだとした令釈の筆者が付したとみうる可能性があれば、令釈を読んでいた者ないし集解の編者が付した注の可能性があるが、あえて割注になっているところをみると、令釈の筆者ではなくこれを読んでいた者ないし集解の編者のコメントとして書込まれたとみるのが

妥当であろう。仮に令釈の筆者の書きこみだとすれば自説への注文であり、このような注文を付するより、自らの検討結果を記す方が自然な展開になるように思われる。割注の「可レ求之」は百姓の所属郡が変更になった場合は更に要検討事があるということであり、百姓の所属郡の変更は本貫地の変更に他ならず、本貫地居住の百姓が出作受田するのとは性格が異なり、それなりの手続きが必要になることが考えられるように思われる。

律令で本貫地変更に関する規定に当たると、戸令で両貫保有者についていずれかに定むべきことを規定する新附条や没絡外蕃ないし俘逃による絶貫者の附貫回復を定める条文である没落外蕃条、絶貫条があり、より一般的なケースに関わる規定として田地不足の狭郷から寛郷への移貫を認める居狭条がある。この条文を示すと次の如くである。

凡居狭郷、有レ楽レ遷レ就レ寛、不レ出二国境一者、於二本郷一申牒、当国処分、若出二国境一、申レ官待レ報、（下略）

この令条は、一国内での本貫変更は本郷に申牒して国の処断を経て変更することができ、国外への変更の場合は国の処分ではすまず、太政官へ申し出て決定を待てということである。居狭条は狭郷から寛郷への移貫を希望する百姓についての規定であり、この規定が国郡境界改定により所属郡が変更になった百姓の本貫地変更に準用できるとは考え難いが、「国郡改隷」による百姓の本貫地変更が一国内での其れであれば国の処分として決定でき、所属国が変わるような場合は太政官が関わる決定となったと推測しうるように思われる。

次に令釈と穴記が説いている「犬牙相接」という状態の由来に関し、「国郡改隷」によるとする理解について検討してみると、穴記では令文「若因二国郡改隷一、地入二他境一、及犬牙接」の「及」なる文字に注目して「地入他境」と「犬牙相接」が並列して「国郡改隷」に結びつく文章構造になっていると説き、「犬牙相接」が「国郡改隷」に起因すると論じている。「但《ただ》ニ及字ヲ置キ、犬牙ヲ称《い》ハンガ為ノ文ヲ生《な》スナリ」とあるのは、穴記の筆者が自説の裏付けを「及」字に求めることができる、との主張を行っていることを示している。即ち穴記はそれなりの根拠を述べていることになるが、令文の文意は「地入他境」と「犬牙相接」の場合は「依旧受」を認めるということであり、本来なら受田のあり方を改変しなければならないところを改変せずに従前のままにしておいてよい、ということにほかならない。「地

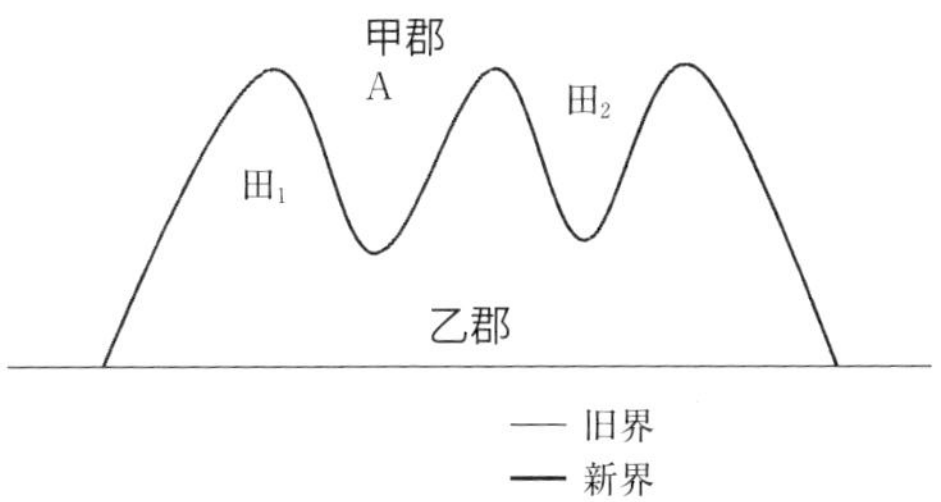

図3　犬牙する郡界と口分田

入他境」の場合人と田とが各別の郡所属になることであるから、口分田受給が同一郡内で完結することを旨とする原則からみて、改定して人と田とを同一郡内にしなければならないところを従前のままでよいということであり分かり易いが、「犬牙相接」状態が「国郡改隷」により出来したとして、その結果出現した田と受田者との関係が従来のままでよいということは、本来なら改変しなければならない状況が出現したことを意味し、改変しなければならない状況とは受田者と田とが各別の郡所属になったことに他ならないだろうから、穴記のいっていることは「国郡改隷」により「犬牙相接」となったため人と田とが各別の郡所属になり、そのため受田のあり方を手直しして両者を同一郡内にすべきところを、そうしなくてよい、という論理展開になると思われ、これでは結局「国郡改隷」により人と田とが各別の郡所属になることに帰着し、「地入二他境一」と同じことなってしまうように思われるのである。いま図示するごとく甲乙両郡の郡界が旧界から新界に改められ「犬牙相接」になったとすると、郡界改定により受田者Aと田1の場合は「地入二他境一」となるので人と田とを同一郡内に収めるという原則により改定する必要があり、Aの受田している田が田2だとすれば境界変更後も人、田ともに同一郡内に収まることになるので、Aと田2の結びつきに手直しの必要はないことになる。従って改変すべき状態となるのはAが田1を受田している場合であり、これは「国郡改隷」により人と田とが分離された状態である「地入他境」に帰着することになるのである。仮に郡界が「犬牙相接」になってもA-田2のようなケースでは受田のあり方に手直しの必要はなく、A-田1の場合は手直しが必要になり、手直しを避けるとすれば「依旧受」という措置が必要になるのである。穴記、そしておそらく令釈も「及」に注目して「犬牙相接」が「国郡改隷」に因ると考えたのであるが、その論理展開には欠陥があるといわざるを得ず、「犬牙相接」は「国郡改隷」とは結び付かないように思われるのである。

即ち「犬牙相接」は「国郡改隷」と関わることなく受田のありかたが本来なら改定されてしかるべきところを、旧来のままにしておいてよいという含意になるが、私は郡界が犬牙しているようなところでは、律令原則に従えば班田は同一郡内で完結している必要があるにもかかわらず、慣行的に隣接する郡で受田するようなケースが考えられるように思う。前節で触れている田令狭郷田条では口分田用地不足の郡にあっては余裕のある傍郡で受田することを定めているが、郡界が犬牙するようなところでは百姓のすぐ隣の蛇行する川を挟んだ対岸に隣郡の田が所在するケースが考えられ、そのようなところでは百姓に便宜の良い隣郡での受田を容認することがあり、このような隣郡での受田は班田の時期が来ても是正することなく、旧来のあり方を認めることがあったのではないか。私は「犬牙相接者、聴㆓依㆑旧受㆒」は右述したあり方を強いて改正せず認めることだと考えるのである。歴史的経緯として律令施行当初の頃川の流路が蛇行する地帯で川の右岸の人が左岸で営田しているケースを想定し、新たに郡界が流路に沿って定められた場合を考えてみると、百姓の便宜を考えて郡界制定以前の営田形態を容認し人と田とが各別の郡に所属することを追認するようなことがありえたのではないかと思われ、かかるありかたがその後も継承され定期の班田ごとに改定されずに来ているような事例があり得ないことではないように思うのである。

従便近条では百姓の便宜を考慮して便近の地で受田することに努めると規定しつつ、便近であっても隔郡での受田は認めないとする原則を定めている。この原則に対する例外が「国郡改隷」による「地入㆓他境㆒」ないし「犬牙相接」地帯での慣行的な受田のあり方とることができそうである。

三　隔郡の受田

令文㊁に附されている明法注釈は次の通りである。

義解　謂、隔郡傍郡也、
令釈　釈云、上条与㆓此条㆒一種也、但上条為㆓小田㆒、此条為㆑無㆑田也、
穴記　穴云、問、地入㆓他境㆒、及犬牙相接者、聴㆓依旧受㆒、本郡無㆑田者、聴㆓隔郡受㆒、未知、旧与㆓本郡㆒何分別、若一事歟、答、聴㆓依旧受㆒者、如㆘不㆓改隷㆒之時㆖、聴㆓受授㆒也、本郡无㆑田者、将如㆓旧受㆒而其旧処無㆑田耳、本郡无㆑田、謂為㆓凡無㆑田郡文㆒、非㆑附㆓上国郡改隷之事㆒、但上条論㆓不足㆒、此条論㆓純無㆑田㆒也、後定、不㆓全無㆑田㆒也、無㆓死者㆒生益多耳、
朱記　朱云、本郡无㆑田者、聴㆓隔郡受㆒者、未知、此令別言置文歟、為当、依㆓上国郡改隷㆒所㆑云文歟、答、依㆓改隷㆒所㆑云者、聴㆓依旧受㆒者、文則取㆑及、本郡无㆑田者、聴㆓隔郡受㆒者、未知、而他国隔郡受歟何、私未明也、令釈説長耳何、
古記　古記云、問、上条遙受、此条隔郡受者、若為分別、一種無㆑別、開元令云、其城居之人、本県無㆑田者、聴㆓隔県受㆒之、

義解は「隔郡」が隣接する傍郡に当たるとする注釈以上でないが、令釈では令句「本郡無㆑田者、聴㆓隔郡受㆒」が前節で触れた田令狭郷田条「凡狭郷田不㆑足者、聴㆓於寛郷遙受㆒」との異同如何を問題にし、同一の規定とする一方で狭郷田条は田が少ない場合をいい本条では無田の場合について規定していると解釈している。穴記では令文「地入㆓他境㆒及犬牙相接者、聴㆓依旧受㆒、本郡無㆑田者、聴㆓隔郡受㆒」に関し「依㆑旧受」と「本郡無㆑田者、聴㆓隔郡受㆒」の異同を問題にし、前者は国郡改隷があっても改隷以前と同様に受田することを定め、後者は受田を実施しようとしても班田用地が無く受田を行えない事例のことであり、「本郡無㆑田」とは田が全くない郡のことで、国郡改隷とは関係しないと論じている。即ち前者と後者の異同如何ということになれば、別なことを言っていると解していることになるが、後者に関わる規定として田令狭郷田条があり、そこでは他の不足を言うのに対し本条では無田を言う違いがあることを指摘し、その上で無田について再考し田が全くないということでなく、死者がいないため口分田の返還がなく新た

に受田資格を得た生益が多い場合を考え、生益に支給する田がないことだと述べ、所見を改めている。この穴記の議論については、全く田が無い郡があるとは考え難いから、右穴記の筆者の結論は納得しうるように思われる。朱記は令句「本郡無レ田者、聴二隔郡受一」が「国郡改隷」と関わるか否かを問題にし、「国郡改隷」に関わると論じている。この解釈は令釈、穴記と相違していることになる。朱記は令文に[10]「及」字があることを根拠に右のような主張を行っているのであるが、「及」をそのような主張の根拠としてよいかははなはだ疑問であり、前節で穴記が「及」字より「地入二他境一」と「犬牙相接」がともに「国郡改隷」に帰因すると論じているものの従い難いことを述べたが、「及」字を根拠にする右述した朱記の主張にも無理があり、従うことはできないと考える。「及」字は「因二国郡改隷一地入二他境一」と「犬牙相接」状態の特異なあり方とが並列されていることを示す以上ではないのである。ついで朱記は「聴二隔郡受一」の「隔郡」についても問題にし、朱記の筆者はよくわからないと述べ、令釈説が優れているとする所見はどうだろうか、という疑問を述べることで終わっている。ここの令釈説は狭郷田条に附された令釈説のことで、次の如くである。

　釈云、遙、謂一国之内、比国不レ合、何者、下条、无レ田者、聴二隔郡受一故也、一云、（下略）

令釈説は隔郡は一国の内という説をとり、その根拠として本条の「本郡無レ田者、聴二隔郡受一」をあげ国に触れていないことを指摘している。古記でも狭郷田条と本条の「本郡無レ田者、聴二隔郡受一」との異同を問題にし、同一の規定だと論じている。

右に略述した㊁付された明法注文の関心はもっぱら「本郡無レ田者、聴二隔郡受一」と狭郷田条の相違如何を問題にし、両者には「無レ田」と「少レ田」という相違があるのみで同種とする所見で落着しているようである。既述したが、穴記はこの相違に留意しつつ全くの田無しの郡はないとみて、「無レ田」と「少レ田」とは実質おなじとする論を展開している。古記はこの議論に関連して日本田令従便近条の母法たる唐田令従便近条に附された開元令条の一部を引用している。それを示すと次の通りである。

開元令云、其城居之人、本県無レ田者、聴二隔県受一之、

一見して日本令が唐令文を基にしていることが分かるが、日本令では「其城居之人」とする限定を省いていることが知られる。この令句の日本令での削除は、唐では長安・洛陽二城からはじめて県城、州城等に居住する人が少なくないが、日本では郡家や国衙周辺を特別区とする制度を設けず通常の郷里と差がなく、城居とされる身分がほとんど存在しないことによるとされている(11)。ここで右引唐令文の意義について検討すると、県城、州城などに住む人については所属する県において受田することになるが、その県において受田用地不足により受田できない場合は別な県で受田できるということであり、城居でない田野居住の百姓の場合は唐田令狭郷田条「諸狭郷田不レ足者、聴二於寛郷遙受一」により所属する郷が狭郷で受田できない時は同じ県内の寛郷で遥受できるということである。ここの郷は百戸一里の里が五集まって編成される郷のことである。日本令狭郷田条でも「郷」字が用いられているが、この「郷」は郡をさしている。即ち日本令では田地不足の場合隔郡での遙受が認められていたが、唐令では百姓を田野居住と城居に分け、前者では県内寛郷での遙受、後者では隔県での遙受を認めていたことになり、前者は狭郷田条が関わり後者は従便近条で規定されていたのである。是より唐令では狭郷田条と従便近条の「本県無レ田者、聴二隔県受一」の間で異同が問題にされることはありえないが、日本令では狭郷田条、従便近条ともに一般の百姓を対象にした規定なので既述した異同が問題にならざるをえなかったのである。この問題について明法家は「無レ田」と「少レ田」の違いに注目しつつ「一種」という判断をしており、少なからず困惑している様子をうかがわせている。日本令従便近条で「其城居之人」を省いたのは日唐間の地方制度の相違に留意しており、日本令構想者の見識を示しているが、唐令の狭郷田条の遙受規定と従便近条の遙受規定とが内容を異にしていることに注意しないまま両条の遙受規定を導入してしまったため、明法家を困惑させる事態をもたらしているのである。

　即ち日本令では狭郷田条の規定により狭郡の百姓は口分田用地に余裕のある寛郡で遥受することが可能であるから、従便近条の「本郡無レ田者、聴二隔郡受一」は不要といえば不要といってよい規定であるが、日本令構想者を弁護す

れば、従便近条では便近であっても「隔越」、傍郡での受田は認めないという原則を立て、それへの例外として「国郡改隷」による田と人とが各別の郡所属になった場合や、「犬牙相接」地帯で慣行的に行われていた田と人とが各別の郡所属になっているケースを挙げ、そのうえで更に「無レ田」＝「少レ田」の場合の隔郡での遙受をいう構想を構想したとみることができそうである。隔郡受田は認めないという原則への例外を挙げるなかで、狭郡百姓の隔郡での受田を規定したということである。この問題は突き詰めれば不要の文句を置いたといってよいのであるが、日本令構想者にもそれなりの論理的必然性があって「本郡無レ田者、聴二隔郡受一」という語句を置くことになったのであろう。

日本令従便近条の構想に触れたところで本稿の最後に、日本における隔郡での受田の実態についてみておこうと思う。国境を越えての受田となると、続日本紀神亀二年七月壬寅条の勅により志摩国百姓の口分田を伊勢、尾張両国で支給すると決定し、天平二年「尾張国正税帳」に尾張国山田郡で志摩国百姓口分田の租を収納していたことがみえている。この遙受は延喜民部式に、

凡志摩国百姓口分田、便班二授伊勢、尾張国一、但伊勢神郡者、不レ在二授限一、

とみえている。国境を越えての受田となると珍しく、志摩国百姓口分田が唯一の例かもしれない。

次に天平神護二年十月二十一日「越前国司解」に当たると、越前国坂井郡において敦賀郡及び足羽郡の調庸・雑徭のすべてを負担する全輪正丁に口分田を受田していたことが分かる。これは天平宝字四年十一月壬辰紀勅[12]、

其七道巡察使所二勘出一田者、宜下仰二所司一随二地多少一量加二全輪正丁一、若有二不足レ国一者、以為二乗田一、便使二貧家継レ業憂人息レ肩、

により実施された巡察使勘出田を全輪正丁に加給する制度に基づくもので、加給支給分に不足する敦賀郡および足羽郡の全輪正丁分を、勘出田が豊富な坂井郡で支給していたらしい。もっとも「越前国司解」には口分田主名が記されておらず、両郡全輪正丁への加給分として確保した田以上でなく、実際には受田が行われる以前のものである可能性が高いようである。天平宝字四年勅は勘出田を全輪正丁への加給分に当てるという特異なケースであるが、勅に基づ

くものであるから、全国的に広く行われ、一国内で加給分に不足する郡では傍郡受田がみられていたのである。

全輪正丁加給分とは別に「越前国司解」には敦賀郡百姓が坂井郡で口分田を受田している例がみえている。それを示すと、

敦賀郡津守郷戸主秦下子公麻呂口分	六段二四〇歩
同郡伊部郷戸主間人石勝口分	二段一一六歩
同郡伊部郷戸主秦曰佐山口分	一五五歩
同郡質覇郷戸主神広島口分	二〇九歩
同郡鹿蒜郷戸主物部兄麻呂口分	六段一二三歩
同郡神郷戸主角鹿島公口分	一一七歩
同郡質覇郷戸主物部広田口分	五段一二二歩
同郡鹿蒜郷戸主服部否持口分	三段

の如くであり、かなり離れた隔郡である敦賀郡百姓の口分田が支給されていたことが知られる。東大寺北陸庄園の周辺は往々にして新開地であり、隔郡の百姓が開墾のために入り込みそこに居住し、口分田を受田するようになっていたらしい。このあたりは狭郷田条の狭郡の人に依る隔郡での受田とはやや性格をことにしていると考えられる。いずれも郷戸主が受田する形になっているが、戸口分として支給される口分田も田主となると戸主なので、秦下子公麻呂以下の口分田主が坂井郡に居住していたとみる必要はなく、戸口が坂井郡で活動していてそこで受田しているらしい。本郡を離れた遠隔地での受田について耕営に当たっては賃租に出したなどと論じられることがあり、その可能性があるのはもちろんであるが、戸口の一部が本郡とは別な異なる土地に移住していたことを考えてよいのである。律令制下で百姓の移動は制限されていたが、捕亡律逃亡侼浪他所条では営求資財のために本貫を離れることが許されていたから、本貫地を離れて耕営活動をする人は少なくなかったとみてよいようである、新開地では移住してきた開墾に当

たる人たちにそこで口分田を受田することがあったらしい。

　東大寺北陸庄園周辺における他郡所属百姓による受田は、必ずしも田令狭郷田条に基づく遙受とは解されないが、由来は兎も角として田地所属郡郷（里）外の百姓の受田が間々あったことが珍しくなく、ケースによってはかなり遠隔地の人の受田があったのである。かかるケースにあっては、課殖や収租にどこの役人が当たるかが問題になるが、戸令為里条集解で里長の職掌「課二殖農桑一」に附された明法注に当たると、穴記では、

　穴云、課二殖農桑一、謂、課依レ律先当里所管戸田等、所在里長催殖也、私案、田租本郷徴填、若当土人買佃、租是人買所レ出、然則違期不レ充者、罪在二買人一、不レ坐二本戸一、但里長以上尚坐二本郷一耳、

朱記では、

　朱云、課二殖農桑一、謂、雖二他郡人一、当里之内受レ田者、尚可レ令二課殖一、掌レ地故也、反、未知、里長掌レ地、依二何文一可レ知、答、

という注釈を展開している。課殖については穴記、朱記ともに土地を管轄する郡郷（里）の役人が当たるとしており、他郡郷の役人が事に当たるとなると困難なことが推測されるので、穴記、朱記の注釈説は従うべきもののように思われる。里長の土地管掌は戸婚律部内田疇荒蕪条の疏文「部内、謂、郡及里長所管田」が根拠のようである。収租について穴記は本郷＝百姓所属郡郷の役人が責任者となると解しているが、遠隔郡郷役人が当たることには困難が考えられるので、これも土地が所属する郡郷の役人が当たったのではなかろうか。先述した如く、志摩国百姓が遙受した伊勢、尾張両国の口分田の租は口分田所在国が収納していたとみられ、これに準じた取り扱いが行われていたとみるのである。収租に当たる役人として、類聚三代格弘仁十三年閏九月二十日官符「応給食徭丁事」では正倉院ごとに税長三人を置くことをいっているが、この税長が責任者として他郡郷百姓の口分田の租も収納に当たっていたと考える。

註

(1)『日本書紀』同日条。
(2) 拙稿「『令集解』朱云について」(同『日本古代律令法史の研究』文献出版、一八九六年)。
(3) 諸橋轍次『大漢和辞典』巻一(大修館、一九五五年)。
(4) 青木和夫「雇役制の成立」(『日本律令国家論攷』岩波書店、一九九二年)
(5) 日本思想大系『律令』吉田孝執筆賦役令(岩波書店、一九七六年)。
(6) 賦役令集解調庸物条古記。
(7) 前掲註(4)青木論文。
(8) 前掲註(5)吉田孝執筆田令。
(9) 三浦周行・滝川政次郎編『令集解釈義』(国書刊行会、一九八二年)では「此」字を「比」とする写本のあることを指摘している。
(10) 朱記中の「及」字について新訂増補国史大系版では何ら校異注を付さないまま「反」としているが、三浦周行・滝川政次郎編『令集解釈義』では「及」とし異字として「反」を挙げている。朱記の「文則取及」の「文」は令文のことであるから、ここは従便近条中の「及」が正しいことになる。
(11) 前掲註(5)吉田孝執筆田令。
(12) 天平宝字四年十一月壬辰勅については岸俊男「東大寺領越前庄園の復元と口分田耕営の実態」(同『日本古代籍帳の研究』塙書房、一九七三年)参照。なお、直木幸次郎他訳注『続日本紀』三(平凡社、一九九〇年)では勅の前半では勘出田の田租を完納させることにし、後半では全輸正丁が不足して勘出田に余りが出た場合は乗田とすると解釈している。しかし田租の完納指示という含意は勅文を読む限り読み取れず、「不足」を正丁の人数とみるのも疑問である。なお、岸俊男氏も「不足」を全輸正丁が足らないこととしている。新日本古典文学大系『続日本紀』三(岩波書店、一九九二年)では「不足」を勘出田のそれとみ、勘出田が不足して全輸正丁のすべてに行き渡らない時は乗田とすると解釈している。私は文脈的にみて多少を限り量り加えるとあるのは勘出田のこととみられるので、不足するのは全輸正丁でなく、勘出田のこととすべきだと考える。この点は新日本古典文学大系本に従ってよいのであるが、全輸正丁に行き渡らない時には乗田とするというのは、不可解な解釈だと思う。勘出田が少なければそれに応じ一人分を減らして加給すればよいことで、それを乗田とするというのは当たらないと考える。私は勅文の「以為㆓乗田㆒」を乗田とするとみず、「為」には用いるという字義が有るので（白川静『字通』平凡社、一九九六年）、「以テ乗田ヲ為ヰヨ」と訓読し、勘出田の不足分を乗田をもって補充することと解釈すればよいと考える。或は「為」をおさむと訓んで乗田を処分して、勘出田の不足分に当てることと解してもよいだろう。かくして全輸正丁を優遇することにより、貧家のものの生活を安定させる、というのが勅の意図するところだったとみられる。全輸正丁の家は負担が大きく、厳しい生活のものが多かったのであろう。平安初期の口分田支給のあり方として、令規以上に課口と不課口の間で差別を大きくする方式がとられるようになっているが（類聚三代格巻十五、元慶三年十二月四日太政官符）、天平宝字四年勅はその先蹤とみることができる。

Ⅲ　律令制下の官僚制と地方

古代東国における七世紀後半から八世紀初頭における交易体制

――湖西産須恵器の分布を中心に――

原　京子

湖西産須恵器とは「湖西窯跡群で生産された須恵器」を略して「湖西窯産須恵器」、または「湖西産須恵器」と呼称している。湖西窯跡群とは、静岡県浜名湖西岸の湖西市から愛知県豊橋市東部にわたる天伯原台地における約二百ヵ所の須恵器窯と、二十ヵ所ほどの中世窯のことを指している。(1) 後藤健一によると、湖西窯は、七世紀前半ごろ、相模湾・東京湾・九十九里浜・鹿島灘付近の河口付近などの内陸部に点在して検出される傾向にあり、また、湖西窯の生産のピークは七世紀後半から八世紀前半であり、この期間には青森県八戸市馬淵川南岸の丘陵地域や青森県おいらせ町の相川北岸の丘陵地の古墳群からも湖西産須恵器が出土していることから、この時期、湖西産須恵器の分布は面的な広がりではなく、太平洋沿岸地域の河口部や上流域である内陸部奥深くに「点的」に、しかも、その地点では多量に出土する傾向にあると指摘がされている。(2) また、高橋透は、湖西産須恵器の瓶類、なかでもフラスコ瓶を中心として検討した結果、湖西産須恵器（瓶類）は、七世紀初頭から七世紀中頃までは、南関東の沿岸地域に多く出土する傾向が認められ、その生産のピークである七世紀後半から八世紀前半までの湖西産須恵器（瓶類）は、太平洋沿岸の千葉県、宮城県や伊豆大島地域らに多く出土する傾向がみられるという。これは後藤が指摘した湖西産須恵器出土地域の傾向と同じである。(3) このように、一地域で生産された湖西産須恵器が広い範囲で、点的に、かつ、多量に出土していることからみれば、湖西産須恵器の交易をめぐる地域と地域、または中央政府側と地域におけるネットワークが存在していたと考えられる。そこで、本稿では、湖西産須恵器が出土する地域のなかでも、現在の埼玉県北部地域で検出された埼玉県築道下遺跡を手がかりとして、七世紀後半から八世紀初頭における東国地域間における交易体制について考えてみたいと思う。

一　築道下遺跡（埼玉県行田市）の性格について

後藤健一や高橋透によると、湖西産須恵器が内陸部奥深くに点的し多量に出土している遺跡の一つに、埼玉県行田市の築道下遺跡が挙げられている。(4) 築道下遺跡は、埼玉県内における遺跡のなかでも、比較的多くの湖西産須恵器を出土する遺跡として早くから注目されていた。

たとえば、二〇〇二年に富田氏和夫は、埼玉県域における遺跡に搬入された土器のデータを集成しており、そのなかでも入間郡家関連または駅家関連遺跡とされる東の上遺跡（六一点）、榛沢郡家正倉跡とされる熊野遺跡（四九点）、埼玉郡官衙関連遺跡とされる北島遺跡（六五点）、足立郡家の比定地である根切遺跡（四四点）、津の遺跡とされる築道下遺跡は（一五八点）と報告がなされている。(5)

富田が集積したデータは二〇〇二年段階のもので、現在では点数も異なると思われ、また、後に接合された土器の破片もデータの点数に含まれていた可能性があるため、正確な統計データとして活用することは難しいと思われるが、一つの傾向として捉えることは有効であろう。

また、大谷徹は、築道下遺跡の中心的遺構が集中するC地区とF地区から出土した搬入土器の統計を行っている。(6) 大谷によると、七世紀第3四半期から八世紀第1四半期における築道下遺跡から出土する湖西産須恵器の出土量の多さは県内有数とみている。また、築道下遺跡から出土するこの時期の搬入土器のなかで、湖西産須恵器が占める割合が大きいという統計結果が報告されている[7]。

このように築道下遺跡では、湖西産須恵器が他の遺跡と比較して多く出土するということが、複数の研究者によって述べられている点に注目したい。

しかも、築道下遺跡では、古墳時代から古代にかけて竪穴住居跡が約七八九軒、掘立柱建物跡二四一軒、溝四二九条、土坑一二五四基、井戸五七二基と多くの遺構が検出されており[8]、大規模な遺跡であることも重要である。

築道下遺跡の画期は、古墳時代後期の七世紀第3四半期にあり、この時期には竪穴住居跡に付随する二間×二間の総柱の建物跡や官衙施設と推定される一

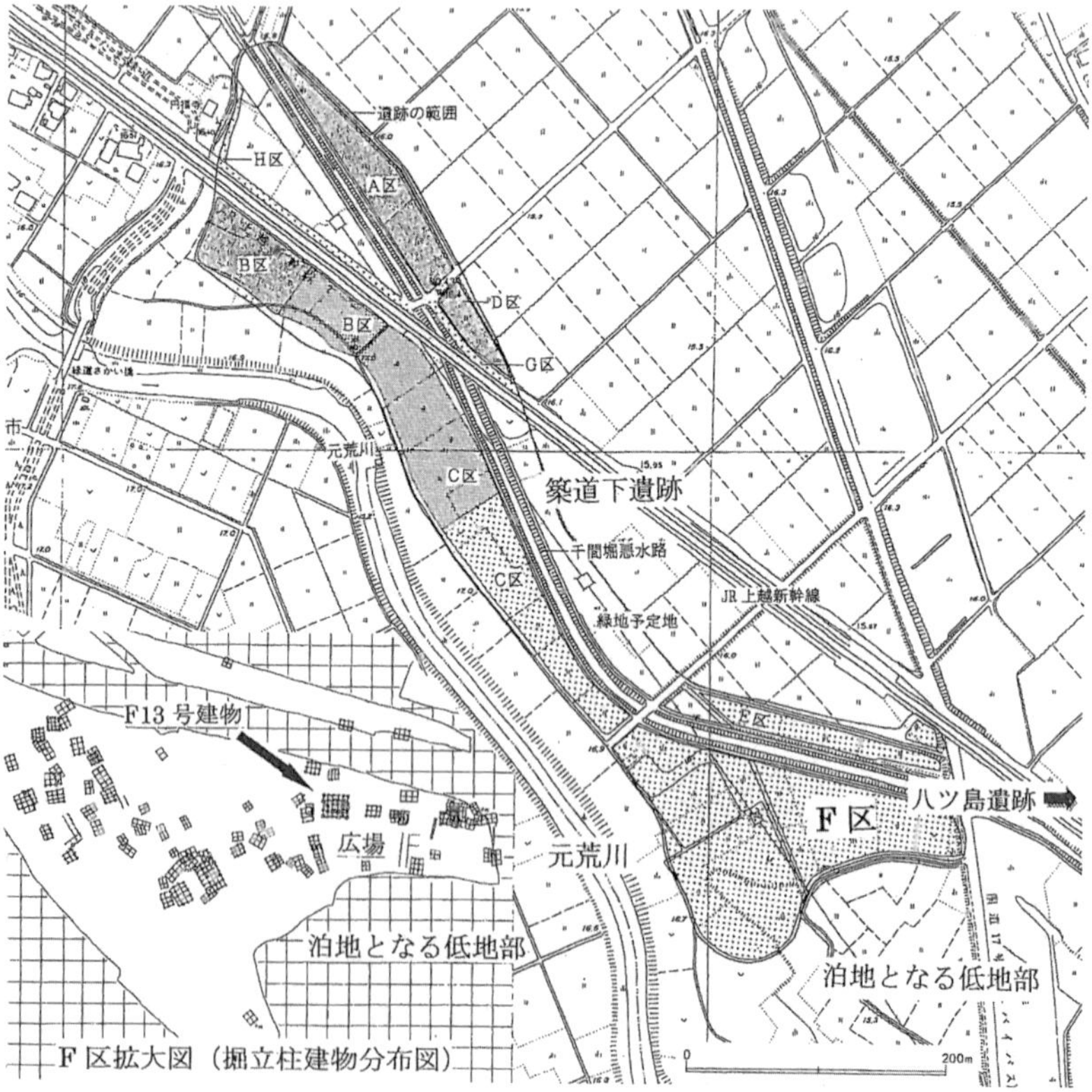

図1　築道下遺跡の調査範囲と遺構の検出状況（『埼玉考古学会シンポジウム坂東の古代官衙と人々の交流シンポジウム資料』埼玉考古学会、2002年より加筆修正）

○間を超える長大な建物跡も認められている(9)。また近隣の八ツ島遺跡からも大規模な集落跡や掘立柱建物群が検出されていることから、築道下遺跡と八ツ島遺跡は一体の遺跡として捉えられている(10)。こうした遺跡の様相は、七世紀第3四半期から八世紀第2四半期まで続いているが、八世紀後半頃になると様相が変化して、仏教施設と思われる五間の庇付の建物跡が現れている(11)。

ほかにも、築道下遺跡の性格を考える上でもっとも注目すべきことは、遺跡の立地環境であろう。

築道下遺跡が位置する埼玉県行田市は、古代武蔵国埼玉郡に比定されている。時代が降りるが、『和名類聚抄』によると、武蔵国には、多磨、荏原、豊島、足立、新座、入間、高麗、比企、横見、埼玉、大里、男衾、幡羅、榛沢、賀美、児玉、那珂、秩父郡の記載がみられる。築道下遺跡が位置する地域は、古代武蔵国における埼玉郡に推定されている。この地域は元荒川沿いの広い範囲に展開しており、ここは、ちょうど忍川と元荒川の合流付近であり、この周辺地域は、古代の小規模な郡が拮抗していたことがうかがえる。この元荒川は、江戸の初期に大規模な河川付け替えの改修工事が行われているため、現在の流れとはまったく異なる様相であった。七世紀から八世紀にかけての元荒川は、現在の埼玉県深谷市にある武川付近が扇頂となり、この扇頂から無数の分流が、放射状に広がっていたと考えられ、元荒川の本流は、現在よりも南下した地域に位置していたと推測されている(12)。また、築道下遺跡でも古代元荒川の旧河道跡が検出されていることから、築道下遺跡は、元荒川の左岸に位置していたのではなく、右

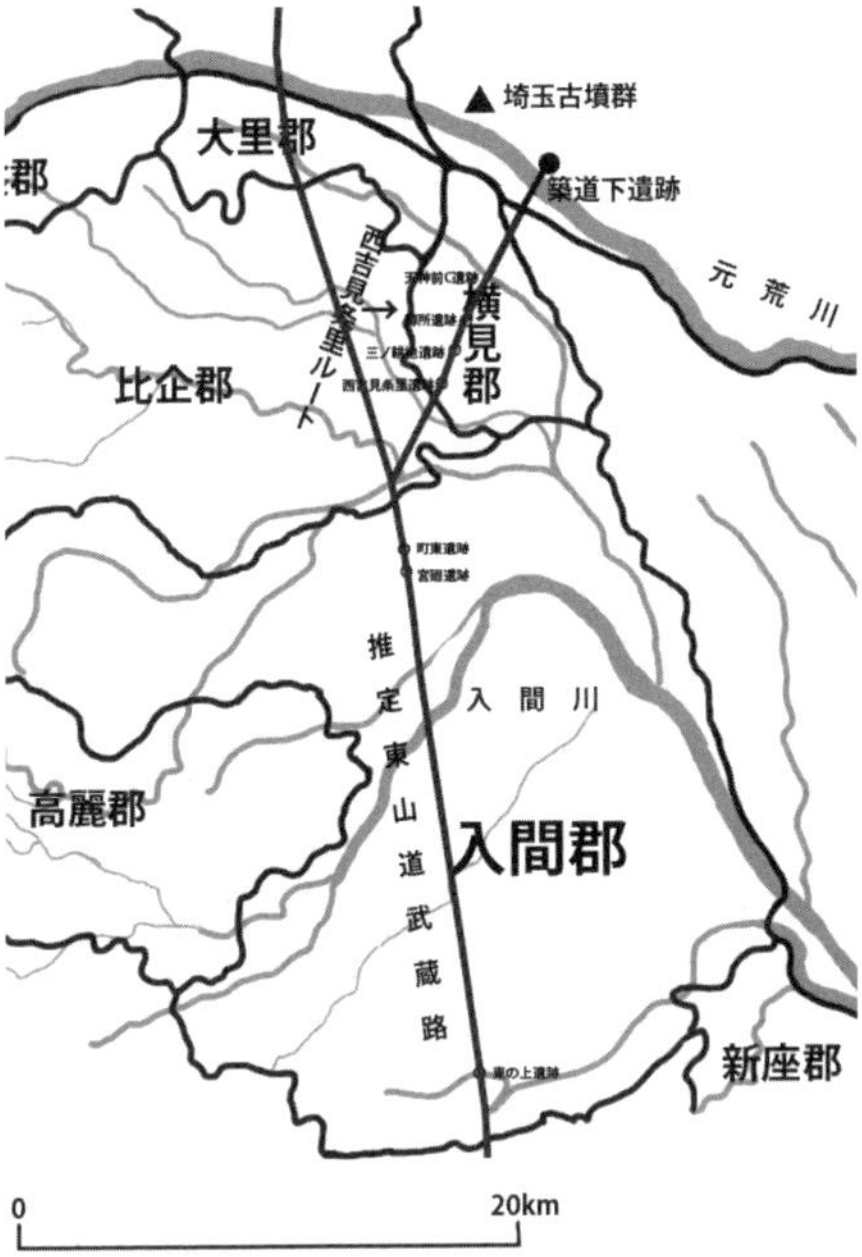

図2　築道下遺跡とその周辺

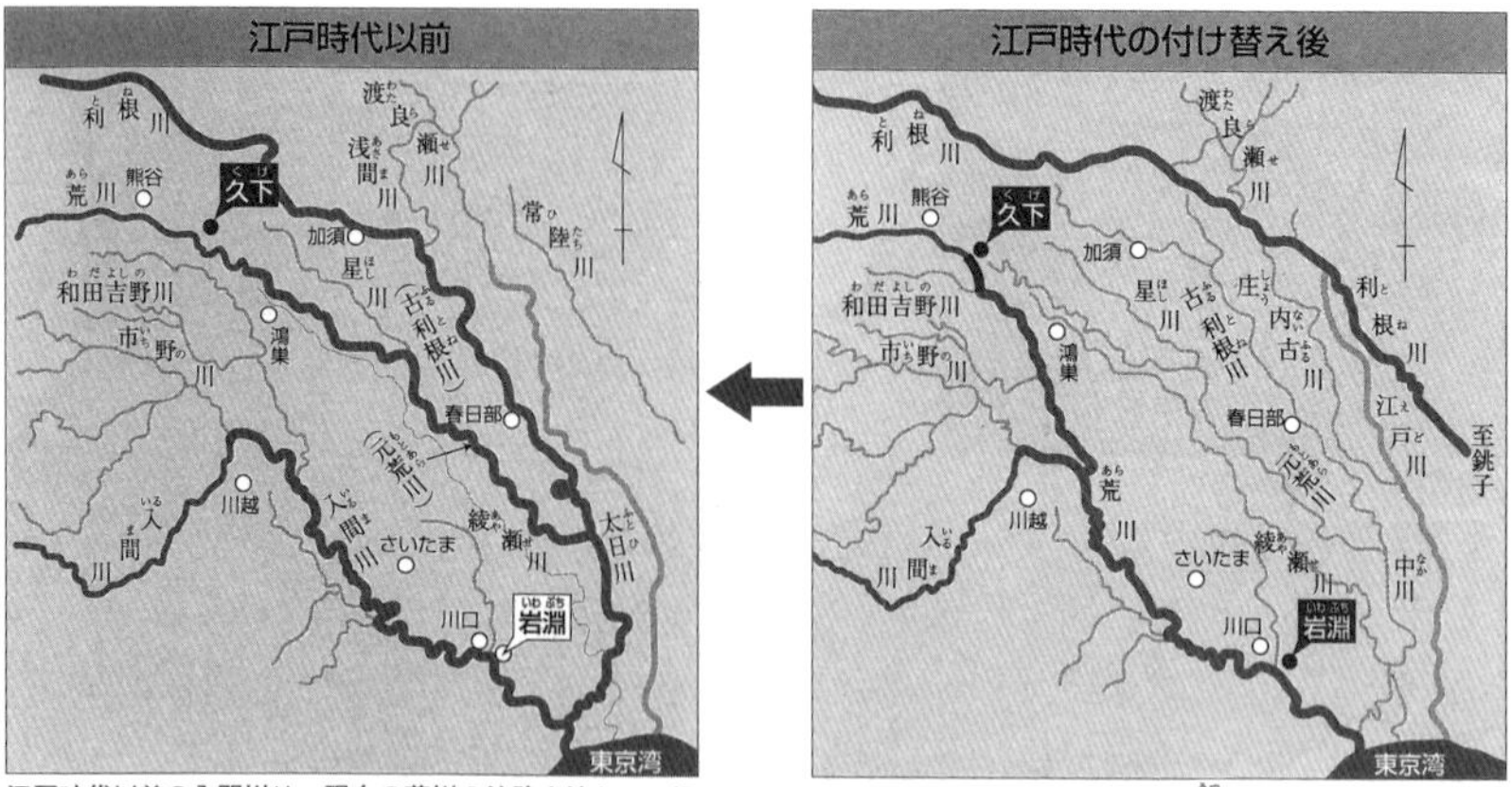

江戸時代以前の入間川は、現在の荒川の流路を流れて、河口付近で利根川（現在の古利根川・中川・隅田川）へ合流していた。

江戸時代の初め、利根川を東へ遷《うつ》し、銚子へ分流させた。また、荒川を久下（熊谷市）から和田吉野川へと遷し、入間川へ流すように付け替えた。このため、入間川は荒川の支流となった。

（図：元木・国土交通省荒川上流河川事務所（2004）を一部改変）

図 3　荒川と入間川の変遷（埼玉県西部地域博物館入間川展合同企画協議会『入間川４市１村合同企画展入間川再発見！―身近な川の自然・歴史・文化をさぐって―図録』2004 年）

岸に位置していたことがわかっている。この右岸の地域から南下すると、陸路で武蔵国南部へと通じることが可能であり、築道下遺跡の立地が水陸共に交通の要衝であったことがうかがわれる。

ところで、時代はさかのぼるが、この築道下遺跡の北側には辛亥銘鉄剣出土で著名な埼玉古墳群が位置している。

坂本和俊によると、埼玉古墳群の特徴のなかに、狭い範囲に前方後円墳が規則的に築造されること・前方部が大阪府堺市の大山古墳のように長い形状であること・周溝部が奥の山古墳を除いて二重であり、その形態が長方形に近いこと・丸墓山古墳を除いて葺き石をもたないことなどの特徴が指摘されている[13]。ところが、隣接する上毛野に位置する群馬県の古墳には、この特徴がみられないにもかかわらず、千葉県の古墳には同じ特徴がみられることから、埼玉古墳群は房総半島との間に深いつながりがあったと推測されている[14]。しかも、千葉県の小櫃川流域の浜長須賀古墳群と小糸川流域の内裏塚古墳群の横穴式石室石材は、小糸川より南の海岸に産出する貝を含む凝灰岩（通称房州石）を共有しているが、この凝灰岩

（通称房州石）は、東京湾を北上し元荒川を遡及して、埼玉古墳群の将軍塚古墳の横穴式石室に用いられていることが知られている[15]。ほかにも、埼玉古墳群では房総半島の特徴とみられる粘土槨と舟形木棺が使用されている[16]。その一方では、同じ六世紀中頃から六世末頃、埼玉県生出塚（おいねづか）埴輪窯跡で生産された埴輪は、凝灰岩（通称房州石）の交易とは反対方向である埼玉県北部から、千葉県市原市などに供給されている[17]。そのうえ、隣接地域である群馬県榛名山二ッ岳の噴出に起源をもつとされている角閃石安山岩が、埼玉古墳群にも運ばれていたことが報告されている[18]。つまり、埼玉古墳群では、元荒川を通じて房総半島や群馬県との間で、六世紀代にはすでに海や河川による交易が活発化していたといえる。

ところで、築道下遺跡が大規模な遺跡という以外にも、ここから検出された遺構や出土する遺物にはつぎのような特徴が認めらる。ここから検出された掘立柱群は、元荒川の位置関係を強く意識したかのように整然と配列されており、出土遺物は、円面硯・錠・三彩・錠・火打ち金などがあり、これは官衙関連遺跡でみられるような遺物である[19]。ほかにも群馬県産・茨城県産の他地域からの搬入須恵器も多く出土している。とくに興味深いのは、築道下遺跡では河川沿いの集落遺跡によくみられるような土錐などの漁労具の出土が一切認められていないことである。つまり、河川沿いにもかかわらず、居住した人々は漁撈を生業にはしていなかったという意味になる[20]。

こうした遺跡の様相から、築道下遺跡は、「さきたまの津」の比定地と推定されている[21]。さきたまの津とは『万葉集』に詠まれている津のことである。

『万葉集』巻十四（旧国歌大観　三三八〇番歌）

佐吉多萬能（さきたまの）　津尓乎流布祢乃（つにをるふねの）　可是乎伊多美（かぜをいたみ）　都奈波多由登毛（つはたゆとも）　許登奈多延曽祢（ことをたえそね）

（右九首武蔵国歌）

埼玉の津に居る舟の風をいたみ綱は絶ゆとも言な絶えそね。

このさきまたの津は万葉集におさめられるほど中央でも有名であり、発展していたことがうかがわれる。もし「さきたまの津」が築道下遺跡に比定すると、なぜ、ここから多数の遺構や特徴的遺物が出土しているのかという疑問も説明ができるのである。

しかし、いずれにしても築道下遺跡は大規模な津の性格であると指摘がなされており(22)、私もこの遺跡には大規模な津が存在していたと考えている。

二　築道下遺跡における交易活動

このように築道下遺跡は大規模な津であり、古くから海上交通の要衝であったと推測されるのであるが、なぜに、ここに大規模な津と考えられる遺跡が存在したのだろうか。その理由について考えてみたい。

築道下遺跡から南西へ一直線上に進むと、その位置には、西吉見条里遺跡・三ノ耕地遺跡・御所遺跡の古代直線道路が位置している。なかでも埼玉県吉見町の西吉見条里遺跡では大規模な調査が行われており、ここからは古代道路跡が検出されている。西吉見条里遺跡の道路跡は、幅員が八メートルから一一メートルもあり、きわめて直線的であり、これは、駅路とされる幅員約一二メートルに近い規模といえよう。これらの周辺地域は、元荒川の氾濫原であり、低湿地帯である。そのため、西吉見条里遺跡から検出された道路遺構は、こうした低湿地の上に、砂利などを路盤に敷き詰め、さらにそこに土を盛り被覆し版築するなどして、大規模な地盤改良が加えられていた(23)。この路盤の工法は、東京都国分寺市恋ヶ窪の日影山遺跡から検出した低地を通る道路の路盤整備に共通している(24)。そのうえ、土砂の流失を防ぐために、土止め板を多数の木杭で止めていたことが、検出された木杭痕の遺構から判明している。つまり、この道路は、低湿地帯に道路を築造するために、莫大な財力を使用して、大規模な地盤改良や土止め工事を行っていたのである。この遺跡からは七世紀後半から八世紀初頭の土器が出土していることから、西吉見条里遺跡の道路跡は

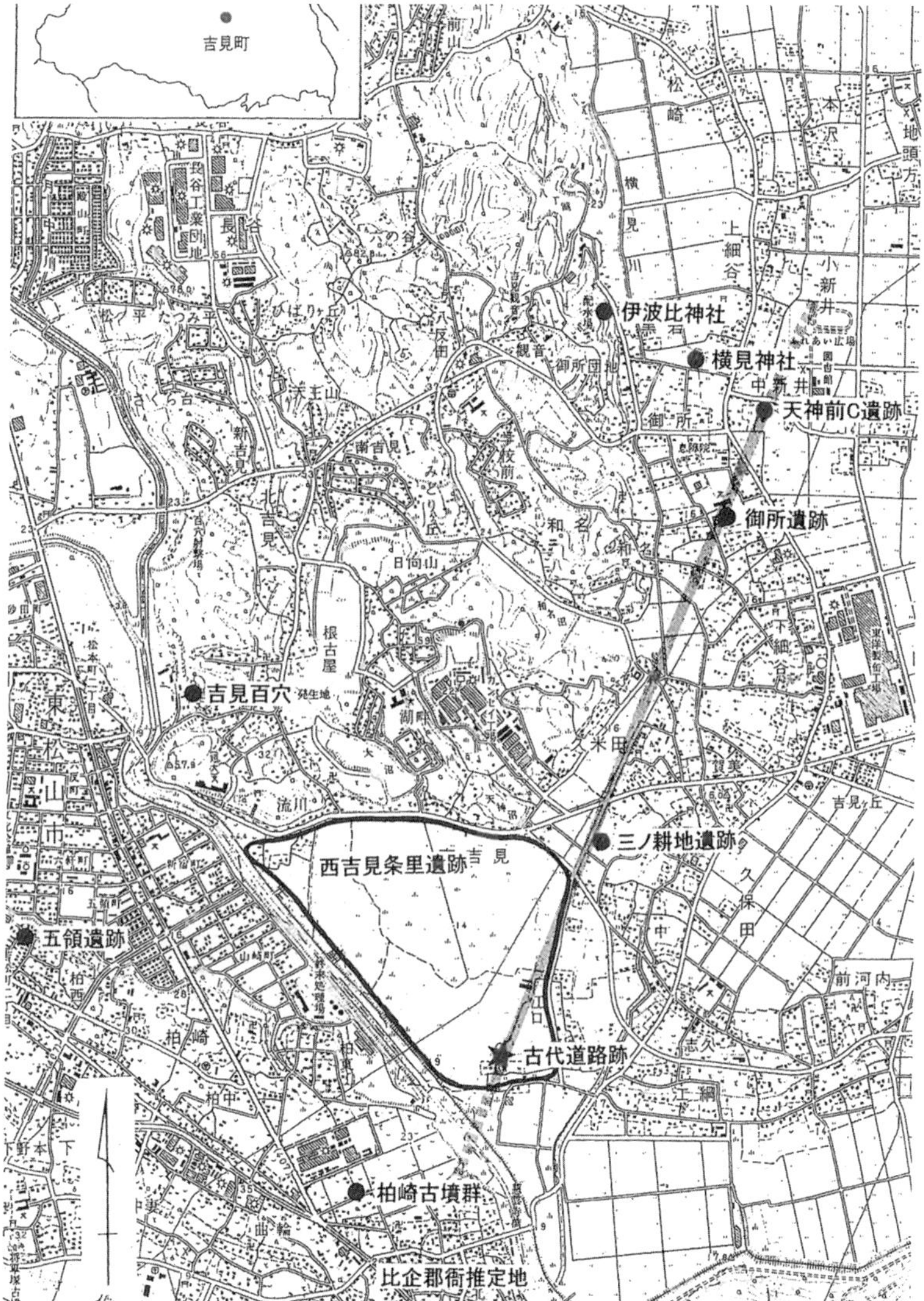

図 4　西吉見条里Ⅱ遺跡・三ノ耕地遺跡・御所遺跡・天神Ｃ遺跡ルート（弓明義「西吉見条里遺跡の古代道路跡とその周辺」『古代交通研究会第十四回大会資料集』2008年より加筆・改変〔縮尺不定〕）

七世紀後半頃に造られたものと推定されている[25]。

さらに、西吉見条里遺跡の北東には、直線的に連続する三ノ耕地遺跡・御所遺跡・天神前C遺跡が位置しており、ここからも古代道路跡が検出されており、西吉見条里遺跡は三ノ耕地遺跡・御所遺跡・天神前C遺跡の古代直線道路は、一直線上に連なる。この西吉見条里遺跡から南西へ進むと、古凍の地名が現在でものこる。この地名は郡家の「こおり」という語源に由来するとみられていることから、古代武蔵国比企郡家の比定地とされている。さらに南西へ進むと駅路と推定される東山道武蔵路の推定ルートに

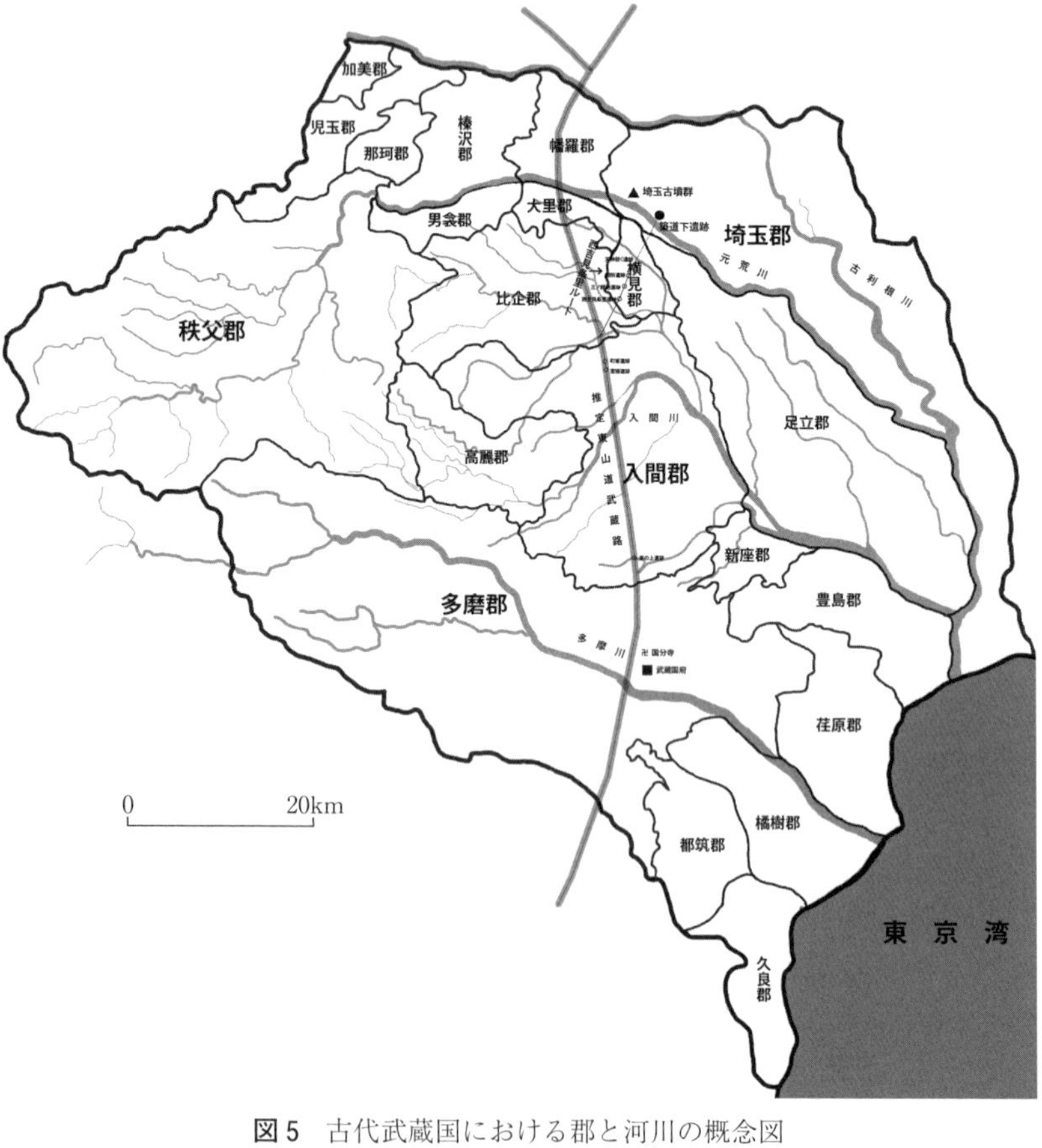

図5　古代武蔵国における郡と河川の概念図

当たる。この東山道武蔵路に比定されている東の上遺跡の道路跡からは、七世紀第4四半期とする湖西産須恵器が道路側溝から出土しており、この湖西産須恵器は道路遺構の機能開始時期に一致するとみられている。西吉見条里遺跡の古代道路の開始時期も東の上遺跡と近い。つまり、湖西産須恵器の生産ピークとされる七世紀後半は、築道下遺跡の津の遺構群・天神前C遺跡・御所遺跡・三ノ耕地遺跡・西吉見条里遺跡の古代直線道路や東山道武蔵路（駅路）の開始時期がほぼ一致するとみられる。

また、湖西産須恵器は古墳の副葬品に用いられる例が多く認められ、七世紀後半頃になると、官衙関連遺跡からの出土が多い。宮瀧交二によると湖西産須恵器は律令制下における武蔵国内の郡家跡やその比定にされているような官衙関連遺跡から多く出土しているという(26)。つまり、湖西産須恵器を多く出土して遺跡は、官衙関連遺跡の一つの指標とされている。

こうした現象から湖西産須恵器は各地域有力者にとって祭祀や儀礼に用いられるなど、地域支配に有効な威信財的存在であったのではないか。そのため、各地域有力者の支配者はこぞって湖西産須恵器を入手しようとしたことで、さらに価値が高まり貴重品としても交易されたと考えられる。

渡辺一によると、埼玉県北部地域における湖西産須恵器の流通は、河川交通を主体として武蔵国へ運ばれ、陸揚げ後は、東山道武蔵路を通して湖西産須恵器が流通していたと指摘している(27)。渡辺説を支持するならば、築道下遺跡で湖西産須恵器が陸揚げされた後、三ノ耕地遺跡・御所遺跡・西吉見条里遺跡の古代直線道路通じて、ここから東山道武蔵路に運ばれ、北武蔵地域周辺へと交易されていたと思われる。もし、東山道武蔵路が、湖西産須恵器の流通をうながしていたとするならば、湖西産須恵器の流通経路は河川交通によって一端、築道下遺跡で集積され、その後、天神前C遺跡・御所遺跡・三ノ耕地遺跡・西吉見条里遺跡・東山道武蔵路などの内陸路を経て、他の官衙遺跡へもたらされたものと考えられる。おそらく、築道下遺跡を掌握した地域有力者は周辺地域の有力者よりも、経済力や地域への影響力が大きかったと推定され、だからこそ河川交通の要衝を押さえただけではなく、陸路の確保も可能であり、交易品を流通させることができたのだろう。このように築道下遺跡が津として機能した背景には交易に関わった地域有力者の存在があったと考えられる。

ところで、時代はさかのぼるが、安閑紀元年（五三四）十二月是年条に、武蔵国造職をめぐり笠原直使主と同族の小杵との争いの記事がある。これはいわゆる武蔵国造の乱と呼称されている著名な記事である。この記事とちょうど時期が重なる六世紀において出現する古墳の位置関係や造立期がこの記事と連動すると指摘されている(28)。これに対して、この安閑紀の記事は北武蔵を中心とした豪族らの争いであるという指摘もある(29)。伊藤循は、国造支配が律令制下の武蔵国のような一国という広域にまで及んでいないとみており、安閑紀の記事は北武蔵の豪族間の勢力争いであると解釈している(30)。いずれにしても安閑紀の記事は、ミヤケ制・部民制・国造制の解釈が大きな争点となっており、埼玉古墳群の存在からみて六世紀代の北武蔵には周辺地域に影響を及ぼすような大きな権力をもつ地域有力者が存在していたといえる。時代は降りて、この埼玉古墳群の周辺に後の築道下遺跡が出現している。

埼玉古墳群の周辺は元荒川の氾濫原であり、稲作にも適した地域であり、六世紀代にも、大きな権力をもつ地域有力者が存在していたことは十分考えられる。同じ一族が七世紀まで連綿とこの地域を治めていたとは、とうてい考えられないが、七世紀後半以降においても、元荒川の氾濫原は存在しており、農業を主として大きな経済力をもった地域有力者が存在していたとしても不思議はない。先にも述べたように北武蔵地域は律令制下においては小規模な郡が集中するような様相であるが、広大な地域とみられる埼玉郡は、元荒川沿いに南北へ広がる郡であり、小規模な郡と比較すると、より大きな経済力を有していたことが推定される。七世紀後半から活発化する湖西産須恵器の交易が築道下遺跡という河川交通の要衝を中心に行われていたと想定するならば、そこには元荒川の水系を掌握した地域有力者が存在し、これら特定の地域有力者が太平洋を通じて交易活動を行っていたのではないか。

築道下遺跡からみると、元荒川水系を掌握したと思われる地域有力者は、湖西産須恵器のような物資の交易ができるような津や大規模な道路を掌握していたと思われる。また、それらの整備に携わっていた可能性がある。ほかにも築道下遺跡では、円面硯・錠・三彩・漆壺・群馬・常陸産の須恵器が出土するなど、湖西産須恵器だけではなく、他の地域とも盛んな交易活動を行っていた。

さて、元荒川の河川交通の要衝はすべて同じように湖西産須恵器を交易したのかというと、そうではない。武蔵国のなかでも、同じ元荒川水系の交通の要衝と思われる足立郡家比定である埼玉県さいたま市の根切遺跡は、先述したように、湖西産須恵器の出土量が築道下遺跡と比べて大幅に少ないようである(31)。これは河川交通の要衝が湖西産須恵器を交易させる条件ではないことを示している。七世紀後半という時期は、中央政府における軍事強化、都城整備、五畿七道体制によって、地域における官衙や道の整備も行われていることから、当然、中央では膨大な財政と労働力が必要であっただろうし、これら膨大な経費の多くは各地域の財力と労働力に依存していたものと考えられ、そのため各地域を掌握していた有力者の財政も圧迫されていたと考えられる。しかし、元荒川水系を掌握したと思われる地域有力者が行っていた湖西産須恵器の交易活動からみると、むしろ河川交通を通じ、太平洋を経た国外への交易権は強めていたとみられる。つまり、元荒川水系沿いでは、築道下遺跡を掌握したと思われる地域有力者が、武蔵国内外との交易をほぼ独占していたと思われる(32)。

また、古代武蔵国を概観すると、元荒川水系以外にも、入間川水系や多摩川水系という大規模河川が縦断しており、それぞれには河川交通を通じた国外との交易を独占していた地域有力者が存在していたと思われる。

時期は降りるが、入間郡出身の物部広成は『続日本紀』天平宝字八年（七六四）、仲麻呂の乱を愛発関で破るという功績があり、その後、広成は持節征東軍監・征討副将軍として戦地で活躍したが、『続日本紀』延暦八年（七八九）に胆沢地方の河岸で蝦夷の奇襲に遭遇し、敗戦の責任を負わされ処罰されてしまう。ただし、これ以降、常陸介にまで任命された人物である。この入間郡出身の物部広成の動きからみて、物部一族が存在し、こうした一族によって入間水系を治める政治圏が存在していたという指摘がなされており(33)、入間郡にも、さかのぼって七世紀後半頃に地域有力者が存在していた可能性があるだろう。

また、広大な多摩川水系には多磨郡が位置しており、ここは武蔵国府所在地でもあり、中央と強いパイプをもった地域有力者の存在が指摘できる。東京都日野市の落川遺跡では、七世紀中葉から八世紀初頭にかけて湖西産須恵器の出土量が多く、器種も豊富であると報告がなされている(34)。

武蔵国を例に挙げれば、入間水系や多摩川水系でも同様に、各水系を掌握した地域有力者だけが、国内外における広域な交易活動を行っていたようである。湖西産須恵器の分布が太平洋沿岸地域の河口部やその上流域である内陸部奥深くに点的に分布を示していることや特定の地域に集中的に出土していることは、湖西産須恵器の生産地域と各地域で水系を掌握した地域有力者との間で点と線で結ばれた交易活動であったことに由来していると思われる。つまり、河口部や内陸部奥深くに、その水系を掌握している地域有力者が存在し、それら特定の地域有力者だけが、盛んに湖西産須恵器など国外との交易活動を行っていたということになる。また、高橋透が述べたように湖西産須恵器の瓶類の器種が需要する地域によって、意図的に選択されていた現象から、生産者側でも需要に応じた瓶類の生産を行っていたとみられる(35)。このように七世紀後半から八世紀初頭における湖西須恵器の交易活動は、湖西産須恵器の生産地と需要する地域間で直接行われていたと考えられるのである。

三　湖西産須恵器交易の中継地点の特徴

ところで、湖西産須恵器が生産された東海地域から東国へと向かうには太平洋を船で通過しなければならないが、途中には遠州灘という航海の難所に阻まれることになる。そこから東国各地の河川交通を用いて内陸部まで湖西産須恵器を運ぶには、大型船舶を使った大量物資の輸送は不可能とみられ、途中に中継点を設けて、小型船舶などに積み替えを行っていたと考えるのが自然であろう。航海における交易の中継点を確保すれば、食料や水を補給することができる。また、そこから小型船舶に積み換えを行えば、狭い河川を遡及することができる。たとえば、湖西産須恵器

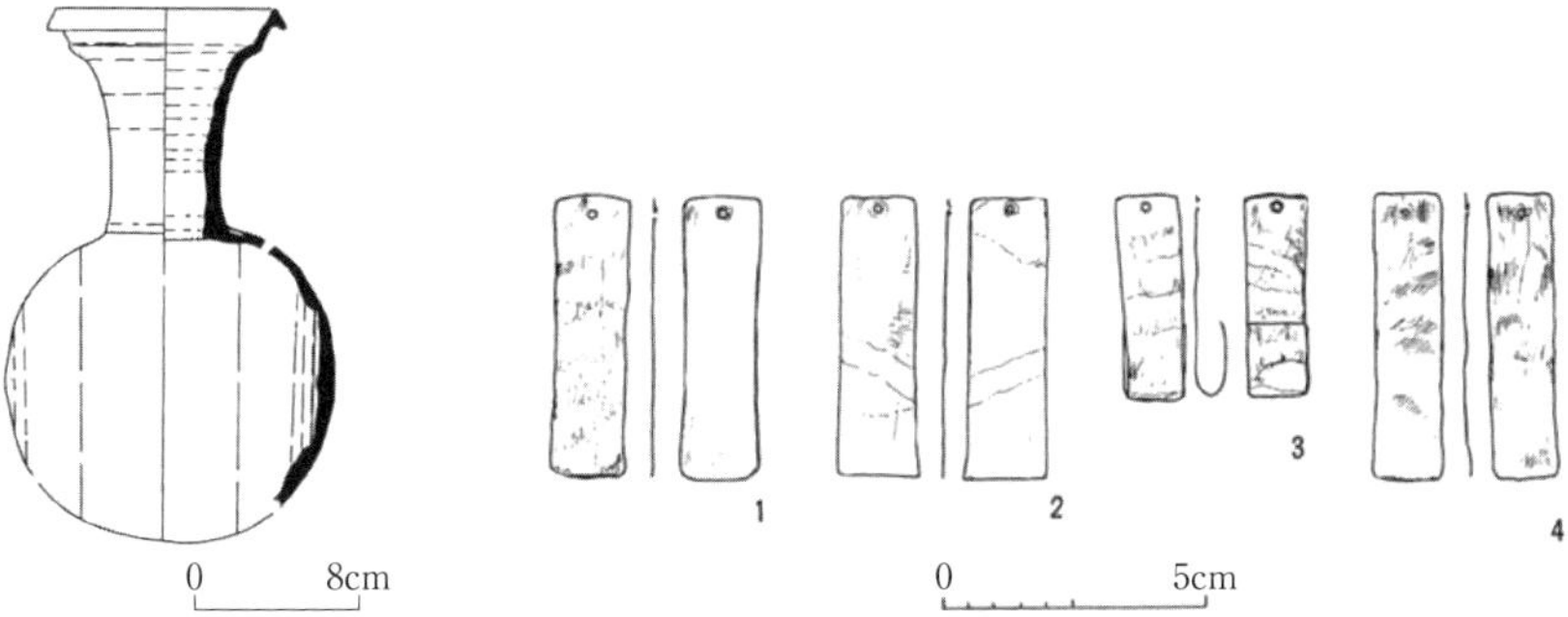

図 6　和泉浜遺跡 C 地点から出土した有孔短冊形金銀製品と湖西産須恵器フラスコ瓶（國學院大學考古資料館研究室編「伊豆大島　和泉浜遺跡 C 地点―第二次・三次調査の概要」『國學院大學考古学資料館紀要』12 集 1996 年より加筆・改変）

が生産された東海地域から太平洋を航海し、遠州灘を超えた付近でたどり着くのが伊豆諸島である。その一つに伊豆大島が存在している。

この伊豆大島では、和泉浜C遺跡という祭祀遺跡から湖西産須恵器が多量に出土しているのである。

和泉浜C遺跡からは七世紀第３四半期から八世紀初頭を帰属期とした湖西産須恵器が多量に出土しているのであるが、もっとも特徴的な遺物として国内に類例がない有孔短冊形金銀製品も出土している。(36) ほかにも、勾玉、丸玉、ガラス小玉等が出土しており、和泉浜C遺跡は祭祀遺跡として意義付けられている。(37) 有孔短冊形金銀製品は、幣帛として用いられたものと推定されており、これらの遺物は中央との関係がなければ、入手困難な祭祀具とされている。

『日本書紀』天武天皇十三年（六八四）十月十四日条には「是夕。有二鳴声一如レ鼓、聞二于東方一。有レ人曰、伊豆島西北二面、自然増益三百余丈、更為二一島一。則如二鼓音一者、神造二是島一響也」とあり、七世紀末に富士山の火山活動が活発化し、地盤が隆起して島が形成された記事がある。笹生衛は、金銀の幣帛は、畿内政権から入手した祭祀具であり、この頃活発となった富士山の火山活動の鎮火のための祭祀と意義づけている。(38)

和泉浜C遺跡で行われた祭祀が富士山の活火山活動の影響が契機であったことは否定できないが、ここで行われた祭祀は、七世紀後半から八世紀初頭まで継続に行われていることから、必ずしも鎮火だけが目的とは限らないのではないか。

なぜならば、伊豆大島においてもＳ１部層（七世紀頃）には、伊豆大島山頂火口からの降下スコリア層がみとめられ、Ｎ４部層（八世紀ごろ）でも噴火の跡が指摘されており[39]。さらに富士山の噴火となると、西暦七〇〇～九〇〇年ごろは富士山の北西から南東方向の割れ目噴火が頻繁に発生していた[40]。このように祭祀が行われた和泉浜Ｃ遺跡が位置する伊豆大島自体においても活火山が活発化しており、さらに、富士山の火山活動も頻繁に起きている。こうした火山活動が活発化したことで、伊豆諸島周辺においては、海底から地面が隆起して新たな島が形成されるなど、危機的状況下にあった。こうした状況で、何故、危険な伊豆大島まで赴いて、あえて富士山の鎮火祭祀活動を行う必要があったのだろうか。

また、和泉浜Ｃ遺跡の祭祀は、七世紀第３四半期から八世紀初頭まで、継続的に行われていたことが指摘されており[41]、そうなれば富士山が鎮火した後も祭祀が行われていたことになり、やはり富士山の鎮火祭祀という意義だけでは、和泉浜Ｃ遺跡の祭祀の意味として十分とはいえない。たしかに、笹生が指摘しているようにこの地域にとっては、富士山の火山活動は、周辺地域にとって、大きな脅威をもたらしただろう。たとえば地震や津波など、海上の危険をもたらすものでもあったと推測される。

ところで、和泉浜Ｃ遺跡の祭祀は、七世紀第３四半期から八世紀初頭まで、継続的に行われていたのであるが、これは湖西産須恵器の交易活動が活発化する時期に一致していることから、和泉浜Ｃ遺跡の祭祀活動と湖西産須恵器の広範囲な交易活動とが無関係とは思えないのである。和泉浜Ｃ遺跡の祭祀遺構からは多量の湖西産須恵器が出土しているのであるが、同じ時期、近隣の東海地域である愛知県みよし市の黒笹窯跡で生産されていたいわゆる猿投窯産の須恵器は、畿内や西へと流通している[42]。富士山の鎮火祭祀を伊豆大島で行うために、中央から須恵器を持ち込んだと推定した場合、東海産のなかでも黒笹窯産を用いるなど、いくつもの選択肢があったにもかかわらず、あえて湖西産須恵器を用いたのは偶然ではない。おそらく、和泉浜Ｃ遺跡の祭祀に湖西産須恵器を用いた理由は、湖西産須恵器の生産者側、ようするに湖西産須恵器の交易の主体者が中心となり祭祀を行ったことにあると考えられる。

もし、航海で東海地域から遠州灘を越えた後に、伊豆諸島を経由しなかった場合、房総半島へ向かうことになる。とくに、南房総では、阿波国造と長狭国造の二国造が存在したと思われるのだが、安房国は律令制下になると上総国に属し、その後『続日本紀』養老二年（七一八）五月二日条では「割二上総国之平群、安房、朝夷、長狭四郡一。置二安房国一」と、上総国を割いて安房国が成り、『続日本紀』天平十三年（七四一）十二月朔条では「安房国并二上総国一」とまた上総へ併合され、『続日本紀』天平宝字元年（七五七）五月八日条では「勅曰（中略）其能登、安房、和泉等国依レ旧分立」と、また安房国として分立するという。安房国は上総国に編入され、また分立されるなどを繰り返しており、行政区域として不安定な立場であった。伊藤循によると安房国は国造級の在地首長は存在していないにもかかわらず、中央の膳氏による部民制的支配が行われていたが、東国の調の貢納の主体者として二国造が任命されたとする指摘がなされており(43)、安房国は中央の膳氏と直属的関係をもっていたと思われる。このような安房国では、湖西産須恵器を出土する遺跡が極端に少ないという現象がみられる(44)。このように中央氏族と直接的関係をもつ安房国を介しての湖西産須恵器の交易は、活発ではなかったようである。

東海地域から東国へと広域な交易活動を行うには伊豆諸島付近は、中継点として地理的や政治的にみてもっとも妥当な地域に思われる。

では、七世紀後半から八世紀初頭に中央との関係を無視して、交易活動を行えたのだろうか。

たとえば一例ではあるが、『播磨国風土記』賀古郡条に次のような記載がある。

『播磨国風土記』賀古郡条

（前略）此岡有二比礼一墓。所三以号二褶墓一者、昔大帯日子命、誂二印南別嬢一之時、御佩刀之八咫剣之上結爾八咫勾玉、下結爾麻布都鏡繋、賀毛郡山直等始祖息長命一名伊志治為レ媒而、誂下行之時、到二摂津国高瀬之済一請三欲度二此河一。度子、紀伊国人小玉申曰、我為二天皇贄人一否。爾時勅云、朕公、雖レ然猶度。度子対曰、遂欲レ度者、宜

レ賜二度賃一。於是、即取下為二道行儲一之弟縵上、投二入舟中一、則縵光明、惟然満レ舟。度子得レ賃、乃度レ之。（後略）

これは景行天皇が、妻訪いのため、高瀬の渡りを通過しようとした際、度子から、天皇の臣下の者ではないといわれたところ、度子が、どうしても渡るならば、渡り賃を出すよう天皇に要求し、身につけていた弟縵を船賃として払うことで、渡ることができたという話である。ここから読み取れるのは、地域の津を使用する際には、天皇が駄賃を支払わないと交通ができないという情況であったということである。まして海上において、地域間での交通規制を中央が直接行うことは、困難であっただろう。おそらく水上交通使用して行われた地域間交易の間には中央が割り込むことができなかったと思われる。中央は間接的な関与しかできなかったのではないだろうか。

ところで、後藤建一によると、湖西産窯跡群は『和名類聚抄』所載の遠江国浜名郡大神（おおみわ）郷と新居郷に当たると推測している(45)。また、湖西窯が位置した遠江国浜名郡では『天平十二年遠江国浜名郡輸租帳』(46)に記載されている新居郷・都築郷・某郷（大神郷は欠損している）のなかに「神人・神人部・神直・神麻績部・和爾神人・和爾神人部」などミワ系氏族が多く認められる。『天平十二年遠江国浜名郡輸租帳』とは時代はさかのぼるが、六世紀代における三輪君とは、溝口優樹によると、中央において渡来者に対する給酒という職掌によって王権に貢納奉仕していた氏族であり「ミワ」という言葉自体も神酒を意味している(47)。この時期、中央の三輪君はミワ系氏族よるネットワークを形成しており、北部九州まで進出していた。もし中央の三輪君による部民制支配が行われていたとしたら、北部九州以外の地域にもネットワークを築いていた可能性があるのではないか。また溝口は、須恵器が渡来者への給酒にともなう器であり、三輪君がその器を使用して渡来者の穢れを祓っていたものとみており、そのため六世紀後半段階では、畿内における須恵器の生産が再編され発展したものと指摘する(48)。もし、ミワ系氏族が多く認められる遠江国浜名郡にみえるミワ系氏族が、三輪氏における部民制支配の影響とみるならば、湖西産須恵器を交易した地域は、三輪氏を通じて中央との間に元々深いつながりをもっていたと思われる。湖西窯の開窯は約五世紀頃であり、三輪氏とつながりがあった可能性は否定できない。また、七世紀後半から八世紀初頭になると、中央では湖西産窯を掌握地域有力者との間に貢納奉仕関係を結ぶということで間接的に湖西産須恵器の交易に関わった可能性がある。さらに湖西窯を掌握した地域有力者は、早くから中央との間に強いつながりをもっていたため、中央とのネットワークを利用することで類例をみない金銀の幣帛など多くの威信財を入手することができたのではないだろうか。交易の中継点とみられる伊豆大島における和泉浜C遺跡での祭祀は一見、王権や国家が行った祭祀のようにも思われるが、湖西窯を掌握していた地域有力者が湖西産須恵器の交易の安全のために行っていたと考えられる。

このように湖西産須恵器が七世紀後半から八世紀初頭に盛行した背景には、交易の主体者や需要した側の地域には複雑な社会構造が存在している。

① 七世紀後半から八世紀初頭という時期は古代国家形成段階であり、交易の主体者と需要する側も中央との貢納奉仕関係により経済力や政治力を弱めていたと推測され、こうした状況が地域間交易を活発化させる契機となっていたのではないか。

② 湖西産須恵器を需要した側のなかには水系を掌握している特定の地域有力者が存在していたと思われ、これらの地域有力者は河川交通を利用し湖西産須恵器だけではなく国内外でも交易活動を行っていた。

③ 特定の地域有力者は津を経営したと思われ、津に直結する内陸路も確保していた状況が看取される。彼らは周辺地域に交易品を流通させることを可能にするほど地域社会にも大きな影響力をもっていたと考えられる。

④ 湖西産窯を掌握した地域有力者が主体となって交易を行っていたと思われ、その者は中央と貢納奉仕関係を結ぶことで、早くから中央とつながりをもっていたと思われる。

⑤ 湖西産須恵器を生産し交易していた主体者は中央とのネットワークによって祭祀具などを入手できる立場にあった。

⑥ このような交易の主体者は伊豆大島を交易の中継点とすることで、海上交通の難所を越えた後、大型船舶から小型船舶へ積み替えを可能とし、北は青森県八戸市までの東国各地域へと物資を送ることができたのではないか。

⑦　湖西産須恵器の瓶類の出土状況からみた場合、需要する側では特定のタイプの瓶が必要だったと思われ、生産者側でも需要に応じた瓶類を生産できる交易体制が取られていた。
だからこそ、湖西産須恵器の分布が面的ではなく、太平洋沿岸地域の河口部やその上流域である内陸部奥深くに点的に多量に出土していたのだと思われる。

築道下遺跡のように、内陸部の奥深い地域から、多量の湖西産須恵器が出土している現象に注目した。このような現象は元荒川水系の中ではほかに例がなかった。築道下遺跡自体が大規模な津の性格の遺跡と考えられ、そのうえ、周辺には大規模な道路遺構も存在していた。また、六世紀代から、ここは経済的にも発展した地域であり、国外との交易活動も活発であった。このような地域には有力者が存在していたことがうかがわれる。湖西産須恵器をめぐる交易活動は、地域間交易の主体者や需要する側とともに、中央に組み込まれながら、その枠外において交易を行っていたと思われる。そして、生産者側も中央との関係を利用して、中継点には各地域の交易に関わる人々が集まったものと推定され、交易の主体者によって中央から入手した国家的祭祀具など利用して、他地域の人々との交流を図ることで、広範な交易活動を有利に行ったのではないだろうか。このような交易体制に加わることができたのは、各地域でも経済力もち、河川による水系を掌握した有力者らと考えられる。七世紀後半から八世紀初頭における国家形成段階において、中央は地域有力者との間に貢納奉仕関係を強いていたと思われるが、地域有力者の手元には、水上交通を中心とした交易権を残していたものと思われる。

以上雑駁ではあるが、七世紀後半から八世紀初頭に交易品として盛行した湖西産須恵器の動向に注目し、海上交通を通じた交易体制について検討を行った。この時期には、湖西産須恵器以外にも各地域で、特定の生産地で製作された様々な土器が地域間で交易されていた様相も見受けられるが、本稿では取り上げることが出来なかった。これらは今後の課題としたい。

註

（1）後藤建一「湖西窯の須恵器と生産」（『平成二十一年度埋蔵文化財文化財担当者専門研修「古代陶磁器調査課程」資料集』奈良文化財研究所、二〇〇九年）後に『遠江湖西窯跡群の研究』所収）。後藤によると湖西産窯跡群はⅠ地区からⅤ地区に分類がなされており、Ⅰ地区は今川と太田川に挟まれた丘陵部、Ⅱ地区は太田川と笠子川に挟まれた丘陵部、Ⅳ地区は古見川と大谷川に挟まれた丘陵部、Ⅴ地区→梅見川と境川に挟まれた丘陵部で愛知県豊橋市にわたり、帰属期はいずれも約七世紀に開窯されたとみられているが、Ⅲ地区の笠子川と古見川に挟まれた丘陵部付近は、五世紀ごろと開窯の時期が早いと指摘されている。

（2）前掲註（1）後藤論文。

（3）高橋透「七世紀の東日本における湖西産須恵器瓶類の流通」（『駿台史学』一四三、二〇一一年）。

（4）前掲註（1）後藤論文。前掲註（3）高橋論文。

（5）富田和夫「飛鳥奈良時代の官衙と土器」（埼玉考古学会編『埼玉考古学会シンポジウム　坂東の古代官衙と人々の交流シンポジウム資料』埼玉考古学会、二〇〇二年）。

（6）大谷徹「行田市築道下遺跡」（『埼玉考古学会五十周年記念シンポジウム―古代武蔵国の須恵器と流通と地域社会』［『埼玉考古』別冊九、二〇〇六年］）。

（7）前掲註（6）大谷論文。

（8）山本靖『行田南部工業団地造成事業関係埋蔵文化財発掘調査報告書　築道下遺跡Ⅳ』（『埼玉県埋蔵文化財調査報告書』二四六、財団法人埼玉県埋蔵文化財調査事業団、二〇〇〇年）。

（9）前掲註（8）山本書。

（10）井上尚明「さきたまの津を探る」（『埼玉県立史跡の博物館紀要』創刊号、二〇〇七年）。

（11）前掲註（8）山本書。栗岡潤「資料集・武蔵国各郡の官衙及び関連遺跡一二　埼玉郡―築道下遺跡」（『埼玉考古学会シンポジウム　坂東の古代官衙と人々の交流シンポジウム資料』埼玉考古学会、二〇〇二年）。

（12）栗田竹男「荒川中流の洪水について」（『秩父自然博物館研究報告』九　一五―三〇、一九五九年）。

（13）坂本和俊「埼玉県埼玉古墳群」（『季刊考古学』六八、一九九九年）。

（14）前掲註（13）坂本論文。

(15)　前掲註(13)坂本論文。
(16)　前掲註(13)坂本論文。
(17)　城倉正祥『埴輪生産と地域社会』(学生社、二〇〇九年)。
(18)　若松良一「地理学的に見た埼玉古墳群と荒川舟運―戸田市南原古墳群出土の船の彩画のある人物埴輪を出発点として―」(『文書館紀要』三〇　九〇―七三、埼玉県立文書館、二〇一七年)。
(19)　山本靖『行田南部工業団地造成事業関係埋蔵文化財発掘調査報告書　築道下遺跡Ⅳ』(『埼玉県埋蔵文化財調査報告書』二四六、財団法人埼玉県埋蔵文化財調査事業団、二〇〇〇年)。
(20)　前掲註(19)山本書。
(21)　前掲註(10)井上論文。井上尚明「〈埼玉の津〉と将軍山古墳」(『埼玉考古』四六、二〇一一年)。
(22)　前掲註(8)山本書。
(23)　弓明義a「西吉見条里Ⅱ遺跡の古代道路跡」(埼玉考古学会編『埼玉考古学会シンポジウム　坂東の古代官衙と人々の交流シンポジウム資料』埼玉考古学会、二〇〇二年)。弓明義b「西吉見条里遺跡の古代道路跡とその周辺」(『古代交通研究会第十四回大会資料集―アズマの国の道路と景観』二〇〇八年)。永井智教a『西吉見古代道路跡―西吉見条里Ⅱ遺跡発掘調査概報』(埼玉県比企郡吉見町教育委員会、二〇〇二年)。永井智教b「埼玉県内の古代道路跡　特に県北部の様相について」(『古代交通研究会第十六回大会資料集　山国の古代交通―東国の峠・坂・川』二〇一一年)。
(24)　上村昌男「東京都国分寺市恋ヶ窪谷低地の道路跡」(『古代交通研究』九、一九九三年)。
(25)　前掲註(23)弓a論文。同b論文。前掲註(23)永井a書。
(26)　宮瀧交二「埼玉県における郡家研究の現状と課題」(埼玉考古学会編『埼玉考古学会シンポジウム　坂東の古代官衙と人々の交流シンポジウム資料』埼玉考古学会、二〇〇二年)。
(27)　渡辺一「武蔵路を通った人々と交流」(『武蔵国シンポジウム国府・国分寺・武蔵路研究の現状と保存・活用』(武蔵国シンポジウム実行委員会、一九八八年)。
(28)　甘粕健「武蔵国造の乱」(『古代の日本』7、角川書店、一九七〇年)。
(29)　城倉正祥「武蔵国造争乱―研究の現状と課題―」(『史観』一六五、二〇一一年)。
(30)　伊藤循『古代天皇制と辺境』(同成社、二〇一六年)。

(31) 前掲註（5）富田論文。
(32) 前掲註（11）栗岡論文。
(33) 森田悌『古代の武蔵　稲荷山古墳の時代とその後』（吉川弘文館、一九八五年）。
(34) 鶴間正昭「南武蔵からみた須恵器の流通」（『埼玉考古学会五十周年記念シンポジウム―古代武蔵国の須恵器と流通と地域社会』（『埼玉考古』別冊九、二〇〇六年）。
(35) 前掲註（3）高橋論文。
(36) 國學院大學考古資料館研究室編『伊豆大島　和泉浜C遺跡C地点―第二次・三次調査の概要』（『國學院大學考古学資料館紀要一二集』國學院大學考古資料館、一九九六年）。
(37) 前掲註（36）國學院大學考古資料館研究室編。
(38) 笹生衛「富士の神の起源と歴史」（『國學院大學博物館特別展　富士山―その景観と信仰・芸術―』二〇一四年）。笹生衛『神と死者の考古学―古代のまつりと信仰―』（吉川弘文館、二〇一六年）。
(39) 地質調査所「解説」（『伊豆大島火山地質図』地質調査所、一九九八年）。
(40) 高田亮ほか『富士火山地質図説明書』（第二版、地質調査総合センター、二〇一六年）。
(41) 前掲註（36）國學院大學考古資料館研究室編。
(42) 鈴木敏則「東海産須恵器の流通」（『埼玉考古学会五十周年記念シンポジウム―古代武蔵国の須恵器と流通と地域社会』（『埼玉考古』別冊九、二〇〇六年）。
(43) 伊藤（前掲30）一六三頁。
(44) 前掲註（1）後藤論文。
(45) 後藤建一「『天平十二年遠江国浜名郡輸租帳』と湖西窯跡群」（吉岡康暢先生古希記念論集刊行会編『陶磁器の社会史　吉岡康暢先生古希記念論集』桂書房、二〇〇六年）。
(46) 『正倉院文書』正集十六。
(47) 溝口優樹「三輪君と須恵器生産の再編―六・七世紀の陶邑古窯跡群を中心に―」（『国史学』二〇六・二〇七、二〇一二年）。
(48) 前掲註（47）溝口論文。

文書の授受からみた天平五・六年における出雲国司の活動

鐘江宏之

正倉院文書に残された天平六年出雲国計会帳には、天平五年（七三三）から六年（七三四）にかけての、出雲国司の文書授受の記録がまとめられている。[1] この中には、一つの案件に関わる複数の文書が記載されている場合がある。すなわち、出雲国司と他官司とのやりとりのうち、出雲国司に対しての連絡を受けて出雲国司が対応措置をとり、そのために文書を発した場合、またその逆に出雲国司が要請の連絡をしたことに対して、他官司がそれを受けて対処し文書を発した場合である。さらに、事の成り行きによって、こうした応答が複数回継続して行われることもあった。

諸国では、中央の太政官や諸省からの符による指示を受けて、対処した内容の報告や要請された人員や物品の進上のための解が作成される。こうした符による指示の施行は、天平年間の諸国の正税帳にも見えている。たとえば、天平六年度（七三四）尾張国正税帳では、正月十三日官符によって罇が七口作られている。[2] また天平九年度（七三七）但馬国正税帳では、六月二十六日の官符による賑給が行われたことがわかる。[3] しかし、これらのような正税帳に見える記事は、年度内における諸国の正税からの支出を記録しているのみであり、正税帳の中に符を記している理由も、支出の根拠を示すために過ぎない。中央から発行された符の日付は示されているが、それが国の側にいつ到着し、そこからどのぐらいの期間のうちに対処がなされたのかということまではわからない。

この点で、出雲国計会帳の記述は、諸国で符を受けた後の対応の期間を考える上では、具体的な様相のわかる貴重な史料である。出雲国計会帳には、符部・解部・移部が残っており、符部に見える符や、移部に逓送対象文書として見えている符と、解部に見える解や、同じく移部で逓送対象として見えている解との間で、対応する関係が想定できるものを検討することにより、一つの案件の処理過程における二つの官司の間での具体的なやりとりをうかがうことができるのである。本稿では、こうした出雲国司が授受した文書の記録をもとにして、具体的な出雲国司の動きについて、まとめていくことにしたい。本稿と同様に出雲国計会帳に見える符や解の対応関係を整理した論考として、野々村安浩氏の先行研究を挙げることができるが(4)、扱っている記事に重なるものが多いながらも扱いに異なる部分もある。あわせて参照していただきたい。

なお、本稿は「出雲国司の活動」を扱うという趣旨のタイトルにしているが、出雲国計会帳からは出雲国司と他官司とのやりとりを考察していくなかで、たとえば山陰道節度使や隠岐国司などの動向もうかがうことができるので、あわせて言及することにしたい。

一　勅符および太政官符に対応する解

天平六年（七三四）四月七日に大地震が起きたが、その五日後の十二日に全国に使者が遣わされて各神社が無事であったかどうかの調査が行われた。『続日本紀』には次のようにみえる。

癸卯、遣㆓使畿内七道諸国㆒、検㆘看被㆓地震㆒神社㆖。(5)

出雲国計会帳の移部、伯耆国送到移の四月の記事には、この命によって下されたとみられる太政官符が伯耆国から逓送された際の、遊牒（逓送の際の送り状）としての伯耆国司移が、次のように見える。

十六日移太政官下符壹道地震状(6)

この逓送によって、四月十六日から数日の後には、出雲国にこの太政官符が届いたであろう。

出雲国では、この太政官符を受けて、国内の神社の検看が行われ、その報告として出雲国司解が出されており、解部の解弁官解文の中に見える。

一　十二日申送検二看諸社一返抄事

右附二駅使内舎人従七位上平群朝臣人足一進上[7]

この記事の次行に「六月」と見えるので、おそらく五月の記事と考えられ、また内容的にみて解弁官解文の中の記事と考えられている[8]。国内で約二十日間ほどをかけて「検看」と呼ばれる調査が行われたとみてよいだろう。

また、この太政官符は隠岐国にも送られており、隠岐国司からの返抄（太政官に宛てた隠岐国司解）は五月三日に隠岐国を発して出雲国に向けて逓送されたことが、移部の隠伎国送到移に見える。

五月

三日移函弐合　一盛地震返抄解状
一盛置レ烽解状[9]

この記事によれば、「地震返抄解状」は函に入っており、もう一つの解状の入った別な函とともに、一通の遊牒で出雲国司に逓送された。この解状が検看の報告なのであれば、隠岐国では出雲国よりもはるかに検看作業期間が短くて済んだことになる。神社数の問題などもあるだろうが、こうした国内調査にかかる日数は、国によって大きく差違があるだろう。

この年には、七月になると大赦が実施され詔が発せられた。

辛未、詔曰、朕、撫二育黎元一、稍歴二年歳一、風化尚擁、囹圄未レ空。通旦忘レ寐、憂労在レ茲。頃者、天頻見レ異、地数震動。良由二朕訓導不レ明、民多入レ罪。責在二予一人一。非レ関二兆庶一。宜レ令下存二寛宥一而登二仁寿一、蕩二瑕穢一而

許中自新上。可レ大二赦天下一。其犯二八虐一、故殺人、謀殺々訖、別勅長禁、劫賊傷レ人、官人・史生、枉レ法受レ財、盗レ所二監臨一、造偽至レ死、掠二良人一為二奴婢一、強盗・窃盗、及常赦所レ不レ免、並不レ在二赦例一。(10)

この詔を諸国に伝えたと考えられているのが、出雲国計会帳の移部、伯耆国送到移の七月十九日付の移によって伯耆国からの逓送対象文書として見られる勅符であり、さらに、この勅符は、太政官符を添えて諸国に下されたとみられる。(11)出雲国計会帳の記事は、次のようなものである。

十九日移　　勅符壱道太政官符弐道
一遊書状
一新任国司状合参道(12)

ここに見える勅符が大赦の施行を命じるものとみられ、また太政官符二道のうちの「遊書状」が勅符に添えられて回覧を命じたものと考えられる。そのことは、到着後に出雲国司が発行した解として解弁官解文の中に見える次の記事によっても明らかである。

一　廿六日進上返抄弐道一赦書付領状
一太政官赦書状
右弐条附二駅家一進上(13)

ここでいう「返抄弐道」は、いずれも赦書に関わることからみて、勅符と太政官符（遊書状）に対する「返抄」としての解とみるべきである。「付領」という文言からは、赦書の回覧を指示した下達文書への返抄と考えたほうがよいであろうから、「赦書付領状」の解は「遊書状」の太政官符に対する返抄、「太政官赦書状」の解は大赦の実施を命じた勅符に対する返抄と考えられる。勅符に関しては、太政官が作成する文書との認識がみられることから、(14)「太政官赦書状」は勅符への対応を示した文言とみてよいだろう。

七月十九日に伯耆国を発した勅符と太政官符は、数日で出雲国司に届いたであろうから、大赦を施行した上で、直後の数日のうちに解を発したとみてよいだろう。

二　民部省符・兵部省符とそれらに対応する解

出雲国計会帳の解部では、現在残されている断片の中でも、解民部省解文と解兵部省解文の割合が多い。このことは、移部で逓送対象になっている符の中でも、同様に民部省符と兵部省符の割合が多いことからみて、この年の出雲国では、民部省や兵部省との間のやりとりが実際に多かったとみてよいだろうと思われる。

このことは、これらの省符や解文の内容に関わる問題と考えられる。出雲国計会帳において、民部省符と兵部省符に対応して出雲国司が解を出したことがわかるものを、省符の発行順に整理すると表のようになる(15)。省符の内容は、仕丁・匠丁・雇民・衛士の逃亡、あるいは死亡についてのものが多い。対応する解も、逃亡者・死亡者の代替者を進上する際の解とみられる。出雲国計会帳は欠失部分も多いので、一年間ではこれよりも多くの省符と解のやりとりがあったと推測される。都における仕事から逃亡した者が出雲国だけに偏っていたとは考えられないので、当時、全国から都に送られた者たちの中から、かなりの数の逃亡者が出ていたと考えるべきだろう。

さらに、こうした逃亡の代替者を進上する解の実例も残されている。次に掲げる天平宝字五年（七六一）の甲斐国司解がそれである。

甲斐国司解　申貢㆓上逃走仕丁替㆒事

　坤宮官廝丁巨麻郡栗原郷漢人部千代　年卅二　左手於疵

　　右、同郷漢人部町代之替

以前、被㆓仁部省去九月卅日符㆒偁、逃走仕丁如㆑件。国宜㆘承知、更点㆓其替㆒、毎㆑司別紙保良離宮早速貢上㆖者。謹依㆓符旨㆒、点㆓定替丁㆒、貢上如㆑件。仍録㆓事状㆒、附㆓都留郡散仕矢作部宮麻呂㆒申上。謹解。

表　出雲国計会帳に見える出雲国司が受領した省符とそれぞれに対処した解

省符とその内容	省符発行	伯耆国逓送	出雲国到着	解の日付	解の内容
民部省符　仕丁火頭等逃亡状		二月十七日		三月六日	進上仕丁廝火頭匠丁雇民等弐拾陸人逃亡事
兵部省符　右衛士出雲積三国等合三人逃亡状	二月二十七日		三月十七日	四月八日	進上衛士逃亡幷死去出雲首石弓等参人替事
民部省符　雇民逃亡状		三月二日		三月二十六日	進上雇民若倭部都都美等肆人逃亡替事
民部省符　匠丁逃亡状		三月十一日		四月八日	進上匠丁三上部羊等参人逃亡替事
兵部省符　衛門府衛士勝部臣弟麻呂逃亡状	三月二十三日	四月八日	四月十日	四月二十日	進上衛士勝部臣弟麻呂逃亡替事
民部省符　逃亡仕丁火頭等状		四月十九日		五月十五日	進上仕丁火頭財部木足等漆人逃亡替事
兵部省符　右衛士私部大嶋死亡状	六月二十五日	七月十一日	七月十三日	七月二十三日	進上衛士私部大嶋死去替事

天平宝字五年十二月廿三日従七位上行目小治田朝臣朝集使
　正六位上行員外目桑原村主足床
従五位下行守山口忌寸佐美麻呂
「仁部省充　石山寺奉写般若所
　天平宝字六年二月三日従六位上行少録土師宿禰
　従六位下守少丞当麻真人永嗣」(16)

この文書の奥には、仁部省（藤原仲麻呂政権で民部省が改められた名称）(17)がこの解を受けて代替者を差配した追記があり、この解が仁部省に宛てた解だったことがわかる。

また、この文書が付されたのが「都留郡散仕矢作部宮麻呂」であったことも興味深い。都留郡の「散仕」であった矢作部宮麻呂は、漢人部千代を伴って都までこの文書を届ける専使だったのだろう。こうした人員の送達が逓送によるものではなく、郡散仕（郡散事）が専使として上京したことがわかる。(18)

出雲国計会帳でも、解部で民部省に宛てて代替者を進上した解の記述では、「右差㆓某郡人某㆒充㆓部領㆒進上」という書式での記録が見える。(17)一例を挙げれば次のようなものである。

一　廿一日進㆓上雇民伊福部依瀬等合壱拾参人逃亡替㆒事
　右差㆓楯縫郡人物部大山㆒充㆓部領㆒進上(20)

一方、兵部省宛ての衛士代替者の進上の解の場合には、軍団の五十長・百長・二百長などが担当していることがわかる。同じく一例を挙げておく。

一　八日進㆓上衛士逃亡幷死去出雲積首石弓等参人替㆒事
　右附㆓意宇軍団二百長出雲臣広足㆒進上(21)

表に挙げた事例によって、符が出雲国に到着してから代替者を送り出すまでの日数を調べてみると、民部省関係の代替者送り出しでは二〇日以上かかっているのに対して、兵部省関係では一〇日ほどで送り出していることがわかる。おそらく、民部省関係の仕丁・匠丁・雇民などでは、国府から郡家まで情報を下して逃亡者の郷から代替者を指名するのだろう。先の甲斐国司解では、同郷の者が代替者に指名されている。こうした手続のためには、日数がそれなりにかかるだろう。しかし、兵部省関係の代替者進上はほとんど衛士の場合なので、軍団兵士の中から選定すればよく(22)、軍団兵士はすでに軍団内で掌握されているので日数は比較的かからずに済んだのではないだろうか。

三　節度使と出雲国司・隠岐国司の文書授受

天平六年出雲国計会帳が作成された当時は、山陰道節度使が置かれて対外防備を管轄しており(23)、職務内容によっては出雲国司は節度使に管隷される関係にあった。山陰道節度使は出雲国司に符を出しており、その逆に出雲国司は山陰道節度使には解を送る関係にある。したがって、出雲国計会帳における符部のうちの「節度使符」の記事と、解部の「解節度使解文」の記事とを対照させれば、相互に関係する記事が見つかってくる。以下では、こうした記事のうちから、山陰道節度使と出雲国司の間での往復のやりとりが見られる案件を、日付順に整理していくことにしたい。

A　弩の製作に関する件(24)

天平五年八月二十日　節度使符（八月二十六日着）〔符部、節度使符〕「為㆑教㆓習造弩㆒追㆓工匠二人㆒状」(25)（以下、史料上の典拠箇所がわかりにくいと思われるため、すべて注を付す。）

弩（いしゆみ）の造り方を教習するため、工匠を二名、節度使に対して派遣するよう出雲国司に命じている。

九月六日　節度使符（九月十三日着）〔符部、節度使符〕「追㆓工上二人㆒状」(26)

八月二十日の命令にもかかわらず、工匠がまだやって来なかったため、出雲国司に対して催促したものか。

九月二十四日　出雲国司解〔解部、解節度使解文〕「参向造弩生大石村主大国等合二人事」(27)

出雲国司としては、造弩生として大石村主大国ら二名を指名し、節度使のもとへと送ったようである。

十月十一日　節度使符（十月二十日着）〔符部、節度使符〕「預採㆓枯弩材㆒状」(28)

節度使の側で造弩生の教習を行っているうちに、国司の側で弩の材料をあらかじめ用意するよう命じている。

十一月十五日　節度使符（十一月三十日着）〔符部、節度使符〕「造弩生大石村主大国附㆓前様㆒却㆓還本郷㆒状」(29)

造弩生の大石村主大国らは、節度使から見本を授かって戻される。大石大国は自身がこの符を持って帰還し、出雲国司に符を提出したのだろう。この後に出雲国司の下で弩の製作が始まると考えられる。

天平六年二月五日　節度使符（三月二十三日着）〔符部、節度使符〕「妻地六処儲㆓運弩㆒拝応㆑置㆓幕料布㆒状」(30)

弩を配備すべき地と幕用の布の設置が命じられた。

B　出雲介巨勢首名を節度使鎮所に招集する件

天平五年八月二十日　出雲国司解〔解部、解節度使解文〕「介正六位上勲十二等居勢朝臣首名鎮所参向事」(31)

これ以前に、節度使は出雲国司のうちの誰かに参向を命じたか、あるいは介の巨勢（＝居勢）首名を指名して参向を命じたのだろう。出雲国司が介の巨勢首名を節度使の鎮所に参向させることを解で送っている。

九月二日　節度使符（九月一三日着）〔符部、節度使符〕「介巨勢朝臣首名事訖却㆓還任所㆒状」(32)

巨勢首名が節度使鎮所での用務を終えたので、帰還させるという連絡である。二日の符が十三日に出雲国司に到着しており、節度使から出雲国司まで十一日かかることがわかる。したがって、往路も十一日かかったと考えれば、八月二十日に出雲国府から出発した巨勢首名が節度使鎮所に到着したのは九月一日ごろと推測されるので、巨勢首名は鎮所では一日程度しか滞在しなかったのだろう。

C　出雲国司から節度使に提出する公文に関する件

天平五年八月二十日　出雲国司解〔解部、解節度使解文〕「申送公文肆巻弐紙」(33)

この解は、出雲国司が節度使に複数の公文を提出することを報告した、いわば公文目録にあたるとみられる。(34)

十月二日　節度使符（十月八日着）〔符部、節度使符〕「公文不㆓申送㆒状」(35)

節度使符で命じていることや、次掲の兵器帳が入れ違いに送られていることからすると、本来提出するべき兵器帳が未提出のままになっていることを咎めたものではないだろうか。出雲国計会帳では節度使符は年間の記事すべてが残っていて、これ以前に督促の符が出された形跡はないため、八月二十日に合わせて提出するべきものが、延々と遅れていたと考えられる。

十月六日　出雲国司解〔解部、解節度使解文〕「進送兵器帳伍巻」(36)

十月二日の符が八日に出雲国司に届くより早く、ちょうど入れ違いの形で六日に出雲国司から兵器帳が送られた。この解は兵器帳本体ではなく、兵器帳を送ることを節度使に上申した公文目録にあたるとみられる。

D　造兵器別当の任命に関する件

天平五年九月一日節度使口宣〔解部、解節度使解文〕(37)

この口宣を受けて、「右依㆓九月一日口宣㆒件人（＝小野淑奈麻呂）注㆓姓名㆒附㆑駅申送事」として次掲の九月二十七日解が作られている。日付からみると、実はこの口宣は、Bの案件で登場した巨勢首名が、鎮所において受けたものではないだろうか。口宣の内容はおそらく国司官人の中から、造兵器別当を任命してその人名をできるだけ早く報告するようにと命じるものだったのだろう。

九月二十七日出雲国司解〔解部、解節度使解文〕「別当国司目正八位下小野臣淑奈麻呂事」(38)

前掲の口宣を受けて、出雲国司の中から第四等官の目である小野臣淑奈麻呂が造兵器別当に指名され、これを解で報告したものであろう。前掲の口宣では報告を駅に附して送るよう命じていることからすると、この解は駅馬を使って伝達されたとみられる。

十月十一日節度使符（十月二十日着）〔符部、節度使符〕「造兵器別当国司目正八位下小野臣淑奈麻呂状」(39)

内容から考えて、前掲の出雲国司解を受けてのものであることは明らかだが、造兵器別当を任じる手続にどのようなやりとりが必要だったのか、これ以上詳細なことは不明である。なお、ちょうど並行して造弩生の教習や弩の材料の用意が進められているところからすると、造兵器別当は弩を製作することと関係があるのではないだろうか。

E　出雲国と隠岐国の間で烽を試すことに関する件(40)

天平六年二月六日節度使符（三月十六日着）〔符部、節度使符〕「出雲国与㆓隠伎国㆒応㆑置㆑烽状(41)」

この節度使符によって、出雲国と隠岐国との間で烽火を用いた連絡を試すよう、初めて指示があったものとみられる。なお、この符は先に隠岐国に送られてから、出雲国に逓送された(42)。

三月三日隠岐国司移〔移部、隠岐国送到移〕「応㆑置㆑烽処状(43)」

先に符を受けた隠岐国司が、烽の設置場所などを出雲国司に連絡している。

三月二十五日節度使符（四月一日着）〔符部、節度使符〕「置㆑烽期㆓日辰㆒放㆑烽試㆓互告知㆒隠伎相共試状(44)」

烽の設置や、烽火を発する時刻など、より具体的な指示がなされたものと思われる。

四月六日節度使符（四月十二日着）〔符部、節度使符〕「出雲隠伎二国応㆑置㆑烽状(45)」

この符の内容は不明である。すでに指示がなされていることを念押ししたものか、あるいは追加して指示すべきことがあったものか、計会帳の記述からは不明とせざるを得ない。

五月三日以前隠岐国司解〔移部、隠伎国送到移〕「置㆑烽解状(46)」

隠岐国司解が隠岐国司移によって出雲国司に逓送されているとみられる(47)。おそらくこの解は節度使に充てた隠岐国司の解であり、節度使の指示に従って烽を設置し終えたことを報告したのであろう。

五月三日隠岐国司移〔移部、隠伎国送到移〕「烽相試状(48)」

前掲の隠岐国司から節度使への解と同日に隠岐国から出雲国にもたらされている(49)。隠岐国司は、前掲の解で節度使に報告するとともに、烽の試験の相手である出雲国司に対してこの移で連絡をしてきたのであろう。

以上、節度使に関係する文書の授受を整理した結果をまとめた。詳細がわからない点や推測に拠らざるを得ない部分も多いが、節度使と出雲国司・隠岐国司との間のやりとりについて、部分的にではあるが明らかにできたところもある。今後の地方行政や節度使の研究に資するところがあれば幸いである。

本稿では、大きく三つに分けて、出雲国計会帳に見える文書の授受をもとに、出雲国司と中央官司や節度使とのやりとりを考察してきた。これらの文書を使ったやりとりは、出雲国司だけの問題ではない。当時の諸国司がそれぞれの抱えていた問題のために、中央官司や地方上級官司とやりとりをしているのであり、出雲国計会帳にはそういった普遍的な姿が反映されている。民部省や兵部省とのやりとりにおける、都での仕丁・匠丁・雇民・衛士の逃亡とその代替者の送り出しという問題は、平城京と難波京の造営が並行して行われるという状況下で、地方のどの国でも直面していた問題なのだろう。そして、こうした問題が天平宝字六年の甲斐国司解に見られるように、保良離宮造営の時期にも続いているのである。おそらく、全国的にこのような状況が、奈良時代を通してずっと続いていたことが推測される。

一方、この地域に固有の問題としては、山陰道節度使とのやりとりが挙げられる。この時期の山陰道節度使に関する研究もすでに蓄積されているが、節度使が出雲国司や隠岐国司とどのようにやりとりをしながら任務を進めていたかを考察することによって、他地域の節度使についても類推が可能になるであろうし、節度使以外の、国司の上に置かれる地方官司の研究でも、参照にできる部分があるに違いない。

本稿は個別具体的な記事を基にした研究ノート的な整理に留まるが、ここから一般化できる問題は多岐にわたると思われる。奈良時代の地方行政についてさらに理解を深めていくことを期して、稿を終えることにしたい。

註

（1）本稿では、早川庄八「天平六年出雲国計会帳の研究」（坂本太郎博士還暦記念会編『日本古代史論集』下、吉川弘文館、一九六二年、のち早川『日本古代の文書と典籍』〔吉川弘文館、一九九七年〕）による当該計会帳の現存する部分を符部、解部、移部の三つに分ける考え方に従って、以下では符部（兵部省符、節度使符、筑紫大宰符）解部（解弁官解文、解中務省解文、解式部省解文、解民部省解文、解兵部省解文、解節度使解文）、移部（伯耆国送到移、隠伎国送到移、石見国送到移）の呼称を用いる。

（2）『大日本古文書』一、六一一頁。

（3）『大日本古文書』二、五八頁。

（4）野々村安浩「「出雲国計会帳」にみる「交流」」（瀧青能之編『出雲世界と古代の山陰』〈古代王権と交流7、名著出版、一九九五年〉〈以下、野々村A論文とする〉）。同「「出雲国計会帳」にみえる情報伝達について」（『出雲古代史研究』一二、二〇〇二年七月）〈以下、野々村B論文とする〉。

（5）『続日本紀』天平六年（七三四）四月癸卯条。

（6）『大日本古文書』一、五八八頁。なお、遊牒・返抄の出雲国計会帳における記され方については、鐘江宏之「計会帳に見える八世紀の文書伝達」（『史学雑誌』一〇二―二、一九九三年二月）を参照されたい。

（7）『大日本古文書』一、六〇四頁。

（8）前掲註（1）早川論文。

（9）『大日本古文書』一、五九一頁。

（10）『続日本紀』天平六年（七三四）七月辛未条。

（11）鹿内浩胤「大宝令勅符の再検討」（『歴史』七五、一九九〇年九月）。

（12）『大日本古文書』一、五九〇頁。

（13）『大日本古文書』一、六〇五頁。

（14）『令集解』公式令13符式条古記に、「（前略）問。勅直云勅符。未レ知勅符。答。不レ依二中務一直仰二太政官一為二勅符一遣宣。故太政官得レ為二勅符一。注云勅符其国司位姓等。不レ称二太政官一。知二太政官勅符一者以二大弁署名一耳。」と見える。釈文の一部は、吉川真司「勅符論」（井上満郎・杉橋隆夫編・上横手雅敬監修『古代・中世の政治と文化』〔思文閣出版、一九九四年〕、のち

吉川『律令官僚制の研究』塙書房、一九九八年）によった。

(15)　前掲註（4）野々村A論文・B論文でも同様の整理を行った表を示しているが、部分的に数値の誤りかと考えられる箇所もあるので、ここではあらためて表に整理して示した。

(16)　『大日本古文書』四、五二三—五二四頁。

(17)　『続日本紀』天平宝字二年（七五八）八月甲子条。

(18)　当時の文書の送達の方法としては、専使、便附、在京使者への付託、逓送のような方式があった。詳細については山下信一郎「文書の作成と伝達」（舘野和己・出田和久編『日本古代の交通・交流・情報　1　制度と実態』吉川弘文館、二〇一六年）が整理している。

(19)　川原秀夫「律令位階制と在地社会」（『国史学』一二一、一九八三年一一月）は、この「某郡人」の務める使者としての役割が、他史料に見える郡散事（郡散仕）と同じであることから、出雲国計会帳に見える雇民等の際の専使を務めていたのは郡散事と同様の存在としており、この見解に従うべきと考える。

(20)　『大日本古文書』一、六〇二頁。

(21)　『大日本古文書』一、五九九頁。

(22)　軍防令12兵士向京条に「凡兵士向〔京者、名〕衛士〔。〕（後略）」とある。

(23)　この時期の節度使については、坂本太郎「正倉院文書出雲国計会帳に見えた節度使と四度使」（『寧楽』一五、一九三二年一一月、のち同『日本古代史の基礎的研究』下〔東京大学出版会、一九六四年〕）、北啓太「天平四年の節度使」（土田直鎮先生還暦記念会編『奈良平安時代史論集』上、吉川弘文館、一九八四年）などを参照されたい。なお、この時期の山陰道節度使の所在地については、前掲註（1）早川論文が石見国としており、私自身はこれに異論はない。

(24)　前掲註（4）野々村A論文、前掲註（23）北論文でも扱われているが、本稿では九月六日符度使符を補った。

(25)　『大日本古文書』一、五九三頁。

(26)　『大日本古文書』一、五九三頁。

(27)　『大日本古文書』一、六〇〇頁。

(28)　『大日本古文書』一、五九四頁。

(29)　『大日本古文書』一、五九四頁。

(30)『大日本古文書』一、五九五頁。
(31)『大日本古文書』一、六〇〇頁。
(32)『大日本古文書』一、五九三頁。
(33)『大日本古文書』一、六〇〇頁。
(34) 鐘江宏之「公文目録と「弁官―国司」制」(『続日本紀研究』二八三、一九九二年十二月)。
(35)『大日本古文書』一、五九四頁。
(36)『大日本古文書』一、六〇一頁。
(37)『大日本古文書』一、六〇一頁。
(38)『大日本古文書』一、六〇一頁。
(39)『大日本古文書』一、五九四頁。
(40) この件に関しても、前掲註(4)野々村A論文で扱われているが、本稿では五月三日隠岐国司移を補った。
(41)『大日本古文書』一、五九五頁。
(42) 前掲註(4)野々村A論文。
(43)『大日本古文書』一、五九〇頁。
(44)『大日本古文書』一、五九五頁。
(45)『大日本古文書』一、五九六頁。
(46)『大日本古文書』一、五九一頁。
(47) 前掲註(6)鐘江論文。
(48)『大日本古文書』一、五九一頁。
(49) 前掲註(6)鐘江論文。

〔補記〕 本稿校正中に市大樹「天平期節度使体制下の文書送達」(『島根史学会会報』五六、二〇一八年七月)に接した。本稿の内容と重なる部分が非常に多いがその成果を反映できなかった。ぜひとも参照していただきたい。

弘仁六年給季禄儀における式兵両省相論をめぐって

――律令制下官司統制管見――

虎尾達哉

序　言

弘仁六年（八一五）二月、給季禄儀（春夏禄）に際して、式部省が兵部省による武官列立を不当と咎めて阻止し、文武官すべての列立を独占するという事件が出来した。本稿はこの事件を手がかりとして、本件を惹き起こした式部省とは一体いかなる官司であったのか、また本件を裁定した太政官とこの式部省とはいかなる関係にあったかを明らかにし、太政官・八省を主軸とする律令官司統制の実態に些少なりとも迫ろうとするものである。

一　事件の経緯

本件の経緯は左掲の弘仁六年十一月十四日太政官符(1)に明らかである。

太政官符

定下式部兵部相論給二季禄一日儀式上事

一、兵部省解偁、去二月廿二日於二大蔵省[2]一給二春夏禄一、于レ時弁官喚二式兵二省一宣、早列二刀祢一、二省承レ宣相分列二立刀祢一、而式部召二此省一勘云、承前彼式部而今相分列立不レ当、遂不レ令レ列、於レ理商量、既乖二官宣一、仍問二明法曹司一、答曰、検二職員令一、式部掌二内外文官禄賜名帳一、兵部掌二内外武官名帳禄賜一、然則賜レ禄之日、須二文武別引一者、望請、依レ法二省相別各列二刀祢一、

一、式部省申解偁、案二兵部省解一偁、明法答曰、式部掌二文官禄賜一、兵部掌二武官禄賜一、然則賜レ禄之日、須二文武別引一者、賜レ禄之処、各有レ所レ掌、別引之理、省無二異論一、但賜禄宣命之庭、理須二文武混雑一、何者、明法曹司大同二年十二月廿八日問答云、検二職員令一、式部兵部各掌二文武官名帳一、但行立次第、須二文武混雑一、式部兵部二省、不レ可二各別一、何者、式部惣掌二礼儀一、兵部既無二此職一、

以前、外従五位下守大判事物部中原宿祢敏久申偁、二省所レ論、具件如レ前、然検二令条一云、公会之儀、随レ事立レ例、不レ必二一途一、何者、元日大嘗等会、式部惣摂二掌之一、季禄大祓等儀、数省共相二行之一、但大同二年明法曹司答曰、依レ令式部兵部各掌二文武官名帳一、但行立次第、須二文武混雑一、式兵二省不レ可二各別一者、此随二式部所レ問之旨一、只挙二彼省所レ掌之儀一、公式令云、文武職事散官朝参行立、各依二位次一為レ序、位同者、五位已上即用二授位先後一、六位已下以レ歯者、此文既云二文武職事散官朝参各依二位次一、即明元日大嘗等儀、不レ論二文武一混雑行列者也、其至レ如二賜禄一、二省倶掌、理須二文武分別一、不レ可二混雑列立一者、被二右大臣宣一偁、奉レ勅、宜下依二敏久所レ申行上之、

弘仁六年十一月十四日

以下、その内容を若干の補足を加えながら整理しておこう。

本官符所引の兵部省解によれば、

① 給季禄儀の当日、弁官が式部・兵部両省を召喚して「早く刀祢（トネ）[3]を列ねよ」と命じた。

② これを受けて、両省は季禄を受給する官人たちについて、文官の列立は式部省が、武官の列立は兵部省が、そ

れぞれ分かれて担当することになるはずであった。

③ところが、その列立に先立ち、式部省は兵部省を呼びつけ（召して）、「従来は式部省が…（不明）…しかるに今日式部と兵部が分れて官人たちの列立を担当しているのは不当である」と咎め、兵部省に武官列立を担当させなかった（式部省が職務を独占した）。

④しかし、道理を考えてみると、これはそもそも式兵両省に列立を命じた弁官の宣に背いている。そこで、この件について、兵部省から明法曹司に問い合わせてみると、(4)

「職員令によれば、式部省は内外文官の禄賜・名帳を職掌とし、兵部省は内外武官の名帳・禄賜を職掌としている。したがって、季禄支給の際は文武官を式部・兵部が分担して引率・列立すべきである」

との回答を得た。

⑤兵部省はこれを根拠として、給季禄儀において、式兵両省が分担して刀祢の列立に当たることを求める解を太政官に上申した。

⑥これを受けて、太政官は兵部省解を一方の当事者である式部省に示して弁明を求めた。すなわち、本官符所引式部省解によれば、

⑦兵部省解が引いた明法曹司の回答は、禄を支給する場では、どちらも禄賜を職掌としているのだから、両省が別々に引率するのが道理であるというものだが、式部省としてもその限りでは異論はない。

⑧ただし、（単なる賜禄ではなく）賜禄の宣命が発せられる場では、文官と武官は区別せず混合すべきである。何故なら、大同二年（八〇七）十二月二十八日明法曹司問答によれば、

「職員令を確かめてみると、式部省は文官名帳を管掌し、兵部省は武官名帳を管掌する。ただし、列立方法について、文官武官は混合すべきであり、分けるべきではない。理由は式部は全官人の礼儀を職掌とするのに対し、兵部にはこの職掌がないからである」

とある故である。

⑨　両省の主張を受けて、太政官は相論を裁定するために、大判事中原敏久に諮問する。

⑩　その答申は、

「令条を確かめてみると、公けの儀式の場では、儀式に応じてきまりが立てられていて一様ではない。何故なら、元日朝賀や大嘗祭では式部がすべてを管掌するのに対し、給季禄儀や大祓では数省が相共に担当するからである。なお、大同二年の明法曹司問答で「令によれば式部省は文官名帳を管掌し、兵部省は武官名帳を管掌する。ただし、列立方法について、文官武官は混合すべきであり、分けるべきではない」と答えているが、これは式部省の諮問の趣旨に沿って、ただ式部省が管掌する儀式について述べているにすぎない。（そもそも）公式令[5]には「文武の職事・散官の朝参に行立せんには、おのおの位の次に依りて序とせよ。位同じならば、五位以上は、すなわち授位の先後を用いよ。六位以下は歯をもってせよ」とある。すでにこの条文にして「文武の職事・散官…」と言っているのである。すなわち、（なるほど）明らかに、元日朝賀や大嘗祭の儀式では文武を問わず混合して列立する。（しかし）賜禄のような儀式では、式兵両省が共に列立を管掌するのである。それ故、道理からいって、文官武官を分けるべきであり、混合して列立すべきではない」

というものであった。

⑪　太政官はこの答申を受けて、右大臣が天皇の勅を承り、大判事敏久の答申にしたがって、兵部省の主張を認め、給季禄儀において兵部省が武官の列立を担当することを認める太政官符を作成・下達した。

以上の経緯から、式部省が弘仁六年二月の給季禄儀において、おそらくは例年通り兵部省と列立を分担することになっていたにもかかわらず、兵部省の職務遂行を一方的に妨害し、その職務を奪って文武を混合する方法での列立を強行した。すなわち、式部省が兵部省に対し、横車を押した事件である。兵部省は式部省のこの不条理な横車と実力行使に抗うこともできず、ようやく事後になって太政官に裁定（職掌確認）を訴え出た。

もともと太政官（弁官）は式兵両省を召喚して官人の列立を命じている。むろん、それは文武官を分けて列立するためである。十一月に下された裁定結果も畢竟そのことを再確認する内容にすぎない。にもかかわらず、この裁定が下るまでに、約九カ月もの時間を要した。これは看過すべきではない。何故なら、その間八月には次の給季禄儀（秋冬禄）が行われているからである。そこでもまた、式部省は兵部省を実力で儀場から排除し、文武官を分けることなく、独占的に列立に当たったと考えられる。

それでは、式部省は何故かような横車を押すことができたのか。実は式部省が惹き起した相論はこれにとどまらない。次節では、式部省が関与した別の相論を取り上げることとするが、この相論をも併せ考えれば、式部省という官司にとって、弘仁六年の相論は何ら特殊な事件ではなく常に起こりうるものであり、またこの官司は他の官司のみならず、太政官の意向と対立することも意に介さず、自らの主張を堅持して場合によっては実力行使をも辞さない官司であったことが明らかになるであろう。

二　給季禄儀不参者をめぐる式部省と弾正台との相論

別の相論とは、延暦十一年（七九二）から弘仁二年（八一一）まで二〇年にも及ぶ弾正台との相論のことである。先の弘仁六年と同じく給季禄儀ではあるが、こちらはその不参者の処分をめぐる相論であった。関係史料を年代順に列挙しよう。

A延暦十九年十二月十九日官符

太政官符

一弾正台所レ弾諸司官人事

右得二式部省解一偁、台移偁、給二春秋禄一日、不参五位及雑任六位已下既違二勅例一、事須二断罪附考勘科一者、今依二

移状一将レ科二違勅一、所レ犯事軽、贖銅還重、加以、六位已下、応レ至二解官一者、宜レ待二後処分一者、
以前、被二右大臣宣一偁、奉レ勅、如レ右者、省宜三承知立為二恒例一、
延暦十九年十二月十九日

B延暦二十一年十月二十二日官符
太政官符
応下弾正台所二弾移一諸司官人准レ犯貶降上事
右検二案内一、太政官去延暦十九年十二月十九日下二式部省一符偁、得二省解一偁、台移偁、給二春秋禄一日、不参五位及雑任六位已下、既違二勅例一、事須二准レ罪附考勘科一者、今依二移状一、将レ依二違勅一、所レ犯事軽、贖銅還重、加以六位已下、応レ至二解官一者、宜レ待二後処分一者、右大臣宣、奉レ勅、若科二違勅一、実復過重、宜下施二踈網一以存中懲粛上、其犯二違法令一、宜レ処以二恒科一、若事違二弾例一、即科二違式罪一
延暦廿一年十月廿二日、

C弘仁二年五月十三日官符
太政官符
応レ送二五位已上歴名一事
右得二弾正台解一偁、去延暦十一年十一月十九日勅例偁、賜二位禄季禄一時者、諸五位已上、自参二大蔵省一受、若不参者弾正糺レ之者、而依レ無二歴名一、不レ便レ勘レ之、謹請二処分一者、右大臣宣、奉レ勅、式部省写二五位已上歴名一、臨レ時送レ台、其六位已下者、専預二彼省一者、宜二承知依レ宣行一レ之、自今以後、永為二恒例一、
弘仁二年五月十三日

行論の都合上、C官符からみてゆこう。この弘仁二年（八一一）の官符が引く弾正台解は延暦十一年（七九二）十一月十九日公布の勅例（新弾例）[6]を引くが、そこでは位禄・季禄の支給に際して五位以上は自ら大蔵省に赴いて禄物

を受けよ（「給位禄儀」「給季禄儀」への出席）とし、不参の場合は弾正台がこれを糺せと定めている。ところが、弾正によれば、台に「五位已上歴名」がないために、五位以上の両儀参不の確認は不便であるとして、太政官に善処を要請している。これを受けて太政官は奉勅を経た上で、式部省に対し所管の「五位已上歴名」を書写して随時弾正台に送れと命じる一方、六位以下の参不確認については式部の所掌であることを付け加えている。

しかしながら、そもそも太政官が延暦十一年の新弾例によって弾正台に両儀への不参五位以上を糺せと命じた時、その職務遂行に「五位已上歴名」は必要とされなかっただろうか。かの弾例から二十年近くを経て俄かにその必要性が高まり弾正台解が提出されたのであろうか、そうではあるまい。式部省所管の「五位已上歴名」は当初より弾正の職務遂行に必要であったのであり、その写しは当然式部から弾正に送られることになっていたはずである。ところが、弘仁二年当時、実際には式部から歴名は提供されていなかった。弾正台はその現状を訴えて太政官に善処を求めたのである。式部による歴名不提供がいつにさかのぼるかは不明であるが、延暦十九年（八〇〇）以前にさかのぼることはA官符からほぼ確実である。

このA官符が引く式部省解はさらに弾正台移を引くが、その移において弾正は給季禄（春秋禄）儀不参の五位および六位以下官人は先の延暦十一年勅例（新弾例）に違反しているとして、式部に対し、「断罪」・「附考」・「勘科」を求めている。ここでは「断罪」が重要である。というのも、のちの延喜弾正式39位禄季禄条によれば、弾正は給位禄季禄両儀に際しては大蔵省に出向き不参五位以上を勘録して刑部省に移を送ることになっているからである。刑部省に移を送るのは、むろん不参五位以上の「断罪」のためである。式条から推して、その移は本来弾正台から直接刑部省に送るべきものであった。ところが、A官符所引の台移においては「断罪」を直接刑部にではなく式部に求めている。それは弾正が直接刑部に移を送ることができず、それを式部に委ねざるをえない事情があったからである。その事情とは、延暦十九年当時、弾正は式部から「五位已上歴名」の提供を受けることができず、ために不参五位以上の勘録が十分にできなかったという事情である。かように考えて大過なきものとすれば、式部の弾正に対する歴名不提供は少なくとも十年に及んでいたとみられるのである。

かくして、弾正は長きにわたり、弾例に定められた職務の遂行を式部の歴名不提供によって妨げられた。換言すれば、式部省はその間、弾正台の職務遂行に対し、歴名不提供という方法で抵抗したのである。延暦十一年の新弾例公布を知らなかったはずはない。知っていてなお、式部省は弾正台の任務遂行に抵抗し、「五位已上歴名」の提供を拒み続けたのである。

それでは何故式部省は長きにわたって歴名提供を拒み続けたのか。延暦十九年のA官符がその理由を明かす。この時、そもそも弾正が式部に移を送った目的は本来弾正が行うべき不参者の刑部省への通報を含め、一連の処分「断罪・附考・勘科」への関与を式部に求めることにあった。かりにその関与が式部の責任において完璧に行われていたとすれば、弾正は本来の自身の職務が遂行できない不本意はあるにせよ、これら一連の処分をわざわざ式部に要請する必要はない。さすれば、式部はこれらの処分や処分への関与を全く行っていなかったか、行っていたとしても弾正からみて不十分なものであったのである。とりわけ式部は「断罪」とその結果なされる「勘科」について、刑部省への移による通報を拒んだものと考えられる。そのことは台移を引く式部省解から推定可能である。

縷述のごとく、弾正は不参官人を勅例（新弾例）に違反しているとして、式部に対し、「断罪」[7]・「附考」・「勘科」を求めた。これに対し、式部は太政官に解を提出し「弾正台の言う通りにしていたら、違勅罪で処罰することになる。さすれば、大した過失でもないのに重い贖銅を科すことになり、さらに六位以下官人の場合は解官させることになるので、（違勅罪ではなく）別途適当な処分を検討すべきである」と建言したのである。

弾正台が言及した「勅例」[8]とはC官符にみえる延暦十一年十一月十九日勅例、すなわちこの日に勅命をもって公布した弾例（新弾例）の謂であり、勅そのものではない。しかし、弾正台はさようの弾例に対する違反もまた違勅罪であると主張したのである。その主張に式部省は敢然と反論する。それが太政官に提出した解であるが、式部の反論は弾正のみならず、太政官にも向けられた。かつて新弾例を勅命によって公布した太政官もまた当然、弾正台同様、「弾例違反は違勅罪」とする立場にあったからである。

弾例違反は論理的には違勅罪となる。式部省もそのことは認めている。認めた上で、「不参という違反行為を罰するに違勅罪は重すぎる」と反論したのである。拙稿で明らかにしたように、律令制下の現実の朝儀においては不参が想像以上に横行していた。(9)給季禄儀も例外ではない。式部省はその現実を踏まえ、太政官およびその意を体した弾正台の拠る形式論理の危うさに非を鳴らしたのである。現状をみれば、給季禄儀の不参など「大した過失でもない」のに、違勅罪とは過重である。多数の官人たちを違勅罪に科し、延いては解官させることなどあまりに非現実的である。式部が弾正の職務遂行に抵抗し、「五位已上歴名」の提供を拒み続けたのもかような理由によるであろう。

太政官は式部の建言をそのまま受け容れ、二年後の延暦二十一年（九〇二）、「違勅罪適用は過重である」との式部に沿った判断を示し、別途適当な処分として「法令違反は通常の科刑、弾例違反は違式罪」(10)を適用すると定めた。(11)ここに式部の主張は全面的に認められ、給季禄儀不参者は違勅罪で罰せられる懼れはなくなった。逆に、この太政官の判断が出るまでは、先の式部の主張から推して、不参の六位以下はもとより、五位以上についても、式部から刑部への移による通報は行われていなかったものと推定される。さらに、弘仁二年に弾正台が「五位已上歴名」の台への移送を太政官に求めてきたことからすれば、式部は延暦二十一年以後においても刑部省に不参者を通報していたか否か甚だ疑問である。

以上の給季禄儀不参者の処分をめぐる式部省と弾正台の言動を整理してみると、本件は要するに、延暦十一年の新弾例を楯に不参者への違勅罪適用を主張する弾正台と違勅罪を過重として別の処分を適当とする式部省との間に交わされた相論であった。弾正は式部からの「五位已上歴名」の移送を受けて刑部省に不参者を通報する立場にあったが、式部は不参官人の違勅罪適用を回避すべく、その歴名移送を長年にわたって拒み、さらにおそらくは弾正の代わりに自らが刑部へ不参者を通報することも拒んだ。その一方、延暦十九年には弾正の主張を斥けるべく、太政官に不参官人への違勅罪適用を撤回させ、別途処分を検討するよう要請した。かくして、二年後の同二十一年、式部はついに太政官から弾例違反には違式罪適用との裁定を勝ち取る。しかも、その後にあっても式部は刑部への不参者通報を拒んだ可能性すらある。そのためか、弾正台は弘仁二年に至って、式部所管「五位已上歴名」の台への移送を太政官に要請し認められた。しかし、同時に六位以下の不参者については、従前通り式部省の処分に委ねることが確認されたのだった。

この一件を通して留意すべきは、式部省が弾正台の勅例（新弾例）を楯にした批判に微塵も怯むことなく、また新弾例を公布した太政官に聊かも臆することなく、これらに敢然と抵抗し、「五位已上歴名」の弾正への移送と刑部への不参者通報を拒むという実力行使に打って出たこと、しかもそれを長年にわたって続けたことであり、剰え太政官に働きかけて不参者への違勅罪適用を撤回させ、新弾例をいわば骨抜きにするという剛腕を発揮したことである。弘仁二年に本件が一応の決着をみて数年を経た同六年、やはり給季禄儀において今度は兵部省を相手に横車を押す。式部省とは、かく自らの主張のためには太政官をも憚らず、時に実力行使をも辞さない鞏固なる自負をもった官司であった。

されば、その鞏固なる自負の源泉は何処にありしか。式部が人事官庁として、また礼儀監督官庁として絶大な権限を与えられていたこと。やはりこれを措いて外に求むべきものはあるまい。以下にそのことを具体例を挙げて述べることとしよう。

三　人事官庁としての式部省

式部省も弘仁六年の相論の対手となった兵部省も、共に律令制下の人事官庁であった。養老職員令によれば、式部省は文官の人事を担当し、同じく兵部省は武官の人事を担当する。(12) 大宝官員令も同様であったとしてよい。ところが、実際には当初式部省が文官のみならず、武官の人事をも担当していたことが夙に指摘され、(13) さらに近年渡辺晃宏氏は平城宮東区朝堂院南方官衙の発掘成果にも拠りながら、兵部省の武官人事権は天平三年（七三一）になって確立されたと主張している。[14]

この渡辺氏の所論はその限りで概ね妥当と思われるが、[15]実は兵部省は天平三年以降においても武官人事権を未だ完全に掌握していたわけではない。左掲の天長五年（八二八）正月二十三日官符によれば、武官の一たる鎮守府弩師については九世紀初頭に至るまで依然として式部省が補任し続けた。

太政官符

応レ補二鎮守府弩師一事

右検二案内一、件弩師、宝亀以来、式部補任、始レ自二大同一、二省互補、今被二中納言兼左近衛大将従三位行民部卿清原真人夏野宣一偁、奉レ勅、文武之職掌各異、鎮守之官、須二兵部補一、

天長五年正月廿三日

しかも、式部省は大同年間（九世紀初頭）に至っても、その補任権をすべて兵部省に譲渡したわけではない。「二省互いに補す」とあることからすれば、いわばその半分のみを譲渡し、残る半分はなお確保したのであった。兵部省への補任権の完全譲渡はそれから実に二十年近くを経た天長五年（八二四）正月の本官符によってである。官符は「文武職掌各異」と兵部による完全補任の正当性を説いているが、それは全くいわずもがなであって、今更の感を禁じ得ない。ここで重要なことは宝亀以来、その自明ともいえる正当性が永く歪められ、兵部省の武官人事権確立後百年近くを経てもなお、ごく一部とはいえ、式部省による武官人事への介入が許されてきた事実である。

かように、式部省は人事担当官庁として兵部省をはるかに凌駕する歴史と実績を有した。その前身は七世紀後半、天智朝末年に初見の法官[16]であるが、この法官こそは官に文武の別なき大宝令前においては唯一無二の人事官庁であった。それ故にこそ、八世紀以後文武の別が設けられた大宝令制下に入っても、式部は文官のみならず武官の人事に介入したこと、先学の説くごとくである。令制当初、人事官庁としては歴史も実績もない兵部省に武官人事を全面的に

委ねることができず、その多くを実力において圧倒する式部省に委ねることがむしろ現実的であったであろう。当然のことながら、式部には官人、とりわけ下級官人の人事について大きな権限が与えられた。

和銅元年（七〇八）四月、式部省は貢人・位子といった下級官人採用制度の運用をめぐる省ぐるみの令規違反を摘発された(17)。このとき政府は長官以下史生以上の自首と処罰とを命じているが、これは人事官庁として重きをなした式部省を標的にしつつ、内外諸司に大宝令の習熟・遵守を進展させようとした一罰百戒の方策であった(18)。そもそも摘発された令規違反は政府が下級官人の採用人事について式部省に大幅な裁量権を与えていた結果と理解すべきである。大宝令施行による官僚機構拡充に向けて大量の下級官人群を形成する必要に迫られていた政府はこれまでそれを黙認していた可能性さえ否定できない。

むろん、式部省が下級官人について大きな権限をもっていたことは採用面に限らない。前節のC官符においては、既述のごとく、太政官は弾正台の訴えを容れ、式部に「五位已上歴名」の弾正台移送を命じるが、同時に式部が圧倒的な管理権限を有する六位以下官人の不参については、弾正台ではなく式部による処分を認めている。おそらく不参六位以下は従来から式部の所管であったのであり、太政官はその現状を追認したものであろう。五位以上について弾例遵守を命じるのが関の山で、六位以下については式部が人事管理者としての大きな権限を有することに配慮し、太政官としても現実的対応を余儀なくされたものと思われる。

その点はA官符においても同様である。式部は省解のなかで六位以下について違勅罪を科されれば解官に至ることを案じているが、そこには自らの管理下にある多くの六位以下官人を不参ごとき軽罪で解官させるわけにはいかないという人事管理者としての気魄すら看取される。その気魄こそが「弾例違反は違勅罪に非ず」という太政官の譲歩を引き出したといっても過言ではあるまい。太政官は人事管理者としての式部に配慮したとみてよい。それにしても、国家の最高中枢機関たる太政官に向かって「給季禄儀の不参など大した過失ではない（「所犯事軽」）とは大胆不敵である。しかし、事実はさようの揚言が許されるほどに、式部は人事管理面で絶大な権限を認められていたのである。

式部が人事管理面で絶大な権限を認められていたことは左掲の延暦十九年十二月十九日官符(19)が引く式部省解にも現われている。

延暦十九年十二月十九日官符云

一諸司六位以下考唱不到事

右得二式部省解一偁、養老二年十月十八日太政官処分云、諸司預レ考之徒、必宜二正身参対一、若被レ追不レ起者、不レ須レ預レ考、自身披訴有レ理者、省未レ校以前、聴レ入二考例一者、依二一日怠一除二一年労一、准二其労一怠事須二優恕一、若従レ降レ等、足二以懲勧一者、宜レ従レ降レ等、以前被二右大臣宣一偁、奉レ勅、如レ右、自今以後、立為二恒例一、

この解は考唱不到に対する制裁について太政官に建言したものである。ここでいう考唱とは、毎年式部省に六位以下官人を出頭させ、長上官には上日数（勤務日数）と善・最（評価のポイント）を、番上官には上日数と行事を唱示する朝儀であり、不到とは不参と同義であるが、この式部省解によれば、その朝儀への不参者に対する制裁は養老二年（七一八）の太政官処分以来、当年の考を破棄するというものであった。官人は毎年の考を所定の年数積み重ねてはじめて昇進機会を得るから、この制裁を科されれば昇進機会は一年遠のくことになる。その不利益こそが制裁の狙いであった。

ところが、式部省はこの養老二年施行以来長年に及んだ制裁規定について「わずか一日の怠慢のために一年間の考を破棄することになる。その間の官人としての勤労を考えれば、さようの怠慢など大目に見るべきだ」と批判し、当年の考の評価を引き下げる制裁で十分だと主張したのである。これまた不到が常態化した現実に基づき、八十年以上も前の規定を墨守して多数の六位以下官人の昇進をむやみに遅らせる愚を論ったものであろう。それにしても、「不到のごとき怠慢など大目に見るべし」とは太政官をさしおいて傲岸不遜ですらある。直接現実の人事に携わる式部からみれば、夥しい数の官人たちの昇進機会を遅らせ士気の低下を招きかねない養老以来の制裁規定など、非現実的な過去の遺物といわんばかりである。人事管理に絶大な権限を振るう式部ならではの揚言であった。太政官はこれを咎

めるどころか、その建言をそのまま聞き容れたのである。

四　礼儀監督官庁としての式部省

式部省は人事官庁であるとともに、礼儀監督官庁でもあった。兵部省は礼儀監督官庁ではない。したがって、式部は文武の全官人について、朝廷で行われる政務・儀式の礼法遵守如何を監督する。式部が礼儀監督官庁として絶大な権限を与えられていたことを示す事例は枚挙に暇ないが、ここではまず左掲の卒伝にみえる藤原松影の逸話を挙げよう。

日本文徳実録斉衡二年（八五五）正月癸卯条

前山背守従五位下藤原朝臣松影卒、松影（中略）為レ人厳正、鬚眉如レ画、起レ家補二内舎人一、累遷、天長四年為二式部大丞一、時東宮僚属、妙選二名流一、松影風望著聞、遷為二春宮少進一、還復二式部大丞一、①時当二朝会一、嵯峨皇子源朝臣常、縁レ勅帯レ剣、式部詰以レ未レ知二詔旨一不レ聴、皇子愧赧而帰、以レ故、天皇赫怒、貶二黜式部官人一、左二転松影一、為二弾正少忠一、（中略）（承和）三年復為二式部大丞一、出為二丹波介一、後復為二式部大丞一、十一年春、授二従五位下一、歴二左少弁、中務治部両省少輔、出雲山城両国守一、病卒、時年五十七、②松影四入二式部一、閑二練故事一、其進退容儀、得二於天性一、今到二吏部一者、皆推二松影一、為二楷模一焉、

逸話とは傍線部①にみえるように、松影の式部大丞再任中の一件である。すなわち、朝会に際して嵯峨天皇の皇子源常が勅許を得て帯剣してきたところ、その勅許のことを知らなかった式部官人らは常を詰ってついに帯剣を認めなかった。常は大恥をかいて引き上げ、これを聞いた父の嵯峨は激怒して式部官人たちを降格、松影も弾正少忠に左遷させられた、というのである。この一件は式部省中の誰か一人が暴走して起こした事件などではない。政務・儀式の場における式部の通常の礼儀監督の過程で生じた事件である。

かく式部省は相手がたとい天皇の皇子であろうと、また勅許を得ていると言い張ろうとも、礼儀違反者に対しては臆せず怯まず、自らの職務を断固遂行したのである。この時はやや勇み足の感も否めないが、式部が礼儀監督官庁として絶大な権限を与えられていたことを遺憾なく示している。

松影の左遷先が弾正少忠であることも興味深い。何となれば、弾正台は官人たちの綱紀粛正と非法違法の摘発を職務とし、その一環として礼儀監督をも行ったからである。しかも、式部大丞も弾正少忠も相当位は共に正七位下で同格である。とすれば、この異動が貶黜（降格）すなわち左遷としての意味をもつためには、礼儀監督に関する弾正の権限が式部のそれよりかなり見劣りがするといった実態上の格差がなければならない。第二節において、給季禄儀不参者の処分に関連して、式部が長年にわたって弾正に「五位已上歴名」を提供しなかった事実を取り上げたが、これもまた礼儀監督については式部が弾正に比べて圧倒的に大きな権限を有していたことが背景にあったといえよう。

さらに、松影はその後三たび、次いで四たび式部大丞に任ぜられる。卒伝はその結果「故事に閑練する」に至った（傍線部②）と記述するが、式部官人としての重用は生得の「進退容儀」もさることながら、その「閑練故事」も大きな理由であったと思われる。

そして、式部省にはこのように故事に閑練した人物が繰り返し長年在任した事例がさらに二例認められる。その一は弘仁元年（八一〇）に式部卿に任ぜられて以降、嘉祥三年（八五〇）に至るまで断続的にこの任にあった葛原親王であり、その薨伝に「久在二式部一諳二職務一、凡在二旧典一、莫レ不二達連一、挙レ朝重レ之、勅賜二輦車一入レ宮、礼儀異二諸親王一」と記されている。[20] その二は天長元年（八二四）に式部少録、承和五年（八三八）には式部大録に任ぜられた都貞継であり、彼もまたその卒伝に「累二歴吏部一、詳二知旧儀一、後到二此職一者、必相訪習二行之一」と述べられている。[21] 以上三例はいずれも「故事」（「旧典」「旧儀」）に精通し、後の式部官人から「楷模」や「相訪習行」うべき先達とされたり、朝廷を挙げて重んじられた人物である。

ところで、諸他の官司、たとえば、中務省や弾正台についても、職務内容に精通した人物が繰り返し長年在任したことを伝える記事が薨卒伝にあったとして不思議ではない。しかしながら、さようの事例は全く見当たらないのである。されば、式部省の上記三例は甚だ特異な事例なのであって、その特異性とは畢竟礼儀監督官庁としての式部省の特異性に因ると思量される。ならば、その式部省の特異性とは何か。

礼儀監督の権限とは単に政務・儀式の場に臨んで微細な挙措進退の非違を摘発する権限に止まらない。我々はともすれば、専制君主国家たる古代日本においては、当初より専制君主の威令により政務も儀式も整然と執り行われたとア・プリオリに想像しがちである。しかし、翻って考えてみると、それはありえない話である。(22)中国のような伝統的体系的な礼を社会規範としてもたないわが国において、政務や儀式を持続的に整然ならしめるためには、まず政務・儀式の法そのものを作り上げ、次いで礼をバックボーンにもたない官人たちにその法を不断に教習・矯正する以外に手立てはない。七世紀後半の律令国家草創期よりその作成・教習・矯正を強い権限をもって担ったのは当初唯一の人事官庁として官人を管理した法官・式部省であった。(23)両者の和名ノリノツカサの「ノリ」とは政務・儀式の法式（ノリ）(24)に外ならない。

かつて、土田直鎮氏は「先例を守り礼儀作法を整えて事務を行うこと」が政治であったとした。(25)これは平安時代について述べたものだが、要するに政務も儀式も政治そのものであったのである。平安時代以前についても基本的には同じであるが、律令国家草創期に限ってみれば、先例なき所に先例を積み重ね、礼儀作法なき所に礼儀作法を組み立て教習し、さらには必要な妥協をも加えながら(26)政務・儀式を整然と執行すること、それが政治であった。式部省の特異性とは草創期よりこの政治としての政務・儀式の運営責任を負い続けたことにある。

本稿冒頭の弘仁六年官符が引く式部省解には、実は式部が草創期以来政務・儀式の運営責任者であり続けたことへの自負が図らずも滲み出ている。⑧の「宣命が発せられる場では、文官と武官は区別せず混合すべきである」がそれである。政務・儀式のなかでも、天皇の宣命が官人たちに発せられる場、すなわち政治の場として最も本源的な場においては、文武の別など不要であり、列立などの運営責任は昔も今も当然式部が担うべきである。式部はそう自負している。むろん、その運営に責任を負うためには必要な権限を行使しなければならない。政務・儀式の運営責任が政治上重要な意味をもつ以上、与えられた権限も絶大であったと考うべきである。場合によっては、勅許を得て帯剣していた皇子でさえ非礼と決めつけて詰り屈辱を与えることも辞さない。それも式部に許された権限の範囲内であった。

五　太政官と式部省との統制関係

以上の論述から、式部省が七世紀後半の律令国家草創期より九世紀に至るまで、人事官庁としても礼儀監督官庁としても兵部省を圧倒する実績と権限を有していたことは明らかである。兵部省は式部省と決して対等ではない。とりわけ、式部が礼儀監督官庁として絶大な権限を有していたことは重要である。既述のように、弘仁六年二月、給季禄儀がはじまろうとしたその矢先、式部省は兵部省を「召し」て「勘（いましめ）」た。同格のはずの式兵両省間で「召す」「勘（いまし）む」という上下関係が成り立つのは式部が礼儀監督官庁としての権限を行使して兵部を咎めたからである。むろん、兵部もそれをよく承知していた。何より「召」も「勘」も兵部自身の用字である。そして、呼びつけられた兵部はその場で式部に対して有効な反論もできず、理不尽なその「勘（いましめ）」をただ黙って受け容れるしかなかった。

兵部だけではない。給季禄儀不参者の摘発に当たった弾正台も弘仁二年に至るまで実に十年以上もの永きにわたり、職務遂行に必要な「五位已上歴名」の提供を式部から理不尽にも拒絶され、不便を強いられた。これまた、式部が人事官庁であっただけではなく、礼儀監督官庁として弾正に勝る権限を握っていたことにもよるであろう。

人事やとりわけ礼儀監督において圧倒的な権限を有していた式部は職務上競合するようになった兵部・弾正に対して、その権限を容易に手放そうとはしなかった。あえて理不尽な行動（不作為）に訴えてでも、それを自らの手許に留め置こうと抗ったのである。

それにしても、弘仁六年の一件で解せないのは太政官の取った対応である。既述のごとく、この一件は式部と兵部との相論を太政官が裁定するという経緯をたどって決着をみた。そこでは、太政官はあくまでも裁定を下す第三者としての立場に終始したのだった。

しかし、これはいささか奇妙ではあるまいか。そもそも、文官・武官を分けて式部と兵部に列立を命じたのは太政官（弁官）である。(27)この両省分担方式での列立がいつからはじまったかは不明であるが、仮にそれがごく最近のことであったとしても、弘仁六年の給季禄儀における列立に際して、太政官が有していた認識と下した指示は明らかに文武を区別した両省分担方式であった。

それ故、式部省が横車を押したことを兵部省が「官宣に背く」と後日言っているのは至極当然である。ところが、官宣に背いて列立を独占しようとする眼前の式部省を太政官（弁官）は制止することも、譴責することも、指示通りの列立を命じることもせず、剰え八月の給季禄儀でも式部による同様の独占担当を再度黙認した。(28)

律令制下の太政官といえば、八省以下諸官司を統轄する最高中枢官庁である。式部がいかに人事官庁・礼儀監督官庁として強い権限を有するとはいえ、その上に立ってこれを統轄するはずの太政官が、式部の指示違反を黙認し、指示を出した当事者としての責務を放棄して第三者を決め込んでいる様は奇怪ですらある。後日の裁定結果を伝える弘仁六年官符の文面からも、式部への批難・指弾（国郡司の瑕疵を責める際にみられる）は片言隻句も認められない。ちなみに、当時の太政官には中納言として兵部卿藤原縄主（弘仁六年官符の宣者）がおり、一方式部卿の葛原親王は廟堂入りはしていない。中納言縄主は自らが長官を務める兵部省が式部省によって蹂躙されてもただ拱手したままであった。

さて、かようの太政官の対応から、我々は当時の太政官と式部省との間の統制関係の一端をうかがうことができる。かつて坂上康俊氏はわが式部省と唐制吏部との比較を試み、人事官庁としての式部は太政官に対して判断材料を注申する事務局にすぎなかったと位置付けた[29]。これは大宝元年（七〇一）七月の太政官処分[30]以来、奏任以上の選任については、式部は任官候補者のリスト（「名籍」「可用之人名」）を太政官に送るのみで、任官そのものは太政官が行ったことを主たる根拠としている。もっとも、奏任以上に比して厖大な数に上ったはずの官判任および式部判補については、式部に任否の判断が委ねられた。そのことを過小評価すべきではない。また、勅任・奏任についても、判断材料とはいえ、「用うべき人の名籍」を作成するに際しては、式部の判断によってある程度の絞り込みが行われたと想定される。ただ、それでもなお、氏の指摘するごとく、唐の吏部が日本の奏任に相当する奏授において書類審査や試験を行った上で実質的に任官まで行ったことを踏まえれば、上述の氏説はそれとして尊重すべきであろう。

しかしながら、坂上氏がこれをさらに敷衍し、日本の八省は実際面においては太政官の単なる事務部局にすぎず、常に政治的判断を太政官に委ねる傾向を強くもつ存在であると推すに及んでは、もはや左袒することは困難である。

本稿が明らかにしたように、少なくとも礼儀監督官庁としての式部省は弘仁六年、太政官（弁官）の命令を完全に無視し、勝手に兵部を排除して職務の独占を強行したのに対し、太政官はこれを咎めようともしなかった。ばかりか春秋二季にわたってそれを黙認したのである。また、延暦十一年に公布された勅例（新弾例）の趣旨に式部が抗い、弾正への歴名提供を拒んでも、太政官はやはりこれを改めようともせず、十年以上もの間それを放置した。さらに、式部はその勅例に対する官人たちの違反（給季禄儀不参）について「大した過失ではない」と擁護して、太政官に違勅罪適用を撤回させたのであった。また、別に考唱不到についても「大目に見るべし」と弁護して、太政官に長年施行の制裁法を撤廃させた事例もある。さらに、礼儀監督官庁のみならず、人事官庁としても、先述のごとく、八世紀初頭には、さすがに太政官の摘発を受けたとはいえ、下級官人採用制度について令規違反の運用を自らの裁量で行っている。

これらの事例からすれば、実際面において、式部省は太政官の単なる事務部局にとどまらなかったのであり、むしろ太政官に対して独立性の強い官庁であったとすべきである。そして、その独立性を担保していたのが、人事官庁・

礼儀監督官庁としての圧倒的な実績と権限であったことはこれまでの論述から明らかである。

それにしても、太政官が弘仁六年の式兵相論において裁定者・調整者の立場に徹したことが今更のように目を惹く。これにさかのぼる式部と弾正との相論でも、また鎮守府弩師の任用をめぐっておそらくは交わされたはずの式兵両省間の交渉においても、太政官は同様の立場で臨んだであろう。式部は太政官の指示に背き、太政官が公布した法令に抗い、太政官が拠るべき律令法からの逸脱を要求する。にもかかわらず、背かれ、抗われ、脱法を求められた太政官は当事者として式部を咎めて是正を命じることはせず、第三者として裁定・調整する立場に終始したのである。しかりとすれば、太政官の式部に対する統制は強権的・強圧的なものではなく、むしろ宥和的・協調的なものであったことがうかがわれる。されば、かような緩やかな統制関係は強い独立性をもった式部省に対してのみ限定的に認められるものであったろうか。今はこの問いに答えるに足る十分な用意もなく、またすでに紙幅も尽きていることとて、ここでは以下に現時点での見通しを述べるにとどめたい。

太政官の式部省に対する宥和的・協調的な統制関係は、強い独立性を有する式部省ほどではないにせよ、基本的には七省以下の中央諸官司に対しても同様であったのではないか。弘仁十年から天長五年にかけて左京職と弾正台との間にもある問題をめぐって相論が展開されるが[31]、この相論では職・台両司の一方が主張し他方が反論するたびに、太政官はそれを受け容れて裁定が再転三転する。太政官が強力な主導権をもちつつ問題を解決せんとしたとは到底考えがたい。両司に対する統制関係はやはり宥和的・協調的であったというべきである。太政官は国政の最高指導機関として政策・法令を決定し、中央諸官司にその執行を命ずるのであるが、そのためには現実の行政を担当する中央諸官司の裁量を相当程度認め、その意向や判断を尊重することが求められたであろう。太政官の中央諸官司に対する統制関係は勢い緩やかなものにならざるをえなかったと思量される。律令官僚機構において太政官が諸官司を統轄する最高中枢機関であったことは疑いないが、その統轄の実質は諸官司間の利害対立や権限競合を裁定・調整することにあったのではなかろうか[32]。

結語

本稿では弘仁六年の給季禄儀における式兵両省相論を手がかりとして、式部省が七世紀後半以来人事官庁としても礼儀担当官庁としても他を圧倒する実績と権限を有していたことを明らかにし、その上で、この官司が太政官の単なる事務部局にとどまらず、太政官に対して独立性の強い官庁であったと論定した。もっとも、式部省は八世紀前半以降、武官人事権を徐々に兵部省に移譲するなど、人事・礼儀について他司に権限を移譲する長い道程に入っていたのであるが、その足取りはいかにも遅々としたものであった。実に九世紀半ばになっても、なお式部の権限移譲は続いたのである。換言すれば、未だに他司に移譲すべき権限をその時期まで留保し続けたのであった。宥和的・協調的とはいえ、おそらく太政官は徐々に式部の権限委譲を進めて行政を合理化・正常化しようとしたのであろう。その長い道程は式部の太政官に対する抵抗の過程でもあった。弘仁六年、式部が押した一見不条理な横車もまた、その抵抗の一齣であったといえよう。その道程がいつまで続いたのか[33]。その間式部省は太政官との関係においていかに変容してゆくのか。これらもまた課題として遺されている。あわせて今後に期することとしたい。切に諸賢の高批を乞うて擱筆する。

註

（1）類聚三代格所収。以下、本稿に引く官符はとくに断らぬ限り、すべて類聚三代格所収。

（2）テキストは新訂増補国史大系本に拠ったが、同本によれば、「彼」字については底本（前田家本）では見消して「被」の傍書がある。また。同本校異注は「彼」に続く「式部」の下に脱字を想定している。

（3）刀祢（トネ）は日本古代において官人を表す和語であり、中央では儀式の場に限って使用された。虎尾達哉「刀祢源流考」（『律令官人社会の研究』塙書房、二〇〇六年、初出二〇〇三年）参照。

（4）水本浩典「明法曹司の成立と律令の注釈」（『律令註釈書の系統的研究』塙書房、一九九一年、初出一九八八年）によれば、明法曹司とは太政官から「明法」作業を命じられた明法博士、大判事、刑部省などの官司（部局）がその案件のみに付して使用する形式であるという。太政官のみならず、兵部省・式部省からの諮問の場合もこれに准ずるか。

（5）公式令55文武職事条。

（6）この勅例が新弾例であることは虎尾俊哉「「例」の研究―八十一例・諸司例・弾例―」（『古代典籍文書論考』吉川弘文館、一九八二年、初出一九六二年）参照。

（7）養老職制律22詔書施行違条によれば、徒二年。

（8）前掲註（6）虎尾俊哉論文。

（9）虎尾達哉「律令官人の朝儀不参をめぐって」（『日本歴史』八一五、二〇一六年）参照。

（10）養老雑律違令条によれば、笞四十。律令研究会編『訳注日本律令』三律本文篇下巻（東京堂出版、一九七五年）に拠った。

（11）延暦二十一年十月二十二日官符。

（12）職員令13式部省条、同24兵部省条。

（13）宮城栄昌『延喜式の研究』論述篇（大修館書店、一九五七年）、野村忠夫『律令官人制の研究』増訂版（吉川弘文館、一九七〇年）、北啓太「律令制初期の官人の考選について」（『史学論叢』六、一九七六年）。

（14）渡辺晃宏「兵部省の武官人事権の確立と考選制度」（奈良国立文化財研究所編『文化財論叢』Ⅱ所収、一九九五年）。

（15）ただし、渡辺氏が大宝令の考文審査の主体を太政官とした上で、和銅二年（七〇九）十月甲申制（続紀）に規定された内外諸司の考選文伝達ルート（本司→弁官→本司→式部・兵部）についても、最初の「本司→弁官」で考文審査は完結しており、後半の「本司→式部・兵部」は審査を終えて返却された考文を本司が選の基本資料として式兵両省に申送するにすぎないとした点については従えない。人事官庁にあらざる太政官が内外諸司の相当数に上る考文を逐一審査することなど、はたして可能であったのだろうか。また、審査を終えた考文をそのまま式兵両省に送らず、審査結果を知らせるためにいったん本司に返却するという点も、審査結果を唱示する考唱との関係が不明である。右の和銅二年制については、通説のごとく、本司と式兵両省と間の直接的な伝達ルート上に受付機関としての弁官を位置付けた措置と捉えた方が理解しやすい。むろん、その場合、弁官が受付けた後、いったん本司に返却して本司から改めて式兵両省に考文を申送させる二度手間が不審だが、逆にたとい二度手間を生じるものであってもかような措置を必要とするほどに七世紀後半以来、考選をめぐる本司と式部（法官）との関係は緊密であったと考えるべきである。

(16) 書紀天智十年正月是月条。

(17) 続紀和銅元年四月癸酉条。

(18) 虎尾達哉「奈良時代の政治過程」（岩波講座『日本歴史』三、岩波書店、二〇一四年）。

(19) 選叙令集解応叙条所引延暦十九年十二月十九日官符。掲出に際しては、原文を適宜官符の書式に準じて整えた。

(20) 文徳実録仁寿三年六月癸酉条。

(21) 文徳実録仁寿二年五月戊子条。

(22) 七世紀半ばの孝徳朝に導入された中国の立礼は従来の跪伏礼に泥む官人らの容易に改める所とはならず、ためにたびたび禁令を発したにもかかわらず、ついに八世紀初頭に及んでもなお、立礼が跪伏礼に取って代わるには至らなかった（書紀天武十一年九月壬辰条、続紀慶雲元年正月辛亥条、同四年十二月辛卯条）。この周知の事実を想起されたい。また、国史の薨卒伝では、時として故人の「容儀」「進退」「挙止」（礼儀正しい立ち居振る舞い）のことが美点として特記される。これは逆に古代において「礼儀正しく立ち居振る舞える者」がいかに稀であったかを示唆している。

(23) 式部省が官人たちへの教習を行った実例としては、後紀弘仁九年正月己亥条（逸文、類史七二）にみえる朝賀儀のそれがある。また、養老学令22公私条は大学生をして儀式を参観せしめよとする規定（「凡学生、公私有二礼事一処、令レ観二儀式一」）であり、令集解古記の所在により大宝令にも同様の条文があったと想定されるが、この条文が空文ではなく、実際に後世に至るまで生きていたことは三代実録仁和元年九月十四日条所引の式部省解によって知られる。この式部解はさらに大学頭の言を引くが、それによると、大学寮は「朝堂之儀、公私之礼、節会宴享之日、巡狩遊猟之時」には必ず学生を率いて儀式等を「縦観陪従」させねばならぬという。右掲令条は唐令文が確認されていないので、日本独自の条文である可能性が高い。そうであるとすれば、法官・式部省が現役の官人のみならず、その予備軍たる大学生の礼儀教習をも担っていたことを反映する一条であろう。

(24) 学令集解公私条古記は令条の「令観儀式」を「謂、公私吉礼凶礼、威儀法式、令二見習一也」とし令義解式部省条もまた式部省の職掌「礼儀」を「朝廷礼儀之法式」としている。法官・式部省の「法式」は畢竟これらにみえる「法式」を指す。

(25) 土田直鎮「平安時代の政務と儀式」（『奈良平安時代史論集』吉川弘文館、一九九二年、初出一九七四年）。

(26) たとえば、任官儀においては、被任官者の不参が常態化したため、八世紀後半ついに式部省掌が欠席者に代わって称唯するといった妥協的措置が講じられた。虎尾達哉「律令官人の朝儀不参をめぐって」（前掲註（9））参照。

(27) 弘仁六年官符所引兵部省解が引く式部の叱責文言「承前彼而今相分列立不当」にみえる「承前」は「従前」と同義であり〝今までは〟とか〝これまでは〟のように〝ごく最近まで〟の意で用いられる語であるが、一方で〝以前は〟とか〝かつては〟のように必ずしも直近ではなく、ある程度時間の幅をもたせた過去について使われる語でもある。本稿では左掲の後紀弘仁四年二月丙戌条にみえる「承前」の用例（勝宝以前の通例を「承前之例」と称している）を拠として、後者の意に解した。

　治部省言、承前之例、僧尼出家之時、授二之度縁一、受戒之日、重給二公験一、拠勘灼然、真偽易レ弁、勝宝以来、受戒之日、毀二度縁一停二公験一、只授二十師戒牒一、此之為レ験、於レ事有レ疑（下略）

なお、同上官符所引式部省解によれば、大同二年に式部は「行立」（列立）をめぐる兵部との分担如何について明法曹司に諮問していることが知られるが、あるいはこの頃、給季禄儀について式部独占担当から両省分担に変った可能性もある。

(28) 所定の手順通りにあらずとも、給季禄儀なる儀式が成立すればそれでよしとする政府（太政官）のいわば現実的な対応があったとすべきであるが、かような対応はまた、虎尾達哉「律令官人の朝儀不参をめぐって」（前掲註（9））でも言及した「頽廃ともいうべき形式主義」に堕しているともいえよう。律令国家の儀式を「君臣関係確認の場」などと重視することは実は危ういのではないか。

(29) 坂上康俊「日・唐律令官制の特質―人事制度の面からの検討―」（土田直鎮先生還暦記念会編『奈良平安時代史論集』上、吉川弘文館、一九八四年）。

(30) 続紀大宝元年七月戊戌条、選叙令集解応選条所引令釈。

(31) 弘仁十年十一月四日官符、天長四年九月二十一日官符、天長五年十二月十六日官符、貞観十八年七月二十三日官符（以上すべて三代格所収）。

(32) これに対して、太政官の外官（国郡司）に対する統制関係の方は、中央諸官司とは逆に強権的・強圧的であったと考えられる。官符等において太政官は外官に対し、中央諸官司に対しては発することのない峻烈な譴責文言をしばしば発しているからである。さすれば、片や太政官を裁定・調整機関として緩やかな統制関係で結ばれた畿内中央諸官司と、片や太政官の厳しい統制下にあった外官。その構造上の対比をいかに捉えるか。さようの興味深い問題も新たに生起しよう。

(33) 承和十四年（八四〇）閏三月二十五日官符によれば、それまで式部が補任してきた鎮守将軍傔仗について、その補任権を兵部に移譲する旨、式部自身が太政官に願い出て認められている。本文第三節でみた天長五年（八二八）の鎮守府弩師の補任権移譲の後もなお式部が武官人事の一部を掌握し続けたことがわかるが、その際の式部省の言い分は「鎮守将軍は兵部省が補任しているのだから、その傔仗も当然兵部が補任すべきであるが、式旨に縛られて式部が補任してきた。しかし、これは道理からみて間違いというべきだ」というものであった。「式旨に縛られて」やむなく補任してきたなどと弁ずる式部は、かつて官宣に背いてでも武官列立担当の兵部を儀場から排除した往年の式部とはいささか趣を異にしているようである。さらに、やや降って、貞観十六年（八七四）六月二十八日官符によれば、撰格所の起請により、それまで式部が執当してきた相撲節を兵部に管轄替えした。本来兵部が執当すべきかようの武儀を九世紀後半に至るまで式部が管掌していたことに驚きを禁じ得ないが、それまでの式部の管掌を撰格所が明確に「違法」（式部兼摂、稽二之恒典一、可レ謂二乖違一）と断じたことも注目される。いうまでもなく「違法」はこの武儀を式部が執当した当初より自明であったはずだが、それを識りつつも政府（太政官）はあえて礼儀監督官庁たる式部に兼摂せしめ、その後もその「違法」を長く正常化することができなかったのであろう。それがここに来て、ようやく正常化が可能な状況、つまりは式部が「違法」を認めて管轄替え（権限移譲）を受け容れる状況が醸成されていたことをうかがわせるのである。

平安時代中期の位禄制の評価をめぐる覚書

山下信一郎

位禄とは、四位・五位の位階を有する官人が年に一回、京庫において絁《あしぎぬ》・綿・調布・庸布を給付される官人給与の一つで（禄令10食封条）、受給に際して禄を給う儀礼（賜禄儀）を伴うものであった。七世紀代大夫層に給されていた食封の代替として、大宝禄令で成立したが、実体として八世紀は四位は引き続き食封を受け、位禄は五位のみに支給されており、大同三年（八〇八）以降、四位の位封が廃止され、四位・五位ともに位禄を受給することとなった。また、支給方法についても、八世紀後半以降、漸次諸国で支給されるようになり、九世紀中頃には全面的に諸国支給（外国支給）へと変化した。十世紀初頭前後には、支給額自体も定額の四分の三に減額されるようになった。さらに延喜年間、位禄等を支給する特定財源として「年料別納租穀」が二五ヵ国に設定され、十世紀代以降「位禄定」と呼ばれる、諸国に位禄支給を割り当てる政務が行われ、特定の身分や官職にある者が優先的に配分される「分」の仕組みも形成されるに至ったことなどが明らかになっている(1)。

十世紀の位禄制度に関しては、佐々木宗雄氏が、延喜年間に完全に諸国給となった位禄制は、天慶から天暦初年に完成した受領監察体制（位禄勘会）の完成により支えられ、十一世紀代に至ったと論じられた。その一方、吉川真司氏は、延喜年間にみえる初期の位禄定は全員の支給国を決めるものであったが、次第に国司の支出拒否が頻発したため、定の性格は受給者を限定するものに変化し、定に入らなかった官人は位禄を手にできないことが多かった、との見解を示されている。当該期の位禄制度に関する佐々木氏と吉川氏の対極的理解は、当該期の国家のとらえ方（「後期律令国家」とみる大津透氏の見解、「初期権門体制」とみる吉川氏の見解）[2]の相違に通じる問題と評価してもよいだろう。位禄を含めた給与制全般の変容についての理解は、吉川氏によれば律令官人給与制は十世紀中頃に全体的に崩壊したとされ、大津氏によれば受領の任国における一元的な支配・徴税の成立と、太政官が受領を統制・監督する国家体制のもと、それなりに機能していたとの異なる見解が示されているのである。

そこで、本稿では、当該期の位禄支給制度の実態を検討し、上記の課題の整理にむけた一助としたい。

一　十世紀の位禄制度をめぐる先行研究の成果と課題

まず、十世紀の位禄制度を論じた吉川・佐々木両氏の論旨を詳しく紹介しつつ、論点を整理しよう。吉川氏は、『西宮記』にみえる位禄定は限られた範囲のみに位禄が宛てられ、とくに「分」が設けられている程であるから、位禄定は大きな意味をもっており、定に入らなかった官人は位禄を手にできないことが多かったと推測されること、位禄定の成立時期は不明だが、延喜年間の「初期の位禄定」は全員の支給国を決めるものであり、次第に国司の「申返」（支出拒否）が頻発し、位禄未給という事態に直面し、「去年過用」を口実にした国司の申返を防ぐため、別納租穀の「用残」の勘申（『別聚符宣抄』延喜十三年〔九一三〕四月二十二日宣旨）、位禄未給者に対する改国・改年という救済措置（『同』延喜十六年〔九一六〕五月十三日宣旨）、さらに正税帳の位禄記載の勘会（『政事要略』巻二十七、承平七年〔九三七〕十月十六日官符）などが行われたが、結局のところ、特定の者の位禄だけは確実に支給させようとする「限定的な位禄定」が成立し、特権的受給者のための「給数」を決定し、それを書出として記録する儀が付加された、と論じられた[3]。

一方、佐々木氏は、延喜七年（九〇七）に別納租穀が設置され、官符によって位禄等に使用されることが決められ、延喜十六年（九一六）宣旨によって、位禄が毎年国を変えられ奏聞を経た後に支給されることが定められ、位禄支給は完全に諸国給に移行し、制度的に整えられていったこと、一方、なかなか位禄が下行されない状況があったが、承平七年（九三七）官符によって、位禄勘会が明確に公文勘会に組み込まれ、受領の責任とされたこと、このように、承平を経て天慶年間に至り、位禄に関する政務は完成の域に達し、天慶から天暦初年に完成する受領監察体制の一部を構成する位禄勘会及び位禄定は、天慶までの間に成立したとされる。また、位禄制度の崩壊時期として、『本朝世紀』康和五年（一一〇三）十二月十三日条（『中右記』も同じ）の記事からは、定に必要な文書を取りそろえるのが困難な状況になっていることがうかがえ、位禄定はこのあたりを画期として、実質的内容を喪失し、単なる儀式に変わったのではないだろうか、とされる。(4)

このように、吉川氏は、十世紀初頭の「初期の位禄定」は四位・五位すべてを対象として支給手続きを行うものであったが、十世紀半ば以降には位禄制度は崩壊し、「分」が設けられるなど限られた者を対象とする「限定的な位禄定」に変貌したとされる。これに対して佐々木氏は、延喜年間以降位禄に関する新しい仕組みが整えられ、承平七年（九三七）には位禄が公文勘会に組み込まれて完成の域に達したこと、受領監察制度が十〜十一世紀の位禄制を根底のところで支えるものだったと理解されている。両氏の見解は相違が甚だしいといわざるを得ない。

年料別納租穀による位禄支給に関わる記載のある「主税寮出雲国正税返却帳」（以下、「返却帳」と略す）の評価についても、見解が分かれている。吉川氏は、「確証はないが、出雲国正税返却帳（『平安遺文』三巻一一六一号）にみえる位禄官符の多くは余り実効力がなかったのではあるまいか。」とされ、(5)佐々木氏は、「正税返却帳に記載されているのは、公文勘会をパスすることのできなかった受領の任期のもののはずである。（中略）おそらく、四人の受領の任期にあたると思われるこの期間は勘済されず、それ以外の受領の任期五十余年は、公文が勘済されたのであろう。勘出物が記載されているこの史料は、逆に公文が勘済される時には、位禄の受給が滞りなく行われていたことを証明する」とされる。(6) また、鈴木一見氏は、「長保五年を最後に勘出の記載がなくなるのは、当該期の財政破綻と税帳勘会の弛緩、形骸化を示すもの」との評価をされている。(7) しかし、「返却帳」の史料的性格には不明な点が多く、勘出記載年の有無をもって、勘出のない期間は位禄受給が滞りなく行われたと断言したり、あるいは、長保五年以降の勘出記載がないことをもって財政破綻等と評価したりできるかは、慎重に判断すべきと考える。

位禄が実際にどの範囲の官人まで受給が及んでいたのかを、具体的に検証することは難しいが、位禄定の政務を含む当該期の位禄制度において、従来、解明が進んだ殿上分・禁国分・院宮大臣家分という「分」以外の、一般四位五位層の位禄支給手続きの有様を具体的に検討することが、当該期の位禄制度の実態を押さえる上で必要であると考える。そこで、以下、二節においては出雲国の年料別納租穀による位禄給不を記した「返却帳」の記載内容を検討して「返却帳」の位禄記事から客観的に判断できる内容を精査していきたい。三節ではその成果を踏まえ、位禄定における一般四位・五位層の受給の取り扱いを検討していきたい。

二　「主税寮出雲国正税返却帳」にみる位禄受給の実態

議論の前提として、「返却帳」の史料的性格について確認しておく。「返却帳」に関する最近の研究である大日方克己氏の論考によれば、「返却帳」は、九条家本『延喜式』巻九・十紙背文書として伝来し、竹内理三編『平安遺文』（第三巻、一一六一号）は、そのなかの延久二年帳を基本に翻刻したものであること、延久二年（一〇七〇）～四年（一〇七二）、承保元年（一〇七四）及び某年度同内容の正税返却帳の断簡で、承暦二年（一〇七八）十二月末日付けで一括して作成されたものであること、摂関家家司であった出雲守藤原行房に係る受領功過定に際して、前任任終一年と当任分の税帳勘会のため主税寮が作成したものであると考えられること等が指摘されている。(8)「返却帳」には、延長六年（九二八）～長保五年（一〇〇三）の間、位禄の記載（位禄官符、対象者、支給量）がみえており、詳しくは表1・

2・3を参照されたい。私はかつて「返却帳」の位禄の額を検討したことがあり、遅くとも延長三年（九二五）までに、位禄の四分の一削減支給が常態化しており、寛平元年（八八九）の封禄削減以後、延長三年までの間に、それまで臨時の措置にすぎなかった五位以上封禄四分の一削減が常態化していたと考えた(9)。本稿では、「返却帳」にみえる位禄に関わる記載を、勘出記載の違い、位禄官符の日付、支給者名の検討、長保三年の事例などの諸点から整理してみる。

まず、「返却帳」を通覧したとき、先学がすでに注意しているように、時代の前後によって勘出の内容に違いがある点に注意される。「返却帳」の記載年次として古い、延長六年（九二八）、天慶二年（九三九）、天慶四年（九四一）、天慶五年（九四二）の勘出は、「誤無₂符充₁用諸大夫位禄₁」（誤って位禄支給官符なく別納租穀を諸大夫位禄に充用した）として勘出されているものであった。したがって、官符なく支出があったこととともに、官符に基づく適法な租穀充用も行われたことが推定できる。一方、「返却帳」の記載年次として新しい、天徳元年（九五七）、同二年（九五八）、康保元年（九六四）～康保四年（九六七）、長保二年（一〇〇〇）～長保五年（一〇〇三）の勘出は、「官符用／（改行の意）太政官長保五年五月廿七日符…」、「依太政官康保四年五月十三日符…」等とあるので、位禄支給の官符が発出されたものの、別納租穀が充用されなかったとして勘出されているものと考えられる。なお、最近の藤井貴之氏の研究によれば、後者の勘出は、官符発給は確認できることから官符以外の他の問題があって勘出されたものであり、長保四年（一〇〇二）の支給者が殿上分・院分・禁国分に該当する人物であるとみて、重複支給が認められたため勘出されたものと推測されている(10)。「返却帳」の記載をどう解釈すべきか確言できない点が多いが、これらの勘出記載の背後には、官符の命令どおり別納租穀が充用され、位禄が支給された件が存在していた可能性を考慮しておいてもよいであろう。

次に、位禄官符の日付についてである。同一年における位禄官符発給日の分布について、年代の新旧によって違いがある。長保年間では発給日がほぼそろっている傾向であるのに対して、康保年間では発給日が散在的な傾向である

表1　『主税寮出雲国正税返却帳』位禄関係記事の整理（その1）

勘出年	件数	太政官符発給年月日	位禄定日
長保5年（1003）	15件	5月27日付（15件）	不明
長保4年（1002）	17件	4月2日付（1件）、4月10日付（16件）	不明
長保3年（1001）	12件	4月12日付（2件）、5月21日付（9件）※、7月11日付（1件）〔※〕内1件は長保2年分	5月13日
長保2年（1000）	8件	5月12日付（1件）、5月13日付（5件）、5月23日付（2件）	3月19日
康保4年（967）	13件	4月3日付（2件）、4月13日付（2件）※、4月28日付（1件）、5月13日付（1件）、7月19日付（2件）、7月23日付（1件）、8月15日付（1件）、11月1日付（1件）、?月3日付（1件）、?月21日付（1件）〔※〕内1件は応和元年分（961）	不明
康保3年（966）	14件	3月28日付（2件）、4月5日付（1件）、5月16日付（1件）、5月28日付（7件）※、5月29日付（1件）、6月16日付（1件）、4月7日付（1件）※※〔※〕内1件は天徳3年分（959）、〔※※〕季禄	3月5日
康保2年（965）	20件	5月11日付（2件）、5月28日付（18件）※〔※〕内1件は天暦5年分（951）	不明
康保元年（964）	20件	3月26日付（1件）、4月9日付（1件）、4月19日付（14件）、4月21日付（1件）、4月23日付（1件）、7月8日付（1件）、7月29日付（1件）	不明
天徳2年（958）	14件	発給日付記載なし※〔※〕内1件は天慶10年分（947）	不明
天徳元年（957）	11件	発給日付記載なし※〔※〕天慶10年分（947）、天暦5年分（951）、天暦11年（957）各1件含む	不明
天慶5年（942）	6件	誤無符注充用諸大夫位禄1130斛※〔※〕天慶2年分（939）、同4年分（941）各1件含む	不明
天慶4年（941）	5件	誤無符充用諸大夫位禄1219斛※〔※〕承平3年分、承平6年分各1件含む	3月11日
天慶2年（939）	4件	誤無符充用諸大夫位禄1005斛※〔※〕延長3年分（925）1件含む	不明
延長6年（928）	無記	誤無符充用諸大夫位禄1791斛	不明

（表1参照）。この違いが何を意味するのかが問題となる。勘出された官符の傾向でもあり不確実な推測であるが、長保年間は位禄の国宛事務が円滑になされていたこと、一方、康保年間では国宛事務が何らかの事情により――財政的問題により――時間をかけてせざるをえなかったことが背景にあるのかもしれない。

また、後述する位禄定との時間的関係を調べてみよう。後述するように、位禄の政務日程は、毎年二月十一日太政官列見の後、十三日以降に太政官の所充（所の行事弁・史の任命）が行われ、位禄所による作業がはじまり、準備が整った段階で位禄定が行われ、その後、位禄支給の太政官符が発給されることになっていた。「返却帳」の勘出年のうち、位禄定の開催日が判明するのは、天慶四年（九四一）、康保三年（九六六）、長保二年（一〇〇〇）、長保三年（一〇〇一）の四カ年

表2　『主税寮出雲国正税返却帳』位禄関係記事の整理（その2）支給された人名（ア）

勘出年度	人名（囲み数字は穀でなく穎稲の支給、下線は別年にも登場する者）
長保5年（1003）	1従四位下源朝臣顕定、2従五位下良峯朝臣英俊、3正四位下源朝臣憲定、4従五位下藤原朝臣永道、5従五位下伴宿禰連正、6従五位下藤原朝臣弘道、7従五位下橘朝臣為信、8従五位下源朝臣高、9従五位下平朝臣伊高、10従五位下藤原朝臣実秀、11従五位下藤原朝臣友子、12従五位下伊勢朝臣有子、13従五位下藤原朝臣清子、14外従五位下吉志宿禰成兼、15従五位下藤原朝臣美子 〔人物〕1及び3―村上孫、為平親王男。6―文章博士。11―掌侍。
長保4年（1002）	1従四位下安倍朝臣晴明、2従五位下平朝臣信忠、3内蔵朝臣為政、4従五位下安倍朝臣吉平、5従五位下但波朝臣行衡、6従五位下藤原朝臣有家、7従五位下美那臣直節、8従五位下藤原朝臣循政、9従五位下藤原朝臣保昌、10従五位下荒木田神主利方、11従五位下藤原朝臣番子、12従五位下藤原朝臣幸子、13従五位下源朝臣貞子、14従五位下紀朝臣保子、15従五位下藤原朝臣厳子、16従五位下当麻貞子、17正五位下源朝臣忠規 〔人物〕1―主計頭・天文博士。4―主計助・陰陽博士。9―本年叙爵、道長家司。10―皇大神宮禰宜。17―出雲守（『権記』本年9月6日条）
長保3年（1001）	1従四位下大江朝臣貞雅、2従四位下秀順、3従五位下大江朝臣、4従五位下源朝臣親平、5従五位下橘朝臣為章、6従五位下紀朝臣平子、7従五位下紀朝臣国保、8従五位下和気朝臣元倫、9従五位下源朝臣閑、10従五位下藤原朝臣元転、11従五位下惟宗朝臣守邦、12従三位下源朝臣幸門子 〔備考〕3―長保2年分
長保2年（1000）	1従四位下安倍朝臣晴明、2従五位下荒木田神主利方、3正四位下源朝臣賃遠、4従五位下伴宿禰連正、5従五位下平朝臣孝明、6従五位下源朝臣為文、7従五位下藤原朝臣弘道、8従五位下伊勢朝臣有子 〔人物〕1，2，7前掲。
康保4年（967）	1従四位下佐頼王、2従四位下正依、3従五位下橘朝臣実料、4従五位下藤原朝臣佐時、5従五位下仲明王、6従五位下源朝臣子兼、7従五位下源朝臣連、8従五位下安倍朝臣忠所、9平朝臣忠明、10従五位下平朝臣壹子、11従五位下藤原田子、12文宿禰道元、13国覔忌寸公明 〔備考〕9―応和元年分
康保3年	1従五位下小野奉持、2従五位下藤原朝臣顕猷、3従五位下惟宗公方、4従五位

である（表1参照）。このうち天慶四年は官符記載がなく、康保三年と長保二年は、「返却帳」記載の官符は位禄定日以降の日付である。長保三年は、一二本のうち一〇本の官符日付は位禄定日以後であるが、二本は定以前の日付であった。通常は位禄定を経て官符発給となるが、実体として、ごくわずかであるが位禄定以前に当年分官符の発給があったことが知られる。

一国当たりの位禄割当数について検討してみよう。佐々木氏は、「返却帳」康保元年（九六四）には二〇人が勘出されていること、長保二年（一〇〇〇）の但馬国の位禄に関する史料に「国司所レ申従五位男四具・女五具之外、所レ余十一具也」（『権記』同年九月二十八日条）とあって合計二〇具となることから、二〇人が一

(966)	下在原義行、5従五位下藤原元転、6従五位下藤原遠里、7従五位下平朝臣忠時、8従五位下藤原朝臣清高、9従五位下源朝臣隆重、10従五位下藤原朝臣恒利、11従五位下橘時春、12国覔伊美吉、13従五位下藤原朝臣楚姫子、[14]出雲清明(権医師・当年秋冬季禄) 〔人物〕3―明法博士?。13―典侍。〔備考〕5―天徳3年分
康保2年(965)	1従四位下懐古王、2従四位下正清王、3従五位下藤原是重、4従五位下源満仲、5従五位下藤原有述、6従五位下清方王、7従五位下平朝臣忠明、8従五位下内蔵朝臣時合、9従五位下内蔵朝臣有興、10従五位下藤原惟実、11従五位下述職王、12従五位下文室宿禰清平、13従五位下膳利茂、14従五位下伴宿禰是子、15従五位下源傅子、16従五位下小野公子、17従五位下若湯坐若子、18従五位下粟田宿禰明子、[19]伴宿禰師相(権守)、[20]出雲清明(権医師) 〔人物〕14及び15―キサキヵ(半減でなく全給。禄令12嬪以上条)。17―女史。〔備考〕8―天暦5年分
康保元年(964)	1従四位下橘朝臣用惟、2従四位下清忠王、3従五位下藤原朝臣信凡、4従五位下伴有時、5従五位下藤原正信、6従五位下蔵人有興、7従五位下有清、8従五位下藤原朝臣、9従五位下藤原清高、10従五位下藤原公宗、11従五位下尾張能頼、12述職王、13従五位下平朝臣忠明、14従五位下文宿禰清平、15従五位下舟木利用、16従五位下平楚子、17従五位下小野生子、18従五位下橘奉胤、19従五位下嶋田公望(介)、20従五位下伴師相(権守) 〔備考〕19及び20は国司だが、穎稲でなく租穀支給。
天徳2年(958)	1従四位下大江朝臣朝望、2従四位下懐古王、3従五位下内蔵朝臣玄茂、4従五位下藤原清正、5従五位下菅原朝臣行仁、6従五位下水宿禰方盛、7従五位下在原朝臣忠国、8従五位下藤原朝臣除茂元、9従五位下十市宿禰有宗、10従五位下橘朝臣家子、11従五位下伊勢朝臣内子、12外従五位下池田舎人安子、[13]外従五位下久知宿禰遠平、[14]従五位下多治真人文正(守) 〔備考〕10―天慶10年分
天徳元年(957)	1従五位下水宿禰方盛、2従五位下源朝臣奉時、3従五位下小野朝臣公望、4従五位下菅原朝臣魚倫、5従五位下源朝臣、6従五位下粟田国、7従五位下大和時用、8従五位下藤原朝臣勲子、[9]従五位下家原朝臣保実(留京権介)、[10]外従五位下浅井宿禰守行(守)、[11]外従五位下小智宿禰延年(介) 〔人物〕8―キサキヵ(減半でなく全給)〔備考〕1―天暦11年分

国の位禄受給者の定員とされる。[11] しかし、『延喜式』巻二十三民部下規定の国別年料別納租穀をみればわかるように、租穀額は国毎に規定量が違い、一律ではない。別納租穀自体その「数頗る増減」あるものであり(『政事要略』巻二十七、年中行事十一月)、その時々の財政事情や、国宛を行う位禄所の作業方針による過充等もあり、二〇人定員制があったかは不詳とすべきであろう。むしろ、国毎による定額・基準額があったとみたほうがよい。但馬国の『延喜式』規定額は二〇〇九斛であるが、二〇具だと従五位換算で約四千斛が必要なので、規定額の倍程度の運用を但馬国は行っていたということになり、実際の運用の一端を知ることができる。『小右記』治安二年(一〇二二)

表3　『主税寮出雲国正税返却帳』位禄関係記事の整理（その2）支給された人名（イ）

勘出年度	誤無符充用諸大夫位禄
延長6年（928）	1791斛（斛未満省略）
天慶5年（942）	1130斛　1従四位下方古王、2従五位下依智秦宿禰有茂、3従五位下平朝臣齋章志茂平奇、4外従五位下神主春広、5従五位下鴨県主是則、6従五位下有忠王 〔備考〕2―天慶2年分、6―天慶4年分
天慶4年（941）	1219斛　1従五位下宮路高風、2従五位下源朝臣公輔、3従五位下藤原朝臣、4従四位下木景行王、5従五位下伴宿禰典職 〔備考〕2―承平3年分、5―承平6年分
天慶2年（939）	1005斛　1従四位下橘朝臣国倒、2従四位下源朝臣安幹、3従五位下高向朝臣利主、4従五位下伴宿禰春行 〔備考〕1―天慶元年分、3―延長3年分（925）

四月二十五日条には、「関白御消息云、去年位禄左少弁義忠朝臣行之、而多以充過、仍国々蜂起、愁申沙汰無レ假、至二今年一縦雖二一具一不レ可二過充一、由可三戒二仰其所弁一」とあって、治安元年の位禄は（位禄所の弁である）義忠朝臣が担当したが、諸国に多く宛てたため国司の反発を招いたこと、今年は位禄一具といえども過充してはならないと位禄所の弁に申し渡すようにとの関白頼通の意向があったことがわかるが、国毎にそれまでの運用に基づく定額・基準額があったことを物語るものであろう。

次に、個別支給者名の検討である。表2、3の各年度及び〔備考〕欄を参照されたい。各年を通覧すると、位階の階層は、四位が二名程度で、その他は五位（女性数名含む）となっていること、主計頭助・諸道博士・キサキ・女官などの禁国分対象者とおぼしき人名がみえること、藤原道長の家司である藤原保昌（長保四年9）は大臣家分位禄の対象者であった可能性があること等が指摘できる。また、出雲国に二年連続して位禄を宛てられた事例として、述職王・平忠明・文清平（康保元年・同二年）、水方盛（天徳元・二年）がある。二年連続とも関わるが、康保元年に宛てられた者が同二年～四年に再びみえる事例もある（長保二年に宛てられている者が同四年・五年に再見する事例も同様である）。これらは、同じ国に同一人の位禄を宛て続ける傾向が一定程度あったことを示すものである。

最後に、長保三年（一〇〇一）の事例から判明することを指摘しておく。同年は、五月十三日が位禄定開催日であった（『小右記』）。そのとき作成された同日付の書出（殿上分・禁国分）が、『江家次第』巻五位禄定末尾に掲載されている。その二枚の書出には出雲国がみえず、したがって、当年度は出雲国に殿上分・禁国分の位禄を宛てていないことが確認できる。一方、「返却帳」同年度部分には、五月二十一日付官符（九名分）・七月十一日付官符（一名分）がみえる。したがって、長保三年の位禄支給事務手続きとして、出雲国には、殿上分・禁国分の「分」位禄ではなく、他の四位・五位層の位禄を宛てていたことが確認できる。この点は位禄定の性格を考えるうえで重要である。殿上分・禁国分の「分」位禄とは別に、他の四位・五位層の位禄に関する国充事務が行われていたことが確認できるからである。となれば、出雲国以外の年料別納租穀設置国にも、同様の位禄官符が発給されたものとみるのが自然であろう。位禄給不の現実的問題は別として、「分」関係者以外にも広く位禄が支給されるシステム（手続き）が、当該時期の位禄定で行われていたことに注目したい。

以上、「返却帳」の記載からいくつかの点を整理した。従来、儀式書にみえる位禄定では「分」位禄が際だっていることから、支給対象を限定的なものとみる理解が少なくないと思われるが、再認識を要する。そこで次には、位禄定において前掲の「分」関係者以外の位禄がどのように手続きされるものであったかを考えてみよう。

三　位禄定における位禄国充手続き

本節では、位禄定の次第を、『北山抄』（巻一年中要抄上、二月、位禄事）、『江家次第』（巻五、二月、位禄定）も適宜参照しつつ、『西宮記』（恒例第二、二月、位禄事）[12]の儀式文を中心に解釈していく。説明の便宜上、儀式文をⅠ～Ⅵに分け、丸番号を付した。細字双行は〈　〉で、さらに割書部分は《　》で示した。

一、位禄事〈小野記云、令三大弁書二出九个国一。男女源氏・女御・更衣・外衛督佐・左右馬頭助・諸道博士・出納、賜二諸司一寮頭・助等、可レ給之料・殿上料幷二枚《除下有二兼国一者上》彼所弁一。外記・史同入二此（中）一。不二必為レ例レ之。〉

Ⅰ．位禄定政務の開始
一大臣着レ陣。大弁在レ座、申二位禄文候由一。上卿諾。史置二筥文一。〈入二①諸大夫・②命婦歴名各一巻、③主税（寮）別納租穀勘文一巻、④官宛文一巻《注二位階一。不レ注レ名。》、⑤目録一巻。⑥⑦去年書出二枚之中一枚、注二其国若干・其四位若干、五位若干一。右状注二一世源氏・女御・更衣・外衛督佐・馬寮頭助・二寮頭助・外記史等一《随レ時可二取捨一也。》。一枚、其国若干・其四位若干・五位若干、右注二殿上分一之。〉
Ⅱ．目録の奏聞
上卿一々見レ之、以二目録一枚一入レ筥、付二殿上弁若蔵人一奏聞。
Ⅲ．書出の作成
返給了、令二大弁書一。〈⑧一世源氏等書出一枚、⑨殿上人書出一枚。大弁書了、奉二上卿一。上卿召二其所弁一給レ之。史撤二筥硯等一。一卿有レ障者、次人行レ之。〉
Ⅳ．後日、弁私邸での国充作業
後日、弁於二私家一定充。〈設レ食。史申二下⑨殿上・⑩院宮大臣家分交名一之後充レ之、院分弁可レ申云々。〉
Ⅴ．国充終了後の追加的措置
充了、以二充遺勘文一進二殿上一。有下申二旧年未給一輩上、蔵人奉レ仰就二勘文一給之〈先可レ勘二給否一。〉。自レ官申者、勘二続充遺給否等一、入二官奏一。弁・少納言・近衛将・内侍、奏二請正税一〈国司兼国人、以二任国正税一充。〉。
Ⅵ．位禄官符の請印
最初請二印殿上分官符一、次々請二印女官符・旧官符一。兼国外任輩、不レ給二別納租穀一〈兼国輩以二其兼国一申返。申二請他国正税一之例、近代、間々有レ之。〉

という次第になっている。

位禄定政務では、着陣した上卿が、大弁が予め用意した①〜⑦の位禄関係文を確認し、⑤目録一枚を筥に入れ、奏聞させる。奏聞が終わって目録が戻ると、大弁に今年の書出二枚（⑧と⑨）を書かせる。書き終わると弁は上卿に書出を奉る。上卿は位禄所弁を召して書出を与えて、陣での位禄定は終了する。定の後日、弁官（所弁）私邸で国充作業が実施される。終了後、宛遣勘文を殿上に進め、旧年未給輩の位禄支給を行う措置等が行われる。こうして国充が済むと、位禄支給官符が発給される。最初に殿上分の位禄官符の請印が行われ、最後に女官、旧年分支給の官符という次第である。

なお、『江家次第』によれば、太政官列見後の十三日以後に朝所にて行う「官所充」において、所々別当が定められることになっており、位禄所の弁と史が任命されるものだった（巻五、二月、官所充）。位禄所の弁・史が位禄定にむけて準備を行うのであった。

以下、注意すべき点を確認しておこう。

次第Ⅰ・Ⅱにみえる書類のうち「目録」と「充文」についてである。上卿が天皇に奏上する文書について、各儀式書では、④「官宛文」でなく⑤「目録」を奏上する規定である。『西宮記』『北山抄』『江家次第』いずれも、準備書類中、「目録」と「官充文」の二種を明記するとともに、大臣が筥に納めて奏上するのは「目録」とする。

ここにみえる目録と官宛文の違いはなんであろうか。吉川氏による考察も参考にしながら改めて考えてみると、「目録」とは、位禄を給うべき人・物の数（人数と物品の種類と量）をまとめた文書と考えられる。かつて毎年十一月に京庫で支給する際に、三省が「応給人物数」を録して太政官に申し、太政官では「惣目」を造り少納言が奏上したのち、官符を大蔵に下し、出給することになっていた（『延喜式』巻十一太政官）。目録の奏上は、天皇が君恩を施すことを了解するための手続きとして重要と考えられ、位禄定の目録も、基本的には従前の体裁の目録を継受したものと思われる。三儀式書がいずれも「目録」を奏上するとしている点は、本来的な位禄支給手続きのあり方を残すものと考えられる。これに対して、「官宛文」とは、太政官の位禄所が作成した、国毎に宛てる位禄の数（四位何人・五位何人）を記した文書である。

このように、「目録」と「官宛文」は性格の違う文書であるが、奏上文書は次第に「目録」から「官宛文」へ変遷するようである。十世紀以降の古記録類では、位禄定における奏上文書を「位禄目録」とするもの、「位禄勘文」「位禄国充」とするものとがあり、一定しない。上述のとおり儀式書によれば、位禄定では目録と充文の二種が準備される次第だが、古記録等の実際の場面では一種である。位禄定の政務の実態としては、奏上文書は次第に「目録」から「宛文」へ代替されて、従来の「目録」は無くなったが、かつての名残として、目録の名称が残り、宛文を目録と称することがあったのだと推測される。

「目録」、「官宛文」のいずれにせよ、国毎の配分案（四位何人、五位何人）が奏上され、天皇の承認を得る仕組みである。結局、①諸大夫歴名、②命婦歴名を元にして、原則的にいえば、国毎に別納租穀合計量の上限まで、すべての位禄受給者を別納租穀設置国に割り当てることが可能な仕組みであったと考えられる(13)。

次に、次第Ⅲ・Ⅳについて。「目録」奏上後、大弁に殿上分・禁国分位禄の書出を作成させる作業に進む。ここで重要なことは、目録の奏上後に引き続いて、位禄受給者のうち、まず殿上分・禁国分に対する配分作業（国毎の割当数〔位階毎の人数〕）が行われた点である。後日、位禄所弁の私家にて、個々人への箇所づけが行われ、この際、殿上分・禁国分以外の一般四位・五位への国充事務も行われたと考えられる。「後日、弁於私家定充」の細字双行に、「食を設く。史、殿上・院宮大臣家分交名を申し下すの後、これを充つ。院分は弁申すべしと云々。」とある。これは、太政官の史が「殿上」「院宮大臣家分」を申し、院分については弁が申し＝それぞれ国充を行った後に、それ以外の四位・五位官人位禄の国充を行ったという意味であろう。さきにみた年料別納租穀設置国に対する一般四位五位層位禄の箇所づけはこの場で行われているのである。

儀式書にみえる位禄定は、一見すると受給対象者を限定して行う政務の如くであるが、政務の枠組みとしては―財政的問題から来る実効性は別の議論として―、全受給者を包括する政務として維持されていたものとみたほうがよいのではないか。先に論じた「返却帳」の分析からはそのように考えざるを得ない。このように論を進めてくると、十世紀後半において、制度としては、「分」関係者以外にも位禄の割り当ての仕組みは機能していたと判断せざるを得ない。

最後に、位禄定と「分」位禄との関係について、限定的な位禄定と「分」位禄の成立を関連づけて論じられた吉川氏説に関連して、「分」位禄の成立時期をめぐる問題を考えてみよう。「分」位禄の初見記事としては、殿上分が『親信卿記』天禄三年（九七二）四月十一日条、院分が前掲『西宮記』位禄事勘物所引延長六年（九二八）三月三日条、東宮・大臣家分は『九暦抄』天徳元年（九五七）四月十二日条である。初見記事は、院分が十世紀前半代、殿上分、東宮・大臣家分が十世紀半ばないし後半に下っているが、院分が成立している以上、天皇の分である殿上分も十世紀前半にはすでに成立していたとみるのが自然である。

ところで、「分」に類似する年給が成立するのは、九世紀末（寛平年間）とされている[14]。これを援用すれば、位禄の「分」の成立も十世紀前半に想定でき、恐らく延喜年間のいわゆる「初期の位禄定」の段階ですでに存在していた可能性があるのではないか。位禄制度の機能不全が「分」位禄成立の一要因をなしていたことは確かであろうが、それとは別の次元、律令制度に浸透していく年官・年爵等の特権的仕組みの一環として「分」位禄を位置づけ、その成立時期を同様に見做すことも十分可能である。

したがって、位禄不給事態に伴い、限定的な対象者を付加して彼らに優先的に支給するようになった（分も形成されていった）という意味での位禄定の二段階論には、再検討が必要である。藤井貴之氏によれば、賜位禄儀がもとになり、貞観年間以後仁和年間までに、支給する政務が位禄定へ継受したもので、年料別納租穀についても、位禄の変化に伴い設置され、元慶～寛平年間に成立したとされる[15]。年料別納租穀の成立を通説より遡及された点は検討を要すると思うが、位禄定の政務が九世紀後半に成立したとの指摘はきわめて示唆的である。貞観年間に従来の京庫支給に代わって外国支給が一般化して以降、太政官政務の必要上、個別官人の位禄を諸国に割り当てるという一個の政務として、実態的に形成されていったものとおぼしく、延喜七年（九〇七）の年料別納租穀制の成立を受け、位禄定として明確に定式化されたものと思われる。

以上、本節の内容をまとめると、位禄定の政務は、二月十一日の太政官列見終了後の十三日以降、官所宛にて行事弁・史が配された位禄所において作業が進められた。支給すべき人と物の数を計算し、国の別納租穀設置国の状況等を勘案しつつ、国毎の割当数（位階毎の人数）を作成した。前者の書類が位禄目録、後者が官宛文であり、位禄定の儀の席上に準備された。位禄目録は旧来の位禄支給儀礼に由来するものであり、儀式書の儀式文では位禄目録を奏上する文言であったが、実際には、位禄目録ではなく官宛文を目録の替わりに奏上するように変化した。ともあれ、奏上後、まず、殿上分・女御等禁国分の配分（国毎の人数の決定）がその場で行われ、それが「書出」として作成されるが、後日、行事弁の私邸における事務作業で、殿上分・女御等禁国分を含む四位・五位官人の支給国の箇所づけが行われ、位禄官符が国々に発給されるものであった。

本稿で論じたことをまとめておく。

位禄定の政務は、貞観年間に従来の京庫支給に代わって外国支給が一般化して以降、太政官政務の必要上、一個の政務として、実態的に形成されていったものとおぼしく、延喜七年（九〇七）の年料別納租穀制の成立を受け、明確に定式化されたものである。

『西宮記』をはじめとする三儀式書にみえる位禄定は、殿上分・禁国分・院宮大臣家分という限定的な対象に関する位禄支給政務と見做されることが多いが、政務手続き自体としては、普く四位・五位層を対象とする形式であったことに注意すべきである。「返却帳」に勘出されている多くの位禄官符は、位禄定の手続きのなかで、一般の四位・五位層に対して位禄の支給手続きが行われていた事実を示すものである。

十世紀代に官人給与が全体として衰滅したという理解と、位禄定の対象者が限定的なあり方を示すと見做して、四位・五位を普く対象とした「初期の位禄定」と、その後の位禄不給事態に伴い、限定的な対象者を付加して彼らに優先的に位禄を支給するようになった「限定的な位禄定」という変遷が提示されている。しかし、位禄の「分」と類似する年給の場合を参考にすれば、位禄定における「分」についても、所謂「初期の位禄定」の段階ですでに存在していた可能性を考えてよく、位禄定の二段階論は再検討が必要である。

以上の考察を踏まえると、十世紀後半以降の位禄制度については、それなりに機能していたものと評価する余地があるといえよう。

註

（1）位禄を含む律令官人給与制や財政制度に関する代表的な研究として、村井康彦『古代国家解体過程の研究』（岩波書店、一九六五年）、早川庄八「律令財政の構造とその変質」（後に同『日本古代の財政制度』名著刊行会、二〇〇〇年、初出一九六五年）、高橋崇『律令官人給与制の研究』（吉川弘文館、一九七〇年）、時野谷滋『律令封禄制度史の研究』（吉川弘文館、一九七七年）、佐々木宗雄「十〜十一世紀の位禄制と不堪佃田制」（後に同『日本王朝国家論』名著出版、一九九四年、初出一九八九年）、吉川真司「律令官人制の再編過程」（後に同『律令官僚制の研究』塙書房、一九九八年、初出一九八九年）など参照。最近では、神戸航介「摂関期の財政制度と文書―京庫支給と外国支給」（大津透編『摂関期の国家と社会』山川出版社、二〇一六年）、藤井貴之「位禄定の成立からみる官人給与の変質」（『ヒストリア』第二五九号、二〇一六年）の成果が出た。筆者も、「律令俸禄制と賜禄儀」及び「平安時代の給与制と位禄」（後に山下信一郎『日本古代の国家と給与制』吉川弘文館、二〇一二年、初出一九九四年・一九九七年）にて論じたことがある。

（2）大津透「財政の再編と宮廷社会」（『岩波講座日本歴史第五巻古代5』岩波書店、二〇一五年）、前掲註（1）吉川論文。なお、十〜十一世紀代の官人給与制や財政制度をめぐる状況認識については、寺内浩「貴族政権と地方支配」（『日本史講座第3巻　中世の形成』東京大学出版会、二〇〇四年）や、坂上康俊『日本古代の歴史5　摂関政治と地方社会』（吉川弘文館、二〇一五年）にもそれぞれの立場から言及がある。

（3）前掲註（1）吉川論文。

（4）前掲註（1）佐々木論文。

（5）前掲註（1）吉川論文。
（6）前掲註（1）佐々木論文。
（7）鈴木一見「勘出の申請と出雲国正税返却帳―北山抄の解釈からみる平安財政史の一考察　その三―」（羽下徳彦編『中世の社会と史料』吉川弘文館、二〇〇五年）。
（8）大日方克己「「出雲国正税返却帳」覚書」（『社会システム論叢』六、二〇〇一年）、同「家司受領藤原行房と出雲国正税返却帳」（『社会文化論叢』四、二〇〇七年）を参照。
（9）前掲註（1）拙稿「平安時代の給与制と位禄」。なお、同テーマを扱った近年の論考として、堀井佳代子「平安時代の服御・常膳の減省について」（続日本紀研究会編『続日本紀と古代社会』塙書房、二〇一四年）がある。
（10）前掲註（1）藤井論文。ただし、藤井氏のいわれる「重複支給」との推測については、第一に、位禄官符の重複発給という過誤が実際に発生したのか、聊か疑問が残ること。第二に、長保四年勘出記載の人物全員が「分」の位禄に関わる特定の人物とまでは確定できないと思うこと。第三に、本文で後述するように、長保四年と同事例である長保三年は出雲国に殿上分・禁国分の位禄が充てられていないことが分かり、さすれば返却帳の勘出すべてが「分」に関わる特定の人物とはいえないと判断できること、等の点で検討の余地があると思う。
（11）前掲註（1）佐々木論文。
（12）『西宮記』のテキストは神道大系本による。
（13）前掲註（1）佐々木論文は、「位禄定は、（中略）上たる上卿が位禄文七巻を実見した後、目録が奏聞、返給され、弁が定文を書く。定文に書かれるのは、殿上分と、女御、更衣、出納諸司、諸衛佐等に支給される、いわゆる禁国分であった。（中略）位禄定の際に奏聞される目録とは、「奏位禄目録、件目録者黄文二巻中、其国〈二具〉、四位五位数〈と書る〉是也」（『御堂関白記』長和二年（一〇一三）三月四日条―筆者註―）とあるように、殿上分、禁国分を賜う者の目録であった。すなわち、位禄定において決着していたのは、殿上分、禁国分の位禄のみであった。」とされているが、これは、奏聞する「目録」（「宛文」）と奏聞後に作成する「書出」とを混同した論である。『御堂関白記』記事の黄文二巻の目録とは、殿上分・禁国分の「書出」ではなく、諸大夫一般を対象とした「目録」である。
（14）時野谷滋「年給制度の研究」（前掲註（1）時野谷書）を参照。
（15）前掲註（1）藤井論文。

〔付記〕　本稿は、続日本紀研究会例会にて行った口頭報告「一〇世紀給与制の評価をめぐって―位禄を中心にして―」（二〇一六年六月四日）を改題、修訂したものである。

Ⅳ　唐制と日本

唐医疾令断簡（大谷三三一七）の発見と日本医疾令
——劉子凡「大谷文書唐《医疾令》・《喪葬令》残片研究」を受けて——

丸山裕美子

日本令のなかで、倉庫令と医疾令とは、『令義解』『令集解』が残っておらず、早くに散逸した篇目である。私はかつて「日唐医疾令の復原と比較」(1)を発表して、失われた唐と日本の医疾令の復原を試みたが、北宋天聖令の発見・公刊により、唐医疾令の復原精度は格段に上がり、同時に日本令の復原にも修正が必要となった。

天一閣博物館・中国社会科学院歴史研究所天聖令整理課題組『天一閣蔵明鈔本天聖令校証』（以下『天聖令校証』と略称する）に収載された程錦氏による「唐医疾令復原研究」(2)を踏まえ、私も唐医疾令の復原について再検討し、日本医疾令についても条文排列の変更や語句の修正などを行い、新たな日本医疾令復原案を提示した。(3)

日本の医疾令は、江戸時代以来の研究によってほぼ全文の復原がなされてきたが、(4)北宋天聖医疾令によって、より正確な日本医疾令の復原が可能になったのである。復原された唐医疾令と日本医疾令を比較すると、両者の構成・表現・字句はよく一致しており、日本医疾令が唐医疾令を、大枠ではそっくりそのまま継受していたことが明らかである。日本令独自の条文は一条も存在しない。この事実は、先進的な制度の全面的な受容を物語る。

さらに二〇一七年になって、劉子凡氏によって、日本の龍谷大学が所蔵する大谷文書のなかに、唐医疾令の断簡があることが発見・紹介された。(5)劉子凡氏は、北京大学中国古代史研究センターと中国人民大学国学院とが行っている、旅順博物館蔵新疆出土漢文文書整理研究の過程で、旅順博物館蔵の文書と伝来を同じくする日本の大谷探検隊が将来した大谷文書のなかから、唐医疾令の断簡を見出したのである。

本稿では、この貴重な発見を紹介するとともに、唐医疾令の条文排列について再検討し、あらためて日本医疾令の復原について考えたいと思う。

一　唐医疾令断簡（大谷三三一七）による条文の復原

劉子凡氏は、大谷文書中の三三一七号文書（以下「大谷三三一七」）と四八六六号文書とが、それぞれ唐の医疾令と喪葬令の断簡であることを指摘し、唐医疾令及び喪葬令の条文復原に新たな史料を追加した。この新たに発見された唐医疾令・喪葬令断簡は、ごく微小な断簡ではあるが、それぞれ唐令の復原と排列に重要な意味をもっている。(6)

大谷文書は、周知のように、二十世紀初頭に大谷光瑞が中央アジアに派遣した三次にわたる探検隊が将来した文書で、現在、そのほとんどは日本の龍谷大学大宮図書館が所蔵しており、〈龍谷大学善本叢書〉『大谷文書集成』全四冊に多くの写真と釈文とが載せられている。(7)

大谷三三一七は、『大谷文書集成』二に、「文学関係文書（諸子）断簡」として、釈文が載る。『大谷文書集成』には写真は載せられていないが、現在、国際敦煌プロジェクトIDP（INTERNATIONAL DUNHUANG PROJECT）のホームページで鮮明な写真をみることができる。(8)

【釈文】

1　□

2　子嘗然後

＊参考（『大谷文書集成』の釈文）

1　□子嘗然□《後カ》□

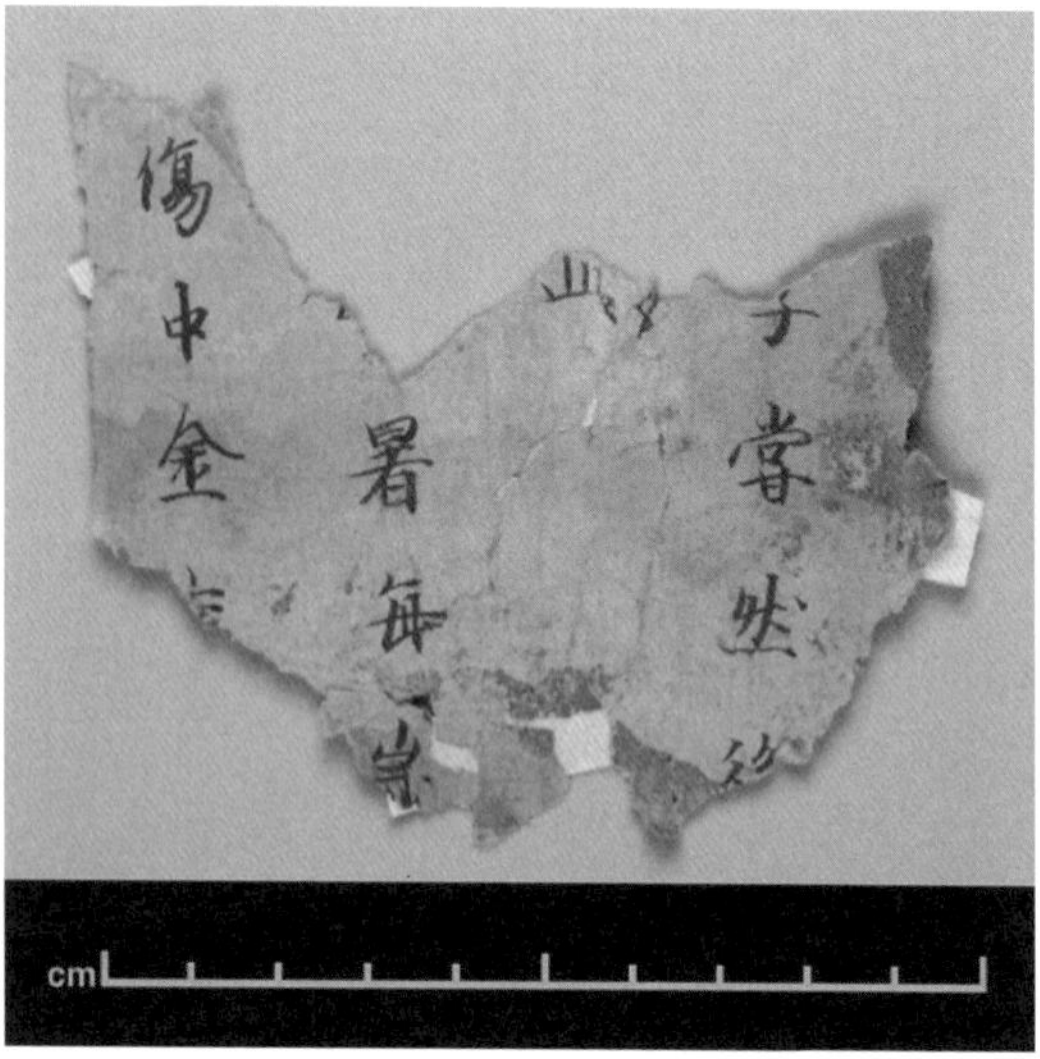

（表面）

（背面）

図　大谷三三一七

3　　此

4　　暑毎歳

5　傷中金□

2　□此□

3　□暑毎□（歳カ）□

4　□傷中金□□

『大谷文書集成』の釈文も、ほぼ同じく読み取っている。劉子凡氏が明らかにしたように、これは唐医疾令の合薬供御条と太医署毎歳合薬条の断簡である。この二条は、北宋天聖令ではともに宋令として立条されている。宋10条と宋

11条である。

天聖医疾令宋10条（『天聖令校証』清本、以下天聖令文は全て清本による）(9)

諸合藥供御、本院使、副、直院、尚藥奉御、醫官、醫学等、預與二御藥院一相知、同具緘封、然後進レ御。其中宮及東宮準レ此。

天聖医疾令宋11条

翰林醫官院、毎歳量二合諸藥一。至夏、遣二内侍於諸門一給散。

この二条の宋令は、唐令とは大きく異なっているが、幸いなことに、ともに典拠があって、『唐令拾遺』『唐令拾遺補』に復原案がある。(10) 宋10条については、『六典』巻一一殿中省・尚薬奉御条と『唐律疏議』巻九職制律・合和御薬条に対応する唐令の引用があり、宋11条についても、『六典』巻一四太常寺・太医令条に趣意文がみえ、日本医疾令の逸文も参考にして復原がなされている。(11)

『天聖令校証』において程錦氏は、『唐令拾遺』『唐令拾遺補』を参照して、唐令を復原しているが、一部私見により変更を加えて、復原唐令を示すと以下の通りである。網掛け部分が、大谷三三一七と一致する部分である。

唐医疾令・合薬供御条

諸合藥供御、在内諸省省別長官一人、並當上大將軍・將軍衛別一人、與二殿中監・尚藥奉御等一監視。藥成、醫佐以上先嘗、然後封印。寫二本方一、方後具注二年月日一、監藥者遍署名、俱奏。餌藥之日、尚藥奉御先嘗、次殿中監嘗、次皇太子嘗、然後進レ御。其中宮及東宮準レ此。

唐医疾令・太医署毎歳合薬条

諸太醫署、毎歳量二合傷寒・時気・瘧・痢・傷中・金瘡諸藥一、以備二人之疾病者一。

『天聖令校証』との異同は、太医署毎歳合薬条の「常合」を、私見（前稿）により「量合」に修正した点である。程錦氏が「常合」と復原したのは、『唐令拾遺』が復原根拠とした『六典』では、「常合」となっているからなのだが、宋令11条が「量合」であり、対応する日本医疾令・典薬寮毎歳合薬条でも「量合」である。『六典』は令文そのものではなく、趣意文であり、宋令と日本令とが同じで、『六典』で文言が異なっていた場合、令文としては日本令文による方が妥当だと考える。

劉子凡氏が指摘するように、大谷三三一七の四行目「暑」は「署」の誤字であり、五行目「金」の下の字は、残画から「瘡」とみてよいであろう。また、かつて、私は合薬供御条の復原について、末尾の「其中宮及東宮准」此」は、注文ではないかと考えたが、大谷三三一七による限り、その想定は誤りで、本文とすべきであることになる。(12)

なお、この度、龍谷大学で原本を閲覧調査したところ、写真では不明瞭だが、薄い墨界（罫）が引かれていることが確認できた。おそらく同じ写本の一部ではないかと推測される喪葬令の断簡（大谷四四六六）には、下（地）に横に墨界が引かれている。大谷三三一七は、あまり上手とはいえない筆跡で、太医署の「署」を「暑」と誤るなど、意味を理解せずに写しているように思える。ただし、文字間は五～七ミリメートル空け、行間も界線は約二三ミリメートルと十分な余裕をもって引かれており、裏は空で、単なるメモや備忘のためではなく、丁寧に書写された唐令の写本であるといえる。(13)

二　唐医疾令断簡（大谷三三一七）による条文排列の訂正

さて、大谷三三一七の発見による最も重要な成果は、劉子凡氏も指摘するように、これまでの唐医疾令の条文排列の復原案を一部訂正できたことである。『天聖令校証』では、宋10条・宋11条の間に不行唐14条を入れていた（宋10条↓不行唐14条↓宋11条）。しかし今回、唐令が宋10条↓宋11条の順に並んでいたことが確認されたことにより、不行唐14条の位置について、再考する必要が生じた。

北宋天聖令によって復原された唐医疾令の条文排列は、全体としては、

Ⅰ　医学教育に関する規定（宋1～7条、不行唐1～9条）
Ⅱ　医療に関する規定（宋8～12条、不行唐10～16条）
Ⅲ　地方（州）の医学教育と医療に関する規定（宋13条、不行唐17～22条）

という三部構成になることに異論はないと思う。

　このうちⅠ部分については、対応する日本令の排列がほぼ推定できることもあり、大きな問題なく認められると思う（宋2医博士助教条と宋1医生等条との前後の問題はあるが[14]）。またⅢ部分については、ほとんどが不行唐令であるので、その順ということで、問題はない（宋13州医生条を不行唐17州医博士助教条の前後いずれにおくかの問題はあるが[15]）。

　難しいのは、Ⅱ部分である。大きなくくりとしては、中央における医療に関する規定であるが、そのなかに、薬の栽培や徴収に関わる規定（不行唐11・12・13条）を含み、官人等の治療に関する規定（宋8条、宋12条、不行唐10条、不行唐15・16条）、皇帝や官人の薬の調合に関する規定（宋10・11条）があり、別に、宋9鴆毒治葛私家不得有条と不行唐14在内諸門患坊進湯薬条がある。以下、Ⅱ部分の条文排列について、再検討しておこう。なお、唐令の条文排列は、宋令の順とは異なっていた可能性もあるが（私見では宋1条と宋2条の順が唐令では逆であった可能性がある）、ここでは原則として、宋令の順と不行唐令の順は、それぞれそのまま動かさず考える。

　まず、在京文武職事官の治療を規定する宋8条と、文武五品以上致仕官に対する治療を規定する不行唐10条は、日本令が一条に立てていることを考えると、あるいは唐令では一条であった可能性もある。一応唐令では別条であったとすると、内容から、宋8条↓不行唐10条の順で復原できるであろう。

　次に、宋9条について考えよう。

　　天聖医疾令宋9条

　　　諸鴆毒・治葛、私家皆不㆑得㆑有。

鴆毒・冶葛を私家で所持することを禁じる規定である。鴆毒は鴆という鳥の羽（または血）にあるという猛毒で、これを酒に浸して飲むとたちどころに死ぬといい、古来毒殺に使用された。冶葛も毒性の高い薬である。この宋9条について、程錦氏は唐令文の存否を不明とする。『唐律疏議』巻一八賊盗律16条は、鴆毒・冶葛などの毒薬によって人を害した際の罰を規定するが、本注に、

　雖㆓毒薬㆒、可㆓以療㆑病、……賣者不㆑知㆑情不㆑坐

とあって、唐律令においては、こうした毒のある薬も病気治療のための売買を認めている。つまり、治療目的であれば、所持することを許しているわけで、やはり宋9条をそのまま唐令として復原することは困難である。ただ一応関連する条文を復原できるとするなら、内容としては、薬の保管に関する規定であるから、薬の栽培や徴収に関わる不行唐11・12・13条の後におくのが妥当であろう。ただし唐令としての条文番号は付さないでおく。

また、程錦氏が同じく唐令を復原できないとした宋12条については、陳登武氏が、不行唐15条と不行唐21条を合わせて立条した可能性を指摘している[16]。不行唐21条との関係は認められないが、宋12条と不行唐15条に重複があることは明らかである。

天聖医疾令宋12条

諸宿衛兵士當上、及在京諸軍班有㆓疾病者㆒、分㆓遣醫官㆒巡療。行軍處亦準㆑此。

天聖医疾令不行唐15条

諸行軍及作役之處、五百人以上、太常給㆓醫師一人㆒。五千人以上給㆓二人㆒。自㆑此以上、率㆓五千人㆒加㆓一人㆒。其隴西監牧・西使・南使、各給㆓二人㆒。餘使各一人。仍簡擇充、監牧醫師、糧料、勞考準㆓獸醫官例㆒。並量給㆑薬。毎㆑給㆓醫師二人㆒、以㆓傷折醫㆒兼之、並給㆓傳乘㆒。

宋12条の末尾の「行軍處亦準㆑此」という注記は、不行唐15条から宋12条が作られたことを示しているのではないか。現行法として宋令を立てた際に、不行唐令文をそのまま残した例としておきたい。そして、不行唐16諸医針師巡患条

は、不行唐15条の後ろにつき、Ⅱ部分の最後に置かれることになる。

残るのは、宋10・11条と不行唐14条の位置である。

天聖医疾令不行唐14条

諸在内諸門及患坊、應レ進二湯藥一、但兼有二毒藥一者、並對二門司一合レ進。不レ得レ進二生藥一。

この条文に関連する史料として、『新唐書』巻四八百官志[17]に、

宮人患坊有二薬庫一、監門莅二出給一、醫師・醫監・醫正番別一人莅レ坊。

とある。不行唐14条文にいう「患坊」が「宮人患坊」であること、患坊には「薬庫」があること、「門司」が「監門」であることがわかる。宮人患坊附属の薬庫からの薬の出給には監門＝左右監門衛が立ち会うのである。

宮人患坊については、石野智大氏が、近年新たに出土した宮人墓誌を詳細に検討して、その実態が明らかにされつつある[18]。石野氏の研究によると、患坊は、宮人の治療のために設けられた施設で、隋代から継続して唐初には設置されていた。その場所は、長安においては、後宮（掖庭宮）に隣接する太極宮に置かれており、洛陽においても宮城内にあったと考えられる。患坊における宮人の治療には、太医署の医師・医監・医正が交代で当たった。宮城内における財物器用の出入りに関しては、左右監門衛が管理を担うが、出給は右監門が担当した（『六典』巻二五左右監門衛条）ので、患坊の薬庫から薬物を出す際には、右監門が関わった。

不行唐14条に「毒薬」とあるが、先にもふれた『唐律疏議』巻一八賊盗律16以毒薬薬人条によると、毒薬とは、「鴆毒・冶葛・烏頭・附子之類」をいう。鴆毒・冶葛は宋9条でもみたが、冶葛・烏頭・附子はいずれも毒性をもち、かつ薬としても使用される[19]。鴆毒が薬として使用された例はみえないが、冶葛や烏頭・附子などについては、薬として使用するために薬庫に保管され、湯薬に処方されることもあったということであろう。

つまり、不行唐14条の規定は、宮城内の諸門（を経由して）及び宮城内にある患坊から、処方された湯薬が（後宮に）進上される際、毒薬（毒性をもつ冶葛や烏頭・附子など）が含まれている場合には、左右監門衛が立ち会ってチェッ

条文名（仮称）	養老令推定私案	『唐令拾遺』	『律令』	備　考
医博士助教条	1	補 1	(1)	学令 1 博士助教条
医生等条	2		(2)	学令 2 大学生条
医針生分経受業条	3	8	(3)	
医針生習業条	4	2	(4)	
医針生分業教習条	(5)	6	(5)	
医針生誦古方条	6		(6)	
医針生考試条	7	3	(7)	
医針生成業条	8	7	(8)	
私自学習解医療条	9		(9)	
医針生束脩条	10		(10)	
医博士講説条	11		(11)	
定医針師考第条	12	補 2	(12)	
医針生選叙条	13	補 3	(13)	
按摩呪禁生条	14	補 4	(14)	
医針生等専令習業条	15		(15)	
女医条	16	9	(16)	
文武職事官病患遣医条	17		(24)	政事要略こゝまで一括/養老「致仕者亦准此」
五品以上官致仕疾患条				
薬品収採条	18	補 5	(21)	
薬園条	19	5	(20)	
採薬師条	20	補 6	(22)	
在内諸門患坊進湯薬条	×		×	
鴆毒冶葛私家不得有条				
合薬供御条	21	1	(23)	
毎年合薬条	22	4	(25)	
宿衛兵士当上条	23		○	
行軍作役之処条		11		
医針師巡患条	24		(26)	
州医博士助教条	×		×	宋令 1・2 に倣えば宋 13・不行唐 17 の順
州医生条	25		(17)	
州博士教授条	26		(18)	
州医生試条	27		(19)	
州合薬条	＊22		×	養老 22「諸国准此」
州医師派遣条	＊24	(10)	×	養老 24「諸国医師亦准此」
医師巡患公廨給食条	×		×	

表　推定唐医疾令・養老医疾令条文配列

分類	私案	程氏案	宋令	不行唐令
医学教育	1	2	2	
	2	1	1	
	3	3	3	
	4	4	4	
	5	5		1
	6	6	5	
	7	7		2
	8	8		3
	9	9	6	
	10	10		4
	11	11		5
	12	12		6
	13	13		7
	14	14		8
	15	15	7	
	16	16		9
医療（薬の栽培・徴収・管理を含む）	17	17	8	
	18	18		10
	19	19		11
	20	20		12
	21	21		13
	22	24		14
		22	9	
	23	23	10	
	24	25	11	
	25	26	12	
		27		15
	26	28		16
州の医学教育と医療	27	30		17
	28	29	13	
	29	31		18
	30	32		19
	31	33		20
	32	34		21
	33	35		22

クすること、生薬のままでは持ち込むことはできないことを規定する。

今回の唐医疾令断簡の発見があるまでは、不行唐14条は、宮城内で調合した湯薬を進上する際の規定であるから、皇帝の薬の調合や供御に関する規定（宋10条に対応する唐令）の次に置き、太医署が官人らのために毎年調合する薬の規定（宋11条に対応する唐令）の前に配置するということで、『天聖令校証』の排列は妥当なものと考えていた。しかし、こうして宋10条・宋11条に対応する唐令が連続する条文であることが明らかになった以上、不行唐14条の位置をあらためて考えなくてはならない。宋9条も不行唐14条も日本令は存在せず、条文排列の復原の参考にはならない。

宋9条が毒薬の所持に関する規定で、不行唐14条も同じく毒薬に関わる規定であること、不行唐14条には生薬の進上禁止の内容が含まれていることを考慮すると、薬の栽培・徴収に関わる規定（不行唐11～13条）につづけて、薬の管理に関わる規定である不行唐14条・宋9条があり、その後ろに薬の調合の規定（宋10・11条）があったとみることもできるが、不行唐14条が太医署の医師らが患坊で宮人らのために調合した湯薬の進上規定を含むことを考えると、劉子凡氏の指摘するように、宋10条・宋11条の後ろに不行唐14条があった可能性の方が高い。皇帝の薬の調合と供御の規定（宋10条）→太医署による常備薬調合の規定（宋11条）→宮城内で調合された湯薬の進上に関する規定（不行唐14条）→宿衛兵士や在京諸軍の兵士及び行軍作役の場所への医師派遣に関する規定（宋12条、不行唐15条）という順であったとみておきたい。

なお、唐令が復原できない宋令について、どう考えるかという問題は残る。北宋天聖令による唐令条文の復原と排列については、宋令に対応する唐令が全て存在したとみるのか、宋令独自の立条があるのかどうか、宋令を立条する際に、唐令二条を一条にまとめたり、逆に唐令では一条であったものを現行法の宋令と不行唐令と二条に分けている可能性もあるのではないか、など天聖令の編纂方針に関わる問題がある。

これまでは、宋令に対応する唐令があることを前提に、復原し、条文排列を考えてきた。しかし近年、牛来穎氏は、賦役令宋4条について、あまりに曖昧で令文の体を為しておらず、詳細な規定をもつ賦役令不行唐8条と内容的に重複することから、不行唐8条から宋4条が立てられ、不行唐8条はそのまま残された可能性を指摘した[20]。つまり、唐令文をもとに宋令文が作られたが、唐令文はそのまま不行として残されたというのである。また賦役令宋2条と不行唐3条についても、本来唐令では一条であったものを現行法の宋令と不行唐令と二条に分割したと推定している。

医疾令についても、唐令が復原できない宋9条や宋12条、日本令では一条であった宋8条と不行唐10条、宋12条と不行唐15条との関係など、まだ考えるべき課題は多い。

三　唐医疾令断簡（大谷三三一七）による日本医疾令の復原と条文排列

新発見の唐医疾令断簡（大谷三三一七）は、わずか一三文字（残画から読み取った二文字を含む）ではあるが、得られる情報は上述のように貴重である。その上で、あらためて日本医疾令の復原について、考えておこう。

まず、対応する日本医疾令についてのこれまでの復原案をあげておこう。[21]

日本医疾令・合薬供御条（復原典拠は職制律12合和御薬条疏と『令集解』東宮職員令7主書署条穴記、及び『儀式』巻一〇進御薬儀）

（凡）合レ薬供御、中務少輔以上一人、與二内薬正等一監視。薬成、侍医甞之、然後封之。寫二本方一之後、具注二年月日・監薬者姓名一、倶奏。餌薬之日、侍醫先甞、次内薬正甞、次中務卿甞、然後進レ御。其中宮及東宮准レ此。

日本医疾令・典薬寮毎歳合薬条（復原典拠は『政事要略』巻九五至要雑事）

（凡）典薬寮、毎歳量二合傷寒・時気・瘧・利・傷中・金創諸雑薬一、以擬二療治一。諸國准レ此。

字句に関しては、とくに新しい情報が得られたわけではない。ただ、毎歳合薬条に関しては、唐令の「金瘡」に対し、日本令では「金創」とする違いがある。唐令の復原典拠である『六典』巻一四太常寺・太医令条は「金瘡」とし、日本令の復原典拠である『政事要略』巻九五至要雑事[22]は「金創」とする。『玉篇』に、「瘡、古作レ創」とあるように、両者は全く同じ意味で、刀等による外傷を意味する。[23]『政事要略』と同じく平安中期に編纂された『医心方』巻一八[24]でも「治金創方第五」「治金創腸出方第六」など項目名はいずれも「金創」につくる。一方で、『医心方』が引用する医書は、『葛氏方』や『小品方』は「金創」とし、『千金方』は「金瘡」「金創」が混用されている。『医心方』のなかでは、「金創」が多数派といえ、日本では刀等による外傷について、もっぱら「金創」が使われていたらしい。

また合薬供御条の末尾の「其中宮及東宮准レ此」については、今回発見された唐医疾令断簡において注文ではなく、本文であったことが明らかになった。この部分の復原は、『令集解』東宮職員令7主書署条穴記[25]に、

醫疾令合薬供御条云、餌薬之日、侍醫先甞、次内薬正甞、次中務卿甞、然後進レ御。其中宮及東宮准レ此者。

とあるのによりつつ、『律令』（校異）では、

其中宮及東宮准此、（『令集解』東宮職員令7穴記）及ビ塙本ニハ本文・注文ノ区別ナキモ、注文ト看做ス

として、注文に作っていた。しかし、やはり穴記の引用からは注文であったことは確認できないので、ここは注ではなく、本文として復原すべきであろう。

『律令』の医疾令の復原は、「准レ此」とある部分は、すべて同様に注文とし、校異を付している。しかし、実は本条以外の五位以上疾患条の「致仕者亦准レ此」、典薬寮毎歳合薬条「諸國准レ此」、医針師巡患条の「諸國医師亦准レ此」は、いずれも『政事要略』巻九五至要雑事を典拠としているのだが、本文と同じで、注文にはなっていない。唐医疾令断簡（大谷三三一七）は決して良質の写本とは言い難いが、これを参考にするならば、典拠史料で本文となっているものを注文として復原することは避けておきたい。

条文排列に関しては、日本思想大系『律令』が、合薬供御条（『律令』は合和御薬条とする）を㉓条とし、次に㉔五位以上病患条をおき、その後に㉕典薬寮毎歳合薬条とするのに対し、私は前稿において、北宋天聖令により、五位以上疾患条を薬の栽培・徴収規定の前におき、合薬供御条と典薬寮毎歳合薬条が連続するという試案を提示した。今回の唐医疾令断簡の発見により、唐令において、合薬供御条と太医署毎歳合薬条が連続していたことが確認されたことは、日本医疾令においても同じであったことを強く示唆すると思う。

北宋天聖医疾令は、宋令一三条、不行唐令一二条で、宋令に対応する唐令が全て独立して存在したとすると、唐医疾令は全三五条となる。しかし先に述べたように、宋令と不行唐令とが重複する例も多く、天聖令の宋令＋不行唐令の条文数と、実際の唐令の条文数は合わない可能性がある。前節での仮定を踏まえると、唐令は全三三条ということになる。一方、日本医疾令は全二七条であることが明らかで（『令集解』目録）、かつ日本医疾令には独自の条文がないので、その違いは数だけでいうと六条である。

しかも、内容をみてみると、不行唐10五品以上官致仕疾患条は、日本令・五位以上疾患条に「致仕者亦准レ此」というかたちで含まれているし、不行唐20州合薬条は、日本令・典薬寮毎歳合薬条に「諸國准レ此」として含まれ、不行唐21州医師派遣条は、日本令・医針師巡患条に「諸國醫師亦准レ此」として含まれる。つまりいずれも唐令二条を日本令で一条にまとめているのである。

この三条を除くと、残るのは、湯薬の進上に関する規定（不行唐14在内諸門患坊進湯薬条）と、日本にはそもそも置かなかった地方の医博士・助教に関する規定（不行唐17州医博士助教条）と、地方の医師が巡回治療した際の公廨給食の規定（不行唐22州医師巡患公廨給食条）の三条のみということになる。

宮人らの治療を行う患坊を置かず、諸国に医博士・助教を置かなかった日本において、不行唐14条と不行唐17条は不要であった。州医師の「巡患」については、日本令でも諸国医師が「巡患」することが規定されていたし（「諸國醫師亦准」此」というかたちではあるが）、実際に国医師が医療行為を行っていたことも推測されるが、日本の国医師は、医疾令国医師条に明らかなように、国医生の教育を主な職務としていた。唐では、州医生の教育は州医博士・助教が行い、州医師は医療を担当していたが(26)、日本の国医師は教育を担うものとして置かれていたため、巡回治療した際の公廨給食の規定を立条しなかったのであろう。

律令導入時の日本の古代社会は、地方における医療を充実させるには人材も組織も乏しかった。中央においても医師は不足していたのだから、とても地方にまで手は回らなかったというのが現実であろう。それでも唐の医学・医療体制に近づけるべく、唐医疾令を忠実に継受したということだと思う。

以上、新発見の大谷文書の唐医疾令断簡を紹介し、北宋天聖医疾令から復原される唐医疾令の条文排列について前稿に修正を加え、あらためて日本医疾令の復原について検討し、唐医疾令と比較してみた。前稿での検討も踏まえ、『律令』の条文排列を改め、語句を訂正して、以下に掲げておく。1、2、以下の番号は私案による条文番号である。『律令』のつけた条文番号と異なる部分については、（　）で『律令』の条文番号を付した（前掲の表を参照のこと）。また『律令』の文字をあらためた部分についてはゴチックで記した。根拠についての詳細は、先稿及び前稿に譲るが、典拠のみ＊で注記した。字体は旧字を用い、条文冒頭には「凡」字を補ったものもある。句読は一部あらためている。なお18条と20条は養老令文ではなく『令集解』古記の引用する大宝令文である。

【復原日本医疾令】

1　凡醫博士取醫人内法術優長者爲之。按摩・咒禁博士亦准此。

2　凡醫生、按摩生、咒禁生、藥園生、先取藥部及世習。次取庶人年十三以上十六以下、聰令者爲之。

3　凡醫・針生、各分經受業。醫生習甲乙・脈經・本草、兼習小品・集驗等方。針生習素問・黄帝針經・明堂・脈訣、兼習流注・偃側等圖・赤烏神針等經。

4　凡醫・針生、初入學、先讀本草・脈訣・明堂。讀本草者、即令識藥形・藥性、讀明堂者、即令驗圖識其孔穴、讀脈訣者、即令遞相診候、使知四時浮沉澁滑之狀。次讀素問・黄帝針經・甲乙・脈經。皆使精熟。其兼習之業、各令通利。

5　凡醫生既讀諸經、乃分業教習。率廿、以十二人學體療、三人學創腫、三人學少小、二人學耳目口齒。各專其業。

6　凡醫・針生、各從所習、鈔古方誦之。其上手醫、有療疾之處、令其隨從、習**合**和・針灸之法。

＊「合」、『政事要略』巻九五至要雑事所引の「医疾令義解」は「知」に作る。北宋天聖医疾令宋5条によって改める。

7　凡醫・針生、博士一月一試、典藥頭・助一季一試、宮内卿・輔年終惣試〈其考試法式、一准大學生例〉。若業術灼然、過於見任官者、即聽補替。其在學九年業無成者、退從本色。

8　凡學體療者限七年成、學少小及創腫者各五年成、學耳目口齒者四年成、針生七年成。業成之日、令典藥寮取業術優長者、就宮内省對、丞以上皆精加挍練。具述行業、申送太政官。

9　凡私自學習、解醫療者、投名典藥、試驗堪者、聽准醫・針生例考試。

10　凡醫・針生初入學、皆行束脩**之**禮。一准大學生。其按摩・咒禁生減半。

＊「之」、『政事要略』巻九五至要雑事所引の「医疾令義解」になし。学令4条及び北宋天聖医疾令不行唐4条により補う。

11　凡教習本草・素問・黄帝針經・甲乙、博士皆案文講説、如講五經之法。

12　凡醫・針師、典藥量其所能、有病之處、遣爲救療。毎年宮内省試驗其識解優劣、差病多少以定考第。

13　凡醫・針生業成送官者、式部覆試、各十二條。醫生試甲乙四條、本草・脈經各三條、針生試素問四條、黄帝針經・明堂・脈訣各二條、其兼習之業、醫・針各二條。問答法式、並准大學生例。醫生全通、從八位下叙。通八以上、大初位上叙。其針生降醫生一等。不第者、退還本學。經雖不第而明於諸方、量堪療疾者、仍聽補醫師。

14　凡按摩生學按摩・傷折方及刺縛之法。呪禁生學呪禁・解忤・持禁之法。限三年成。其業成之日、並申送太政官。

15　凡醫・針生、按摩・呪禁生、專令習業、不得雜使。

16　凡女醫、取官戸婢年十五以上廿五以下、性識慧了者卅人、別所安置。教以安胎産難及創腫・傷折・針灸之法。皆案文口授、毎月醫博士試、年終内藥司試。限七年成。

17(24)　凡五位以上疾患者、並奏聞、遣醫爲療、仍量病給藥。**致仕者亦准此**。

＊「致仕者…」、『律令』は注文に作るが、唐医疾令断簡（大谷三三一七）及び『政事要略』巻九五至要雑事所引の「医疾令義解」により、本文とする。

18(21)　凡藥品**族**、典藥年別支料、依藥所出、申太政官散下、令随時收採。

＊「族」、『令集解』賦役令37条古記所引の令文は「施」に作る。北宋天聖医疾令不行唐11条によって改める。

19(20)　凡藥園令師檢校。仍取園生、教讀本草、弁識諸藥并採種之法。随近山沢有藥草之處、採**掘**種之。所須人功、並役藥戸。

＊「掘」、『令集解』職員令44条私所引の令文は「握」に作る。北宋天聖医疾令不行唐12条によって改める。

20(22)　凡國輸藥之處、置採藥師、令以時採取。其人功、取當處随近**丁支配**。

＊「丁」、『令集解』賦役令37条古記所引の令文は「下」に作る。北宋天聖医疾令不行唐13条によって改める。／「支配」も同じく、「配支」を改める。

21 (23) 凡**合㆑藥供御**、中務少輔以上一人、與㆓內藥正等㆒監視。**藥成、侍醫嘗之、然後封之、寫㆓本方㆒之後、具注㆓年月日、監藥者姓名㆒、倶奏。**餌藥之日、侍醫先嘗、次內藥正嘗、次中務卿嘗、然後進㆑御。**其中宮及東宮准㆑此。**

＊「合薬供御」、職制律12条疏所引の令文は「合和御薬」に作る。北宋天聖医疾令宋10条によってあらためる。なおこの冒頭の表記については、天聖令の出現以前に、高塩博氏が『令集解』東宮職員令7主書署条穴記に「医疾令合薬供御条」とみえることから、正しく復原していた。(27)／「薬成、…」、『儀式』巻一〇進御薬式の引用による。／「其中宮…」、『律令』は注文に作るが、唐医疾令断簡（大谷三三一七）により、本文とする。

22 (25) 凡典藥寮、毎歳量㆓合傷寒・時気・瘧・利・傷中・金創諸雜藥㆒、以擬㆓療治㆒。**諸國准㆑此。**

＊「諸国…」、『律令』は注文に作るが、唐医疾令断簡（大谷三三一七）及び『政事要略』巻九五　至要雑事所引の「医疾令義解」により、本文とする。

23 （※）　**凡行軍及作役之處、典藥給㆓醫師一人㆒。**

＊本条の復原は、『令集解』営繕令16条令釈によって、瀧川政次郎氏が推定していたが、令文そのものの引用ではないということで、(28)『律令』は令文としては収録していない。瀧川氏及び福原栄太郎氏は、「宮内（省）給㆓医師一人㆒」とする案を提示するが、先稿により「典薬給㆓医師一人㆒」と復原しておく。なお本条に対応する唐令は北宋天聖医疾令不行唐15条である。本条は条文の一部である可能性が高い。

24 (26) 凡醫・針師等巡㆓患之家㆒、所㆑療損與㆓不損㆒、患家録㆓醫人姓名㆒、申㆓宮內省㆒、拠爲㆓黜陟㆒。**諸國醫師亦准㆑此。**

＊「諸国…」、『律令』は注文に作るが、唐医疾令断簡（大谷三三一七）及び『政事要略』巻九五至要雑事所引の「医疾令義解」により、本文とする。

25 (17) 凡國醫生、業術優長、情願㆓入仕㆒者、本國具述㆓藝能㆒、申㆓送太政官㆒。

26 (18) 凡國醫師教授醫方、及生徒課業年限、並准㆓典藥寮教習法㆒。其餘雜治、行用有㆑効者、亦兼習之。

27(19)　凡國醫生、毎月醫師試、年終國司對試。並明定二優劣一。試有レ不レ通者、随レ状科罰。若不レ率二師教一、數有二愆犯一、及課業不レ充、終無二長進一者、随レ事解黜。即立二替人一。

敦煌・吐魯番出土文書のなかに、唐令の断簡が残っていることは、夙に紹介されてきた。仁井田陞『唐令拾遺』には、開元公式令（P.二八一九）、永徽東宮諸府職員令（P.四六三四・S.一八八〇・S.三三七五・S.一一四四六）の他、いわゆる「天宝令式表」（「唐職官表」とも、P.二五〇四）が復原史料として採用されている。また敦煌写本の書儀には、唐仮寧令が引用され（S.六五三七v、S.一七二五v）、喪葬令の服紀条もみえる（S.三六三七）。法制史料として、律疏や格・式の断簡があることも周知のところである[29]。

近年は、台省職員令と祠令を含む『格式律令事類』残巻（Дx.三五五八）、考課令を含む『格式律令事類』残巻（Дx.六五二一）が紹介され[30]、そして旅順博物館蔵の唐戸令（LM20-1453-13-04）も発見された[31]。そして、劉子凡氏によって、医疾令（大谷三三一七）と喪葬令（大谷四八六六）が、吐魯番出土の写本断簡として、新たに加わった。

この大谷文書の医疾令断簡や喪葬令断簡は、書体や、幼稚な誤字の存在から、官衙で書写し頒下された公的な写本ではないであろう。その点で、令文の正確な復原にはやや難があることに注意しなくてはいけないが、一方で、令の普及や浸透を考える際の興味深い事例であるといえる。

北宋天聖令の出現によって、唐医疾令の復原は格段に精度があがり、もはやこれ以上付け加えたり、訂正したりすることはあるまいと思っていた。ところが、この大谷文書の医疾令断簡は、わずか一三文字の微細な破片であるにもかかわらず、条文排列の訂正を迫るものだった。喪葬令断簡も、わずか六文字のしかも細字双行の注文であるにもかかわらず、『天聖令校証』の唐令復原を訂正する内容であった。唐令復原の難しさをあらためて実感した次第である。

註

（1）丸山裕美子「日唐医疾令の復原と比較」（『日本古代の医療制度』名著刊行会、一九九八年、初出一九八八年）一―四〇頁。以下、「先稿」という。

（2）程錦「唐医疾令復原研究」（天一閣博物館・中国社会科学院歴史研究所天聖令整理課題組『天一閣蔵明鈔本天聖令校証　附唐令復原研究』（中華書局、二〇〇六年）下冊五五二―五八〇頁。以下、程氏の指摘はすべてこれによる。

（3）丸山裕美子「北宋天聖令による唐日医疾令の復原試案」（『愛知県立大学日本文化学部論集・歴史文化学科編』1、二〇〇九年）。以下、「前稿」という。

（4）江戸時代以来の医疾令復原史については、利光三津夫「律令条文復旧史の研究」（『律令制とその周辺』慶應義塾大学法学研究会、一九六七年）、同「江戸期における律令学」（『律令制の研究』慶應義塾大学法学研究会、一九八一年）、及び高塩博「養老医疾令復原の再検討」（『日本律の基礎的研究』汲古書院、一九八七年、初出は一九八三年）に詳しい。また拙稿「尾張名古屋の律令学―稲葉通邦『逸令考』を中心に―」（『愛知県立大学文学部論集』五六、二〇〇八年）でも触れた。

（5）劉子凡「大谷文書唐《医疾令》・《喪葬令》残片研究」（『中華文史論叢』一一七、二〇一七年）。以下、劉氏の指摘はすべてこれによる。

（6）喪葬令断簡（大谷四八六六）については、天聖喪葬令宋17条に対応する唐令文の小字注の六文字であるが、残画から、『天聖令校証』の復原する唐令の注の位置を訂正することができる。前掲註（5）劉論文による。

（7）〈龍谷大学善本叢書〉10小田義久責任編集『大谷文書集成』二（法蔵館、一九九〇年）。

（8）今回提示の写真は、龍谷大学より許可を得て、IDPのホームページよりダウンロードしたものである。

（9）本稿で引用する天聖令文は、すべて『天聖令校証』の清本により、文字は旧字で表記する。以下、引用する史料については、天聖令以外のものも原則として旧字を用いる。

（10）仁井田陞『唐令拾遺』（復刻版、東京大学出版会、一九六四年、初版は一九三三年）、仁井田陞著・池田温編集代表『唐令拾遺補』（東京大学出版会、一九九七年）。

（11）本稿で使用する『六典』は、『大唐六典』（広池学園事業部、一九七三年）による。『唐律疏議』は『唐律疏議』（中国政法大学出版社、二〇一三年）を使用するが、条文番号は律令研究会編『訳注日本律令』（東京堂出版）による。

（12）注文であると考えたのは、日本令が注文として復原してきたことを根拠としていたのであるが、後述のように日本令も注文ではなかった可能性が高い。もっとも、この唐医疾令断簡は、「署」を「暑」と書くなど、正確な写本とはいいがたいので、注文であった可能性が全くないわけではない。

(13) 劉子凡氏は、この写本が毎行一三文字であったと推定し、大谷三三一七の一行目の残画は「尚薬奉御」の「奉」であったとし、太医署毎歳合薬条の冒頭「諸」字はなかったものとして、次のように字配りを推定している。

諸合藥供御在内
諸省省別長官一人並當上大將
軍將軍衛別一人與殿中監尚藥
奉御等監視藥成醫佐以上先甞
然後封印寫本方方後具注年月
日監藥者遍署名倶奏餌藥之日
尚藥奉御先甞次殿中監甞次皇
太子甞然後進御其中宮及東宮
准此
太醫署毎歳量合傷寒時気瘧痢
傷中金瘡諸藥以備人之疾病者

しかし、これでは合薬供御条の字数が合わなくなる。一行の字数には増減があった可能性が高いので、厳密な復原は困難である。なお注意すべきは、冒頭部分の復原は、『唐律疏議』の「依レ令、合二和御藥一、在内諸省省別長官一人、……」によっているのだが（『唐令拾遺』もこれによる）、『六典』には、「合藥供御、門下・中書司別長官一人、……」とあることである。書き出し部分は、『唐律疏議』の「合和御薬」ではなく、『六典』の「合薬供御」であったであろうことは、天聖令宋10条の冒頭（及び対応する日本医疾令・合薬供御条）から推測できるので、ここは、「在内諸省省別長官一人」を『六典』の「門下・中書司別長官一人」によって、「門下省・中書省別長官一人」として二字増やすのも一案かと思う。「在内諸省」という語句・表現は、他にみえない。唐代には尚書・門下・中書・秘書・殿中・内侍の六省があったが、殿中省については本条で「殿中監」がともに監督することがみえており、実質的には門下省と中書省を指すと思われる。ただしこれでも字数的にはなお四文字足りない。

(14)　前稿で縷々論じたように、日本令では医博士条が第一条で、医生条が第二条であることが確実である。また日本の学令でも1博士助教条、2大学生条の順であることから、唐令においても同様に1医博士助教条、2医生条の順であったと推定した。天聖令の条文排列は、宋令部分に関しては、唐令とは異なる可能性があると考えている。

(15)　日本令には、不行唐17州医博士助教条に対応する条文はないが、註（14）のように考えるなら、州医生に関する条文（宋13条）の前に、州医博士に関する条文（不行唐17条）があったであろう。

(16)　陳登武「従《天聖・医疾令》看唐宋医療照護與医事法規―以〝巡患制度〟為中心―」、なお同「医疾令」（高明士等「評《天一閣蔵明鈔本天聖令校証　附唐令復原研究》」（『唐研究』一四、二〇〇八年）も参照。

(17)　『新唐書』は中華書局の標点本による。

(18)　石野智大「唐代両京の宮人患坊」（『法史学研究会会報』一三、二〇〇九年）。「患坊」については、典籍では『新唐書』にしか記載がみえず、詳細は不明であったが、隋・唐代の宮人墓誌の出土事例が増えるなかで、「患坊」で卒去した旨の記載が確認されるようになった。石野氏は、「患坊」の記載がある隋・唐代の墓誌九点を検討している。

(19)　例えば、冶葛については、『外台秘要方』巻一九の脚気の治療法に、数種の「冶葛膏」（冶葛とその他数種類の薬を調合する）が載せられている。冶葛は胡蔓草（ゲルセミウム・エレガンス）の根で、猛毒ではあるが、正倉院薬物にもみえ、唐代には著名な薬であった。烏頭・附子はともにトリカブトの根であるが、『新修本草』草部下品に収載される薬物で、これを使用する薬は、『千金方』や『外台秘要方』にみえる。

(20)　牛来穎「《天聖令》唐宋令条関係與編纂特点」（『隋唐遼宋金元史論叢』一、紫禁城出版社、二〇一一年）。

(21)　医疾令の復原は、日本思想大系『律令』（岩波書店、一九七六年）、及び前掲註（1）・（3）丸山論文による（「先稿」「前稿」）。

(22)　『政事要略』は新訂増補国史大系本による。巻九五至要雑事に『令義解』医疾令の逸文が一九条引用されている。うち一七条は一括引用で、条文排列もそのまま復原できる。

(23)　明代の字書ではあるが、『正字通』に「創、傷也、通作」瘡」とある。

(24)　『医心方』は、『国宝半井家本医心方』（オリエント出版社）影印本による。

(25)　『令集解』は新訂増補国史大系による。なお『令集解』と『政事要略』がともに引用する令文で、両者の文字が異なっている場合、『政事要略』の文字の方が、天聖令文と一致する。『令集解』による復原は、文字について、より慎重に検討する必要がある。

(26) ただし、唐における州医学と州医学博士（当初は医薬博士）の設置は、貞観三年（六二九）であり（『唐会要』巻八二医術など）、州医博士や医生に関する規定は、貞観令以降に立てられたものであろう。

(27) 前掲註（4）高塩論文。

(28) 瀧川氏の説は三浦周行・瀧川政次郎編『定本令集解釈義』（内外書籍、一九三一年）の営繕令標注、六八二頁。瀧川氏は「宮内省」と復原するが、福原栄太郎「養老医疾令文の復旧について」（『ヒストリア』六九、一九七五年）で「宮内」と復原する。私案については、前掲註（1）丸山論文に詳述した。

(29) 周知のものについては、Tatsuro Yamamoto, On Ikeda, Makoto Okano, *Tun-Huang and Turfan Documents Concerning Social and Economic, I Legal Texts(A)(B)*, The Toyo Bunko, 1975.に写真図版と釈文が紹介されている。他に、劉俊文『敦煌吐魯番唐代法制文書考釈』（中華書局、一九八九年）など。近年の令以外の新出法制史料の紹介・研究として、栄新江（森部豊訳）「唐写本中の『唐律』『唐礼』及びその他」（『東洋学報』八五―二、二〇〇三年）、岡野誠「新たに紹介された吐魯番・敦煌本『唐律』『律疏』断片」（土肥義和編『敦煌・吐魯番出土漢文文書の新研究』東洋文庫、二〇〇九年、修訂版二〇一三年）などがある。唐代の書儀にみえる法制史料については、かつて丸山裕美子「敦煌写本書儀にみる唐代法制史料」（『國學院大學日本文化研究所報』三四―一、一九九七年）でも簡単に紹介した。

(30) 李錦繍「俄蔵Дx.三三五八唐《格式律令事類・祠部》残巻試考」（『文史』六〇、二〇〇二年）、雷聞「俄蔵敦煌Дx.〇六五二一残巻考釈」（『敦煌学輯刊』二〇〇一年一期）、辻正博「『格式律令事類』残巻の発見と唐代法典研究―俄蔵敦煌文献Дx.〇三五五八及びДx.〇六五二一について」（『敦煌写本研究年報』一、二〇〇七年）。なおДx.三三五八について、唐代法典であることを最初に指摘した栄新江・史睿「俄蔵敦煌写本《唐令》残巻（Дx.三三五八）考釈」（『敦煌学輯刊』一九九九年一期）、同「俄蔵Дx.三三五八唐代令式残巻再研究」（『敦煌吐魯番研究』九、二〇〇六年）は、『格式律令事類』ではなく「令式彙編」とするのが妥当だとする。

(31) 旅順博物館・龍谷大学共編『旅順博物館蔵新疆出土漢文仏経選粋』（法蔵館、二〇〇六年）一六一頁。

文苑英華の判の背景となる唐令について

坂上康俊

本稿で取り上げる判とは、官吏としての決裁文、とくに裁判での判決文のことである。唐代の通常の人事（常選）において吏部が確認する四つの要点、すなわち身（体貌豊偉のものを取る）、言（言詞弁正のものを取る）、書（楷法遒美なものを取る）、判（文理優長、すなわち、文章が良く、論理が通っているものを取る）の一つであり（通典巻一五　選挙三）、また未だ常選の資格を満たさない者がとくに受験する抜粋科においては、判三道が課された（新唐書巻四五　選挙志）。唐代に現実の行政案件に関わって記された判は無数にあったはずだが、敦煌文書・吐魯番文書のなかに残っている若干の実例を除けば、判の試験を受ける人の試験対策用の模範文ないし実際の答案として、さまざまな文集に収載されているものが、現存唐代の判文のほとんどで、およそ一二〇〇道余が知られている。(1)これらの判文のなかには、架空の事案を拵えたものも相当含まれようが、しかし、模範文集という性質を考えると、当時の法制度から大きく乖離したものとは考えにくい。本稿はこうした観点に立って、唐代の判を大量に、しかもまとまった形で収載している文苑英華の判のなかから、唐令の復原につながりそうな資料を拾い上げようとする試みである。

一　唐令復原資料としての判

さて、仁井田陞は『唐令拾遺』（東方文化学院東京研究所、一九三三年。東京大学出版会、一九六四年復刊）を著す際に、白氏六帖事類集（宋本）、白孔六帖（明本）を参照し、それぞれ数十条を、唐令復原の基本資料ないし参考資料として掲げ、また、名公書判清明集から参考資料を拾い出してはいるが、(2)白居易百道判のなかから唐令の復原に資する史料を探し出そうとはしていない。(3)(4)唐代の判集のことは、その後に気づいたもののようで、「唐代の封爵及び食封制」（『東方学報』一〇、一九三九年。のち『唐令拾遺補』第一部所収）では龍筋鳳髄判を利用し、『支那身分法史』（東方文化学院東京研究所、一九四二年。『中国身分法史』と改題して、東京大学出版会、一九八三年復刊）においてはじめて百道判を参考資料として採用し、(5)また、手沢本の『唐令拾遺』に龍筋鳳髄判からの書き込みを残している。(6)

唐代の判に注目した専論は、瀧川政次郎の「龍筋鳳髄判について」（『社会経済史学』一〇―八、一九四〇年）を嚆矢とし、同「文苑英華の判について(上)(下)」（『東洋学報』二八―一・二、一九四二年）がこれに続く。ここに至って、文学作品として残された判は、どのような事情で作成されたのかが明らかにされたが、瀧川自身はとくに唐令復原への利用を試みてはいない。

戦後、伝存典籍にみえる唐代の判文が、市原亨吉「唐代の『判』について」（『東方学報』三三、一九六三年）に網羅的にリスト・アップされた。その際市原は、静嘉堂文庫所蔵の宋影明鈔本文苑英華をも用いたため、現在よく使われている中華書局本の文苑英華には落ちている判文も、リストのなかに含まれていることに留意しておく必要がある。(7)

その一方で、ペリオ将来敦煌文書のなかに含まれていた二点の判集が紹介された。一点（P.2942）は、後に池田温によって「唐年次未詳河西節度使判集」と命名され、全文が示されたもので、(8)これは先に那波利貞によって一部の録文が公表されたものである。(9)この判集については池田の録文の後、安家瑤による再検討があり、安は永泰元年（七六五）閏十月から二年五月の間の成立と考証し、「巡撫河西使判牒集」との呼称を提案している。[10] もう一点（P.2979）は、これも池田温によって全文が示され、「唐開元二四年九月岐州郿県尉□勛牒判集」と命名されたもので、[11] はじめは劉復『敦煌掇瑣　中』（中央研究院歴史語言研究所、一九二五年）、ついで玉井是博「唐代防丁考」（『支那社会経済史研究』岩波書店、一九四二年。初出一九四〇年）に一部が紹介されたものである。[12]

その後、ペリオ将来敦煌文書の中に判集が更に三点あることが池田温によって見出され、その録文が公表された。[13] その際池田は、文中の法制文言に対応する律令格式について注意を促し、該当する条文（『拾遺補』戸令一七）を指摘している。池田が紹介した判集と、池田による年代比定は、以下のようになる（下のカッコ内は、劉俊文による命名）。

①判集残巻（P.2593）三道　七世紀後半（「開元判集」[14]）

②唐判集残巻（P.3813）一九道　六五〇年代を上限とする七世紀後半（「文明判集残巻」[15]）

③安西判集残巻（P.2754）六道　六六〇年代（「麟徳安西判集」[16]）

なお、更に、吐魯番のアスターナ古墓群からも、唐代の判集と思しきものが出土している。[17]

唐代の判の本格的な分析と、これによる法文の復原は、布目潮渢および大野仁による一連の研究によって、新たな段階を迎えた。すなわち、布目「白居易の判を通して見た唐代の蔭」（木村英一博士頌寿記念『中国哲学史の展望と模索』創文社、一九七六年）において、主として選挙令に関わる法文の指摘があり（『拾遺補』選挙令二三乙を復原、二七の基本資料を追加）、また同「白居易の判を通して見た唐代の復讐」（『森三樹三郎博士頌寿記念東洋学論集』朋友書店、一九七九年）が著された。これらを受け継いだ形で、布目潮渢・大野仁「白居易百道判釈義（一）～（八）」（『大阪大学教養部研究集録』（人文・社会科学）二八～三一輯、一九八〇～一九八三年、『摂大学術B』一～五号、一九八四～一九八七年）が公表され、このなかで選挙令の逸文の参考資料（『拾遺補』選挙令一四、五七三頁）、軍防令の逸文（『拾遺補』軍防令補三、六二二頁）、公式令の逸文（『拾遺補』公式令補一〇、七四一頁）が指摘された。更に大野仁は単独で「唐代の判文資料について」（『唐代史研究会会報』一、一九八八年）、「唐代の判文」（前掲註（1）、一九九三年)、「白居易の判」(『白居易研究講座2　白居易の文学と人生Ⅱ』勉誠社、一九九三年)という一連の研究を公表した。第三論文では、文苑英華の判をも用いて開元七年儀制令の一条が復原されているが(『拾遺補』儀制令補三)、篇目については、天聖令の発見を承けて再考の余地がある。このほかに大野は、「唐代進士試の試験時間について」(布目潮渢博士古稀記念論集『東アジアの法と社会』汲古書院、一九九〇年)においても、龍筋鳳髄判から考課令の参考資料一条を得ている(『拾遺補』考課令五三、五九七頁)。一方、高橋継男は、「逸文唐令三条と唐戸令参考資料一条」(『東洋大学東洋史研究報告』Ⅲ、一九八四年)において、文苑英華の判のなかに営繕令の逸文を一条、また雑令の参考資料を一条見出しており(『拾遺補』営繕令補七、八三六頁。『同』雑令三、八五〇頁)、他に「唐後期における商人層の入仕について」(『東北大学日本文化研究所報告』一七、一九八一年)でも判に触れている。

一九九三年の時点で大野は、「これら一千余道の判はほとんど未開拓の状態であり、作者・作成時期を含め、作成の典拠(とくに唐令を典拠とする場合、唐令復原史料として利用可能)、法意識、選挙制度内の位置づけ等、数多くの課題が残されている」としていた[18]。

こうした状況にあって『唐令拾遺補』の編集に携わる機会を得た筆者は、あらためて市原亨吉のリストに基づき唐代の判文を検討し、新たに数十道の判文を採り上げ、それぞれが背景にしていると推測される唐令条文の基本資料・参考資料として掲げておくことにした。このなかには、三上喜孝が同時並行的に新唐書のなかに見出した日本令に対応する一文が[19]、確かに唐令の逸文であるということを傍証することになる資料も含まれている(『拾遺補』雑令補三)。

その後日本では、吐魯番発見の実際の判決文の解釈を掲げた論稿の発表、あるいは岡村繁による新釈漢文大系『白氏文集　八』(明治書院、二〇一六年)のなかでの白居易百道判の注釈と典拠法令の指摘、更に愛宕元「判より見た唐代の都市管理」(平勢隆郎・塩沢裕仁編『関野貞　大陸調査と現在』東京大学東洋文化研究所、二〇一二年)のように、制度研究に文苑英華の判を用いたものはあるが、唐令の復原という観点で判文を採り上げた研究は、榎本淳一の関市令の復原研究[20]、および天聖令の雑令宋32条が唐令にさかのぼることを文苑英華の判に依拠して論じた最近の神戸航介の研究[21]以外にはないようである。

一方、中国においては、判への注目は少なかったようで、前述した敦煌・吐魯番文書のなかの判集に関する研究を除けば、姜伯勤「従判文看唐代市籍制的終結」（『歴史研究』一九九〇年三期）などの法制度の研究に百道判などの判を用いる例、汪世栄『中国古代判詞研究』（中国政法大学、一九九七年）、霍存福「張鷟『龍筋鳳髄判』判詞問目源自真実案例・奏章・史事考」（楊一凡・徐立志主編『中国法制史』甲編第四巻所収、中国社会科学出版社、二〇〇三年、初出一九九八年）、呉承学「唐代判文文体及其源流研究」（『文学遺産』一九九九年六期）等の文体・背景研究はあったが、令文の復原を意識したものではなかった[22]。

最近の中国では、判を主題とした三著の相次ぐ刊行をみている。即ち①陳重亜『古代判詞三百篇』（上海古籍出版社、二〇〇九年）、②夏婷婷『唐代擬制判決文中的法律発現――対唐代判詞的另一種解読』（中国社会科学出版社、二〇一二年）、及び③譚淑娟『唐代判体文研究』（斉魯書社、二〇一四年）である。①は、唐代のものとしては、「文明判集」（P.3813）から三道、「開元判集」（P.2593）から一道、龍筋鳳髄判から二七道、白氏長慶集から一二道、元氏長慶集から五道、文苑英華から一四道の判を選び、現代語に翻訳した上で語釈を加えたものであるが、主として古典の参照状況を精査するもので、法令では時に唐律・律疏を参照するに留まり、唐令には言及していない。②は、霍存福の指導のもと、日本での研究にも目を配り、龍筋鳳髄判、白居易甲乙判（百道判）、敦煌出土判集（三種）のリストを掲げた上で、判文が背景としている法律の種目（「律」「令」など）を比定しているが、文苑英華の判は膨大なためか採り上げられておらず、また法の種目より詳細なレベル、即ち条文の比定には至っていないという問題がある。③は、おそらく現在得られる最も体系立った、また日中の研究史を踏まえた唐判研究というべきもので、主として文苑英華の判、龍筋鳳髄判、白居易百道判、敦煌判文を取り上げつつ多方面から分析を加えており、また、大唐新語、朝野僉載などの筆記雑書から判文を収集するなどユニークな一面ももつが、判文の背景となった法条については、やはり律・律疏にしか言及していない。

こうしたなかにあって黄正健「唐令復原趨議」(『敦煌吐魯番文書與中古史研究：朱雷先生八秩栄誕祝寿集』上海古籍出版社、二〇一六年)一九四頁が、前述の神戸論文(註(21))に先立って文苑英華の判を用いて同様の結論を導き出しているのは、唐令の復原に際して、文苑英華の判がいかに有用かを示したものといえよう。

以上、現在知られている唐代の判文、とくに文集に収められた判文についての研究史の概要を述べてきたが、今回あらためて文苑英華の判について採り上げたいと考えた、その理由は、以下の三点にある。

第一、『唐令拾遺補』の編集の際には、倉卒の間に文苑英華を繙いて拾い上げたので、あらためて慎重にみていけば、唐令の復原に参考になる資料を見出せるのではないかと思ったこと。『唐令拾遺補』の刊行直後にも、そういった可能性を指摘され、気がかりなままに過ごしてきたので、その宿題をそろそろ済ませておきたい。

第二、『唐令拾遺補』の編集の際には、単に見出した資料を掲出しただけのものが殆どであり、考証については割愛していること。掲出した資料については、条文の比定のための考証は必要としないものが殆どであり、だからこそ考証を記すまでもないと判断したのであるが、検討の俎上には載せながら、最終的に掲出しなかった判文について、背景となる条文に関する注記を施すことで、幅広く検討していただく機会を得たい。

第三、天聖令の公表により、新しく膨大な唐令条文が明らかになり、また唐令条文の復原も進んできたこと。あらためて既存の文献に目を通すことで、唐令の復原研究を一歩進めることが出来るのではないだろうか。

二　文苑英華の判の背景となる唐令

文苑英華は、北宋・雍熙三年(九八六)の成立で、文選を継ぐ意味で、梁末から唐末までの約二二〇〇人の詩文を収めている。全一〇〇〇巻のうち、判は巻五〇三～五五二の五〇巻に収められている。今回は、一九六六年に中華書局より影印出版されたものを用い、所収の判のなかから、唐令逸文、天聖令、日本令に照らして唐令文の復原基本資料・参考資料として掲げるべきものではないかとみなされるものを挙げれば、本稿末の表のようになる。なお、天聖令は、天一閣博物館・中国社会科学院歴史研究所天聖令課題整理組校証『天一閣蔵明鈔本天聖令校証　附　唐令復原研究』（中華書局、二〇〇六年）の清本を用いる。備考欄には、『拾遺補』刊行後に言及した編著のみを掲げた。

ここに掲げた殆どの判文は、唐令の復原に直接用いられるというものではなく、判目のなかで問題とされたり、判詞での判断の根拠として何らかの法条が想定され、そのなかには唐の令文に違いないものや、他の唐代法制文献や日本令に照らして唐令の可能性が高いものが含まれているだろうが、後者のなかには格・式・勅の一部も混じっている可能性を排除できない。唐令復原の参考となる所以については備考に記しておいたので、ここでは贅言しない。

ところで、北宋の天聖令では、編纂・施行当時に現用するべきではないと考えられた唐開元二五年令については「不行」唐令として掲出しているが、度量衡の規定のように、唐令そのままを宋令としてかまわない規定については、そのまま宋令として掲出する方針を採っている。となると、宋代の現行法のなかには、唐代の現行法と同じものが含まれていることになる。

また、宋代の判については、名公書判清明集(23)のように大部なもの、かつ現実に発生した事案に応じて作成されたものも残されており、その注釈も刊行されている(24)。とするならば、それらの判文が前提にしている法制度のうち、とくに日本の大宝・養老の両令に近い規定が想定されるのであれば、それは唐令にも規定されていた可能性が大きいという予測が成り立つことになろう。ただ、今回は紙幅の問題もあるので、宋代の判を用いた唐令の復原については、今後の検討課題として残しておきたい。

なお、現在よく使われている中華書局本の文苑英華には、前述したように巻五〇六の大半が欠けている。しかし、表に示したように、巻五〇六の通行本に欠けている部分にも唐令の復原に資する判が含まれている。『唐令拾遺補』の編集の際には、池田温先生にお願いして、静嘉堂文庫所蔵の明鈔本の巻五〇六を筆写していただいたものを用いた。今回、あらためて静嘉堂文庫に赴いて確認した巻五〇六の前半を翻刻し、付録として掲げることにした。改行は明鈔本のままとし、基本的に現行通用の字体を用い、細字双行（割註）は〈 〉で示し、句読点は筆者が試みに附したものである。

註

（1）白居易が貞元一九年（八〇三）に書判抜萃科に合格したときの「毀方瓦合判」（文苑英華巻五一二）など。市原亨吉「唐代の『判』について」（『東方学報』三三、一九六三年）一四二頁参照。大野仁は、文苑英華に収める唐代の判文のうち、龍筋鳳髄判や百道判から採ったもの以外は、実際の判文試験の答案とみなせるとしている。大野「唐代の判文」（滋賀秀三編『中国法制史　基本資料の研究』東京大学出版会、一九九三年）二七七頁。

（2）仁井田陞「清明集戸婚門の研究」（『中国法制史研究　法と慣習・道徳と慣習』東京大学出版会、一九六四年。初出一九三三年）四一一頁→仁井田陞著・池田温編集代表『唐令拾遺補』（東京大学出版会、一九九七年。以下『拾遺補』）戸令一五。同四三四頁→『拾遺補』戸令三二。同五四一頁→『拾遺補』喪葬令二一。仁井田陞『唐宋法律文書の研究』（東方文化学院東京研究所、一九三七年）五二二～五二四頁→『拾遺補』戸令一四。同六二頁→『拾遺補』戸令三五。

（3）前掲註（1）大野論文二七六頁によれば、宋本と馬本（明版）の白氏文集では、巻六六と六七に計一〇一道掲げられている判のうち、前半の五一道では、律が八カ所、令が一〇カ所で参照されているという。

（4）例えば百道判の「得。乙隠居。徴辟不起。子孫請以所辟官用蔭、所司不許」などは、『唐令拾遺』選挙令二七を下敷きにしていることが明らかであるが、これを参考資料としても示していない。「令」と明記していないことによるのだろうか。

（5）『支那身分法史』六二四頁→『拾遺補』戸令三二（五四一～五四二頁）。

（6）『拾遺補』禄令一（五八八頁）。

（7）『拾遺補』では、賦役令一一（七七二頁）において、参考資料として静嘉堂文庫本の文苑英華から掲げている。

（8）池田温『中国古代籍帳研究　概観・録文』（東京大学出版会、一九七九年。以下、『籍帳研究』）諸種文書録文二三六（四九三～四九七頁）。

（9）那波利貞「唐天宝時代の河西道辺防軍に関する経済資料」（『京都大学文学部紀要』一、一九五二年）。

（10）安家瑤「唐永泰元年（765）―大暦元年（766）河西巡撫使判集（伯二九四二）研究」（北京大学中国中古史研究中心『敦煌吐

魯番文献研究論集』中華書局、一九八二年）。

（11）『籍帳研究』諸種文書録文一六五（三七四〜三七六頁）。

（12）当該判集については、その後、薄小瑩・馬小紅「唐開元廿四年岐州郿県尉判集（敦煌文書伯二九七九号）研究―兼論唐代勾徴制」（前掲註（10）書）での校録がある。

（13）池田温「敦煌本判集三種」（末松保和博士古稀記念会編『古代東アジア史論集』下巻、吉川弘文館、一九七八年）。②は『籍帳研究』諸種文書に録文一一四（三一七〜三二一頁）として再収。これらの判集を用いた研究に、滝川政次郎「唐判集の緊急避難事件の判決について」（『國學院法学』一六―一、一九七八年）がある。

（14）劉俊文『敦煌吐魯番唐代法制文書考釈』（中華書局、一九八九年）四八一〜四八二頁は、「司禄」という官名は開元元年に録事参軍を改名したものであることから、この判集は開元元年以降のものと見、「開元判集」と命名している。本判集に関しては、その後、董念清「従唐代的判集看唐代対法律的適用」（『社会縦横』一九九六年一期）等で取り上げられているようである（中国美・李徳範編『英蔵法蔵敦煌遺書研究按号索引（二）』国家図書館出版社、二〇〇九年、一八六九頁）。

（15）前掲註（14）劉俊文書、四五一頁は、判集のなかに見える「文明」を、池田とは異なり年号とみて、命名・年代比定している。本判集については、その後、前掲註（14）董念清論文、斉陳駿「読伯三八一三号『唐判集』札記」（『敦煌学輯刊』一九九六年一期）、王斐弘「敦煌写本『文明判集残巻』研究」（『敦煌研究』二〇〇二年三期）などの専論があり、斉論文は、本判集が「照」字を避けていないことから、永昌元年（六八九）以前としている。

（16）前掲註（14）劉俊文書、四七〇頁は、判文にみえる「弓月未平、人皆奮臂、吐蕃侵境、士悉衝冠」等の記述が、新唐書や資治通鑑に記す高宗麟徳二年の情勢に合致するとして、麟徳二年（六六五）前後の成立とみている。本判集に関してはその後、解梅「P.2754『唐安西判集残巻』研究」（『敦煌研究』二〇〇三年五期）が、判文中に高宗の廟号が見えることから、六八四年以後の成立としている。

（17）『吐魯番出土文書』第九冊（文物出版社、一九九〇年）一九四〜一九七頁。前掲註（14）劉俊文書、四八五〜四九二頁参照。

（18）前掲註（1）大野論文、二七八頁。なお、大野は最近でも同趣旨のことを述べている。同「白氏百道判をめぐる若干の問題」（『新釈漢文大系季報』一〇四、二〇一六年）三頁。

（19）三上喜孝「雑令の継受にみる律令官人制の特質」（『延喜式研究』一三、一九九七年）。

（20）榎本淳一「律令国家の対外方針と『渡海制』」、同「律令貿易管理制度の特質」、同「北宋天聖令による唐関市令朝貢・貿易管理規定の復原」(『唐王朝と古代日本』吉川弘文館、二〇〇八年。初出それぞれ一九九一年、二〇〇〇年、新稿)。

(21) 神戸航介「律令官衙財政の基本構造」(『史学雑誌』一二六編一一号、二〇一七年)一四頁。

(22) 二〇〇〇年までの日本・中国における唐判の研究については、周東平「唐代的判」(胡戟他編『二十世紀的唐研究』中国社会科学出版社、二〇〇二年)に研究史が略述されている。また、後掲③譚淑娟著三～五頁に、中国・日本での唐判研究史があり、また②夏婷婷著にも、中国での判研究についての比較的詳細な文献目録がある。

(23) 標点本に中国社会科学院歴史研究所宋遼金元史研究室点校『名公書判清明集』(中華書局、一九八七年。二〇〇二年復刊)があり、解題に高橋芳郎「名公書判清明集」(前掲註(1)滋賀編書)その他がある。

(24) 梅原郁訳注『名公書判清明集』(同朋舎、一九八六年)、高橋芳郎『訳注『名公書判清明集』戸婚門』(創文社、二〇〇六年)等がある。

付録

文苑英華巻第五百六　判四

水旱災荒門二十一道　旱暵判三道

水損田穀判七道　旱令沈巫判一道

事山〈総日作大旱〉斬木判一道　焚死聚更判三道

火災判二道　反古修火利判二道

凶荒判二道

水損免輸判

山東水損免輸。訴云、先承東風恩、給復類折。省司以為軽二年不合。

対　楊式宣

天作淫雨、害於嘉穀。東夏之人、実罹其弊。発倉賙饘、已軫聖皇之心。挙恩累折、猶有下之人請。雖承恩屏水皆在当年、而経国寧人事資可久。人惟邦本、本固邦寧。人或不康、君何取足《(ママ)》。且礼莫盛於封禅、歓莫大於観礼。人霑厚慶、自給非常之恩。歳及天侵、何阻後時之沢。請従周賚、以副堯心。

同前　　蔡瓊

時或生沴、人有不給。趨食満腹、思燕麦而充飢。度衣掩刑、覆鳥毛而斯暖。居之閔騫之産、遊無孟子之資。遇秋天而可悲、逢暑雨而多怨。且不稼不穡、奚貯於千倉。既育既生、猶待於百福。値天斉之礼、一槩銘恩。矜水旱之余、再而飲化。若情存均一、不異鳲鳩之慈。如政在惟差、還同虺蜴之議。撫事則誠堪累折、人実可矜。拠文則雖拠半徴、省可為酷。請緩其役、合於天理。

同前　　崔斉望

天子有慶、垂恵沢而醇濃、何伯(河)不仁、怒洪川而泛濫。雖文堙棗野、或為河朔之災。人疑作瓠、歌時有山之弊。日者百畝無税、三農徒勤。家惟懸磬之憂、国有泛舟之役。眷茲淫雨、誠合免輸。更沐恩彼、猶当累折。既闕西成之積、仍霑東岳之優。律有明文、何宜不許。

同前　　趙延

天災流行、国家代有。人罔攸済、憂心是切。雲生北斗。雨澍東州。蒼生起墊溺之憂、皇天流渙汗之詔。飢饉不税、懸闕前之旧典。鑾輿有幸、錫升平之優復。恩不累折、着甲令之常科。免経二年、固絲綸之常沢。仙台守職、自得有司之恪。比屋簿訴、願沐無偏之恩〈一作道〉。聴従折免、庶叶宸衷。

同前　　　　　　　　　　　　　　　王利器

登岱省方、惟国之慶。復除捨過。亦人之幸。恩有成命、著自明文。貴在恤隠、俾猶蘇息。与其百姓不足、孰謂兆人頼之。山東地平、傾遭水害。有殊家給、稍異年豊。宜行堯舜之心、以慰黔黎之望。議罪於物、固不累科。推恩於人、何妨計折。但縁訴辞梗槩、恐与〈一作於〉思意乖張。省言経年、当応有拠。未可懸定、理資詳明。

同前　　　　　　　　　　　　　　　王湾

積雨頻降、下田不登。自山而東、其地闕賦。雖堯年患水、野非昏墊。而漢恩楊風、国有勤恤。況昌期海晏、霊岳天升。福流百神、恵及万姓。上沐其沢、下蠲彼傜。且盈九載之諸、何抑二年之拆。縦以恩前計損折、後徴見一年已合。折論半税、亦宜恩免。請従寛典、以適通方。

同前　　　　　　　　　　　　　　　趙斉丘

洪水方割、晃旋是憂。白雲封中、玄沢載下。水旱久編於甲令、優復別稟於綵綸。省司以経年不折、黎〈一作東〉庶将卒歳何支。答天之心、無資刻薄。安人之意、有頼軽傜。欲息其咨之人、必在為邦之妙。請従累折、無使薄言。

旱暵判

新鄭県旱。県宰使屠撃祝疑斬山。州佐責其不藝。免職。

対　杜昱

布憲有国、徴神制理。旁稽人力、上感天和。時雨或愆、農功則廃。九年方亢、五月猶書。不将事於山川、空有望於雲漢。惟彼屠祝、茲謂妄庸。心違徳義之経、身厠《（ママ）》虞衡之任。嘉玉量弊、未展於雩壇。操斧運斤、已傷於林麓。怨気尚延於東海、密雲未布於西郊。不陳雩舞之儀、徒尽桑山之木。嗟此先代悲深、自寇且是役也。宰実遣之、論役雖是、若人語事、便鍾令常。振裘持領、罪不在於衆毛。提綱挙目、過豈渉於群網。且雩栄之義、著在礼経。礼且未達政、其何有然。祭不易望、先資是式。受命而斬、於理何傷。請原屠祝之愆、須抵指蹤之罪。周《（州）》佐之挙、允得其中。事既多於慢神、刑合加於免職。以此獲戻、非為不祥〈一作辜〉。

同前　趙瓘

設官分職、体国経野。風雨不時、山川是栄。眷彼新鄭、地惟故韓。歴代升平、俗懐遺愛。百里之任、無製錦之能、四時之愆、乏如絲之雨。青青媚草、巻書帯於槐壇。灼灼鮮花、発綬〈一作綺〉文於李径。密雲不雨、徒矯首於龍星。離畢無徴、空杼誠於兎月。其才不淑、県令寧仮於鈞〈一作輪〉金。明徳惟馨、屠祝労神於斬木。州佐道優展、驥法峻蒼鷹。責其不藝之辜、処以免官之坐。愚謂直筆、理合緘詞。

同前　厚光嗣

雨順風調、在乎徳政。政一紕謬、天絳之災。遂使陰陽愆期、歳徳差序。杲杲出日、仰円漢而吁嗟、凄凄密雲、闕詩人之歌詠。汀洲半涸、遊魚失棹尾之歓。園圃徵津、灌夫多抱甕之苦。既而草木燋巻、麻不成而里布全闕。金石銷鑠、田不闢而屋粟云霨。雲（靈カ）哉旱魃鍾爾。新鄭寔由宰居、尸素刑政不修。循墨綬而無良、顧蒼生而苟苦。当須降服乗縵、崇仁徳以禳災。何乃屠撃祝款、斬山木而為事。焚尫既非旱備、祝史応非矯誣。州佐以縁、科其不藝。自既甘罪、寧令飾詞。

　　事山〈総作木大旱〉斬木判

夏大旱。甲承命（ママ）事於山、斬其木。将奪其官邑、不伏。

　　対　　　　　　　　　　陳讜言

天降常災、苦夏炎亢。国雖同於堯徳、野不免於宣祠。甲銜命歳憂、奉璧山奠。将明神之是請、庶甘雨之斯作。而乃寇其草木、毒我霊祇。必若賊物、以邀天祥。不如減膳、以脩国政。且揚賢相之議、終貽鄭卿之尤。祝人跡非、奪邑為是。

　　旱令沈巫判

鄴県人王行吉称、姉先解作巫。県令劉感縁旱五日、祭漳水、遣姉祈雨未降。令遂捉姉投漳水中、遣問水神不降雨所由。姉因溺死。断故殺。感不伏。

　対　　　　　　　　　　王適

鄴県時炎、漳浜地旱。三農務切、百里情殷。方有事於山川、故無遺於祠祀。思月離之沢、南畝徒勤。詠雲漢之詩、西郊不潤。雖土龍矯首、不見朝躋。而石燕歛翼、無聞夜雨。劉蹙(感)頗学師古、未達随時。巫人既不仮神、河伯又非求婦。天則不雨、女也何辜。遂使睇彼江妃、莫返凌波之渉、偶夫精衛、長斉銜石之悲。斯則抑人憑、何事乃非命。違法致罪、理在何疑。

火災判

巴東毎歳多火災。廉使無術禁止、唯令鑿地貯水。人戸称労。

対　　　　崔渙

体俗防人、観風設教。徳用不擾、功惟済時。眷茲巴東、災流大火。済濡惟暮、徒有事於勤労。若燎于原、義無徒於撲滅。是以妨〈一作防〉其夜作、害此春〈一作寒〉耕。迷綆缶之克儲、欲汙萊之靡穫。閲商人之禍、始撤屋為宜。美廉使之防、萌鑿池何爽。遂使雲興荷挿、還疑鄭国之工、雨降洪瀾、詎仮欒巴之酒。難乎更始、雖民戸之称労、已日而孚、亦軺車之所善。従其積水、允叶通規。

同前　　　　雖民〈唐諱〉

許絶弔災、陳不救火。君子之其有殆、春秋記以為非。而巴山東隅、井絡南徼。五行理気、是近离方。三蜀旧風、昔聞炎変。歌無来暮、寧修貯水之方。星有随風、爰起鑿池之役。所謂開物成務、久逸暫労。爵攸不蒸、嘻出何作。爰仮四墉之祭、荐為百姓之安。

術乃応権、理頗叶古。允叶利物之始、徒称勦人之訴。

焚死聚更判

乙焚死。里人聚而更之。已而曰、不可更生、爾財復矣。法司以為非、擅賦歛、以併贓論。云事師古、春秋不代有詞。

対　席豫

肇有拝国、爰制封疆。親仁善隣、救災恤患。乙三霊有譴、六極殆殃。旋顧室廬、忽為煨燼。邑無良宰、莫返江凌之風。人異功臣、俄死晋人之火。取悲行路、見恤傍隣。且追遠飾終、聞諸於古道。聚財帰賵、見屏於匪仁。有何不可、輒此論告。徴春秋之義、覧諸侯之国。宋家（ママ）遺跡曾書。連類而言、厥人何罪。

同前　崔璀

鳥鳴毫（亳）社、燕死呉宮。屋室坐焚、営魂溘尽。下堂待伝、嘗聞宋女之貞。上国同盟、亦曰諸侯之義。情深恒化、事急分災。介之旌綿、何嗟及矣。求也摂帛、如可贖兮。豈澶泉〈左伝、会子（于）澶淵。宋災故。既而無帰。唐諱淵。故作泉〉之無帰、固匍匐而将救。歛怨為徳、容或干刑。贈死及屍、殊非儚礼。覧公羊之大伝、自有明文。考懸象之旧章、了殊法人。且無罪贓、固絶論。

同前　張淵〈疑〉

表　文苑英華に収めた唐令復原に資する判一覧

巻次	門名	頁	判名	判目（判題）	作者	判詞の中の令に関連する部分	『唐令拾遺補』での掲載条文と頁	対応天聖令	対応養老令	備考
五〇三	乾象律暦門	二五八二	家僮視天判	甲於庭中作小楼、令家僮更直於上視天。乙告違法。甲云、専心候業、不伏。	薛驥	所以標之甲令、著自前経。苟非主司、習者多罪。				令というよりも唐律か。あるいは、漢代の故事を指すかも。
五〇四	歳時門	二五八七	大斟酌酒判	元日会序賓、光禄以大斟酌醴、祈黄老。比部以無令式、勾徴。訴偁、以引以翼、古之道也。	王昌齢	嗟引翼之攸情、何令式之無稽。				令式に「大斟酌醴」の規定が無いことの証拠として。
五〇四	同右	二五八八	立春設土牛判	得。宜春県門外、各随方色造牛耕人。州司科不応為。訴云、春前二日。	鄭老莱	立春之日、望気之辰、為土牛於県門、設耕人於畎畝。随方所造、雖取法於陰陽、候節而為固、無虧於令式。……	祠令補一七（五〇九）	営繕令宋一一	無	『拾遺補』営繕令追補〔唐〕とともに、営繕令宋一一の唐令復原基本資料に挙げるべきである。
五〇五	歳時雨雪儺門	二五九一	蔵氷不固判	所司蔵氷不固。訴云、採氷戸家、不依尺様。	崔希逸	苟虧六尺之様、遂闕三冬之備。祭供有罷職司。…当罪採戸、未可論辜。		雑令宋一二	無	宋令は「諸季冬蔵氷、毎歳蔵一千段、方三尺、厚一尺五寸。……」となっており、氷塊の大きさが異なる。
五〇六	水旱災荒門		水損免輸判	山東水損免輸。訴云、先承東風恩、給復累折。省司以為軽二年不合。	趙延	恩不累折、着甲令之常科。免経二年、固絲綸之常沢。	賦役令一一（七七三）	賦役令唐八	賦役令九	静嘉堂文庫本にあり。
五〇六	同右		同右	同右	趙斉丘	洪水方割、晃旋是憂。白雲封中、玄沢載下。水旱久編於甲令、優復別稟於絲綸。省司以経年不折、黎庶将卒歳何支。		同右	同右	静嘉堂文庫本にあり。これも右同様に、賦役令一一復原参考資料に挙げるべきである。
五〇七	礼門	二五九六	楽請置判懸判	有州申、百姓皆好操縵、都不識雅章、以不易俗。請置判懸、以供釈菜賓杜之用、使人観習。省以為非所宜、言不為聞欲科罪。訴云、州将鹵簿、見著令文。且方古斬県為降已。其置之何過。	斉融	国家、制礼作楽、懸象示人、列在京師、編諸甲令。	唐鹵簿令参考資料追加（六九九）		無	
五〇七	同右	二五九七	同右	同右	康子孝	欲還甿庶之風、何仮大夫之楽。			無	右の判詞と同じく唐

						而引令鹵簿、空肆危言。				鹵簿令参考資料追加に挙げるべきである。
五〇七	同右	二六〇〇	学生皷琴判	巳為大学生、好皷琴。博士科其廃業。訴云、非鄭衛之音。	元稹	未詳緑綺之音、何速青衿之刺。忝司綿蕝、当隷国章。載考縄違、恐非善教。			学令一八	学令一二参考資料に挙げるべきである。
五〇七	同右	二六〇〇	五品女楽判	辛為五品官、有女楽五人。或告於法。訴云、三品已上、有一部、不伏。	元稹	罔循唐令、空溺宋音。雖興一部之詞、其如隔品之異。	儀制令補三（六六二）		無	大野仁「白居易の判」に従い儀制令に置いたが、今では、楽令に掲げるべきかも。
五〇八	楽門	二六〇三	鍾官所鋳判	庚為鍾官、所鋳不充歳計。工部按其罪。訴云、鉛錫未足。	鄭若方	既参詳於甲令、亦簡孚於庚罪。績用莫展、誠自得之。寮佐斯替、固其宜矣。			無	楽令？職員令？
五〇九	師学門	二六〇六	坐於左塾判	里胥坐於左塾。隣長怒而逐之。県科無礼。隣長訴非失。	盧昌	便乖於令典、苟茲無礼、胡異有皮。			無	学令？
五〇九	同右	二六〇九	勤学犯夜判	長安令杜虚、有百姓王丁、犯夜為吏所拘。虚問其故。答云、従師授書、不覚日暮。虚曰、鞭撻寧越以立威名、非政化之本。使吏送帰家。御史弾金吾郎将不覚人犯夜。訴云、県令送帰、非金吾之罪。	蘇頲				宮衛令二四	宮衛令七参考資料に挙げるべきである。
五一一	教授文書門	二六一九	故紙判	州申、遠年故紙、請売充公廨支用。	闕名	令式既標年歳、州県自有準縄。何事強申、方来取決。			公式令八三	公式令四三の参考資料に挙げるべきである。
五一二	書数師学射投壺囲棋門	二六二二	習卜算判	趙丁年十八、弟乙年十六。並解卜算。所司補丁為卜筮生、補乙為暦生。訴偁、暦生六年満。兄年長、易就卜筮生、八年方満。弟年幼、請更習業。所司苦訴、不伏。	康子元			雑令唐一	雑令七	天聖雑令唐一に「太史局暦生、取中男年十八以上、解算数者為之、習業限六年成。天文生・卜筮生、並取中男年十六以上、性識聡敏者、習業限八年成」。これの参考資料たりうる。
五一二	同右	二六二三	観生束脩判	庚補観生、所学未就。其師同算生、例徴束脩。訴云、蓋技術、不可為例。必其抑納、遣出幾何。師曰、算之技術。生、終不	李仲雍	言生合有束脩、称算不同伎術。始和昭布、甲令明懸。請従多少之差、方定是非之理。生之不伏、愚亦謂然。	学令二乙（五五八）		学令四	天聖雑令唐一に天文生・卜筮生の束脩の規定はあるが、観生については規定されていないこと、学令に同じ。

				伏。						
五一二	同右	二六三三	兵部試射判	得。兵部試挙人長垜、請用楽節。太常倘格令無文。此乃選士之礼。	姜公復	在格令而無文。責乃其不然乎。訴之又益恥也。				兵部の試における楽節が格令に規定されていないことの証拠にはなる。
五一四	選挙門	二六三三	貢士不歌鹿鳴判	甲秀才充貢、郡送、不歌鹿鳴詩。	苗収（牧）	甲、才惟国賓、秀彼士林。…誰曰無咎。	選挙令二〇（五七五）	／	無	
五一四	同右	二六三四	郷貢（挙）進士判	郷挙（貢）進士、至省求試秀才。考功不聴。求訴不已	（趙昱）	国章攸著、甲令斯存。考功不聴、誠則無爽。	選挙令一九（五七五）	／	学令二九	
五一五	礼賢門	二六四〇	貢市井之子判	得。州府貢士、或市井之子孫。為省司所詰。甲云、群萃之才出者、不合限以常科。	白居易	惟賢是求、何賤之有。況士之秀者、而人其捨諸。惟彼郡貢、或称市籍。非我族類、…州申有拠、省詰非宜。	選挙令一七（五七四）	／	無	
五一五	同右	二六四一	徴辟不起判	得。乙隠居、徴辟不起。子孫請以所辟官用蔭。所司不許。	白居易		選挙令二七（五七八）		無	『拾遺補』では白居易集のみ掲げ、文苑英華の巻数を欠く。
五一五	同右	二六四一	無出身判	得。乙居家理、廉使挙請授官。吏部以無出身不許。使執云、行成於内、可移於官。	白居易	掄瑣瑣之材、則循旧格、刈翹翹之楚、寧守常科。			無	選挙令二二の参考資料に挙げるべきだろう。岡村繁六八一頁。
五一六	祭天地嶽瀆門	二六四五	祭五嶽判	所司有事恒山用沈辜。御史糾失礼、不伏。	員押	能興雲雨、山川有咸秩之文。以懸日月、祭祀為不刊之典。必考前志、是謂礼経。或忘甲令、寧因官守。	祠令四三乙（五〇一）	／	無	
五一六	同右	二六四五	祭四鎮判	祭医巫閭、非是五郊迎気日、復無祀官。法司科営州刺史罪、不伏。	闔抱庶	凡諸嶽瀆、年則一祭。祭当何日、五郊迎気之辰。			無	祠令二三「諸嶽鎮海瀆、年別一祭」の基本資料として追加すべきである。
五一七	祭宗廟門	二六四七	鬯酒不供判	太常申、博士請鬱鬯酒。光禄以久無匠人、且金草不知所出不造。祠部亦以為礼有沿廃、不充所請。寺執、見著唐礼、豈得不行。祠部云、籍田准令兼給廩犠。籍田今或不供犠。亦廃用酒、無鬱鬯。於事何剛。寺猶固執。	趙昱	又以籍田明乎甲令、去礼経之逾遠。	祠令補五（五〇三）	／	無	
五一七	同右	二六四八	同右	同右	裴幼卿	或廃或存、具生文於甲令。…制経具陳斯品、著令元削此条。光禄不供、自覚罇之声矣。	祠令補五（五〇四）	／	無	

五一七	同右	二六四九	同右	同右	権寅献	籍田既不供犠牲、造酒何煩供鬱鬯。礼雖見著、令式空存。請従祠部之言、無聴太常之執。	祠令補五（五〇四）		無	
五一八	封君諸侯大夫門	二六五一	大夫祭判	有五品祭寝不祭廟、鐉用索牛。御史劾、於寝則以陋、於鐉則以泰。訴云、礼令無違。	無（常無欲）	礼有九命、聞之典秩、爵惟五品、存乎令制。以禄饗親、追崇孝敬之道。以賢致位、周旋名器之間。従事於斯、無宜失墜。執礼以動、何所遅廻。然則、吾従大夫之后、祭中寝而非爽、奉守先王之典、用太牢而為過。	祠令補一九（五一〇）		無	
五一八	同右	二六五二	同右	同右	劉同昇	過如不及、吾恐失之。必存著甲之令、請恕先庚之罰。	同右（五一〇）		無	
五一八	同右	二六五二	同右	同右	裴士淹	且礼或豊殺、法従沿革。無廟於寝、在今令而則然。	同右（五一〇）		無	
五一八	同右	二六五二	同右	同右	顔勝	令無立廟、理帰於寝。	同右（五一〇）		無	
五一八	同右	二六五二	同右	同右	張鼎	古訓是則、今令未裁、且祭寝祭廟、既有秩而分。求牛索牛、豈無故而殺。	同右（五一〇）		無	
五二〇	喪礼門	二六六四	県君死復判	県君死於路。所由不以綏、復於右不給役車、遽還。	闕名	眷彼県君、征途有疾。…鈞金察獄、必聴五司。公私之節、未明左右、如何定罪。請更詳委、方可要終。		獄官令宋三二	獄官令三五	獄官令二五（宋三二）「諸察獄之官、先備五聴」の参考資料として挙げるべきである。
五二二	刑獄門	二六七三	解桎判	得。甲送徒、道解桎梏、恣所過。御史糾。訴云、刻期倶至、無違者。	闕名	惟彼甲者、奉詔送徒。解桎梏、遵大易之。…欲依騶馬之糾、恐越鳲鳩之法。		獄官令宋一四	獄令一六	獄官令一五（宋一四）の参考資料として挙げるべきである。
五二二	同右	二六七三	刑罰疑赦判	甲刑罰之疑、倶赦。有司以刑不上備、省科之。云、適軽下服諸罰有権。	闕名	五聴無濫、宜遵下服。		獄官令宋三二	獄令三五	獄官令二五（宋三二）「諸察獄之官、先備五聴」の参考資料として挙げるべきである。
五二三	田農門	二六七九	莱田不応税判	勧農使称、莱田旧不応税。州県令有徴納為例、各自不同。或拠畝数均収、或随上下加減。…	闕名	至如分地之利、易田之宜、択乎令典、酌於故実。若秋苗有穫、則可拠地而徴。儻春莱不芟、焉得計畝令納。	田令三丙（七五〇）	田令唐四	田令三	
五二四	同右	二六八四	糞田判	或以齋月屠犬。県科殺生。曰、為軽爨所用。	袁自求	地邑人居、必参相得。…不易之田、畝百而尚逸。再易之地、倍三而猶倦。	同右（七五〇）	同右	同右	
五二五	同右	二六九〇	易田請加倍数判	乙授易田、請加数倍。所由以非寛郷、不給。	敬括	且一易再易、礼誠挙以加饒。近郊遠郊、義或随其衆寡。		同右	同右	これも田令三丙の参考資料に挙げるべき

				訴云、三易以上。						である。
五二五	同右	二六九一	給地過数判	甲給地過数。科所由、曰、更耕之田。	張濬	凡制農田、是分地職。家給百畝、夫当一廛。…使一易之田、加之以二。再易之地、増之以三。	同右（七五〇）	同右	同右	
五二六	同右	二六九三	蜡饗不祀判	歳十二月、有司行蜡饗不祀、司嗇迎猫而祭之。御史糾云、古之君子、使而必報。	陸拠	事乃違経、儻受嗤於草服、国有報憲、宜見縄於繍木。		／	無	祠令一三の参考資料として挙げるべきである。
五二六	同右	二六九三	同右	同右	鄭岑	御史報法、愚所謂減。		／	無	祠令一三の参考資料として挙げるべきである。
五二六	同右	二六九四	多田判	丁多買田、至四百頃。極膏腴上質、他財物称是。御史糾之。云、天恩数加賞賜、不是贓賄。	闕名	丁家類封君、田成永業。是称近甸、亦曰膏腴。…況称恩命、豈等平人。御史縄之、終難糾結。		田令唐一八	無	田令一六「諸買地者、不得過本制」の参考資料に挙げるべきである。
五二六	同右	二六九四	工商食貨判	得。乙為県令、授田不均。科之、訴云、工食功、商食貨。田故少。	闕名	三壌異宜、四人差給。用懲末作、示禁淫利。乙任当撫字、能率典礼。以為播植務農、実粢盛之備、貿遷変業、非礼節之本。遂用均其利、役別以等差。類農家之一夫、視工商之五口。詳夫周礼、則異井田之制。稽諸漢志、是同平土之法。冀以無而易有期。彼竭而我盈、各適所宜、足見人而無黨、不相僭奪。可謂政之有経、誠往訴之有乎。将議刑而奚拠。		田令唐一九	無	田令一八、すなわち工商と一般との間の口分田の面積に違いがあることの参考資料として挙げるべきである。
五二六	同右	二六九四	同右	同右	李覯	給受有数、田畝則差。何患不均、是亦為政。…不均致訟、且曰未乎。罪欲加之、今有辞矣。		田令唐一九	無	同右
五二六	同右	二六九四	射田判	或人於京兆府射蔭田。	闕名	理既不通、地須追奪。		田令唐七	田令七	蔭田を京兆に求めるのは禁止の趣旨で、田令七の参考資料に挙げるべきである。
五二六	同右	二六九五	井田判	得。県申、歳十月入人里胥使。婦人相従夜績、毎月課四十五功、聴其歌詠。行人善之、徇于路。按察禁之。太師以失職致詞。	元稹	太師典楽、允被克諧之恭、按察観風、何為失職之禁。先王制法、寧罰有詞。		田令唐二五	田令二三	県が十月に人里に胥使を入れるのは、田令二二「毎年起十月一日、里正預校勘造簿」を指すか。

五二六	同右	二六九六	屯田官考績判	戊為営田使、申屯田官考課違常限。省司不収。辞云、待農事畢、方知殿最。	元稹	要会有期、誠宜献状。籍斂未入、何以稽功。…著令固有常規。農扈之政不乖、蘭省之非斯在。			考課令一	考課令一の参考資料として挙げるべきである。
五二六	同右	二六九六	修隄請種樹判	乙修隄畢、復請種樹功価。有司以為不急之務。乙固請。営繕令、諸候水隄内、不得造小隄及人居。其隄内外各五歩并隄上種楡柳雑樹。若隄内窄狭地種、擬充隄堰之用。	闕名		営繕令補七（八三六）	営繕令宋二八	営繕令一七	
五二六	同右	二六九六	秋雩判	得。景為宰、秋雩。刺史責其非時。辞云、旱甚。若不雩、恐為災。	白居易				無	祠令六の参考資料に挙げるべきである。岡村繁四六八頁。
五二六	同右	二六九六	賑給判	得。丁為郡、歳凶、奏請賑給百姓、制未下而散之。本使科其専命。丁云、恐其人困。	白居易				戸令四五	戸令補四の参考資料として挙げるべきである。
五二七	田税溝渠門	二七〇〇	無夫修隄堰判	河南諸州申無夫修理堤堰。請与之平価、仍免外徭。省司以為与平価、則官無所供。免外徭、則公事廃闕。不之許州。訴人実阻飢、恐不及冬成、至春復桃花水為害。	郭尚温	使人以時、不奪農務。前王令典、歴代通規。…乃請修営。免動衆興功、雖不違於九月。徭酬直、或大優於百姓。…若不冬成、必貽春慮。		営繕令宋一九	営繕令一二	営繕令補四（宋一九）の基本資料に追加すべきである。
五二七	同右	二七〇〇	同右	同右	孟楚瑗	但使準格興役、何必申省拘文。公課自有常程、令式寧無旧例。免徭請価、義竊感焉。		同右	同右	同右
五二八	堤堰溝渠陂防門	二七〇一	稍溝判	甲通稍溝三十里。主者按興役不申。甲云、水漱之、不合申。	鄭昭	但刑期不僭、令著明文。役且不満千夫、法難従於五罪。既不合上請、郎宜原宥。		営繕令宋二六・二七	営繕令一六	宋二七の「計満千功以上、皆須奏聞」に対応するように見える一方で、事案としては宋二六の状況に当たり、養老令を参照すれば、営繕令八には沿革があった可能性がある。
五二八	同右	二七〇二	清白二渠判	得。清白二渠、交口不着斗門堰。府司科	闕名	清白二渠、其来自遠。善利万物、聞諸古昔。…毎加修葺、				営繕令二の「諸四時之禁、毎歳十月以後、

				高陵令罪。云、是二月一日以前。		式建隄防、各有司存、標諸令式。高陵令、以遷鸞入仕、翔鸞布徳。宣風百里、早副天心。管轄二渠、正当交口。欲加門堰、…節未逾於二月、事不越於三章。府局論辜、竊以未可。欲加罪也、其如詞乎。				盡於二月、不得起治作」の部分の復原基本資料として挙げるべきか。あるいは、営繕令八の沿革に関係あるか。
五二八	同右	二七〇三	同右	同右	薛霽	導水東流、百川帰海。…雷震一時、風行百里。遵乎令典、誠未失時。見彼章程、不罹其咎。有司難罰、無濫斯人。				同右
五二九	戸貫帳籍門	二七〇七	造帳籍判	戸部符下諸州、令造帳籍。州司以百姓艱辛、人未帰服、請待兵散後造。省司不許云、人為国本、賦在均平。戸若不知、軍何取給。	宋全節	国之彝倫、資於版籍。儻或廃闕、是長姦回。頃者寰海微波、編戸失業。聖朝提象握符、再造区夏。矜百姓之流蕩、廃三年之典故。且量地出税、抛丁授田、法在画一、事宜経久。			戸令一九	戸令二二参考資料に追加すべきである。
五二九	同右	二七〇七	同右	同右	蘇倩之	四海既清、万人求理。…必当按彼版図、稽其労逸。故三年大比、国有彝倫。			戸令一九	同右
五二九	同右	二七〇七	書歯判	乙合書生歯之数、遂闕。法司罪。云、未及三歳。	楊成象	秋官聯職、司人其位。克守爾典、用承天休。所以弁九土之広輪、紀万方之衆寡。生歯之日、必載版図、弱冠之年、将均征賦。…男女異倫歯、或七而或八。以小大斯比、生死必登。爰稽五刑、罪也難離。未及三載、詞之有年。			戸令六	戸令八参考資料に追加すべきである。
五二九	同右	二七〇八	両貫判	甲先有両貫、一延州、一属鄯州、為定。甲訴云、先属延州。	白居易	以鄯州臨戎、人稀地曠。留実辺戸、公利実多。	戸令一七(五二九)		戸令一四	
五二九	同右	二七〇八	同右	同右	王翰	人戸平分、文昌之旧也、辺郡以実、先王之制也。甲無一徳、遂編両貫。礼不忘本、延州密邇於京轂。武以戒厳、鄯府遠隣於河県。詳其動静、徇欲茲深。違之則苦、従之則楽。国有大事、在戎為急。邦之栄懐、阜人斯可。益其遠也、不亦宜乎。	同右(五二九)		同右	
五二九	同右	二七〇八	附貫五年復訖判	景於会郡附貫、給五年訖。差隴外鎮、並訴不伏。所由以為無	韋著	令出惟行、人知所向。…五年之復、謂盡殊私。三徒之人、難可奪志。俾不勝口、庶無怨	賦役令一六(七七四)	賦役令唐二二	賦役令一五	

				拠。		言。				
五二九	同右	二七〇九	同右	同右	宇文暹	偏蒙五稔之復、不徇六尺之軀。	同右（七七四）	同右	同右	
五二九	同右	二七〇九	移貫判	乙移貫。所由以軍府州不許。訴云、今不簡点。	闕名		戸令一八（五三〇）	／	戸令一四	
五二九	同右	二七〇九	戸絶判	景身死戸絶、資財将没官。出嫁女請除葬外、悉収之。叔復請分。所由不決仰断。	王説		喪葬令二一（八四三）	喪葬令宋二七	喪葬令一三	
五三〇	商賈門	二七一三	市賈為胡貨判	甲為市賈為胡貨物、有犯禁者。大理以闌出辺関、論罪至死。刑部覆云、賈人不知法、以誤論罪、免死従贖。	闕名	思憲部宜、允於従贖。		関市令宋七・八	関市令九	関市令宋七・八から唐令を復原する際の参考資料として挙げるべきである。
五三〇	同右	二七一四	和市給価判	和市緒帯、準法合即給価直。少府監以稍入供之。	闕名	聖人有作、鬱為令典。車服礼器、貴賤有班。……瞻彼緒帯、有標令則。		関市令宋一四	関市令一三	関市令宋一四「諸官與私交関、以物為価者、準中估価」の唐令復原参考資料として挙げるべきである。
五三〇	同右	二七一五	率家属籍名田判	甲於郷里率家属籍名田。乙告、甲是賈人、犯令没入田。甲訴云、無市籍、不伏。	闕名	甲本是市徒、早馳声於鮑魚之肆、更率家属、復求潤於龍鱗之田。……此而不科、刑章徒設。請援明法、用静姦流。	田令一八（七五二）	田令唐一九	無	
五三一	同右	二七一六	立功執商判	乙立軍功、合授官。或告、親執商賈業。	闕名	既而斟酌典憲、採摭群言。……有功之賞、理請必行。無稽之言、事宜勿用。	選挙令一七（五七四）	／	無	
五三一	同右	二七一七	権衡判	景造権衡、以百黍之重為一銖、以三両為一大両。所由科違令。訴云、調律仰正断。	闕名	景職此権衡、性楷鐘律。……三両為一大両、未爽於通規。百黍以為一銖、頗合於古制。将科違令、事乃近於深文。訴以非辜、理亦宜従告免。	雑令三（八四九）	雑令宋三	雑令一	
五三一	同右	二七一八	斗秤判	大府寺去秋追三市斗秤。踰月不送寺、以市司違時、徴銅四斤。丞梅福訴云、九月上旬平校畢。	闕名	大府官、惟度量、務切権衡、験寶貝之充盈、察泉貨之軽重。校量斗秤、甲令有時。事属司存、不当踰月。……宜窮五聴之情、方按三章之律。	関市令九（七九五）	関市令唐九	関市令一四	天聖関市令唐九には「毎年八月詣太府寺平校」とある。なお、判詞は獄官令二五の参考資料としても挙げるべきである。
五三一	同右	二七一九	官戸判	官戸灸面、送掖庭、以旧有疹疾。所由、以非五十已上不許。	闕名			／	戸令三八	戸令四一参考資料に挙げるべきである。
五三一	同右	二七一九	奴死棄水	丙奴死不埋、棄水中。	闕名	甲令有棄屍之禁。告言不謬、	雑令参考資	雑令唐	雑令	雑令唐二一には「諸

			中判	人告之。		経典宜申。	料（八六一）	二二？	三一？	官（戸？）奴婢死、判訖埋蔵、年終総申」とある。判目は私奴婢、判詞は官奴婢というズレがあるか？
五二三	為政門	二七二七	告羅判	得。甲為郡、一年不升、告羅於隣州。観察使譲其無備。云、百姓有積、則公賦不足。	李淑	救災恤隣、古之令典。有備無患、邦之善謀。			戸令三八？	漠然たる令典？あるいは戸令四一参考資料に挙げるべきか。
五二四	県令門	二七二九	県令有恵化判	晋陵県人王茂、於訪察使所称、県令任意有恵化。終日清談、職務修理。毎行笞罰、惟以薄鞭。挙請升進。使司、以為寛疎、不依令式、欲科県令不伏。	康庭芝					獄官令全体の参考資料程度。
五二四	同右	二七二九	損戸繭絲判	甲宰邑而損戸数。按察使、糾按。曰、不為繭絲。	林琨	察使所糾、寧叶大中。			考課令四五	考課令三六参考資料に挙げるべきである。
五二五	県令曹官小吏門	二七三三	参軍鶻子判	西州人逮鶻子、先任沙州参軍、永淳二年、赴選冬集、帰至甘州。病経二年。今於沙州取、選解、不於京台銓試、直赴神都選。曹司判、不許。称、郷路阻遠、既有田収、合便赴選。	康子元	域中有道、天下無外。雖在戎落、亦挂周行。鶻子、運偶南薫、地濱西域。久沐唐虞之化、獲参州郡之班。万里牽経、俄畢子荊之任。九流懸鏡、行披彦輔之雲。未果登竜、旋（先？）驚退鷁。金微絶徼、将還敬梓之郷。王塞遙途、尚転漂蓬之陌。：瞻彼故里、帰路仍懸。載撫身名銓衡、復及本州文解。雖以希求往、往官曹易為憑託。遂蒙申送、但事奔波。不就京邑仙台、直指神都覧観。辞官歴稔、不可妄託田収。明勅垂文、無宜越来此選。二途咸爽、百慮空馳。請精詭随之人、無黷清通之鑑。			（選叙令一）	選挙令一参考資料に挙げるべきである。
五二五	同右	二七三三	卒史有文学判	有司選択卒史、以文学掌故備員。有比百石已上誦多者先求之、不得。訟、如功令。	李庭暉	学以従政、位将禄賢。必考微言、以登称食。詢諸漢制、或漸通班。按彼周官、須当下秩。：復過在於有司。儻其誦過万言、加以通識千古、與能従事、			無	考課令？

						可不務乎。				
五二五	同右	二七二四	同右	同右	賀蘭恒	学古入官、選才署吏。以賢制爵、無替旧典。：纔補卒史、報亦何軽。無儒雅之超昇、執刀筆之叨據。訟如功令、誠謂有乎。			無	考課令？
五二五	同右	二七二四	同右	同右	史淑	学古入官、議事以制。：薄言之訟、功令式昭。挙事之僣、有司彌遠。			無	考課令？
五二五	同右	二七二四	同右	同右	費光俗	懿文聚学、以期致遠。：矧茲百石之比、乃是上農之秩。誦多為美、誠有司之合甄。先求見黜、宜功令之致訟。罪自已招、誰可怨咎。			無	考課令？
五二五	同右	二七二四	同右	同右	鄭務	県官疑命、化天下、以人文。：嫉詞多而有訟、誣功令而不公。寧仮爰書、宜従告詰。			無	考課令？
五二五	同右	二七二五	省官員判	有司議戸口減耗、請省州県。百姓訴云、州県廃、則所隷闊遠、罷人益、困請省官員。	司馬滔	時康官備、所藉為里。戸減務煩、則害於政。：自古以然、孰謂非允。			無	戸令二、三参考資料に挙げるべきである。
五二五	同右	二七二六	吏曹判	得。甲之周親執工伎之業。吏曹以甲不合仕。甲云、今見修改。吏曹又云、雖改仍限三年後聴仕。未知合否。	白居易	業有四人、職無二事。如或居肆、則不及仕門。甲爰有周親、是称工者。方執伎、以事上。：雖違甲令之文、宜守吏曹之限。如或材高抜俗、行茂出群、豈唯限以常科。自可登乎大用。以斯而議、誰曰不然。			無	選挙令一七参考資料に挙げるべきである。岡村繁六三四頁。
五二六	継嗣封襲門	二七三九	捨嫡孫立庶子判	侯扻嗣捨嫡孫而立庶子。人非之。曰、行古之道。	闕名	請従宗計、無信或非。			継嗣令二	封爵令二参考資料に挙げるべきである。
五二六	同右	二七三九	同右	同右	楊栖梧	王者之制、著乎礼経。五等已陳、千古不替。			同右	同右
五二七	襲封門	二七四三	嗣足不良判	景食一県、嗣子足不良、請立其弟。礼司不許。云、古有其道。	闕名	法聴棄疾、礼貴象賢。立弟捨兄、理復何惑。			同右	封爵令二の参考資料に挙げるべきである。
五二七	同右	二七四三	同右	同右	張洌	在律雖違、行権則可。請停司禁、無拒乙辞。			同右	同右
五二七	同右	二七四三	子姪承襲判	武功申将軍沛公王伯宜、身死無子孫。其妻陳氏、遂養伯宜再従姪承襲事。	闕名	立嫡違法、自有全（金？）科。無後国除、宜従甲令。			同右	同右
五二七	同右	二七四四	用父蔭判	得。乙請用父蔭。所司以贈官降正官蔭一	白居易	官分正贈、蔭別品階。如酬死継之勲、則厚賞延之寵。今追	選挙令二三（五七六）		選叙令三	

				等。乙云、父死王事、合與正官同。		思乙父、励乃臣節。捐軀致命、：贈官当合降階。今則死衛国家、叙蔭所宜同正。庶旌義烈、用叶条章。			三	
五二八	孝感門	二七四九	男取江水溺死判	顧乙従母所好、令男十五里取江水溺死、不為之服。	闕名	顧乙依仁、植性履孝、：既有符於古風、恐難實於令典。				「令典」は必ずしも律令の令ではないという事例か。他の例として、巻五四三の「百代之令典」（二七七一頁）、及び巻五四五の「則符令典」「令既有科」（二七八三頁）など。
五二八	同右	二七五〇	売宅奉葬判	得。丁喪親、売宅以奉葬。或責其無廟。云、貧無以為礼。	白居易	慎終之道、必信必誠。死葬之儀、有豊有省。		喪葬令宋三三	喪葬令一六	喪葬令二四の参考資料に挙げるべきだろう。岡村繁六三〇頁。
五二九	畋獵門	二七五三	仲夏百姓弋獵判	得。鄭州刺史廉範、以仲夏月、令百姓弋獵。観察使糾其違令。云、為苗除害。	闕名	苟利人阜俗、亦違令何咎。廉範、栄参建隼、職列褰帷。将布政以頒条、故違経而合道。当仲夏之月、畋以為苗、専城之尊、徳惟除害。不麛不卵、合取則於礼経、以畋以漁、蓋規承於易象。	雑令補八（八六〇）			『拾遺補』では、とりあえず雑令としたものであるが、天聖令の雑令、賦役令、営繕令等には該当しそうな条文が見いだせない。あるいは軍防令か。
五四〇	鹵簿刻漏印鑑椀鈎門	二七五五	差羊車判	丁被差羊車小吏（史ヵ）。辞曰、籍小年高。	闕名	国章攸著、人命是懸。莫匪黎甿、咸憑版籍。設令齒貌則長、其如名数不踰。	戸令二四（五三六）	雑令唐一	無	本判は、天聖雑令唐一の「太僕寺羊車小史、皆取年十五以下」をふまえたものである。
五四一	軍令門	二七六三	将不迎制書判	得。甲替乙為将。甲欲到、乙厳兵守備、不出迎。乙発制書勘合符、以法従事。御史糾其無賓主之礼、科罪、不伏。	白居易		軍防令補三（六二二）		軍防令二六	
五四二	同右	二七六六	背侍従征判	王静母年八十。身充侍丁。弟順、名預軍団、点従征鎮。静棄母、投募陥陣有功。順恋母背征、據法応罪。県令以静闕養、以順棄軍。	白居易		戸令一一（五二七）		戸令一一	
五四二	同右	二七六七	犯専殺判	得。丁将在別屯、士卒有犯、毎専殺戮。	白居易	将非処右、莫敢示威。或在別屯、則宜専命。丁位雖佐理、			軍防令二	軍防令一五参考資料に挙げるべきである。

				御史挙劾、訴称、曾受棨戟之賜。		分以戎行。執専征之権、錫弓於周典、操司殺之柄、受棨於漢儀。既有令而必行、信無瑕而可戮。			五	る。岡村繁五八六頁。
五四三	衣冠扇門	二七六九	並冠両梁判	丙為大官令、丁為博士。並冠両梁。御史奏違法。丙云、視省進膳。丁云、崇儒不伏。仰正断。	闕名	請詳典式、以議科条。	衣服令三五乙参考（六三九）	／	衣服令四	
五四三	器門	二七七一	村人借鑵判	村人借隣家鑵、未出門打破。人索陪。云、未離本処、準令合比附。	闕名	変古易俗、因物造器、稽六爻之文、蓋取諸益。…勒酬半価、良謂合宜。盪物容據減条、損器何援比例。輙云不伏、深覚詞游。	雑令参考資料（八六二）			天聖雑令には、また、獄官令にも該当しそうな条文が見当たらない。
五四三	炭藁瓦門	二七七二	二月不供宮人炭判	鈎盾二月不供宮人炭。請処分。	闕名	二月不供、三章有犯。違令抵罪、依条請科。	雑令補三（八五八）	雑令宋三四	雑令二八	
五四三	同右	二七七二	貯藁判	所司貯藁、以三千囲為積。苫覆無茈籬。合科何罪。	闕名	秩馬所資、唯草是用。徴科百里、輸納六閑。黄白無差、短長合度。貯積之法、令条有文。数越三千、理則多僻。…犯既非謬、辜不免科。	厩牧令参考資料（七九二）	雑令宋三二		黄正健・神戸航介論文に従い、雑令宋三二の唐令復原参考資料とすべきである。
五四四	官宅門	二七七七	宅判	洛陽県人晁諺、先蒙本県給同郷人任蘭死絶宅一区。又被蘭女夫郭恭妻理訴此宅。県断還諺。州断還女。諺不伏。	闕名	任蘭、幸逢昌運、得歯齊毗。欽奉太和、…県司以女既出嫁、判給晁諺之家。州司以宅是見財、断入郭恭之婦。宅及資物、女即近親。令式有文、章程宜據。		喪葬令宋二七	喪葬令一三	喪葬令二一の参考資料として挙げるべきである。
五四四	牆井門	二七七八	鑿井獲鏡判	鑿井獲古鏡、不送官司。隣告違法。	闕名	見飛鵲之時来、睹廻鸞之屡舞。雖則私獲、合送官司。愛而欲留、法将焉許。自招其責、誰復哀矜。隣人告之、雅符公正。		雑令宋二六	雑令二二	雑令二〇の参考資料として挙げるべきである。
五四五	関門門	二七八〇	謁者私度関判	汾陽県竟戎、幼学弱冠、応挙西入関、遂委過所、至京不応作対退。従小選補謁者。戎情思罷帰、請過所。専司以無来文不給。	闕名	将従小選、入仕有吏曹之恥、出関無使者之栄。名宦以調役生悲、田園以帰来典嘆。昔時過所、以委於中途。今日行文、須憑於下署。無宜部伝、不可買符。事在弘通、理難退抑。		関市令宋一	関市令一	関市令一の参考資料として挙げるべきである。
五四五	同右	二七八一	恩賜綾錦出関判	安息国莫賀、遠来入朝、頻蒙賜綾錦等。以還将自随。関司、以物皆違様、不放過。	劉穆之	莫賀、就日輸琛、占風削衽。既踰葱嶺、便集藁街。…物皆違様、既生非馬之疑。事乃出蕃、須既鳴鶏之失。既縁恩賜、有異常途。勘責不虚、固難留滞。		関市令宋七	関市令九	関市令四の参考資料として挙げるべきである。なお、榎本淳一著三二・一〇二・一一六頁参照。

五四五	同右	二七八一	向街開門判	于門告、張第向街開門。第云、祖父有勲恩。	王譓	有勲有蔭、既未審於高卑。応闔応開、誠可窮其新旧。敬申三覆、然定五刑。	営繕令四（八三二）	営繕令 宋五	営繕令三	
五四五	道路門	二七八二	道路判	乙主路。三十里置作館。州按、其違古制。詞云、険陸相半。	趙良玉	且十里有廬、五十里有館。典経攸著、亀玉是司。徒以険陸為詞。其如専擅之罪。	厩牧令一〇（七九〇）	厩牧令 唐三二	厩牧令一四	
五四五	同右	二七八四	私傭船渡人判	洛水中橋破、絶往来渡。県令楊忠以為、時属厳寒、未可修造。遂私傭船舫、於津所渡人。百姓杜威等、連状挙忠、将為幹済。廉使、以忠惰弱、不挙職事、以邀名欲科、不伏。	（趙和）	両畢理道、水涸成梁。莫不率由旧章、抑亦編諸甲令。故違憲法、自寘刑科。	営繕令補四（八三五）	営繕令 宋一九	営繕令一二	
五四五	同右	二七八五	同右	同右	李孝言	楊忠莅斯劇県、輒樹私恩。不遵十月之規、有損二周之化。造舟之義、自有公営。浮航之機、詎宜私估。道橋有闕、惰弱可知。		同右	同右	これも、営繕令補四の参考資料として挙げるべきである。
五四五	同右		同右	同右	崔釈	縦徇私情、恐乖公理。雖当冬月、況属閑時。造橋用功、冀暫労而永逸。渡船費力、但有損而無成。官橋自可官修、何関県長私船。		同右	同右	同右
五四五	同右	二七八五	不修橋判	得。丁為刺史、見冬渉水者哀之、下車以済之。観察使責其不順時修橋、以徼小恵。丁云、恤下。	（白居易）	津橋不修、何以為政。…徒哀其冬渉。事関失政、情近沽名。宜科十月不成、庶辨二天無政。		同右	同右	同右
五四八	病疾門	二八〇一	折指判	甲縁木損折枝指。謂、三疾数足。官不許事。	闕名	蓋是懸疾。雖折一枝、幸祛数外之累。即図三疾、便為非分之求。理不可依、宜従告免。			戸令七	戸令九の参考資料として挙げるべきである。
五四九	雑判門	二八〇三	番官判	番官請稍食不給。訴求達吏。	闕名	何則国之甲令、懸諸日月。如或番程式序、歳考茲深。昔年自有常規、今日何煩妄請。	唐禄令参考資料追加（五九〇）			
五四九	同右	二八〇四	同右	同右	辛斉物	参尋甲令、緬覿彝章。事列科条、誰敢逾越。	同右（五九〇）			
五四九	同右	二八〇八	未七十致仕判	得。乙為大夫、請致仕。有司詰其未七十。乙称羸病不任事。	白居易	請高知止、無強不能。	選挙令一四（五七三）		選叙令二一	
五四九	同右	二八〇八	用蔭判	范融曾祖、在周為六部官。在隋居家不	邵旻	范融、係塵甑之苗、襲良弓之裔。…必令許従高議、蔭減未	選挙令補一（五七九）		選叙令三	

				仕。令、両応出身及為人後者、従高叙。情取徴官蔭可不。		尽。			一	
五四九	同右	二八〇八	仮蔭判	甲為人後、請準蔭人色。所由以同仮冒。甲訴法有差等。	陶翰	有国之制、不易於常典、王者之政、未忘於継絶。人則不幸、同叔向之有言。天道如何、比鄧攸之無子。甲、義当為後、情切自孤。名不絶於本枝、愛未遷於他室。克聞鳴鳩之徳、寧爽螟蛉之義。知子之道必全、見父之行無改。将議継体、那慙象賢。主礼方列於宗門、入仕曷由於庇蔭。苟従法之差等、亦在礼之何傷。所由無端、雖不憂懼、訴者有據、応異無文。			選叙令三二	日本選叙令三二条に対応する唐令の存否にかかわる史料として選挙令復原資料追加に挙げるべきである。

〔付記〕　本稿校正中に、田衛衛「大谷探検隊将来唐戸令残巻に関する一考察—令文の復原と年代の比定を中心として—」（『東京大学日本史学研究室紀要』二二号、二〇一八年三月）、江川式部「判文からみた唐代の礼と社会秩序」（『法史学研究会会報』二一号、二〇一八年三月）を得た。とくに前者では、名公書判清明集を唐戸令の条文復原研究に活用している。あわせて参照されたい。

あとがき

本書は、編者小口雅史氏の還暦を記念して企画された、『古代国家と北方世界』に続く第二冊めの論文集である。お忙しい中を原稿をお寄せいただいた執筆者の方々には、あらためて御礼を申し上げたい。

小口氏は、学部生・大学院生時代に土地制度史を中心として研究を始められたが、幅広く多くの分野に問題関心を広げられ、日本古代・中世のさまざまな問題に関わってこられた。本書の第Ⅱ部にあたる「律令田制をめぐって」の諸論考にあるような田地などの土地制度史の研究はもちろん小口氏の直接のご専門であるが、土地制度史を研究する上での基本史料である文書類そのものの研究や、田令を中心とした律令研究や日唐律令の比較研究、さらには中国古代の一次資料であるトゥルファン文書などの海外所蔵の資料の精力的な調査など、そのご活躍ぶりはとどまるところがない。本書もそうした小口氏の研究の広がりを受けて、幅広い分野に及ぶゆかりのある執筆者からの論考が収められている。

本書の企画にあたっては、教え子の方々はもちろんのこと、数多くの後輩、研究仲間から、さらには小口氏よりも年配にあたる方々にまで、ご寄稿をいただくことができた。還暦の記念論文集に年配の方からご寄稿いただくというのも異例といえば異例かもしれないが、これまで小口氏が幅広い研究に携わってこられたこと、また多くの共同研究に取り組んでこられ、またそうした共同研究の中心として活躍してこられたことによって、太い人脈をいくつもお持ちであることの証である。

筆者もまた後輩のうちの一人であるが、小口氏と後輩とのつながりはおおむね筆者と同じようなケースなのだろうと推測している。小口氏は、筆者が学生であったころより、面倒見のよいと言うとかなりスマートには聞こえるが、実際には後輩の都合など関係なく声をかけてくれるいろいろな意味でありがたい先輩であった。研究書や論文のコピーを融通していただいたり、研究会などを開かれる際にはたびたび声をかけていただいた。そのおかげで若輩者の学生であった筆者もはるかに仰ぐ先生と同席させていただくことができたり、研究会後のお酒の席でも多くの有意義なお話をうかがうことができた。お酒の席といえば、「賑やか」にその場を仕切られる小口氏の姿は毎回変わらず、直接、間接に、お世話になった後輩は数えきれない（と思われる）。今もってその「賑やか」なお姿は変わらないが、ご健康に留意されて今後も長く精力的な研究活動を続けていただきたいと切に願うものである。

なお、本書ができあがるまでの過程では、筆者はまことに面目ないことに、企画段階から関わったとはとても言えないほどのご迷惑をおかけしたが、実際のところ、企画が進行する中でさまざまな連絡に奔走していただいたのは、本書にもご執筆されている原京子さんと別冊に執筆ご予定の小倉慈司さんであった。とくに小倉さんの懇切丁寧なご連絡がなかったら、ここまでの形にはなり得なかったであろう。ここにあらためて謝意を表する次第である。

二〇一八年九月

鐘江　宏之

執筆者一覧（編者をのぞく。五十音順）

新井重行（あらい　しげゆき）
一九七三年生まれ
宮内庁書陵部編修課　主任研究官
〔主要著作論文〕「皇子女の産養について」（『書陵部紀要』六三、二〇一二年）

稲田奈津子（いなだ　なつこ）
一九七五年生まれ
東京大学史料編纂所助教・博士（文学）
〔主要著作論文〕『日本古代の喪葬儀礼と律令制』（吉川弘文館、二〇一五年）

江渡俊裕（えと　しゅんすけ）
一九八八年生まれ
法政大学大学院人文科学研究科博士後期課程、十和田市教育委員会スポーツ・生涯学習課
〔主要著作論文〕「賜姓源氏創出の論理と変遷」（『法政史学』八三、二〇一五年）

大山誠一（おおやま　せいいち）
一九四四年生まれ
中部大学名誉教授
〔主要著作論文〕『神話と天皇』（平凡社、二〇一七年）

鐘江宏之（かねがえ　ひろゆき）
一九六四年生まれ
学習院大学教授・博士（文学）
〔主要著作論文〕『律令国家と万葉びと』（小学館、二〇〇八年）

北村安裕（きたむら　やすひろ）
一九七九年生まれ
岐阜聖徳学園大学准教授・博士（文学）
〔主要著作論文〕『日本古代の大土地経営と社会』（同成社、二〇一五年）

熊谷公男（くまがい　きみお）
一九四九年生まれ
東北学院大学名誉教授
〔主要著作論文〕『大王から天皇へ』日本の歴史03巻（講談社、

二〇〇一年）

坂上康俊（さかうえ　やすとし）
一九五五年生まれ
九州大学大学院人文科学研究院教授
〔主要著作論文〕（共編）『唐令拾遺補』（東京大学出版会、一九九七年）

佐々田悠（ささだ　ゆう）
一九七六年生まれ
宮内庁正倉院事務所技官・博士（文学）
〔主要著作論文〕「記紀神話と王権の祭祀」（『岩波講座日本歴史』第二巻、二〇一四年）

虎尾達哉（とらお　たつや）
一九五五年生まれ
鹿児島大学法文学部教授・博士（文学）
〔主要著作論文〕『律令官人社会の研究』（塙書房、二〇〇六年）

原　京子（はら　きょうこ）
一九六一年生まれ
法政大学大学院博士後期課程
〔主要著作論文〕「日本古代における駅家郷の編成原理とその実態（上）・（下）」（『弘前大学國史研究』（上）一四〇、二〇一六年、（下）一四四、二〇一八年）

丸山裕美子（まるやま　ゆみこ）
一九六一年生まれ
愛知県立大学日本文化学部教授・博士（文学）
〔主要著作論文〕『日本古代の医療制度』（名著刊行会、一九九八年）

三谷芳幸（みたに　よしゆき）
一九六七年生まれ
筑波大学人文社会系准教授・博士（文学）
〔主要著作論文〕『律令国家と土地支配』（吉川弘文館、二〇一三年）

森　公章（もり　きみゆき）
一九五八年生まれ
東洋大学文学部教授・博士（文学）
〔主要著作論文〕『在庁官人と武士の生成』（吉川弘文館、二〇一三年）

森田　悌（もりた　てい）
一九四一年生まれ

群馬大学名誉教授・博士（文学）
〔主要著作論文〕『天智天皇と大化改新』（同成社、二〇〇九年）

山下信一郎（やました　しんいちろう）
一九六六年生まれ
文化庁記念物課主任文化財調査官・博士（文学）
〔主要著作論文〕『日本古代の国家と給与制』（吉川弘文館、二〇一二年）

律令制《りつりょうせい》と日本古代国家《にほんこだいこっか》

■編者略歴■

小口　雅史（おぐち・まさし）

1956年　長野県生まれ
1985年　東京大学大学院人文科学研究科博士課程単位修得
その後　弘前大学人文学部助教授、法政大学第一教養部教授等を経て
現　在　法政大学文学部教授・同国際日本学研究所所長
〔主要著作〕
『講座日本荘園史』2荘園の成立と領有（共著、吉川弘文館、1991年）
『講座日本村落史』4政治1（共著、雄山閣出版、1991年）
『道の文化史』（共著、おうふう、1995年）
『土地と在地の世界を探る―古代から中世へ―』（共著、山川出版社、1995年）
『デジタル古文書集 日本古代土地経営関係史料集成 東大寺領北陸編』（同成社、1999年）
『土地所有史』新体系日本史3（共著、山川出版社、2002年）
『日本文化の中の天皇―天皇とは？―』（共著、法政大学国際日本学研究所、2005年）
他多数

2018年10月25日発行

編　者　小口雅史
発行者　山脇由紀子
印　刷　三報社印刷㈱
製　本　協栄製本㈱

発行所　東京都千代田区飯田橋4-4-8
（〒102-0072）東京中央ビル　㈱同成社
TEL 03-3239-1467　振替 00140-0-20618

ISBN978-4-88621-804-9 C3321